LA BALANCE ET LE FIL À PLOMB

Études d'Histoire du droit et de la justice

(Algérie, Bénin, Cameroun, Madagascar, Sénégal)

COLLECTION « MEMOIRES DU DROIT EN AFRIQUE »

Conçue et dirigée par les Professeurs Mamadou BADJI (Université Cheikh Anta Diop de Dakar) et Blaise Alfred NGANDO (Université de Yaoundé 2-Soa), cette collection entend mobiliser, non seulement les historiens du droit, mais aussi, d'une manière plus large, les juristes et autres spécialistes de la Norme en Afrique pour contribuer à faire percevoir les enjeux, les étapes, les différences et les apports de ce continent dans la marche juridique de l'histoire universelle.

Déjà parus :

- Blaise Alfred NGANDO, *Genèse de l'État et du droit au Cameroun (1472-1961). Les racines d'une Nation en construction*, 2020.

- Mamadou BADJI & Samba THIAM (Sous la direction de), *THALASSA ! THALASSA ! LA « GRANDE MER » ET SES PASSEURS, Itinéraires en Afrique de l'Histoire du droit et des institutions, Liber Amicorum - Mélanges en l'honneur de Bernard DURAND*, Paris, L'Harmattan, 2020

Sous la direction de
Mamadou BADJI et Blaise Alfred NGANDO

LA BALANCE ET LE FIL À PLOMB

Études d'Histoire du droit et de la justice

(Algérie, Bénin, Cameroun, Madagascar, Sénégal)

Préface d'Antoine LECA

L'Harmattan

5-7, rue de l'École-Polytechnique, 75005 Paris

http://www.editions-harmattan.fr

ISBN : 978-2-343-22904-1
EAN : 9782343229041

SOMMAIRE

Préface

Antoine LECA,
Professeur agrégé des Facultés de droit
à Aix-Marseille Université,
Président de la Commission d'histoire du droit
à la Faculté d'Aix-Marseille

Tous les systèmes juridiques accordent une place plus ou moins grande à la coutume. La Grèce antique avait ses *agraphoï nomoï* (ἄγραφοι νόμοι) et, d'après Aristote, l'*êthos (*ἦθος,) y était ce qui se faisait de façon répétée et était accepté par tous. Les Romains de l'Antiquité ont eu le *mos maiorum* (l'usage des ancêtres), le moyen âge occidental, ses *consuetudines*, d'où nous avons tiré le terme français de coutume. Le droit musulman lui-même, s'il n'attribue pas officiellement à la coutume (العرف *orf*) le rang d'une source créatrice du droit, fait jouer un rôle créateur à celle-ci par le truchement des précédents judiciaires ...Et bien-sûr les droits africains d'avant la colonisation étaient centrés sur la coutume. Cette notion est susceptible de bien des définitions. En droit romain et dans les droits qui en sont issus, tel le droit français ou le droit allemand, la coutume se définit comme un usage répété ayant force obligatoire. Mais pour l'anthropologue du droit, c'est une définition plus ample qui doit être retenue. « La coutume doit s'entendre au travers de tout ce qui est règles, habitudes, us, dans des domaines aussi divers que l'esthétique, l'art, la cuisine, les mythes, l'horticulture... »[1]. En effet, la coutume en Afrique, comme dans toutes les sociétés traditionnelles, ne doit pas être entendue dans le sens où le comprennent les « Blancs », pour lesquels c'est nécessairement du droit et que du droit[2]. Il faudrait pouvoir utiliser un vocable à part (*koutum* ?) sur le modèle du *kastom* vanuatais, dont L. Chassot dit fort justement qu'elle exprime en fait l'identité Ni-Vanuatu[3].

En Afrique, la coutume et la loi ne se distinguent pas toujours aussi nettement qu'en droit romain où dans les droits d'Europe continentale qui en sont issus. L'histoire comparative du droit montre qu'il y a existé des lois orales (comme les *Kabary* malgaches[4]) et des coutumes transcrites, à l'instar du coutumier du

---

(1) P. de Deckker, L. Kuntz, *La bataille de la coutume et ses enjeux pour le Pacifique Sud*, L'Harmattan, Paris, 1998, p. 43.

(2) N'étant pas ethnolinguiste, je ne me hasarderai pas à généraliser l'observation qui suit, tirée de mon expérience de terrain en Nouvelle-Calédonie. A la question posée de savoir quels mots kanak désignent la coutume et le droit coutumier, les locuteurs autochtones mentionnent le plus souvent deux mots de racines... différentes. Par ex. en langue djubéa : Faire la coutume se dit *E guanrewentoure* et la matière d'un geste coutumier : *wentou.* Mais droit coutumier se dit plutôt *: Kûnirè Véé Djû* ou plus brièvement *Kûnirè.* Autant dire que ce n'est pas la même chose (A. Leca, *Précis de droit civil coutumier kanak,* PUNC-PUAM, Nouméa-Aix-en-Provence, 2019 note n°98). En Français, Droit et Justice n'ont pas eux-mêmes la même racine sémantique (à l'inverse du Latin : *jus* et *justitia*) ; les deux notions sont certes en rapport mais elles sont intellectuellement distinctes (A. Leca, *Le code était presque parfait*, LexisNexis, Paris, 2013, pp. 11 et suivantes), comme le révèle l'étymologie.

(3) L. Chassot, *Essai sur le pluralisme juridique - L'exemple de Vanuatu,* Thèse Droit, Paris I, 2009, p. 10. Voir aussi : E. Wittersheim, « Au-delà de la tradition », dans C. Hamelin, E. Wittersheim, *La tradition et l'État,* 2001, p. 14 : « La notion restreinte de la kastom ... s'entend désormais d'un mode de vie général, une culture propre à un groupe défini, une culture autochtone spécifique qui va s'opposer à celle des étrangers ».

(4) (=discours) des souverains du royaume malgache d'Imerina, vers 1787-1810. L'ensemble ne fut transcrit pour la première fois que dans le « code des 305 articles » de 1881 (J. Gilissen, *Introduction*

Dahomey, publié en 1933[5] après trente ans de recension, évoqués par Thikandé SERO. Et autour de cela, le grand Continent noir « offre un éventail remarquable de sociétés politiques », comme l'explique le doyen Durand[6], depuis les sociétés politiques organisées avec sophistication des royaumes du Congo et du Sud-Dahomey, de « l'Empire » peul, des royaumes de Madagascar, jusqu'à la situation tribale[7] des populations *bantou* du Sud-Cameroun, en passant par la situation elle-même très diversifiée du Nord-Dahomey avec des groupes avec chefferie et des groupes sans chefferie.

Le code de l'indigénat dont parle Rodrigue DAVAKAN est lui-même mi-partie droit écrit et coutume. Le système vient en réalité d'Algérie, dont le doyen Mamadou BADJI nous dit fort justement qu'elle a été un extraordinaire laboratoire d'expérimentation coloniale. En effet, le dispositif repose sur des textes pris après la conquête, notamment la circulaire du 12 février 1844 promulguée par le maréchal Bugeaud pour codifier les infractions et tarifer les amendes prononcées par voie administrative. Ses éléments épars ont été réunis dans le *sénatus-consulte* impérial du 14 juillet 1865, définissant ledit statut en Algérie (lequel est à l'origine de la loi du 28 juin 1881, improprement appelée code de l'indigénat), mais il a été réaménagé et adapté sans cesse d'un bout à l'autre de l'Empire colonial[8]. L'interdiction de déambuler nu, imposée dans le Pacifique insulaire, n'aurait eu aucun sens en Algérie où cette pratique aurait été inconcevable. En d'autres termes cette dénomination pompeuse de code, le droit de l'indigénat n'a jamais fait l'objet d'un ordonnancement écrit, général et stabilisé. Même en Nouvelle-Calédonie, la liste que dresse l'arrêté du 23 décembre 1887 qui établit l'inventaire des infractions spécifiques aux indigènes non citoyens français[9] s'est s'allongée au fil des ans pour intégrer de nouvelles infractions ou pour établir de nouvelles modalités d'application d'infractions anciennes.

Si tous les systèmes juridiques accordent une certaine place à la coutume, il n'en est pas de même de la loi. Cette norme qui est aujourd'hui la principale source du droit ne se rencontre pas toujours. Il lui faut pour émerger une autorité sociale forte et qui plus est une autorité ayant une légitimité particulière qui lui permette de créer unilatéralement le droit. En d'autres termes, la prépondérance de la loi reflète moins un certain état de la « science » juridique qu'une réalité idéologique et politique extérieure à celle-ci. On a pu écrire qu'au moyen âge occidental la loi constituait une sorte de « baromètre » de l'autorité royale[10]. L'affirmation vaut aussi

---

historique au droit. Esquisse d'une histoire universelle du droit, Bruylant, Bruxelles 1979, p. 38.

(5) *www.legibenin.net*

(6) B. Durand, C. Chêne, A. Leca, *Introduction historique au droit,* Paris, Montchrestien, 2004, pp. 373-374).

(7) On utilise ici le mot faute de mieux, par emprunt à l'anglais (*tribes*) qui est polysémique. Il a été utilisé par l'ethnographie française, puis par l'administration coloniale pour désigner une organisation supposément traditionnelle…en Algérie. De là, il a migré ensuite ailleurs dans l'Empire colonial français…

(8) D'après le Dictionnaire de la colonisation française, ce régime fut étendu en Cochinchine (1881), au Sénégal (1887), à l'Annam-Tonkin et au Laos (1897), au Cambodge (1898), à Madagascar (1899), à l'Afrique Occidentale Française (1904), à l'Afrique équatoriale Française (1910), à la Côte-des-Somalis (1912), au Togo (1923) et au Cameroun (1924), auxquels il faut ajouter la Nouvelle-Calédonie (1887) et une partie de la Polynésie.

(9) Arrêté du 23 décembre 1887 investissant l'Administrateur, chef du service des affaires indigènes, des fonctions d'officier de police judiciaire, auxiliaire du Procureur de la République.

(10) J. Gaudemet, *Les naissances du droit. Le temps, le pouvoir et la science au service du droit,*

pour l'Afrique subsaharienne, comme le montre l'exemple des royaumes du Danxomê et de Nikki de l'actuel Bénin, que présentent César GUEGNI, Thikandé SERO, Irénée GUEDEHOUNGUE et Apolline OUSSOU-KLOUI, où le roi était législateur et juge. C'est pourquoi il était appelé *dada gbêhônoumêto,* « celui qui a droit de vie et de mort sur ses sujets ». La loi pourrait être définie comme une prescription générale et permanente qui a été forgée par l'autorité publique compétente. Elle est proclamée par le chef, un groupe de chefs ou un conseil de sages et répétée à usage plus ou moins régulier pour en assurer la connaissance et le respect. On ne trouve pas cela dans l'Ancien Cameroun, dont parle savamment le Pr. Blaise Alfred NGANDO.

Mais la bipartition entre les juridictions coloniales et les juridictions indigènes a été généralisée (y compris au Togo-Cameroun sous domination allemande)[11]. Elle pose la question de l'opportunité du maintien de celles-ci et de la référence à la coutume. Ici encore l'Afrique offre tous les cas de figure depuis les Etats qui mentionnent la coutume dans leur constitution comme la Constitution sud-africaine de 1996 (art. 211)[12], jusqu'à ceux dont la constitution ne fait pas place à la coutume, avec en parallèle le clivage entre les pays où les juridictions traditionnelles subsistent (Cameroun) et ceux où elles ont disparu (Sénégal).

Le beau livre que nous présentent ici le doyen BADJI et le Pr. NGANDO, entourés d'une équipe dont l'existence atteste du dynamisme de l'Ecole de droit africaine francophone, ouvre de belles perspectives dans ce sens : le fil conducteur de la justice y est décliné sur un triple aspect : justice coutumière, justice coloniale et justice moderne. On leur saura gré d'avoir accompagné la balance, non pas du glaive régalien, souvent mis à contribution, mais du fil à plomb qui marque la « verticale » du lieu et l'état de l'homme.

Montchrestien, Paris, 1997 p. 145.

(11) Il faut se reporter aux travaux dirigés par B. Durand : *Le juge et l'Outre-mer : les roches bleues de l'Empire colonial* (avec M. Fabre), PU Lille, 2004; *Le juge et l'Outre-mer : Phinée le devin ou les leçons du passé*, (avec M. Fabre), Histoire de la justice, PU Lille, 2005; *Le juge et l'Outre-mer : Médée ou les impératifs du choix,* t. 3 (avec E. Gasparini), Histoire de la justice, PU Lille, 2007; *Le juge et l'Outre-mer : Le Royaume d'Aiétès, Produire de l'Ordre,* t.4, Histoire de la justice, PU Lille, 2008 ; *Le juge et l'Outre-mer : Les dents du dragon, Justicia illiterata : aequitate uti ?,* t. 5 (avec M. Fabre et M. Badji), Histoire de la justice, PU Lille, 2010 ; *Le juge et l'Outre-mer : La conquête de la Toison, Justicia illiterata : aequitate uti ?, t. 6,* (avec M. Fabre et M. Badji), Histoire de la justice, PU Lille, 2010; *Le juge et l'Outre-mer : Le retour d'Orphée,* t. 7 (avec M. Badji, S. Thiam, S. Gérard-Loiseau), Lille, 2014; *Le juge et l'Outre-mer. Décolonisations : le repli de l'Etat, la mort d'Eurydice* (avec M. Fabre et D. Mouret), coll. Dir. B. Durand, Montpellier, 2013 ; *Le juge et l'Outre-mer, Décolonisations : le juge et les rapatriés, Revenir en Thessalie* (dir. M. Fabre), coll. Dir. B. Durand, Montpellier, 2013; *Les justices en monde colonial, XVI°-XX°siècles* (avec la collaboration de P. Vielfaure), Faculté de droit et de science politique de Montpellier, Institut d'histoire du droit, Université de Montpellier, 2016.

(12) Bhe v. Magistrate, Khayelitsha, Ndulo 2011, p. 98.

- I -

ALGERIE

1.
La justice coloniale française en Algérie (1830-1946)
Entre originalité et exemplarité d'une politique expérimentale

Par
Mamadou BADJI
Professeur agrégé
Doyen honoraire de la Faculté des sciences juridiques et politiques
Université Cheikh Anta Diop de Dakar (Sénégal)

L'Algérie est un laboratoire d'expérimentation, une terre qui, contrairement à la diversité des règles applicables dans les autres colonies françaises, offre une « très profonde et compacte unité », dévoilant une pensée « systématique ». En vérité, peu de colonies françaises auront suscité autant d'intérêt que l'Algérie. Point n'est alors besoin d'insister sur le rôle que joue ce territoire en tant que terrain d'expérimentation des institutions judiciaires de l'époque coloniale. Son organisation judiciaire est exemplaire, tant par l'attrait qu'y exerce le modèle métropolitain que par les adaptations rendues nécessaires et qui en font une synthèse des modèles coloniaux[1].

I – Un essai entre contraintes et libertés coloniales

Si la tendance à traiter l'Algérie comme partie intégrante de la métropole est devenue sensible à compter de la deuxième République[2], il n'est pas inutile de préciser que celle-ci correspond à une époque comprise entre périodes fortement dessinées. La première est marquée par le poids des militaires sur l'appareil judiciaire, la seconde par la mise en œuvre d'une politique d'assimilation partielle.

A – L'emprise des militaires sur l'appareil judiciaire

A l'origine, le poids des militaires sur l'appareil judiciaire explique aisément l'insécurité, justifie leur ascendance et, très vite, le fait qu'ils aient mené, selon leur plan, la colonisation. En vérité, on assiste à un jeu de balancier auquel se livra le gouvernement central qui tantôt, en s'appuyant sur les colons prive les autorités politiques et administratives locales du pouvoir de décision et favorise l'assimilation (décret de 1881) et tantôt, laisse au pouvoir colonial une marge de manœuvre au détriment des colons. Au demeurant, c'est au tournant du 19ème siècle, avec l'arrivée des gouverneurs civils qu'est trouvée la bonne formule consistant à établir la répartition des compétences entre Alger et Paris. Dans cette répartition des compétences la justice, depuis 1848, puis en 1860, revient à Paris et demeurera théoriquement dans les attributions du ministère de la Justice. Qu'en sera-t-il sur le terrain ?

Les premières années de la présence française en Algérie sont marquées par l'improvisation et la confusion, en raison des tâtonnements dans l'organisation judiciaire et des tiraillements entre des choix militaires et les choix civils, qui laisseront des traces plus fortes ici que dans les autres colonies.

---

[1] L'auteur remercie le professeur Bernard Durand qui lui a fourni un texte alors inédit dont il s'est largement inspiré pour la rédaction de cette étude.

[2] C. COLLOT, *Les institutions de l'Algérie durant la période coloniale (1832-1962)*, Paris, éd. CNRS, Office des publications universitaires d'Alger, 1987 ; B. STORA, *Histoire de l'Algérie coloniale, 1830 – 1954*, Paris, éd. La Découverte, 1991.

La justice elle-même fut tiraillée entre deux tendances, celle qui voit les gouverneurs intervenir et celle qui veut le transfert d'institutions imitées de la métropole.

Organisée dans l'urgence au lendemain de l'occupation par les commandants en chef, la justice fut, avec l'intérieur et les finances, l'une des trois branches de l'administration civile confiée à un comité de gouvernement et plus particulièrement à un des trois membres qui le composait. Les difficultés y étaient nombreuses dont en premier lieu la question de savoir comment concilier le maintien de la sécurité, et la promesse mais aussi la nécessité de respecter les institutions indigènes, sans obvier des exigences formulées par les colons qui souhaitent la création de tribunaux semblables à ceux de la métropole. La marge de manœuvre est étroite d'autant que la création de tels tribunaux ne cesse d'osciller entre maintien du pouvoir reconnu aux militaires et tentative d'installer le pouvoir civil.

Un arrêté du 22 octobre 1830 pourvut à l'urgence en décidant la compétence des conseils de guerre pour les crimes et délits commis par les habitants du pays contre les Français, celle du cadi dans toutes les matières entre musulmans et celle du tribunal des rabbins entre israélites, celle civile et commerciale concernant les français ou les étrangers à une Cour de justice, un tribunal correctionnel connaissant des contraventions et des délits.

Les crimes, non prévus par l'arrêté, étant seulement instruits par la Cour, les Français étaient renvoyés pour être jugés en France ; les étrangers, eux, sont remis au général en chef pour être statué par lui. Cet essai, très simple, s'est vite révélé incomplet. C'est ainsi que l'arrêté était muet sur l'appel des jugements du tribunal correctionnel, et sur l'instance compétente pour juger en appel certains arrêts de la Cour de justice (par exemple : des arrêts rendus sur des intérêts excédant 12 000 F). Un arrêté du 9 juin 1831 vint attribuer cette compétence au conseil d'administration de la Régence donnant ainsi pouvoir à l'autorité militaire de réformer les décisions de l'autorité judiciaire.

Très vite aussi, dès 1831, un intendant civil, placé sous les ordres directs du président du conseil d'administration de la régence, se voit confier, outre la direction des services civils et financiers, l'administration de la justice. Il siège au conseil d'administration de la Régence qui reçoit alors appel des tribunaux français, tandis qu'un juge royal est installé à Bône. Par ordonnance du 12 mai 1832, à la suite de désaccord avec l'autorité militaire, il est remplacé par un chef des services civils, placé sous l'autorité des commandants en chef. La justice, à la même date, fait l'objet de critiques des plus acerbes où se mêlent des accusations d'incompétence du personnel, sa complaisance, voire sa corruption ; accusations certes suspectées d'exagération par la Commission d'Afrique[3], mais qui n'en appelle pas moins la réorganisation du service de la justice.

Aussi bien, deux ans plus tard, une ordonnance du 10 août 1834 organisant le service judiciaire, institua à Alger, Bône et Oran des tribunaux de première instance,

---

[3] La commission reconnaît que « la justice s'organise à grand-peine dans un « camp » où « les choses (de la justice) n'y sont pas comprises et les hommes y manquent », que les magistrats en place (tout comme les huissiers ou les défenseurs) n'auraient certes pas trouvé d'emploi en métropole et que, « indépendamment des fautes, il y a eu d'innombrables erreurs et tâtonnements déplorables »... cf. Rapport sur l'organisation et l'administration de la justice dans les possessions d'Afrique, Procès-verbaux et minutes, ANSOM, FMF 80/5, 9 et 10.

outre, à Alger, un tribunal de commerce et un tribunal supérieur, tandis qu'étaient confirmés les tribunaux musulmans.

Mais le bref regain de pouvoir reconnu à l'intendant ne dura pas. Le poste fut supprimé en 1838 et un procureur général fut nommé et placé sous les ordres du gouverneur. Déjà, dans l'ordonnance du 10 août 1834, le Gouverneur pouvait constituer des tribunaux israélites là où il le jugeait nécessaire et c'est lui qui nommait chaque année les notables négociants composant le tribunal de commerce d'Alger et en désignait le Président.[4]

Dans l'ordonnance du 31 octobre 1838, qui évoque pour la première fois l'existence de l'Algérie, on autorise dans les points éloignés de plus de 10 km des tribunaux de province, la juridiction des commissaires civils ou commandants en tant que juge de paix, de juge d'instruction et d'officier de police judiciaire et même, en raison de la rareté des communications, tout ou partie de la juridiction des tribunaux civils ou de commerce.

Malgré les réformes importantes, initiées à partir de 1842 et accentuées ensuite, notamment par la deuxième République, la présence des militaires se fit encore plus forte dans les années qui suivirent. Cette période fut close avec le décret du 17 mars 1866 qui eut pour effet de supprimer non seulement la juridiction de paix des commandants de place, mais encore la juridiction civile et commerciale qui en était comme le prolongement, plaçant en quelque sorte ces territoires, du point de vue de la justice civile, sous le même régime que les territoires civils. Mais en matière pénale, des survivances militaires furent tenaces et le Gouverneur a gardé le droit d'ordonner l'internement de tout indigène qu'il juge dangereux pour l'ordre public, en partie dans les territoires militaires et les territoires du sud.

La prééminence des militaires ne peut dissimuler certaines transformations visant à rapprocher un peu plus la population indigène de la métropole par l'application d'une politique d'assimilation partielle.

B – Les promesses d'une assimilation judiciaire partielle

La justice en Algérie est établie sur le même mode que la justice métropolitaine. Pour en avoir une idée précise, il convient de tenir compte des dispositions de l'ordonnance de 1842 et de la situation prévalant dans cette colonie à la veille de la 2nde guerre mondiale.

L'ordonnance de 1842 introduit des dispositions qui ne sont que l'application de règles générales suivies en France.[5]

Les magistrats ne peuvent entrer en fonction qu'après avoir prêté serment, les audiences sont publiques ; les membres de la magistrature doivent réunir toutes les conditions requises pour exercer en France, la hiérarchie des emplois y est le même. Sous la deuxième République, la justice est détachée du ministère de la Guerre et passe au Ministère de la justice, réunie ensuite en 1858 au Ministère de l'Algérie, puis revient en 1860 dans les attributions du Ministère de la justice.

Dans chaque département, fut également institué un conseil de préfecture.

Suivit une série de mesures : décret du 25 mars 1852 réglant l'appel des décisions rendues par les commandants de place, décret du 19 août 1854 qui crée des juges de paix à compétence étendue et introduit en Algérie l'institution des cours

---

[4] Répertoire Dalloz, n° 566. Ord. 10 août 1834.

[5] L. BEZOMBES, *Etudes sur l'organisation de la justice française en Algérie, depuis la conquête jusqu'à nos jours*, Philippeville, 1870.

d'assises sans les jurys, décret du 1er octobre 1854 portant organisation de la justice musulmane, décret du 13 décembre 1866 instituant une nouvelle organisation des tribunaux musulmans et décret du 27 juillet 1867 portant application en Algérie de la loi du 22 juillet 1867 portant suppression de la contrainte par corps en matière civile.

Cette série de mesures tend donc à soumettre les populations vivant en Algérie à des mécanismes tirés de la métropole et valables pour ces populations : les juges de paix, en 1842, ont les mêmes compétences en 1er et dernier ressort qu'en France, y sont applicables les dispositions de la loi du 25 mai 1838 et du 2 mai 1855, les ordonnances de référé rendues par les juges de paix sont susceptibles d'appel conformément à la règle générale.

Les tribunaux de 1ère instance sont composés de plusieurs juges (en 1867, un président, cinq juges, un juge suppléant, un procureur impérial, un substitut), chaque tribunal a un greffier dont les attributions, droits et obligations sont les mêmes (à une exception près) que pour les greffiers dans la métropole. Les compétences en 1er et dernier ressort des tribunaux de 1ère instance en matière civile et correctionnelle sont les mêmes que celles des tribunaux de 1ère instance en France. Ils connaissent de l'appel des jugements en 1er ressort des tribunaux de paix en matière civile et de simple police, ainsi que des matières commerciales s'il n'existe pas de tribunal de commerce dans la localité.[6] Il en va de même pour la Cour d'Alger qui, de réforme en réforme est parvenue à avoir la même organisation que les cours de la métropole, même attribution et compétence.

Les avocats y sont depuis 1843 organisés en collèges et tableaux, et la constitution des barreaux ne diffère pas de celle des barreaux de métropole, sinon peut-être dans le sens d'une plus grande liberté d'accès. Quant aux huissiers, régis par le règlement général du 26 novembre 1842, les devoirs, les obligations et la discipline les rapprochent de ceux en vigueur dans la métropole (art. 25 du règlement). La compétence des tribunaux de commerce, à raison de la matière, est le même que celle des tribunaux de commerce en France européenne et la procédure commerciale n'y est autre que la procédure de la métropole.

Au pénal, les matières de police sont attribuées comme en France européenne aux juges de paix et sont soumises aux mêmes règles d'appel dont les tribunaux de 1ère instance. Devant les tribunaux correctionnels, le décret du 15 décembre 1858 a voulu que les poursuites soient intentées conformément aux dispositions du code d'instruction criminelle et les formes des procédures en matière correctionnelle également depuis 1842. Il n'est guère que pour les cours d'assises, instituées par décret du 19 août 1854, avec chambres de mises en accusation (décret du 15 décembre 1858) qu'il n'y a pas eu assimilation complète : si elles connaissent bien de tous les faits qualifiés crimes par la loi, elles jugent sans l'assistance des jurés (décret du 19 août 1854).

Enfin, la justice administrative ne diffère quasiment en rien de celle de la France européenne. En 1931, les conseils de préfecture algériens ont la même procédure qu'en France (sauf pour les délais des citations et de défense en raison des distances) et les mêmes attributions, sauf à noter des attributions plus importantes.

A la veille de la deuxième guerre mondiale, les ouvrages de droit appuyaient cette volonté assimilationniste. On y relevait que « *les tribunaux français d'Algérie ressemblent plus à ceux de la métropole que la plupart des tribunaux français des*

---

[6] Ordonnance de 1842, Répertoire Dalloz, n° 601.

colonies »[7]. Aussi relève-t-on un même agencement, une composition identique avec jury, depuis le décret du 24 octobre 1870 et la loi du 30 décembre 1902, des cours d'assises, des barreaux organisés comme en métropole, une garantie de l'inamovibilité conférée aux magistrats de la cour et des tribunaux de 1ère instance par la loi du 26 décembre 1921, des compétences identiques à l'égard des citoyens français, etc.

L'analogie avec le système métropolitain est telle qu'au fil des éditions, les auteurs trouvent plus simple de signaler les seules différences ou particularités encore existantes.

En 1959, les professeurs Rolland et Lampué, en quelques brèves lignes ramassées dans quelques paragraphes de leur livre[8] en dressent le portrait : les officiers ministériels n'ont pas la propriété de leur office et ne peuvent présenter leur successeur.

Dans les anciens territoires du sud, les fonctions de juge de paix peuvent être confiées à des administrateurs ou à des officiers ; pour les tribunaux administratifs, le Conseil d'Etat connaît directement du contentieux des élections à l'assemblée algérienne et des recours contre les délibérations de cette assemblée. La procédure civile reste celle du code mais toutes les affaires sont réputées sous mains, de même que les nullités d'exploits et d'actes de procédure y sont facultatives pour le juge.

Cette situation place l'Algérie très loin des autres colonies[9]. Toutefois, il n'est pas inutile de préciser que la justice en Algérie révèle des particularités qui sont la conséquence tant des politiques d'assimilation menées depuis 1830 que des contraintes coloniales et géographiques.

C – Les contraintes de la politique d'assimilation judiciaire

La justice en Algérie a été constituée sur le modèle colonial, c'est-à-dire avec des institutions pour les indigènes, notamment musulmans[10], et des institutions pour les européens. Cette particularité est renforcée par la séparation des communautés en matière pénale[11].

1) Le maintien des tribunaux musulmans

Par prudence politique et respect de la religion islamique, les tribunaux musulmans furent maintenus et placés sous contrôle de l'autorité judiciaire française. Dès les années 1830, une série de mesures furent prises pour permettre à la justice française d'évoquer ou de connaître en appel certaines affaires relevant de la compétence cadiale. Aussi, avait-il paru nécessaire, par une ordonnance du 28 février 1841, d'ouvrir une procédure d'appel devant les tribunaux français contre les jugements rendus par les cadis en matière civile.

Plus tard, (par ordonnance du 26 septembre 1842) un pas de plus est franchi en direction du contrôle des tribunaux musulmans : en effet, en territoire civil, un droit de surveillance des tribunaux indigènes est reconnu au procureur général et, en 1848, un arrêté du gouverneur général détermina la composition, les tarifs et droits à percevoir, les mahakmas de cadis et Midjelé.

---

[7] L. ROLLAND et P. LAMPUE, *Précis de législation coloniale*, Dalloz, 1940, p. 510, n° 621.

[8] L. ROLLAND et P. LAMPUE, op.cit., n° 523, 525, 530 et 531.

[9] Cf. P. LEGENDRE, *Histoire de l'administration de 1750 à nos jours*, Paris, 1968, p. 158.

[10] Par prudence politique et respect de la religion bien plus que par égard à un système judiciaire jugé peu performant, les tribunaux musulmans furent maintenus mais avec des réajustements.

[11] Cette réforme, qui consacre la séparation des communautés a été critiquée comme telle mais justifiée, y compris par la cour de cassation. Voir Répertoire Dalloz, n°776-777.

Un décret[12] du 1er octobre 1854 a entendu relâcher sensiblement ce contrôle, en déférant l'appel contre les jugements des cadis devant le Midjelé, dans l'idée de ne point substituer les tribunaux français aux tribunaux indigènes. Curieusement, ce contrôle subsiste[13] et il a pris le soin d'enlever toute compétence en matière de crimes, délits ou contraventions aux tribunaux musulmans ; domaines confiés aux tribunaux français (art. 3).

Le ministre s'en défend. Dans l'intention de celui-ci, le décret de 1854 n'entendait porter nulle atteinte à la loi musulmane ; au contraire, soutenait-il, il s'en voulait « l'application et le commentaire », même si l'autorité avait pris la liberté de « tracer des règles écrites là où il n'y avait que des usages » ou de « combler des lacunes » et d'établir « une homogénéité qui n'existait pas »[14].

Il est donc facile d'avancer que si, « dès 1830 la France comprit la nécessité de ne pas toucher à une législation cimentée si fortement dans les mœurs et les croyances (au point) qu'on ne pouvait tenter de la modifier sans (risquer) de porter atteinte au dogme et pratiques les plus essentielles du culte »[15], le respect n'a jamais été contemplatif.

En effet, après ce bref retour au rétablissement et à l'indépendance de l'ancienne juridiction musulmane (au-delà même des usages), le décret du 31 décembre 1859 revint à un système moins libéral. Les cadis se virent commis pour recevoir les dépôts et dresser des actes publics entre musulmans, procéder à la liquidation judiciaire fut remaniée de telle sorte que les cadis furent institués juges de droit commun des indigènes et les Midjelé maintenus et chargés de réexaminer les affaires jugées par le cadi à titre consultatif, sans obligation pour lui de réformer sa décision[16]. Mais leurs jugements purent être attaqués par la voie de l'appel devant les tribunaux de 1ère instance et la cour impériale (selon une répartition établie par les décrets), étant estimés que « l'intérêt de la bonne justice et de la sécurité politique commandaient la maîtrise par la juridiction française ».

Ces dispositions relatives aux juridictions furent réformées par le décret du 13 décembre 1866 : l'article 1 reconnaît que la loi musulmane régit « toutes les conventions et toutes les contestations civiles et communes entre musulmans indigènes et entre ceux-ci et les musulmans étrangers ». Toutefois, deux précisions furent apportées, ajoutant aux restrictions. L'une, par le même article 1, qui veut que si les musulmans déclarent qu'ils entendent contracter sous l'empire de la loi française, que ce soit la loi française qui s'applique ; l'autre, prévue par l'article 2 établit que les musulmans peuvent opter pour la compétence de la juridiction française[17]. Dans ce sens, c'est le juge de paix qui sera compétent et il sera statué selon les règles du droit musulman, le décret fixant par ailleurs les règles relatives à la procédure et à l'appel. Enfin, sont réglées également les questions relatives à la surveillance de ses juridictions.

---

[12] Moniteur algérien, 25 octobre 1854, ANS, 1B71.

[13] Ce décret plaçait la justice musulmane sous la « direction et la surveillance » du général commandant de division (en territoire civil), le tout placé sous l'autorité du gouverneur général.

[14] Rapport Vaillant, Ministre à empereur. Moniteur algérien, 1er oct. 1854, ANS, 1B71.

[15] Rapport Vaillant, précité.

[16] Dans le décret de 1854, les Midjelé, contrairement aux traditions, étaient devenus une juridiction supérieure.

[17] B. DURAND, « Originalité et exemplarité de la justice en Algérie, de la conquête à la deuxième guerre mondiale », art. cit.

Au demeurant, la Troisième République allait considérablement remanier l'organisation et la compétence de la justice musulmane, en prenant en compte quatre territoires distincts : les territoires civils, la Kabylie, les territoires de commandement et le Mzab.

Dans les territoires civils, les décrets du 10 septembre 1886 et du 17 avril 1889, vinrent renverser en quelque sorte la place du cadi en faisant de lui non plus un juge de droit commun mais un juge d'exception, le juge de paix devenant dès lors juge de droit commun en matière musulmane (sauf au regard de matières réservées comme celle du statut personnel et des droits successoraux, et encore selon des règles restrictives. Les musulmans naturalisés français relèvent, depuis le senatus - consulte du 14 juillet 1865, de la loi française et sont soumis aux tribunaux français. En outre, les musulmans étrangers relèvent désormais de la loi française et les midjelés sont supprimés. Les juges de paix sont compétents pour toutes les autres matières (par exemple dans les successions immobilières et lorsque les parties décident de leur déférer leur différend).

En Kabylie, ce renversement a été plus précoce et plus total : dès le décret du 29 août 1874, le juge de paix est devenu le juge de droit commun en matière musulmane, sans même l'assistance d'assesseurs arabes ou kabyles, supprimés par l'article 76 du décret du 17 avril 1889, le juge de paix pouvant toutefois, en matière de statut personnel, se faire assister du cadi - notaire ou de son suppléant.

Dans les territoires de commandement (ceux situés en dehors du Tell et ceux pris de cette région depuis un décret du 6 mars 1891), le juge de droit commun est resté le cadi, s'étendant à tous les litiges entre indigènes musulmans (avec compétence en 1er et dernier ressort), sauf si les parties, d'un commun accord entendent porter leur différend devant le juge de paix, aux termes du décret du 8 janvier 1870.

Enfin, après l'annexion du Mzab à la France, en 1882, et une période d'hésitation et de tâtonnement, le décret du 29 décembre 1890 a créé des cadis spéciaux de rite ibadite sur le territoire de l'Algérie pour connaître des contestations relatives au statut personnel et aux droits successoraux, les parties pouvant d'un commun accord ou à la demande de l'une d'entre elles s'adresser au juge de paix.[18]

Par la suite, le système ne sera guère modifié. Le précis Dalloz de 1940[19] rappelle les règles mentionnées ci-dessus, ajoutant les quelques précisions suivantes. D'une part, toutes les décisions rendues en dernier ressort en matière indigène musulman sont soumises au contrôle de la Cour d'appel d'Alger, statuant comme juridiction d'annulation (décret du 25 mai 1892). Le recours est formé par le procureur général pour violation du droit musulman (mais l'arrêt profite aux parties et leur est opposable et il n'y a pas de renvoi). La Cour d'Alger assure ainsi l'unité de la juridiction et il n'y a pas de recours de ses arrêts devant la Cour de cassation, celle-ci intervenant seulement contre les jugements rendus en dernier ressort en matière musulmane (que ce soit par les cadis ou les juges français) pour incompétence ou pour excès de pouvoir (sauf dans les territoires du sud et en Kabylie où le pourvoi en cassation n'est pas admis). D'autre part, une loi du 30 décembre 1902 a créé une cour criminelle dans chaque arrondissement judiciaire, composée de citoyens français et d'indigènes non moins citoyens (trois magistrats,

---

[18] Voir Répertoire Dalloz, Supp. Numéro 575, 581 et 583.

[19] Dalloz, 1940, n° 629 et s.

deux assesseurs – jurés citoyens et deux assesseurs – jurés musulmans), pour juger les indigènes.

L'ordonnance du 23 novembre 1944 (modifiée par la loi du 20 mars 1951 et celle du 11 juillet 1957) a déterminé la compétence entre tribunal de droit français et tribunal de droit local[20]. Quelques modifications techniques ont été introduites (par exemple, sur les recours en annulation, le renvoi étant fait devant d'autres juges ou devant la juridiction autrement composée), sans qu'on puisse considérer que le système mis en place ait fondamentalement changé. Cependant, en matière pénale, des considérations pratiques et des raisons d'opportunités militaient en faveur d'un régime de « séparation » qui se concrétise dans la création d'un régime pénal indigène.

2) La création d'un régime pénal indigène

Les textes datant du début du 20e siècle, particulièrement ceux instituant les tribunaux répressifs indigènes (supprimés par le décret du 1er mai 1930) et les cours criminelles (toujours en vigueur en 1940) impriment à la justice « algérienne » une direction particulière, en pliant les idées de « justice absolue » aux « nécessités de l'occupation et à la sécurité de l'occupant ».

Aux termes des textes antérieurs relatifs aux territoires civils, les indigènes relevaient, au pénal, des mêmes juridictions que les Français : juges de paix (ordinaire ou à compétence étendue), tribunal correctionnel et cours d'assises. L'ordonnance du 26 septembre 1842 voulait que les juges de paix exercent leur juridiction de police sur toute personne quelle que soit sa nationalité, française, étrangère ou indigène et elle faisait entre dans la compétence des tribunaux correctionnels les délits commis par des musulmans et les soumettait aux mêmes peines que celles édictées par les lois françaises. Au criminel, l'ordonnance de 1842 donnait compétence à la Cour d'Alger et aux T.P.I. de connaître de tous les crimes commis dans l'étendue de leur ressort, à quelque religion ou nationalité qu'appartint l'accusé ; et de prononcer des peines prévues par les lois françaises. Hors du ressort, compétence était donnée aux conseils de guerre. Mais sur ce point du criminel, le système a été changé par les décrets du 19 août 1854 et du 15 décembre 1858 : le premier a créé les cours d'assises et le second une chambre des mises en accusation. Leur compétence embrasse tous les faits qualifiés crimes par la loi et s'étend aux indigènes quels qu'ils soient comme aux français, et depuis le décret du 15 mars 1860 aux français dans les territoires civils comme militaires, les indigènes relevant pour ces derniers territoires des conseils de guerre.

Progressivement, un régime pénal spécial s'est développé. Ce fut d'abord la création d'infractions spéciales à l'indigénat par les décrets des 29 août et 11 septembre 1874 dont la répression a été confiée aux administrateurs par la loi du 28 juin 1881 pour sept ans, puis renouvelés régulièrement[21], compétence partagée ensuite, après 1914, entre administration et tribunal de simple police du juge de paix.

Depuis la loi du 15 juillet 1914, la liste des infractions de l'indigénat s'était allongée. Désormais elle comprenait 21 infractions divisées en deux tableaux : l'un fixant les compétences des juges de paix (réunions sans autorisation, asile donné à des vagabonds, défaut de faire immatriculer les armes à feu, refus de comparaître devant un officier de police judiciaire, campement sur les lieux prohibés, infraction

[20] Précis Dalloz, 1959, n° 527 et s.

[21] Répertoire Dalloz, 1910, n° 948.

aux règlements d'eau, négligence ou refus d'envoyer un enfant à l'école primaire, etc.). L'autre tableau fixait les compétences des administrateurs des communes mixtes (refus de fournir les agents auxiliaires et moyens de transport nécessaires aux fonctionnaires, refus de fournir les renseignements, actes de désordre sur les marchés, retard dans le paiement des impôts, etc.). Ces administrateurs des communes mixtes ont ensuite reçu compétence pour les contraventions de simple police commises par les indigènes musulmans par le décret du 29 mars 1902, fonctions ensuite passées aux juges de paix par la loi du 15 juillet 1914[22]. Mais ce sont surtout deux institutions qui sont venues consacrer la séparation dans ce domaine.

Le décret du 29 mars 1902, celui du 9 avril 1903, puis une loi du 31 mars 1904 ont créé une juridiction entièrement nouvelle pour connaître des délits commis par les musulmans en territoire civil : les tribunaux répressifs indigènes. Cette innovation dont le caractère exceptionnel n'est pas à démontrer, a suscité un vif émoi dans la colonie : non seulement la légalité de ces décrets a été contestée (même si la cour de cassation en a admis la légalité), mais encore, la doctrine s'est largement exprimée sur ces juridictions, « *dont la composition et le fonctionnement sont soumis à des règles absolument contraires aux principes généraux de (...) droit criminel et même de (...) droit public en général* »[23].

Le tribunal répressif, qui a pour ressort le canton, est de toute évidence soumis à des règles originales de composition et de fonctionnement qui expliquent que les dérogations au droit commun l'aient fait apparaître comme une juridiction « spéciale » et plus particulièrement dans le texte de 1902. Présidé par le juge de paix et comprenant deux assesseurs, l'un français et l'autre indigène, il était soupçonné méconnaître la séparation des autorités administratives et judiciaires, deux juges sur trois étant recrutés parmi les fonctionnaires de l'ordre administratif. L'officier du ministère public cumule des attributions et du procureur de la République et du juge d'instruction. Les règles de la loi du 8 décembre 1897 ne s'appliquant pas, l'instruction y est secrète et les défenseurs n'y sont pas admis ; l'appel devant le tribunal correctionnel n'est admis que si la peine excède six mois d'emprisonnement ; le pourvoi en cassation est supprimé[24].

Il n'est toutefois pas sans intérêt de préciser que ces caractères ont, en partie, disparu dans les textes ultérieurs : l'appel est toujours possible et ces tribunaux ont été supprimés par le décret du 1er mai 1930, les délits dont ils connaissaient étant déférés désormais au juge de paix statuant correctionnellement ou au tribunal correctionnel[25].

Quelques années plus tôt, une loi du 30 décembre 1902, objet de critiques et tout autant objet de controverse entre la doctrine (qui en dénonce le caractère d'exception) et la jurisprudence (qui en accepte le caractère de droit commun, voire le caractère « spécial » mais non exceptionnel)[26], a créé, dans chaque arrondissement, une cour criminelle pour juger les crimes commis en territoire civil

---

[22] Dalloz 1927, n° 948 et s.

[23] Répertoire Dalloz, 1910, n° 966 et 968.

[24] Cf. note de J. APPLETON sous arrêt de la chambre criminelle de la cour de cassation du 15 novembre 1902, pp. 1903.I.281 ; également note de G. MASSONIE sous arrêt de la même chambre du 24 novembre 1903, DP 1904.I.153.

[25] Répertoire Dalloz, 1938, n°960-2.

[26] Dalloz, 1910, n°1059 et 1060.

par les indigènes et les étrangers musulmans. Cette institution existait déjà en Indochine et aussi en Tunisie et l'idée pour l'Algérie[27] avait été avancée à plusieurs reprises depuis 1891. Chaque cour criminelle est composée de trois magistrats, dont un président, et de quatre assesseurs (deux français, deux indigènes). Des règles originales gouvernent le fonctionnement de cette institution mais ne touchent ni à l'instruction préparatoire, identique à celle de la cour d'assises, ni à la procédure de jugement, identique elle aussi, à part quelques différences minimes tenant à la composition de la cour qui rend impossible leur respect intégral. En revanche, le manque de précision législative a été la source de nombreuses difficultés de fonctionnement que tente d'aplanir la cour de cassation.[28]

Ces caractères expliquent l'originalité de la justice coloniale et justifient que l'on puisse présenter l'Algérie, dont l'expérience inspire l'administration française installée au Sénégal, comme la synthèse des modèles coloniaux.

II –Une synthèse des modèles coloniaux

Si du point de vue de son antériorité, la justice française en Algérie apparaît, à bien des égards, originale, une observation des faits permet de déceler des orientations qui témoignent d'un dessein arrêté et d'un choix de références plus ou moins ciblées, présentés soit comme source d'inspiration, soit comme repoussoir. On s'est inspiré bien entendu des institutions antérieures à 1830, du régime turc par exemple, dont on ne saurait rejeter en bloc les leçons, en particulier dans les rapports aux indigènes, tout comme on s'est nourri des « nombreux emprunts » possibles, des « autres colonies » françaises. L'idée qui était avancée au sujet de la justice en Algérie était que celle-ci devrait au demeurant, reposer sur « les principes des institutions et des lois françaises » et adaptée « aux besoins de l'état actuel du pays »[29]. C'est dire, du moins dans le principe, qu'en s'interdisant de vouloir imposer en Algérie l'institution de justice adoptée dans les autres colonies, les autorités françaises avaient pensé qu'elles devraient tenir compte du « passé » de ce pays et y introduire des innovations en procédant par « règles générales ». La justice a dû s'adapter à ces données.

Que retenir de cet essai ?

L'expérience algérienne témoigne d'options qui empruntent leurs thèmes au système judiciaire métropolitain, même si cette expérience n'a parfois pas été suivie de manière affirmée dans les autres colonies.

Quelques traits de la justice en Algérie illustrent cette constatation.

- L'unicité de juge adoptée dès l'ordonnance royale du 10 août 1834, sortie des travaux de la commission mise en place pour fonder une organisation judiciaire.

A cette date, le tribunal de première instance d'Alger se composait de deux juges, mais l'un connaissait de toutes les affaires civiles, même celles appartenant au juge de paix, l'autre remplissant les fonctions de juge de simple police, de tribunal correctionnel et de juge d'instruction. Dans chacun des sièges des tribunaux de Bône et d'Oran, un juge unique remplissait seul les mêmes fonctions outre des affaires criminelles et des affaires commerciales.

---

[27] L'insécurité croissante, les charges de plus en plus fortes qu'induisaient les jurys pour les colons, la méfiance des indigènes à l'encontre de l'impartialité des assesseurs et aussi le caractère variable des décisions comme le côté excessif de certaines autres en avaient fondé l'idée.

[28] Dalloz, 1910, n°1136.

[29] Note sur l'occupation d'Alger, page 29, ANSOM, FM 80/10.

- L'extension de compétence des juges de paix appuie ce deuxième trait des justices coloniales par son double caractère d'antériorité et de permanence.

Elle était déjà inscrite dans l'ordonnance de 1842 qui permettait au ministre de la Guerre de modifier, provisoirement s'il y avait lieu, la compétence et les attributions du juge de paix de Blida et de statuer, en outre, par des arrêtés sur la compétence des juges de paix qui seraient ultérieurement créés en dehors des lieux où siègent des tribunaux de première instance (art. 13).

Mais c'est le décret du 19 août 1854 qui établit cette classe particulière de juges de paix, cumulant les fonctions de juge de paix pour les actions personnelles et mobilières, en matière civile et commerciale, en dernier ressort jusqu'à la valeur de 500 francs et en premier ressort jusqu'à 1000 francs ainsi que les attributions du président du tribunal de 1ère instance pour les actions en référé en toutes matières et, plus tard, dans certains cas, une compétence correctionnelle. Il en fut installé dans plusieurs villes : Alger, Blida, Mostaganem, Bône, Philippeville, Oran, Tlemcen, etc. Leurs jugements sont déférés, en appel, aux tribunaux de 1ère instance mais également en cassation pour excès de pouvoir et violation de la loi (à la différence sur ce dernier point des justices de paix à compétence ordinaire)[30]. En vérité, les attributions du juge de paix à compétences étendues en font « un singulier magistrat »[31].

Au civil, non seulement il connaît des questions spéciales ignorées des tribunaux en France[32], mais encore, il a en matière commerciale une compétence propre et dispose d'une compétence étendue en matière de référé. Le décret du 19 août 1854 a donné à ce magistrat du Bled les pouvoirs qu'exprime, en matière de référé, le président du tribunal de 1ère instance dans les villes. Mais ici, aux règles traditionnelles (urgence et absence de préjudice au principal) qui doivent être absolument respectées, s'ajoute une entorse à celle qui voudrait que le référé soit une émanation de la juridiction du tribunal : ce magistrat peut connaître de matières qui ne relèvent pas de sa compétence d'attribution et exclusive aux termes de la loi « les fonctions du président du tribunal de grande instance comme juge des référés en toute matière ». C'est dire que, théoriquement[33], il peut statuer même si le procès est pendant devant le tribunal de grande instance. Sa compétence étant exclusive de celle du président du tribunal de grande instance les plaideurs ne peuvent s'adresser à ce dernier, ni même soulever l'incompétence du juge unique *in limine litis.*

Au commercial, il connaît de toutes les actions personnelles et mobilières, y compris des litiges commerciaux entre musulmans et, là encore, pourra user du référé même si la compétence du fond lui échappe parce qu'elle dépasse le taux de sa compétence.

En matière musulmane, il est compétent en toutes matières. En Kabylie, seulement en matière civile et commerciale, mobilière ou immobilière, dans le Nord

[30] Dalloz, Supp. n° 451.

[31] Voir A. NARFEZ, « Un singulier magistrat, le juge de paix à compétence étendue d'Outre-mer », in : *Pouvoir judiciaire*, mai 1956.

[32] Ainsi, en matière d'état civil, sa compétence va bien au-delà de la simple vérification des registres puisqu'il est chargé de la procédure d'inscription collective des naissances d'omis musulmans à l'état civil, d'assurer les enquêtes en cas d'erreurs ; en matière d'accidents du travail, les déclarations d'accidents et les enquêtes lui incombent ; en matière d'assistance judiciaire, il instruit les demandes à la demande du parquet.

[33] En pratique, le juge d'instance renverra les plaideurs devant le tribunal saisi du fond.

(le cadi étant compétent pour le statut personnel et les successions) ; dans le Sud, en cas d'option de juridiction seulement, étant entendu qu'il a dans ces matières les compétences de référé (ignoré du droit musulman).

Au pénal, enfin, où il a non seulement une compétence correctionnelle mais encore celle d'Officier de Police Judiciaire (maintenue encore à titre provisoire en 1959), faisant ainsi de lui dans son ressort l'antenne du parquet, ne disposant pas toutefois ni de l'action publique, ni du droit de classement mais conseillant et dirigeant les Officiers de Police Judiciaire de son ressort, ayant pouvoir de prolonger et de contrôler la garde à vue. Il se transporte sur les lieux en cas de flagrance de crimes et délits afin d'établir la procédure, demander la saisine de l'instruction. Il contrôle les prisons, instruit toutes les affaires dans sa circonscription, peut décerner mandat de dépôt provisoire. Par ailleurs, il a délégation générale pour procéder à « toutes opération et vérification nécessaires à la manifestation de la vérité », outre bien sûr, qu'il peut juger tous les délits (le ministère public étant rempli par un non magistrat) n'emportant pas une peine d'emprisonnement supérieure à 6 mois ou 600 francs d'amende dans le décret du 18 août 1854.

- Il en est de même – troisième trait – pour le personnel judiciaire. On rappellera la décision d'installer en 1858 un Procureur général, indépendant du gouverneur et nanti des mêmes compétences qu'en métropole, signe d'un souci d'indépendance mais, expérience qui ne sera suivie dans aucune autre colonie, sinon un bref instant en Indochine, séparation étant ainsi faite entre chef du service judiciaire et Procureur général.

Les défenseurs quant à eux, cumulèrent un temps les fonctions d'avocats et d'avoués. L'ordonnance de 1834 créa sous ce nom un corps d'officiers ministériels cumulant les deux fonctions et jusqu'en 1843, leur ministère était facultatif. A cette date, le Gouverneur de l'Algérie, Cavaignac, créa des collèges d'avocats et, en 1848, un arrêté ordonna la formation des tableaux. C'est donc à partir de cette date que progressivement, mais non sans mal, que les défenseurs furent cantonnés dans les fonctions d'avoués : la substitution de nom voulue par le décret du 27 août 1849 ne parvint pas à rompre l'usage et en 1869 encore les défenseurs continuaient à plaider. Il n'est toutefois pas inutile de préciser qu'après un décret éphémère de 1870, le décret du 27 décembre 1881 sépare définitivement la postulation de la plaidoirie, les défenseurs en exercice gardant au demeurant leur droit de plaider. Pour les nouveaux avoués, était toutefois maintenue, outre quelques particularités, la règle selon laquelle ils n'ont (pas plus que les autres officiers ministériels), le droit de présenter un successeur.

Quant à l'inamovibilité, son extension en Algérie a été différée[34]. C'est un point sur lequel le statut des magistrats algériens se distingue de celui des magistrats métropolitains.

---

[34] Le refus de l'inamovibilité fut décidé en 1833 ; il fut renouvelé après la loi du 30 août 1883, dont certaines personnalités algériennes (M. Letellier député d'Alger et le Procureur général Pompéi) avaient prétendu qu'elle avait aboli les textes antérieurs sur ce point, d'une part par la cour de cassation, d'autre part par le conseil d'Etat. Consultée, la Cour de cassation émit le 30 avril 1885 un avis par lequel elle considérait que la loi de 1883 n'avait pas eu pour effet d'introduire l'inamovibilité, étant impossible de tirer du silence de la loi une conséquence aussi importante.
Portée devant le Conseil d'Etat, par un magistrat transféré d'Oran à Alger, la question fut retenue dans le même sens par arrêt du 23 juin 1893 (Cass., Affaire Bariat, D.P. 1893.3.65). Le Conseil d'Etat y fit observer que la situation particulière à l'Algérie avait jusqu'ici fait rejeter l'inamovibilité et que rendre les

Reste le souci de simplification qui entoure la mise en œuvre de la justice. Certes, le code de procédure civile a été promulgué en Algérie en vertu de l'ordonnance du 16 avril 1843[35]. Mais, comme ailleurs, le législateur a dû résoudre la conciliation entre le maximum de garanties pour les justiciables et le minimum de frais, de formalités et de délais en introduisant un certain nombre de modifications. Pour les justices de paix, la solution fût naturellement d'adopter la procédure française en vigueur auprès de celle-ci. La procédure des justices de paix, ordinaire et à compétence étendue, fut donc celle des justices de paix ordinaires : simple billet d'avis, procédure simplifiée et économique des justices de paix, par opposition aux jugements par défaut reçus dans les trois jours de la signification, appel des jugements portés devant le tribunal de 1ère instance.

Pour les tribunaux, la simplification consiste tout d'abord à décider que plutôt que d'avoir affaire à deux personnes : avoué et avocat, il suffirait de s'adresser à une seule (l'avocat – défenseur), de même qu'à simplifier les états de frais. En outre, d'après les ordonnances des 10 août 1834 (art. 47) et du 26 septembre 1842 (art. 54), toutes les instances civiles étaient dispensées du préliminaire de conciliation, mais cette disposition fut rapidement abrogée.

Enfin, l'exécution des décisions judiciaires avait été entourée de garanties particulières. La contrainte par corps en matière commerciale comme en matière civile avait été introduite en Algérie par l'ordonnance du 10 août 1834 (art. 60), modifiée par l'article 71 de l'ordonnance du 28 février 1841 et l'article 72 de l'ordonnance du 26 septembre 1842. Les formes en étaient réglées par la loi métropolitaine du 17 avril 1832 (ord. 16 avril 1843, art. 45). En outre, existait une garantie spéciale consistant pour le créancier à empêcher que le débiteur ne quitte le sol algérien. L'ordonnance du 16 avril 1843 dans ses articles 23 à 31 réglementait minutieusement cette opposition au départ, évitant toutefois qu'elle ne dégénère en vexations inutiles. Cette législation fut abrogée par le décret du 27 juillet 1867 promulguant en Algérie la loi du 22 juillet de la même année supprimant la contrainte par corps en France ; en 1910, on estime que « cette procédure n'a plus de raison d'être et elle est tombée en désuétude ».

Il est probable cependant que « l'essai algérien » ait servi de source d'inspiration pour les autorités d'autres colonies. En effet, la conquête de l'Algérie appartient à une époque où la pensée d'Auguste Comte diffuse les trois démarches, contenues dans ses œuvres de philosophie positive (publiées entre 1830 et 1845), que sont l'observation, la comparaison et l'expérimentation, principes qui seront repris par les continuateurs de sa pensée et évoqués en AOF et précisément au

magistrats de l'Algérie inamovibles était « une grave question d'organisation judiciaire qui ne peut être résolue que par l'accord des pouvoirs publics… que par le texte précis d'une loi nouvelle ».

[35] Outre quelques aménagements mineurs concernant les lieux de signification et les délais, l'essentiel des modifications apportées par l'ordonnance du 16 avril 1843 porte d'une part sur toutes les matières qui sont en Algérie réputées sommaires et jugées sur simples conclusions motivées, signées par les défenseurs ou l'avoué – constitué. D'autre part, si une affaire ne paraît pas susceptible d'être jugée sur plaidoirie, le tribunal pourra ordonner qu'il soit fourni des mémoires. Toutefois, malgré ce principe, qui vit les tribunaux algériens décider dans un premier temps que les règles des enquêtes ordinaires ne sauraient être appliquées en Algérie, l'enquête par voie ordinaire, orientation confirmée par une jurisprudence nombreuse. En ce sens, voir Civ. 15 janv. 1895, D.P. 1896.2.318 et notes.

Sénégal lorsqu'il s'agira d'imiter, sur certains points, la politique menée par la France en Algérie[36].

[36] D'importants développements seront consacrés à cette question dans notre étude historique des institutions du Sénégal.

- II -

BENIN

2.
La monarchie du Dahomey et le pouvoir judiciaire

par
César GUEGNI
Doctorant en Droit Privé, Université d'Abomey-Calavi

Les systèmes politiques, juridiques et judiciaires des sociétés royales africaines étaient plus ou moins organisés voire hiérarchisés. La coutume était le socle du système législatif, tandis que le roi ou le monarque était à la fois le garant de la justice et du pouvoir régalien. Dans les royaumes d'antan, le roi détient l'entièreté du pouvoir, lequel lui confère la puissance. Son pouvoir est sacré et sa parole incontestable. Il inspire et incarne respect et assurance. Il garantit le respect des normes et valeurs qu'il impose ou fait observer. Responsable moral de la royauté, le roi est le garant de l'ordre et de la discipline sociale. Usant des termes actuels, on dira que le roi assure l'exécution des lois et garantit celles des décisions de justice[1]. C'est dire que le roi est source de toute justice[2]. Ainsi, hormis ses attributs liés à l'exercice de son pouvoir régalien, le monarque s'est également érigé en juge. Cette concentration des pouvoirs dans les mains du monarque a fait germer la réflexion sur la monarchie du Dahomey et le pouvoir judiciaire.

Du latin *monarchia* et du grec *monos* qui signifie seul et *arkhein* qui signifie commander, la monarchie est le « Gouvernement d'un Etat régi par un seul chef. Le régime politique où le chef de l'État est un roi héréditaire »[3]. C'est aussi « l'État gouverné par un roi ou un empereur, généralement héréditaire »[4]. Pour le doyen Gérard CORNU, la monarchie est le « régime dans lequel le chef de l'État est un monarque [un chef d'État unipersonnel et héréditaire : roi, empereur ou prince] »[5]. Il continue en disant que c'est également « l'État ayant ce régime »[6].

Il appert de ce qui précède que la monarchie est un régime politique où le pouvoir est détenu par un seul chef : le monarque ou le souverain.

Du latin *potere*, le pouvoir est défini comme l' « autorité, la puissance, le gouvernement d'un pays, le crédit, l'influence, la possibilité d'action d'une personne, d'une chose »[7]. D'un point de vue organique, le pouvoir désigne « l'organe détenteur de la fonction sociale correspondante. A cet égard, le pouvoir exécutif est le gouvernement, le pouvoir législatif est le Parlement, le pouvoir judiciaire est formé par les tribunaux »[8]. C'est également « l'ensemble des compétences juridiques et des capacités matérielles de l'État, compétence suprême permettant de contrôler l'exercice des autres »[9].

Du reste, le pouvoir politique est la « puissance caractéristique des gouvernants et de l'ensemble des individus, organes et institutions, exerçant une

1 Bénin : Revue de la justice Criminelle, Institut d'Études de Sécurité, Monographie 163, juin 2009, pp. 109-110
2 M. BADJI, *Cours d'histoire du droit et des institutions judiciaires en Afrique*, Université d'Abomey-Calavi (Master Droit et Institutions Judiciaires), Inédit, 2014.
3 Le dictionnaire érudit de la langue française, Larousse, Paris, 2010, p. 1179.
4 *Idem*.
5 G. CORNU, *Vocabulaire Juridique*, PUF, Paris, 2011, p. 662.
6 *Idem*.
7 Le dictionnaire érudit de la langue française, Op. Cit, p. 1476.
8 C. DEBBASCH, J. BOURDON, J.-M. PONTIER et J.-C. RICCI, *Lexique de politique*, Dalloz, Paris, 7ème édition, 2001, pp. 331-332.
9 G. CORNU, Op. Cit., p. 775.

influence sur leurs décisions dont le but premier est la préservation et le développement de la société »[10]. Le pouvoir est donc l'ascendant, l'emprise ou la domination physique, morale ou psychologique qui est exercé sur une personne ou un groupe d'individus. C'est la puissance politique qui gouverne un État, l'autorité à laquelle est soumise chaque citoyen et qui permet à un individu ou à un groupe d'appliquer, de faire exécuter ou d'imposer, éventuellement par la force, des décisions dans des domaines très variés (culture, économie, politique, justice, etc.).

Du latin *judiciarius* (relatif à la justice), judiciaire vient de *judicium* qui signifie action de juger, jugement, tribunal. *Lato sensu*, le judiciaire est ce « qui appartient à la justice, par opposition à législatif et administratif »[11]. *Stricto sensu*, c'est ce « qui concerne la justice rendue par les tribunaux judiciaires »[12]. C'est dire qu'est judiciaire, ce qui a trait à la justice, qui est relatif à la justice, à son organisation ou à son administration, qui se fait en justice, par autorité de justice, qui découle d'une décision de justice.

Le pouvoir judiciaire est donc une prérogative, un ensemble de compétences de l'État, qui permet à la personne qui dirige l'Etat de rendre la justice par le truchement des cours et tribunaux.

In fine, relativement au caractère historique de la présente étude, il y a lieu de retenir des définitions ci-dessus que la monarchie est un régime dans lequel le pouvoir politique est détenu par une seule personne, qui rendait également la justice, qui jugeait. Les pouvoirs politique et judiciaire étaient donc concentrés entre les mains d'un seul individu : le monarque ou le roi.

Dans le cadre de cette étude, retiendrons l'attention, au vu de leurs influence et rayonnement dans l'histoire royale[13] de l'actuel Bénin, les royaumes du Danxomê et de Nikki.

L'histoire nous enseigne que, petit royaume fondé en 1625 et s'étendant sur environ 150 kilomètres du nord au sud et sur 60 à 80 kilomètres à l'est et à l'ouest, le Danxomê est cependant la plus connue des entités politiques qui ont existé sur le territoire de l'actuelle République du Bénin à l'époque précoloniale[14]. Le Danxomê fut un royaume de l'Ouest africain qui s'épanouit aux XVIIIe et XIXe siècles, dans la région qui correspond aujourd'hui au sud de la République du Bénin. Une monarchie de type absolue se met en place, unique en son genre en Afrique. Entouré d'une cour fastueuse, le roi se trouve au sommet d'une société rigoureusement hiérarchisée de nobles, de roturiers et d'esclaves. Le corps dirigeant, fortement

---

10 C. DEBBASCH, J. BOURDON, J.-M. PONTIER et J.-C. RICCI, Op. Cit., p. 332.

11 G. CORNU, Op. Cit., p. 578.

12 *Idem*.

13 Dans le Bénin actuel, il existait plusieurs royaumes qui étaient érigés sur la base de l'appartenance ethnique et régis par la coutume (ensemble de lois) définie et connue de tous. Il y avait ainsi les royaumes d'Abomey, de Hogbonou (actuelle Porto-Novo), Ouidah, Savi, Allada, Kétou, Dassa, Djougou, Nikki, etc. Les frontières de ces royaumes changeaient au gré des affrontements qui les opposaient et des conquêtes territoriales qui en résultaient. Des vestiges de cette période demeurent à Abomey, Porto-Novo, Ouidah, Kétou, Dassa,... Cf. « Histoire du Bénin », document non paginé disponible sur http://www.ouadada.com/articles/infos-tourisme-au-benin/le-benin/histoire-du-benin, page consultée le samedi 6 février 2016 à 13h 14min 50s.

14 J. C. ALLADAYE, *Fresques Danxoméennes*, Les éditions du Flamboyant, Cotonou, 2008, p. 9.

centralisé, est composé de roturiers qui ne peuvent mettre en cause l'autorité royale[15].

Le nord de l'actuel Bénin a connu plusieurs royaumes bariba, dont notamment le royaume de Nikki. Leurs sociétés sont structurées en classes sociales strictes : nobles guerriers, agriculteurs roturiers, artisans et esclaves. Vaste royaume fondé entre le XVe et le XVIe siècle, le royaume de Nikki a pour Cœur Ouénou, une petite localité située à 7 km de la ville de Nikki. Mais le territoire comprend tout le Borgou, une partie de l'Atacora et une partie du Nigéria. Les villes qui composent le royaume de Nikki sont nombreuses à savoir Nikki, N'Dali, Kalalé, Bembérèkê, Parakou, Banikoara, Kandi, Sinende, Gorgounou, Wassa-Pehunco, Kérou, Kouande, Tchaourou, Ségbana. Le reste du Nord du Bénin est partagé entre les Dendi (Karimama et Malanville) et les Somba. Le royaume de Nikki a toujours fasciné les chercheurs à cause des différents peuples qui le composent à savoir les Wassangari et les Bariba, mais surtout à cause de l'histoire de son trône. Le Roi (le *Sina Boko*)[16] ne pouvant régner seul, il est aidé dans sa tâche par les ministres qui sont :

- Le Premier ministre : *Sina Dounwirou*[17] qui signifie « la tête du cheval ». Durant la Gaani il est toujours devant le Roi. Quand il meurt il est enterré dans leur cimetière à Ouénou.
- Le ministre de l'Agriculture : *Sina Gbèrè*. Il s'occupe de l'approvisionnement de la cour royale. Chaque fois que l'on tue un bœuf, le Roi a sa part car il ne doit pas acheter de la viande. Le chef boucher est *Yarari Sounon*.
- Le ministre de la Défense : *Sounon Tooto*.
- Le chef des griots *Bara Sounon* est en même temps le ministre de la Communication. Tous ces ministres vivent dans leurs maisons respectives en dehors de la Cour royale[18].

Le sujet dont il s'agit ne manque pas d'intérêt, d'autant que plusieurs années après la fin de l'hégémonie des royaumes avec l'arrivée des colons et l'indépendance du Bénin, moult interrogations rejaillissent au sujet de la façon dont la justice était rendue dans les monarchies d'antan. L'intérêt de ce sujet est double en ce qu'il est à la fois théorique et pratique. Théoriquement, il permettra de se replonger dans un débat qui n'a de cesse de passionner les auteurs africains et

15 Universalis, « DAHOMEY ROYAUME DU (XVIIIe-XIXes.) » in *Encyclopædia Universalis*, revue disponible en ligne sur http://www.universalis.fr/encyclopedie/dahomey-royaume-du/. Page consultée le samedi 6 février 2016 à 13h 45min 53s.

16 L'actuel Roi de Nikki a pour nom Sabi Nayina III et est âgé de 70 ans. Gounou Sidi Zimé Amouda à l'état civil, Bio Yérima de nom de prince, il est de la dynastie des Lafiarou et a été désigné le samedi 2 août 2014 parmi 27 prétendants pour succéder à Séro Kora III décédé il y a un peu plus de trois mois plutôt. Ce nouveau roi est menuisier de formation et père de 25 enfants dont 17 encore vivants. Il a pour mission de continuer les œuvres de son prédécesseur pour la prospérité et l'unité du royaume de Nikki. Il a été intronisé après des rituels à la cour royale. Cf. I. A. YAÏ, « Succession royale : Sabi Nayina III, nouveau roi de Nikki », document non paginé disponible sur http://www.fraternitebj.info/culture/article/succession-royale-sabi-nayina-iii, page consultée le samedi 6 février 2016 à 14h 30min 54s.

17 L'actuel Premier ministre du Royaume de Nikki s'appelle BIO GUERA (2005-). Cf. informations recueillies lors de la visite effectuée au palais du Premier ministre du Royaume de Nikki, le jeudi 28 janvier 2016 entre 10h et 15h.

18 S. DAOUDA, sous la direction de L. ASSOGBA, « Le Royaume de Nikki au Dahomey (actuel Bénin) », document non paginé disponible sur http://salim.daouda.over-blog.com/article-le-royaume-de-nikki-au-dahomey-actuel-benin-98565636.html, page consultée le samedi 6 février 2016 à 14h 18min 36s.

occidentaux sur la conception de la justice dans les monarchies africaines. Pour les premiers, la concentration des pouvoirs judiciaire et régalien entre les mains du monarque finissait d'asseoir ses autorité et hégémonie. Pour les seconds par contre, cette concentration induisait le caractère barbare et déviant des monarchies africaines d'alors.

D'un point de vue pratique, le sujet donnera l'occasion d'apprécier si les déviances observées quelques fois dans la reddition de la justice par le monarque, n'ont pas fini de convaincre les États africains modernes dans le choix de la forme de l'Etat et surtout dans l'adoption du système de séparation des pouvoirs.

Au vu de ce qui précède, il est opportun de se poser la question suivante : quels rapports existaient-ils entre la monarchie et le pouvoir judiciaire ?

Le fait pour le monarque d'incarner également la justice était bénéfique aussi bien pour son hégémonie, pour l'efficience de la justice que pour le bien-être de ses sujets. D'aucuns bénéficiaient même de privilèges. En d'autres termes, on se penchera sur la nature et les implications de la confusion du pouvoir judiciaire entre les mains du roi.

Aussi, sera-t-il relevé que cette concentration n'était pas absolue. En effet, dans une démarche de hiérarchisation de la justice, certaines affaires échappaient au roi. Il sied par ailleurs de relativiser cette opinion en ce que l'hégémonie du roi demeurait implicitement.

Partant, dans une approche exégétique, il sera d'abord examiné la concentration apparente entre la monarchie et le pouvoir judiciaire **(I)**, puis, la distinction sous-jacente entre la monarchie et le pouvoir judiciaire **(II)**.

I- Une concentration apparente

L'essence de la monarchie est l'exclusivité de l'exercice du pouvoir par le monarque. Le pouvoir judiciaire qui est l'un des attributs liés à son pouvoir n'y a pas dérogé. La vie judiciaire voire juridique relève donc de sa compétence. Cet état de choses amène à se pencher sur la nature **(A)** de cette concentration apparente, mais aussi sur ses implications **(B)**.

A. La nature de la concentration

Le roi incarnait pleinement la justice de par la conduite des affaires dont il connaissait. D'ailleurs, certaines personnalités du royaume bénéficiaient de cette hégémonie du monarque. La nature de la concentration induit donc l'hégémonie du roi dans la reddition de la justice **(1)** et les privilèges dont bénéficient certaines personnes **(2)**.

1) Le roi : ce grand justicier

Le roi combine, de façon schématique, les fonctions d'« arbitre » et d'« entraîneur » ; son pouvoir se cherche entre les rôles de Jupiter (l'impérieux), d'Hercule (l'infatigable Providence) et d'Hermès (le communicateur)[19].

Dans les premières heures de son existence au sein des tribus qui ont formé le Danxomê, la justice, avec le droit de vie et de mort, était exclusivement entre les mains des rois (*Ahossou*). Mais, aux *Aladahonou*[20], il appartenait de faire cesser cette situation en confisquant le pouvoir des rois des tribus au profit de leurs rois. Ainsi, selon la tradition, c'est Huégbadja (1650-1680), le deuxième roi du Danxomê

---

19 F. OST, *Dire le droit, faire justice, Bruxelles*, Bruylant, 2007, p. 232. Cité par M. BADJI, Op. Cit.
20 C'est ainsi que l'on appelait les fondateurs du Danxomè.

et édicteur des 41 lois[21], qui a interdit aux tribus soumises aux *Aladahonou*, *« non seulement la vengeance individuelle mais aussi l'exercice de toute autre justice que la sienne »*[22]. L'exercice de la justice a donc commencé sous le règne de Huégbadja et était un attribut personnel du roi ; ce qui lui a valu l'appellation de *« grand justicier »*[23]. Au Danxomê, le roi était le seul à pouvoir décider de gracier ou de mettre à mort[24]. Fort de cette « *figure d'autorité* »[25], il rendait la justice devant les portes de son palais à Agbomey (Abomey), en présence de ses ministres[26], des grands dignitaires du peuple et des guerriers. Une case appelée *Akabaxa* était aménagée pour les audiences. Elle faisait office de palais de justice. Lors de l'audience, « aucun débat n'avait lieu en présence [du roi]. Au milieu d'un silence émouvant, s'élevait seule la voix de l'accusateur, qui résumait l'affaire, telle que l'avaient étudiée avec lui des chefs ou des grands cabécères [*gbonougandaho*][27] »[28].

Au cas où l'accusé avouait son forfait, le roi prononçait une peine à son encontre. Le professeur Maurice AHANHANZO GLELE précise qu'« en cas de condamnation, c'était [le roi] qui décidait, après avoir recueilli l'avis de tous les ministres. Pendant que l'on délibère, le roi avait, devant lui, une calebasse contenant des cauris avec lesquels il jouait pendant que les dignitaires, ses assesseurs délibéraient. Suivant qu'il gardait ou non en mains des cauris, on savait la sentence »[29]. Tous les avis étant recueillis, « si le roi garde des cauris à la fin des débats, le prévenu est condamné, mais pas à mort ; s'il n'a plus de cauris, le prévenu est condamné à mort car le roi n'a plus d'argent pour le racheter »[30].

La fixation de la peine était donc subordonnée au nombre de cauris que le roi avait en main. Ainsi, la sévérité de la peine s'appréciait par rapport à l'importance du nombre de cauris entre les mains du roi. Pour autant, lorsque la main du roi était vide, cela impliquait la condamnation à mort de l'accusé. Cette forme de fixation des peines n'était pas inique comme d'aucuns le croyaient. En effet, dans la tradition dahoméenne, les divinités et les esprits occupèrent une place de choix et sont donc invoqués chaque fois que la justice devait être rendue. Le rôle important que jouaient ces « juges invisibles » dans les croyances, contribuait à leur imputer à leurs œuvres, l'existence ou non de cauris dans la main du roi. Par suite, à travers le roi, c'est en réalité les « juges invisibles » qui sanctionnaient l'accusé.

---

21 La tradition rapporte unanimement qu'au nombre de ces 41 coutumes, lois ou kande lisa, figurent des coutumes pénales.

22 A. LE HERISSE, *L'ancien royaume du Dahomey, mœurs, religion, histoire*, Émile LAROSE, Paris, 1911, p.73.

23 A. LE HERISSE, Op. Cit., p.74.

24 D'où ses nombreuses autres appellations : *Dada gbêhônoumêto* (celui qui a droit de vie et de mort sur tous ses sujets), *Sê-mêdo* (celui à qui doit se soumettre toutes les créatures de la terre, les visibles et mêmes les invisibles), *Ayinon* (le propriétaire des ressources du sol et du sous-sol, celui qui attribue les terres et à qui revient la collecte des ristournes provenant des terres cédées en location), *Djêhossou* (détenteur des perles et des bijoux et chargé du contrôle de leur fabrication et de leur commercialisation) *Dokounnon* (détenteur et dispensateur des biens).

25 M. BADII, Op. Cit.

26 Ses deux (02) premiers ministres, le Migan et le Méhou, se tenaient l'un à la gauche du roi et l'autre à sa droite.

27 Les cabécères sont au nombre de sept (07) : le Migan, le Méhou, le Yovogan, le Adjaho, le Sôgan, le Tokpo et le Akplogan. Cf. A. LE HERISSE, Op. Cit., p. 37.

28 Cf. A. LE HERISSE, Op. Cit., p. 74.

29 M. AHANHANZO GLELE, *Le Danxomè, du pouvoir aja à la nation fon*, Nubia, Paris, 1974, p. 144.

30 *Idem*.

Au cas où l'accusé n'avouait pas son crime, il devait alors subir les épreuves du fétiche : c'était la pratique des ordalies (*Adikpénoumin*). Sur ce point, il est important de noter le rôle judiciaire du ministre des cultes, le *ajaxo*, institué par le roi Tegbesu[31] (1728-1775). Le *ajaxo* (l'introducteur au palais) jouait en quelque sorte le rôle de juge d'instruction. De même, il était le détenteur de la potion destinée à faire connaître la vérité. Il instruisait donc le *Adikpéto* (celui qui administre la potion) ou *Adinon* (celui qui possède la potion) afin que ce dernier administre la potion (*Adi*) au prévenu[32]. Si le prévenu résistait à la potion, il était innocenté ; sinon sa culpabilité était attestée et l'on passait à la phase du jugement.

Pour LE HERISSE, « les expressions employées par les indigènes pour désigner l'épreuve et ses résultats montrent suffisamment leur croyance en l'occasion. Il boira le poison, disent-ils en parlant de quelqu'un qui va subir l'épreuve. Il a bu le poison et vit, exprime l'innocence. Il est mort par le poison, traduit l'idée de culpabilité »[33].

En pays bariba, le roi rendait la justice dans le ressort de la province de Nikki qui dépendait directement de son autorité[34]. Lors de la reddition de la justice, le roi se faisait assister de dignitaires ou sages[35] « l'assistant de leurs conseils »[36]. A l'instar de celle du Danxomê, la justice dans le royaume Nikki était rendue sous la férule du roi. Pour autant, le système judiciaire précolonial, plus ou moins centralisé selon les royaumes et les groupements de l'actuelle République du Bénin, était vivement critiqué par les colonisateurs. Ces derniers accusaient les régimes politiques et judiciaires en place, notamment celui de leur principal opposant, le Danxomê, d'archaïsme, d'arbitraire et de corruption. Ainsi, Alfred BARBOU décrivait-il, en 1893, la justice danxoméenne de manière très négative : « Les tribunaux ne manquent pas au Dahomey : chaque cabécère, si minime qu'il soit, a le sien. Mais ce n'est pas la justice qui se rend, l'injustice qui se professe. (...) La pratique des juges dahoméens est de faire payer celui qu'ils absolvent et celui qu'ils condamnent »[37].

Cependant, la sévérité de la justice permet de dissuader un quelconque candidat à la transgression des coutumes qui régissent la société royale. Les sujets du roi doivent, pour leur gouverne, savoir qu'il ne faut pas enfreindre voire défier l'autorité des règles royales. On le voit donc, ainsi qu'il ressort de ce qui précède, la

31 M. AHANHANZO GLELE, Op. Cit., p. 134.

32 Au sujet du destinataire de la potion, A. LE HERISSE parle plutôt d'un coq. Pour plus amples développements sur le déroulement de l'épreuve du fétiche, voir A. LE HERISSE, *Op. Cit.*, pp.74-75 et « Le Dahomey », Notices publiées par le Gouvernement Général à l'occasion de l'exposition coloniale de Marseille, Émile LAROSE, Paris, 1906, p. 101.

33 *Idem.*

34 Voir J. LOMBARD, « La vie politique dans une ancienne société de type féodal : les Bariba du Dahomey », in *Cahiers d'études africaines*, vol.1, n°3, 1960, p. 12. Document disponible sur http://www.persee.fr/doc/cea_0008-0055_1960_num_1_3_2946, page consultée le samedi 6 février 2016 à 14h 36min 30s.

35 Ceux-ci l'accompagnaient également à la guerre.

36 J. LOMBARD, Loc. Cit., p. 13.

37 A. BARBOU, *Histoire de la guerre au Dahomey*, Paris, 1893, p. 38. Cité par L. MANIERE, *Ordre colonial, contrôle social et correction des déviances au Dahomey (1892-1946)*, Diplôme d'Études Approfondies en histoire, Université Paris VII, 2002, p. 79. Lui-même repris par B. BRUNET-LA RUCHE, *La justice pénale au Dahomey de 1900 à 1960*, Université de Toulouse II, Le Mirail, Master 2 histoire contemporaine, 2008. Disponible sur http://www.memoireonline.com/06/10/3567/La-justice-penale-au-Dahomey-de-1900--1960.html, page consultée le samedi 13 février 2016 à 12h 04min 20s.

supériorité du « *roi-juge* » n'est pas que dans les esprits, elle est en permanence mise en évidence à travers le décorum du pouvoir judiciaire qu'il incarne[38]. Quid de la justice des personnes privilégiées ?

2) La justice des personnes privilégiées

L'épreuve du fétiche décrite ci-dessus est le châtiment le plus ordinairement infligé aux gens de la basse classe ; quant aux riches et aux chefs, c'est par les amendes, la confiscation ou la privation de leur dignité qu'ils sont punis ; l'emprisonnement est inconnu, et par conséquent, il n'existe nulle part de prison[39]. Au sein des royaumes du Danxomê et de Nikki, la justice était donc une justice de classe au sein de laquelle d'aucuns étaient privilégiés au détriment de certains autres. La justice n'était pas, pour ainsi dire, républicaine. Or, « la justice coutumière ne tient pas compte du statut social ou de la capacité financière du justiciable »[40].

Primo, dans le royaume du Danxomê, les princes et les membres de la famille royale, bien qu'ayant le titre de privilégiés, étaient jugés au même titre que les autres justiciables. Seulement, leurs audiences étaient à huis clos, c'est-à-dire à l'abri de tout regard. Mêmement, la teneur de leur condamnation était mise sous le boisseau. Ainsi, « si l'un [d'entre eux] méritait la mort, il n'était pas exécuté publiquement. Le Mèhou se chargeait de le faire disparaître et on disait, en langage courant, qu'il avait été « perdu »[41]. A la vérité, le privilégié n'était donc pas tué, mais plutôt mis hors de vue des regards indiscrets. Par euphémisme, on affirme que le *Mèhou* se chargeait de le faire disparaître, de le perdre[42].

Secundo, au royaume de Nikki, les princes, à l'instar de ceux d'Agbomey, sont jugés au même titre que les autres justiciables. Mais pour éviter une éventuelle vengeance de la famille royale de laquelle le prince est issu[43], l'unique sanction était la « *simple* » malédiction. La justification de la « *minorité* » de cette sanction réside dans l'honneur du bariba qui lui est très cher. Le bariba ne permet à quiconque de bafouer son honneur. Lorsque cet honneur venait à être foulé aux pieds, des représailles pouvaient être observées. D'où le dicton bariba qui dit à peu près : *« Tant que la honte n'est pas effacée, la vengeance demeure »*. C'est dire combien de fois le bariba tient à garder son honneur intact. De même, toujours en pays bariba, l'étranger, sauf s'il s'était mal comporté, bénéficiait d'un privilège quand il s'agissait de résoudre un litige l'opposant à un autochtone. Cela se justifie par le fait que l'on présume que l'étranger n'a pas une connaissance avérée des coutumes applicables au royaume de Nikki[44].

Au demeurant, dans le royaume de Nikki comme dans celui du Danxomê, il est de notoriété publique que le roi ne saurait aucunement être jugé. D'ailleurs, il est inimaginable que quelqu'un de son rang puisse commettre un quelconque forfait qui, du reste, ne sera pas connu de tous et ce au-delà des frontières de son royaume. La

38 R. JACOB, *Images de la justice : essai sur l'iconographie judiciaire du Moyen-âge à l'âge classique*, Paris, Le Léopard d'or, 1994. Cité par M. BADJI, Op. Cit.

39 Cf. Docteur REPIN, « Voyages au Dahomey », in *Le Tour du Monde*, VII, 1863, p. 102. Cité par L. MANIERE, Op. Cit., pp-20-21. Lui-même repris par B. BRUNET-LA RUCHE, Loc. Cit.

40 Bénin : Revue de la justice Criminelle, Op. Cit., 128.

41 A. LE HERISSE, Op. Cit., p.78.

42 En langue fon, on dit « *yéboumin* ».

43 A Nikki, l'accession au trône se faisait de façon rotative. Il existe diverses familles royales. Quand advient le tour d'une famille, celle-ci désigne, en son sein, un prince afin qu'il devienne roi.

44 L'allogène était donc censé ignorer la loi.

survenance d'un tel événement jettera bien évidemment l'opprobre sur la renommée de son royaume. Aussi, le roi du Danxomê qui a à sa disposition une police secrète (*guèdè*) chargée de surveiller les chefs de province et de village du royaume, pouvait-il s'en servir pour commettre un forfait (torturer ou tuer quelqu'un par exemple) sans laisser de trace. Il lui était donc loisible de se rendre justice en catimini.

La concentration du pouvoir judiciaire entre les mains du roi a des implications.

B. Les implications de la concentration

La concentration des pouvoirs entre les mains du roi impliquait certaines déviances. Cet état de choses se percevait dans les peines encourues **(1)** et les dérives observées **(2)**.

1) Les peines encourues

La peine la plus courante dans les royaumes objet de la présente étude, était la mort[45]. La peine de mort a été instituée comme symbole de la sévérité du pouvoir judiciaire. Était puni de mort, celui qui se rendait coupable, entre autres, de récidive de vol avec effraction ou escalade, de vol sur les chemins (avec ou sans embuscade), de viol, d'incendie volontaire, d'homicide.

A la lecture des 41 lois du roi Huégbadja, sont sanctionnés par la peine capitale (la peine de mort), la tentative d'ouverture de tombeaux, la tentative de prélèvement d'échantillon quelconque sur cadavre par un fossoyeur, le renversement du roi, la soustraction à l'obligation militaire, la violation de la confidentialité royale, le meurtre à domicile, la complicité d'avortement, la tentative d'empêchement de s'approvisionner au marché, la prononciation de la confiscation des biens par une personne autre que le roi, le trouble à la quiétude sociale par les révélations des prêtres, l'empoisonnement de puits, le fait de se défaire de sa propre vie (suicide), la demande d'appui par un souverain voisin à un autre pour marcher contre Abomey, et la justice privée.

La sanction de l'adultère variait selon la qualité des auteurs. Ainsi, l'homme coupable d'adultère était incorporé parmi les guerriers permanents, puni d'emprisonnement suivi de bannissement si sa complice est l'épouse d'un chef ; mais de mort si c'est l'épouse du roi. La femme coupable d'adultère « ne recevait généralement qu'une correction corporelle. Elle continuait à demeurer chez son mari, auquel l'enfant adultérin appartenait au même titre que les siens propres »[46]. Les épouses royales coupables d'adultère étaient punies de mort[47]. Par contre, « l'adultère des princesses_même épouses royales_n'était que faute légère la coupable passait, tout au plus, quelques mois dans la demeure du précepteur des princes (*Méhou*) »[48].

Dans le royaume de Nikki, il n'y avait pas de prison. Mais, dans ce qui formait le cercle d'Abomey, il n'y avait « *que* » quatre (04) prisons, chacune sous l'autorité et dans la demeure d'un des grands chefs suivants *Migan* et *Méhou* (les deux premiers ministres) ; *Adjaho*, grand introducteur et gardien du palais *Kpakpa*, recruteur du harem et des chanteurs du roi[49]. Il faut noter qu'il n'existait pas de

45 Elle ne fait pas référence à la loi du Talion « œil pour œil, dent pour dent ».
46 A. LE HERISSE, Op. Cit., p.77.
47 *Idem.*
48 *Idem.*
49 Voir A. LE HERISSE, Op. Cit., pp.77-78.

véritables prisons d'Etat comme celles des États modernes. Les chefs de village et de région possédaient une petite case où les prévenus étaient enfermés. A Agbomey la capitale, seuls certains ministres et dignitaires avaient une prison et ce, à l'intérieur de leurs domaines. Les gens du peuple étaient emprisonnés chez le *kpakpa* à Gbekon-huegbo à Agbomey. Il existait d'autres prisons chez le *nahe* à Alligbodji, chez *Kanbode* à Alligo, chez *binazon* à Djebe, chez *nyimavo* sous le règne de Gbéhanzin à Gbekon-huegbo. Les princes quant à eux, étaient emprisonnés chez *le Mehu.* Enfin, à l'intérieur du palais, existait également une prison pour les reines et toutes les autres personnes vivant dans ledit palais.

Hormis l'emprisonnement, les condamnations pouvaient être des travaux forcés à perpétuité. Selon A. LE HERISSE, « les condamnés à la détention perpétuelle subissaient leur peine sur les bords du Koufo, [à une vingtaine de kilomètres de Agbomè dans une région marécageuse appelée] « que le pied ne s'y pose pas » (*affomayi*). Ils ne revoyaient plus personne des leurs jusqu'à leur mort ils cultivaient pour le roi, sous la garde des « chefs de fer » (*gangan*). Si, par hasard, le roi avait besoin de les interroger à nouveau ou de leur demander un renseignement sur une affaire dont ils avaient pu avoir connaissance avant leur détention, ils étaient conduits à Abomey la nuit, mystérieusement et couverts d'un voile »[50].

A titre de sanctions judiciaires, le bannissement et l'exil forcé étaient aussi observés, à Nikki surtout. De même, toujours à Nikki, on assistait à l'enterrement vif ou à la décapitation. Si un condamné est suspecté de fuite ou est pris en flagrant délit de fuite, il était attaché contre un arbre et copieusement flagellé. Il arrivait des moments où ce dernier mourrait de soif. Aussi, à cause de son caractère fort dénigrant, l'humiliation était-elle beaucoup prisée en pays bariba. Elle pouvait consister à mettre une personne nue sur la place publique ou à lui interdire l'exercice de toute activité. Procédait également d'une humiliation, le fait de faire asseoir une personne soupçonnée d'avoir commis une infraction, au milieu de la Cour royale au vu et au su de tous les visiteurs. L'humiliation étant la peine la plus infamante que l'on pouvait infliger à un bariba[51], celui-ci préférait se donner la mort plutôt que d'être humilié.

A Agbomey (Abomey) par contre, le suicide était interdit. Au cas où cela advenait, les parents du suicidé étaient convoqués par le roi aux fins de leur expliquer les circonstances qui auraient pu conduire leur enfant à se donner la mort. Les biens du suicidé étaient également saisis à la demande du roi.

Au regard du caractère « contraventionnel » de certaines infractions, les peines étaient d'un degré moindre. Elles consistaient au paiement d'amendes, à la restitution de l'objet volé, ou du bien objet du litige, que l'une des parties litigantes aurait gardé par devers elle. Des dérives étaient également observées.

2) Les dérives observées

Dans les royaumes de Nikki et du Danxomê, il n'était pas rare d'assister à des abus « *légitimes* » de pouvoir de la part du roi. La trop grande sévérité du pouvoir judiciaire en était la pierre angulaire. Dans le même sens, Edouard Foà affirmait que « la forme du gouvernement du [Danxomê] est le régime monarchique

50 A. LE HERISSE, Op. Cit., p.78.

51 D'aucuns affirment même qu'en pays bariba, l'humiliation était « la peine capitale ». Cf. informations recueillies lors de la visite effectuée au palais du Premier ministre du Royaume de Nikki, le jeudi 28 janvier 2016 entre 10h et 15h.

absolu et sous contrôle. Il donne lieu, de la part du roi, à toutes sortes d'abus. Le moindre de ses caprices est une loi à laquelle doivent se soumettre, sans murmure, tous ses sujets, du premier au dernier, et il change tous les règlements au gré de sa fantaisie. La justice, c'est sa décision, qui est sans appel »[52]. Quelques cas retiennent l'attention.

En premier lieu, au royaume de Nikki, il était possible que le roi se rende coupable de représailles envers une personne qui l'avait offensé avant qu'il n'accède au trône. Un cas a été rapporté par le Premier ministre actuel du royaume de Nikki. En pays bariba, certains animaux sont interdits de chasse car étant la propriété exclusive du roi. Au cours d'une banale partie de chasse, deux princes eurent une dispute afférente à un gibier dont la chasse était interdite. Le premier fit remarquer au second (dont la famille avait un de ses membres assis sur le trône) que l'animal qu'il venait de tuer était interdit de chasse. Pour autant, comme il l'avait déjà abattu, il devait le rendre au roi, conformément aux préceptes du royaume. Le membre de la famille royale n'y prêta pas attention. Pour toute réponse, il lui rétorqua que quand sa famille accédera au trône[53], il lui sera loisible de manger tous les animaux qu'il voudra. Des années plus tard, un litige successoral éclata au sein d'une famille royale (princière pour être plus précis). Il fut déféré devant le roi de Nikki, pour jugement. Au cours des débats, le roi, qui n'est autre que le jeune prince qui avait été vexé, reconnu son « *bourreau* » dans la foule et entra dans une colère noire. Sur la base de leur dispute « *juvénile* », il rendit une décision « *épidermique* » en sa défaveur, sans même recueillir l'avis des membres de sa Cour comme à l'accoutumée[54].

En second lieu, quelques dérives ont été observées dans le royaume du Danxomê. Lors de l'exécution d'une peine à Agbomey (Abomey), LE HERISSE nous apprend qu'un fils du roi Glélé lui a raconté avoir assisté aux exécutions d'un incendiaire et de six (06) voleurs ordonnées par son père. L'incendiaire fut attaché à un poteau et sur son corps les bourreaux promenèrent des tisons ardents, avant d'achever de le faire mourir sur un bûcher. Quant aux voleurs, des coins en bois avaient été enfoncés dans leurs bouches et maintenus par des cordes que le sabre de Migan se chargea de dénouer en tranchant leurs têtes[55].

Mais un supplice, qui semble être resté gravé tout particulièrement dans la mémoire des Dahoméens, fut celui que le roi Glélé fit subir à deux (02) de ses épouses coupables d'adultère et à leurs complices, convaincus en outre de conspiration contre le roi. Voici les propos d'un narrateur indigène à ce sujet : « Le matro, premier adjoint au général en chef et frère du roi Glélé, avait ourdi un complot pour s'emparer du pouvoir mais il fut démasqué ainsi que quatre de ses complices, dont un nommé Adjakobo. On découvrit aussi qu'il avait été l'amant d'une épouse du roi, nommée Lënsouhouè et que ses relations avec elles avaient été facilitées par une autre femme Aïna. Le matro, en sa qualité de prince, ne fut pas

---

52 E. Foà, *Le Dahomey. Histoire- Géographie- Moeurs- Coutumes- Commerce- Industrie- Expéditions françaises (1891-1894)*, Paris, 1895, p.265. Cité par L. MANIERE, Op. Cit., pp-20-21. Lui-même repris par B. BRUNET-LA RUCHE, Loc. Cit.

53 Plus exactement, il lui tint à peu près ce langage : « Quand ta famille brulera sa forêt [c'est-à-dire quand elle utilisera la technique de chasse qui consistait à bruler la forêt préalablement à la chasse], tu pourras manger tous les animaux que tu voudras. ».

54 Cf. informations recueillies lors de la visite effectuée au palais du Premier ministre du Royaume de Nikki, le jeudi 28 janvier 2016 entre 10h et 15h.

55 A. LE HERISSE, Op. Cit., pp.79-81.

châtié publiquement. On le « perdit », c'est-à-dire qu'il disparut à tout jamais chez le Mèhou, précepteur de la famille royale. Quant à ses complices, le Danhomé tout entier assista à leur supplice. Les quatre hommes furent attachés à des poteaux sur la place d'Adjahimè, où s'élève maintenant l'école d'Abomey, et le Migan cria '' Qu'on se taise ! qu'on m'écoute ! quand un Dahoméen commet un crime, je lui tranche simplement la tête. Pour Adjakobo et ses amis, qui ont conspiré contre notre roi, cette mort serait trop douce''. Là-dessus, Migan s'approche des condamnés ; il leur racle les chairs avec la lame de son sabre. Beaucoup de grands chefs l'imitent pour venger notre roi. Des trous sont creusés au pied des suppliciés ; on les remplit de charbons ardents. Les aides du Migan attisent le feu avec les soufflets des forgerons du quartier. Les suppliciés crient...peu à peu leurs voix s'éteignent. Alors pour achever de brûler leurs corps, Migan fait jeter dans le feu de la paille et du bois mort. Après cette exécution la foule se rendit au bas du marché d'Houndjoro. Là, deux grands trous avaient été creusés, la veille, et on y avait attiré des fourmis en y jetant de l'huile de palme. Les deux épouses royales infidèles sont placées debout dans ces trous où on les enterre jusqu'au cou. La foule les injurie..., les fourmis les picotent, les dévorent..., leurs tourments deviennent insupportables. Elles supplient les bourreaux d'implorer la clémence du roi..., bientôt les fourmis pénètrent où le roi seul aurait dû jamais pénétrer..., les suppliciées le crient en demandant pardon mais la foule leur répond par des plaisanteries... Survient le prince Gnimavo, l'ami intime du roi il tient à prouver son grand attachement à Glélé en contribuant au supplice des femmes infidèles. Tout autour de leurs têtes hagardes, il sème de larges traînées de poudre qu'il continue en zigzags jusqu'à plusieurs pas devant elles. Il y met le feu..., deux cris..., un éclair..., c'est la fin. Les coupables sont punies... »[56].

Ces dérives relèvent combien la concentration du pouvoir entre les mains du roi, quoique nécessaire pour l'affirmation de son autorité, pouvait s'avérer peu ou prou néfaste. Les développements qui viennent d'être faits sur la concentration méritent toutefois d'être relativisés, dans la mesure où l'exercice du pouvoir judiciaire n'était pas toujours l'apanage du roi. Selon les cas, certains litiges étaient connus par des dignitaires du royaume autres que le roi, d'où la distinction sous-jacente de la concentration du pouvoir judiciaire entre les mains du roi.

II- Une distinction sous-jacente

Sous les tropiques, certains présidents de la République cumulent les postes de premier magistrat du pays et de ministre de la défense. Toutefois, le portefeuille de la défense est attribué à un ministre délégué sous la coordination du Chef de l'État. Cette forme de gestion étatique semble héréditaire, comme si elle avait été léguée par les monarques d'antan. En effet, dans les royaumes dont il s'agit, le monarque était certes le socle de l'appareil judiciaire, mais ne rendait pas justice seul. Une distinction sous-jacente était donc observée entre son pouvoir monarchique et le pouvoir judiciaire au vu de la hiérarchisation de la justice **(A)**, même si ladite distinction entre ces deux pouvoirs était implicitement de façade **(B)**.

A- La hiérarchisation de la justice

Au sein des royaumes de Nikki et du Danxomê, la justice était organisée suivant des paliers et selon les questions à débattre. Le roi connaissait exclusivement des affaires majeures **(1)** alors que les grands dignitaires du royaume connaissaient, selon les cas, des affaires mineures **(2)**.

56 A. LE HERISSE, Op. Cit., pp.79-81.

1) Les affaires majeures

L'institution judiciaire est importante pour la régularisation de la société et pour la préservation de l'ordre public[57]. La stratification de la justice ne doit donc pas être négligée. Au royaume du Danxomê comme dans celui de Nikki, « Le roi ne jugeait que les plus importantes affaires, notamment criminelles, et il pouvait seul condamner à mort ou gracier »[58]. A l'analyse, dans le cas où certaines affaires prenaient des proportions telles qu'elles arrivaient presque à passionner tout le pays (royaume), c'était le roi qui les réglait. Lui seul jugeait donc les crimes et les « *grands* » délits. Pour autant, cette exclusivité de compétence était de façade. Le roi pouvait avoir recours aux divinités (Danxomê) ou aux avis des sages et notables de la Cour (Nikki). En effet, les anciens et sages assistent le roi dans sa mission de règlement des conflits troublant la quiétude de la société ou susceptibles de mettre en péril le tissu ou la cohésion sociale[59].

Au royaume du Danxomê, le roi connaissait du vol avec effraction ou escalade, du vol sur les chemins (avec ou sans embuscade), de l'incendie volontaire et de l'homicide. Toutes ces infractions étaient punies de mort. A Nikki, le roi connaissait exclusivement des infractions comme le meurtre, le viol et le vol d'un objet appartenant au roi. Cette dernière infraction dont connait le roi (vol d'un objet lui appartenant) laisse un peu dubitatif dans la mesure où il est à la fois juge et partie. Or, strictement en droit, cette situation n'est pas envisageable. Il aurait donc été préférable, pour éviter toute passion dans le procès, que, dans pareil cas, le roi déléguât ses attributs au Premier ministre afin qu'il puisse connaître du litige. Naturellement, le roi ne comparaîtra pas, mais se fera tout de même représenter. En outre, les affaires afférentes aux querelles de succession au trône étaient exclusivement connues par le *Sina Boko*.[60]

En principe, la justice danxoméenne ne faisait aucune distinction entre les diverses sortes d'homicide. « *Qui a tué doit être tué* », prescrivait-elle. Et chez des primitifs aussi querelleurs, batailleurs et vindicatifs que les Danxoméens, cette conception se comprend presque. Tout homicide, même accidentel, leur apparaissait comme susceptible d'occasionner une vengeance plus ou moins lointaine, plus ou moins directe. Il était alors préférable de faire disparaître le meurtrier. Ce faisant, c'était supprimer du même coup tout élément de discorde entre sa famille et celle de sa victime et prévenir ainsi d'autres meurtres. En outre, le roi avait installé des chefs provinciaux pour écouter les doléances et les lui transmettre. S'il surgissait donc une rixe au sujet d'une femme, d'une palmeraie ou d'un terrain et que mort d'hommes s'ensuivait, quelle circonstance atténuante pouvait invoquer les meurtriers ?

Pour LE HERISSE, le raisonnement qui précède ne s'appliquait dans toute sa rigueur ni à l'homicide par imprudence accidents de chasse, par exemple, ni à l'homicide en cas de légitime défense. Dans ces cas, pour éviter toutes représailles de la part des parents de la victime, le roi jugeait prudent soit d'enrôler l'auteur de l'homicide parmi leurs guerriers, soit de lui enjoindre de quitter son village.

Aussi, le roi jugeait-il les affaires de viol. Les Danxoméens ne distinguaient pas, au point de vue faute, la tentative de viol du viol consommé, quand la victime

57 M. BADJI, Op. Cit.

58 M. AHANHANZO GLELE, Op. Cit., p. 144.

59 Bénin : Revue de la justice Criminelle, Op. Cit., p.110.

60 Cf. informations recueillies lors de la visite effectuée au palais du Premier ministre du Royaume de Nikki, le jeudi 28 janvier 2016 entre 10h et 15h.

est une enfant. Par contre, ils ne semblent pas admettre pour une femme ou pour une jeune fille pubère la possibilité d'être violée. Le roi connaissait également des cas d'adultère. Relativement à cette dernière infraction, il est à préciser que pour une jeune fille fiancée sous le régime *hongbo*, le fait de prendre un amant était répréhensible au même titre que l'adultère de la femme mariée[61]. Quid des affaires mineures ?

2) Les affaires mineures

Dans le royaume du Danxomê, le système judiciaire était très centralisée, mais associant les ministres au sommet et les conseils des anciens dans les villages et les régions. Le Premier ministre, le *migan,* exerçait d'importantes attributions judiciaires. En effet, il connaissait de toutes les affaires portées devant la Cour. S'il ne parvenait pas à les trancher il en référait au roi.

Il en était de même au royaume de Nikki qui était « le doyen » de quatre (04) autres royaumes (Goué, Kita, Sandiero et Kouandé). En effet, si l'un de ces quatre (04) rois n'arrivait pas à trancher un litige, il déférait la cause au roi de Nikki pour qu'il en connaisse. Ce fut notamment le cas d'une affaire de succession familiale à Kouandé que le roi de cette localité déféra au roi de Nikki[62].

Au Danxomê, les affaires civiles étaient soumises aux chefs de villages ou de provinces, ou encore à des grands dignitaires qui se tenaient en permanence sous des abris aménagés à leur disposition en face du palais[63]. Ainsi, les questions civiles secondaires relevaient du *Mèhou* (2ème ministre après le *Migan*). Les petits litiges (litiges domaniaux, vols de récoltes, disputes familiales, etc.) relevaient des chefs de provinces ou de villages[64]. Chaque chef avait donc son tribunal. En cas d'insatisfaction, les condamnés pouvaient faire appel devant le chef de région puis auprès du roi[65]. « Les choses s'arrangeaient [souvent] au niveau du village, le chef du village étant obligé de rendre compte au chef de région, surtout pour lui donner sa part de cadeaux et d'objets divers perçus à l'occasion du règlement »[66].

Devant le Premier ministre du royaume de Nikki, le *Sina Dounwirou*, la conciliation préalable voire la réconciliation était recherchée, prisée et prônée. Le Premier ministre connaissait entre autres des querelles familiales, des querelles de successions, des petites querelles liées par exemple à la transhumance des bœufs, etc.

Au reste, bien que bénéficiant d'un pouvoir dérogatoire pour juger en lieu et place du roi, les « seconds couteaux » de la justice dans les royaumes objet de la présente étude, rendaient la justice au nom du roi et étaient dépendants de lui. Ainsi, quoique décentralisée, la justice était contrôlée par le roi à qui il devait être rendu compte de toute décision rendue dans son royaume. Au Danxomê, le roi pouvait remettre en cause une décision, quel que soit l'échelon auquel elle a été rendue[67].

---

61 Cf. A. LE HERISSE, Op. Cit., pp.75-77.

62 Cf. informations recueillies lors de la visite effectuée au palais du Premier ministre du Royaume de Nikki, le jeudi 28 janvier 2016 entre 10h et 15h.

63 A. LE HERISSE, Op. Cit., p. 75

64 Cf. informations recueillies auprès du Professeur J.C. ALLADAYE, lors d'un entretien à l'Université d'Abomey-Calavi (Bénin), le 16 septembre 2015.

65 Cette possibilité s'apparente au principe du double degré de juridiction.

66 M. AHANHANZO GLELE, Op. Cit., p.145.

67 Cela était possible dans le cas où un sujet du roi se sentant lésé par une décision rendue à un degré inférieur, se rendait devant le palais et se mettait à crier et à se rouler dans la poussière afin d'attirer l'attention du roi (c'était une sorte de recours en cassation) qui finissait par le recevoir afin de l'entendre

Bien que la justice soit hiérarchisée, la distinction sous-jacente entre les pouvoirs monarchique et judiciaire était de façade.

B- L'implicite survivance de l'hégémonie du monarque

Le monarque gouvernait et rendait la justice en étroite symbiose et avec l'assistance permanente des divinités. L'atténuation de la théorie de la mainmise du roi sur la justice n'était donc que de façade. En effet, ce ne sont que les litiges « de police » qu'il laissait juger par les autres personnalités de son royaume. L'instruction et le jugement des affaires importantes et d'envergure lui étaient toujours dévolus. L'hégémonie permanente du monarque se percevait implicitement à travers la défense devant lui **(1)** et la justification des dérives observées **(2)**.

1) La défense devant le roi

Il est de pratique prétorienne constante que le témoin qui doit comparaître devant un tribunal ou une Cour d'assises, doit d'abord prêter serment. Le juge lui demandera de prononcer la formule suivante : « *Je jure de parler sans haine et sans crainte, de dire toute la vérité, rien que la vérité* »[68]. Le fait pour lui de ne pas dire la vérité après la prestation de serment, constitue un faux témoignage qui est un délit sévèrement puni par la loi[69]. Même sous une autre forme, trace de cette pratique apparaît dans les gênes du système judiciaire du royaume de Nikki. Lorsqu'une affaire est déférée devant lui, le roi, s'adressant au présumé coupable, lui tient à peu près ce langage : « Quiconque se met devant mon trône et se met à mentir, sera maudit. Mais dès qu'il se met à dire la vérité, il sera béni. »[70]. Cette formule que l'on peut qualifier de sacrée, avait un effet dissuasif sur l'accusé, qui préférait dire la vérité. A travers les paroles prononcées par le roi, c'est en réalité les êtres invisibles qui dissuadaient avec la menace d'une malédiction.

Dans le royaume de Nikki et particulièrement en pays bariba, la vérité est un principe cardinal voire sacro-saint. Le fait pour un bariba de mentir et de se faire découvrir par la suite comme étant un menteur, constituait un véritable opprobre pour sa famille et lui. Or, comme l'affirmait le philosophe Maximilien de Robespierre[71], « La plus terrible de toutes les peines pour l'homme social, c'est l'opprobre, c'est l'accablant témoignage de l'exécration publique.». Lors des procès, le témoignage, moyen de preuve exclusif, était donc très prisé. Il permettait de faire de la célérité, une réalité, dans le jugement des affaires.

Le déroulement du procès était peu ou prou respectueux des droits de la défense. Il faut préciser que la cour était composée des notables, des princes, du Premier ministre, du chef religieux et du roi lui-même. Les représentants des familles respectives (celle de l'accusé et celle de la victime), ne faisaient qu'assister. Toutefois, il pouvait être requis que l'un d'entre eux intervienne pour les besoins de

---

et de dire son action bien ou mal fondée. En général, le plaignant avait gain de cause. (Cf. informations recueillies auprès du Professeur J.C. ALLADAYE, lors d'un entretien à l'Université d'Abomey-Calavi (Bénin), le 16 septembre 2015.)

68 Cf. article 334 de la loi n°2012-15 du 18 mars 2013 portant Code de Procédure Pénale en République du Bénin.

69 Cf. articles 472 de la loi n°2012-15 du 18 mars 2013 portant Code de Procédure Pénale en République du Bénin ; 613 et suivants de la loi n°2018-16 du 28 décembre 2018 portant Code Pénal en République du Bénin.

70 Cf. informations recueillies lors de la visite effectuée au palais du Premier ministre du Royaume de Nikki, le jeudi 28 janvier 2016 entre 10h et 15h.

71 Lors de son discours sur la peine de mort, prononcé au sein de l'assemblée constituante française, le 30 mai 1791.

la cause. A l'entame du procès, le roi demandait à l'un des notables de dire à l'accusé ce qu'on lui reprochait. Celui-ci y répondait pour confirmer ou infirmer les charges qui pèsent sur lui. Aussi, si l'une des personnes présentes au procès souhaite-t-elle intervenir, elle demandait la parole qui lui est donnée ou non.

Selon un écrit historique[72], au royaume du Danxomê par contre, des mandataires choisis par le plaideur venaient trouver le roi, étendu sur un lit avec un récipient en évidence sous son lit, afin d'intercéder auprès de lui pour qu'il puisse autoriser leur mandant à plaider. Il fallait venir se prosterner aux pieds du roi et verser discrètement une grosse somme dans le « fameux » récipient. Ces préliminaires accomplis, on pouvait faire valoir ses prétentions.

Après avoir entendu l'accusé, les membres de la cour donnaient leur avis sur la sanction à lui donner. *In fine*, c'est le roi qui disait la sanction finale en étant le plus juste possible. Toutefois, cette sanction n'était pas définitive. En effet, un membre de la cour pouvait contester la décision du roi, motivations à l'appui. Si la majorité approuvait sa position, le roi reconsidérait sa sanction ou la maintenait si les arguments du « contestataire » ne trouvaient pas grâce aux yeux de ses compères. Parmi les membres de la cour, seuls le Premier ministre et le chef religieux étaient habilités à demander l'absolution au roi, au cas où il condamnait à mort[73]. Parallèlement, dans le royaume du Danxomê, le roi, qui ne jugeait que les plus importantes affaires, était le seul à pouvoir condamner à mort ou gracier. Ainsi que rappelé *supra*, lors de l'audience, « aucun débat n'avait lieu en présence [du roi]. Au milieu d'un silence émouvant, s'élevait seule la voix de l'accusateur, qui résumait l'affaire, telle que l'avaient étudiée avec lui des chefs ou des grands cabécères [gbonougandaho] ».[74] Au cas où l'accusé avouait son forfait, le roi prononçait une peine à son encontre. En cas de condamnation, c'était le roi qui décidait, après avoir recueilli l'avis de tous les ministres. Pendant que l'on délibère, le roi avait, devant lui, une calebasse contenant des cauris avec lesquels il jouait pendant que les dignitaires, ses assesseurs délibéraient. Suivant qu'il gardait ou non en mains des cauris, on savait la sentence[75]. Tous les avis étant recueillis, « si le roi garde des cauris à la fin des débats, le prévenu est condamné, mais pas à mort ; s'il n'a plus de cauris, le prévenu est condamné à mort car le roi n'a plus d'argent pour le racheter »[76]. La sévérité de la peine s'appréciait relativement au nombre de cauris qui restaient entre les mains du roi.

Dans la tradition africaine, les divinités et les esprits occupent une place de choix. De ce fait, ils sont constamment invoqués lorsque justice devait être rendue. A cause du rôle important qu'ils jouaient dans les croyances, on leur attribuait l'existence ou non de cauris dans la main du roi. Ainsi, à travers le roi, c'est en réalité les divinités et les êtres invisibles qui sanctionnaient le fautif. C'est au cas où l'accusé n'avouait pas son crime, il subissait les épreuves du fétiche. Il ne faut toutefois pas perdre de vue que la crainte résiduelle des plaideurs en les êtres invisibles était une épée de Damoclès qui apportait de l'eau au moulin du

---

72 « Le Dahomey », Notices publiées par le Gouvernement Général à l'occasion de l'exposition coloniale de Marseille, Op. Cit., p. 100.
73 Même si l'humiliation voire le déshonneur est la pire des condamnations qui pouvait être infligée à un Bariba.
74 *Idem*, p. 74.
75 M. AHANHANZO GLELE, Op. Cit., p. 144.
76 *Idem*.

témoignage. Le roi était donc épaulé dans ses attributs judiciaires par les divinités ; lesquelles gouvernent par ailleurs à ses côtés. En sus, les dérives observées méritent justification.

2) La justification des dérives observées

Dans l'exercice du pouvoir judiciaire, les souverains des royaumes objet de la présente étude, pour mettre en exergue leur hégémonie, rendaient des décisions pour marquer les esprits. D'ailleurs, les décisions rendues par le roi ont une force exécutoire, sont sans recours et s'imposent à toutes les parties. Généralement, les décisions rendues par le roi sont exécutées de façon volontaire et sans contrainte. Ceci s'explique par le fait que l'autorité est presque vénérée et que passer outre sa décision peut être considéré comme un sacrilège. Seulement, il est des cas où celui qui a succombé au procès s'oppose à la décision rendue par le roi. Dans ce cas, le seul recours pour l'amener à s'exécuter est la contrainte par les forces occultes voire par les représailles[77]. La décision autoritaire était prise afin que ses sujets impriment en eux qu'il est leur chef et que son pouvoir n'est pas contestable. Le roi faisait ainsi vivre son pouvoir monarchique à travers les décisions de justice qu'il rendait, et au moyen de l'exécution forcée de celles-ci. Or, « la justice du roi, c'est de n'opprimer injustement personne [...], d'être le défenseur des étrangers, des orphelins et des veuves, de réprimer les vols, punir les adultères, défendre les églises, nourrir les pauvres. »[78]. Il a d'ailleurs été rappelé *supra*, dans la déclinaison des intérêts théorique et pratique, que le débat autour de la concentration des pouvoirs monarchique et judiciaire entre les mains du roi était plus ou moins houleux entre auteurs africains et occidentaux.

Tout au long de la présente étude, le monarque a été présenté beaucoup plus sous le prisme des auteurs occidentaux : un souverain barbare et peu laxiste qui opprimait ses sujets et favorisait certains autres. Seulement, il sied de relativiser cette opinion pessimiste axée sur le monarque africain. Les dérives observées dans la reddition de certaines décisions ne sauraient remettre en cause la légitimité du monarque. D'autant qu'il n'était pas choisi au hasard. En effet, préalablement à l'intronisation du monarque, l'on procédait à des cérémonies et autres manœuvres fort minutieuses (consultation des oracles, ordalies, etc.). Il était donc inconcevable que le monarque se permette de risquer qu'une once de doute plane sur le choix qui a été porté sur sa personne. Le cas échéant, son nom et par ricochet celui de sa famille était tu à jamais et perdu dans la postérité.

Les dérives dans la reddition de la justice existaient dans les royaumes objet de la présente étude. Pour autant, les systèmes monarchiques ont perduré car le souverain y maintenait la paix et la cohésion sociales. Les dérives observées étaient donc des cas isolés qui n'ont pas vocation à remettre en cause la légitimité du monarque. Elles rappelaient plutôt que le monarque avait le pouvoir absolu dans son royaume et qu'il pouvait en user comme bon lui semblait. En tant que chef, le monarque prenait sur lui plusieurs responsabilités dont celle de rendre la justice. Sa décision avait force de loi et il n'était donné à quiconque de la remettre en cause. Son hégémonie s'en trouvait ainsi raffermie. Le monarque était donc dans son rôle d'aiguilleur de la société qu'il était chargé de diriger avec fermeté contre vents et marrées.

---

77 Bénin : Revue de la justice Criminelle, Op. Cit., pp. 126-127.
78 Cf. « Concile de Paris de 828 », in M. BADJI, Op. Cit.

La civilisation occidentale ayant gagné les sociétés africaines, l'on a tôt fait de copier ce qui nous était proposé. Au nombre de ces appropriations, figure la séparation des pouvoirs. Nous subodorons que ce mimétisme n'en soit pas un. En effet, à notre analyse, les déviances observées quelques fois dans la reddition de la justice par le monarque, ont fini de convaincre les États africains modernes dans le choix de la forme de l'Etat et surtout dans l'adoption du système de séparation des pouvoirs. Quoique, nonobstant ce choix, l'on ne soit pas toujours à l'abri de décisions judiciaires contestables.

3.
Le règlement coutumier des conflits au Dahomey : Fin du XVIème siècle à 1938

Par
Thikandé SERO
Doctorant en Histoire du Droit, Université d'Aix-Marseille III

La justice est une institution que connaissent tous les peuples du monde car, là où il y a société, il y a crime, meurtre ou délit et les réponses à ces différents phénomènes sociaux ne répondent pas à une démarche ou à un mécanisme de solutions uniques et universelles. Effectivement, « la justice correspond à l'une des plus anciennes requêtes des hommes, quelle que soit la forme d'organisation des sociétés où ils vivent, et le régime politique auquel ils sont assujettis. »[1] Aussi, le but et la finalité des décisions judiciaires n'apparaissent pas comme étant les mêmes. Dans cette logique, « le droit traditionnel diffère du droit de type occidental quant à sa philosophie, sa création, son application et sa finalité »[2] Ainsi, dans les pays de l'Afrique avant l'expansion occidentale et particulièrement au Dahomey précolonial, on peut constater que la justice traditionnelle ou coutumière est une réalité. « Lorsque les Européens s'établirent en Afrique, il n'y a avait ni vide juridique ni vide judiciaire, mais le droit et l'organisation juridictionnelle existants étaient mal connus et en tout cas très différents des systèmes métropolitains. »[3] Au Dahomey, elle a évolué avec le temps en passant d'une justice centralisée à une justice hiérarchisée **(I)**. Les Dahoméens avaient donc foi en leur justice et trouvaient les réponses adéquates aux différentes questions pénales qui pouvaient naître des conflits. Il n'existait pas une grille de sanctions pour les diverses infractions ; mais des degrés de châtiment et de punition obéissaient à un principe, celui du maintien de l'ordre cosmogonique.

Par ailleurs, avec l'expansion coloniale française au Dahomey qui fut un fait marquant et générateur de nombreux bouleversements au sein des populations autochtones comme dans l'ensemble de l'Afrique, l'un des projets majeurs du colonisateur a consisté à refonder les colonies en touchant un point essentiel qui est le secteur de la justice. En effet, « ...les questions judiciaires jouent un rôle primordial, puisque l'ordre social et la protection des libertés individuelles en dépendent. (...) Ce rôle de la justice et du droit est plus considérable encore dans une colonie car il ne s'agit pas de faire vivre une vieille communauté ayant son armature solide, ses normes traditionnelles, mais de créer une société nouvelle... »[4]

La colonisation a donc introduit au Dahomey une nouvelle vision de la justice et du droit en contradiction avec celle des populations indigènes ou des colonisés. On assiste donc à l'élaboration et la mise en application d'un nouveau régime en matière de justice **(II)**. Pour Jacques Vanderlinden, « il s'agit là d'un phénomène de

1 [ANONYME], L'idée de justice : une institution et une vertu, (SLND), p. 2
2 Ntampaka (Charles), Introduction aux systèmes juridiques africains, Presse Universitaire de Namur, 2005, p. 9
3 Becker (Charles) et al. AOF : réalité et héritages-Sociétés ouest africaines et ordre coloniale 1895-1960, Tome 1, Direction des archives du Sénégal, Dakar, 1997, 141 p.
4 Sohier (Antoine), « A nos lecteurs », Journal des tribunaux de l'Outre-mer, 1ère année, n° 1, 15 juin 1950. In Bérengère PIRET [et ali], Droit et justice en Afrique coloniale : Traditions, productions et réformes, Bruxelles, 2013, p. 9

mutation sur le plan du droit qui est à la fois considérable et radical, qui constitue un véritable déracinement de cultures juridiques séculaire. »[5] Il s'agit de manière générale d'un ébranlement des structures sociales et des institutions traditionnelles. Ainsi, « la colonisation qui a si profondément bouleversé les structures sociales en Afrique noire francophone ne pouvait épargner les institutions judiciaires. »[6]

La présente recherche sur le règlement coutumier des conflits a ainsi pour cadre d'étude le Dahomey aussi bien avant la colonisation française au XVIIème siècle, que le Dahomey à son début d'occupation par la France au XIXème siècle. Elle a pour objet d'appréhender non seulement la manière dont les Dahoméens rendaient la justice ; en d'autres termes le déroulement des audiences coutumières à travers, le mécanisme autochtone de règlement des conflits ; mais de saisir également les bouleversements que ce système judiciaire traditionnel a subis par la rencontre avec l'étranger ou l'occident, c'est-à-dire une rupture avec le système judiciaire traditionnelle. Ainsi, on a porté successivement le regard sur la justice traditionnelle qui, caractérisait la société dahoméenne, puis sur la justice coloniale qui, se substitua à cette dernière sous le joug colonial. Et pour mieux appréhender et bien cerner la question, on fera recours d'une part à l'historiographie et l'anthropologie d'autre part.

I. De la justice coutumière centralisée à une justice hiérarchisée

Le Dahomey, ancienne monarchie et ancienne colonie française n'a pas connu l'arrivée du colonisateur sur son territoire au même moment. En effet, le sud du Dahomey a connu la pénétration occidentale avant le centre et le nord du territoire. Ainsi, le sud du Dahomey souvent appelé le royaume du Dahomey (Abomey, Allada, Porto-Novo, Ouidah) a connu de sa création jusqu'au début de la colonisation française deux formes de justice basées sur ses organisations judiciaires. « Lors de la conquête de nouveaux espaces africains, le colonisateur se trouve en présence de systèmes judiciaires diversifiés, variant selon le niveau de centralisation de l'Etat ou de la communauté. »[7]. Avec la création du royaume vers 1600 par le roi Houégbadja, le domaine de la justice a été modelé et réorganisé. Ainsi, au départ on remarque une justice centralisée autour du roi **(A)**, qui au fil du temps connaîtra d'autres transformations et deviendra par la suite une justice hiérarchisée impliquant les chefs locaux **(B)**.

A. Une justice sans partage : Le roi, juge unique des conflits

A sa création vers 1600, le Dahomey était un petit royaume établi sur une partie du sud du territoire ; et dans lequel, le roi avait le plein pouvoir de contrôle de ses sujets. Il avait tous les droits sur ses sujets ; en occurrence le droit de vie et de mort sur les habitants du royaume. Il y régnait un ordre sans partage et le royaume était régi par un système judiciaire fortement centralisé autour de son roi. Le roi avait une fonction judiciaire très étendue et sans limites.

« Si ses prédécesseurs se distinguent par des prouesses essentiellement guerrières permettant d'agrandir les limites de leur territoire, Houégbadja et son successeur, Akaba, mettront en place les fondations du royaume dahoméen en le dotant d'institutions et en centralisant l'exercice du pouvoir et de la justice.

5 Vanderlinden (Jacques), *Les systèmes juridiques africains*, France, Août 1983, p. 45

6 Nambo (Joseph John), *Quelques héritages de la Justice coloniale en Afrique noire*, Droit et Société 51/52-2002 (p. 325-344) ; p. 4

7 Brunet La-Ruche (Bénédicte,) *La justice pénale au Dahomey 1900-1945*, mémoire de master 2, p. 29

Houégbadja, une fois son autorité bien affirmée, retirera des mains des chefs de famille certaines de leurs prérogatives, surtout en matière de ce que nous nommerions maintenant le droit pénal »[8].

En effet, avec le règne du roi Houégbadja (1645-1685) appelé « *Aho* », la justice était devenue une prérogative personnelle du roi qui tenait des « *audiences* » devant son palais royal, dans une maison ou habitation aménagée à cette fin et appelée « *akaba* ». Au cours de son règne, il introduit les premières lois qui interdirent, non seulement les diverses formes de vengeance personnelle, mais l'exercice de toute autre justice qui n'est pas la sienne. Aussi, avec l'agrandissement de son territoire, la centralisation de la justice n'a-t-elle pas disparu comme on peut le croire. «... une juridiction est mise en place à chaque échelon du pouvoir (tribunal de village, de province et du royaume), avec parfois un corps de fonctionnaires judiciaires. Ces tribunaux ne sont pas obligatoirement présidés par les patriarches mais par des chefs guerriers généralement issus de la famille du roi. »[9]. Le roi, était considéré comme le grand justicier dans la hiérarchie des acteurs de la justice. Il ne jugeait que les affaires les plus importantes ou à grandes ampleurs, en occurrence celles criminelles qui ébranlaient tout le royaume. Il pouvait seul prononcer une condamnation à mort. Aussi, détenait-il seul le droit de grâce. Et l'expression qui qualifiait cette prérogative, le droit de gracier est : « *le roi rachète le coupable* ». Les petites affaires si on peut le dire ainsi, c'est-à-dire les problèmes civils étaient du ressort du deuxième ministre du roi, autrement dit, le « *Mehu* ». Au Dahomey, le « *Mehu* » a exercé cette fonction jusqu'en avril 1900. Avec le décès du dernier « *Mehu* », après la destitution du roi Agoli-Agbo, cette haute fonction a pris fin. « Le système judiciaire du Danxomé était donc celui d'une monarchie très centralisée, mais associant les ministres au sommet. »[10]

Le système judiciaire ainsi présenté ci-dessus, il serait judicieux de présenter les caractères et le déroulement des audiences relatives aux jugements. Ainsi, « dans l'immense majorité des cas, l'atmosphère générale du procès en droit africain est, (...), celle d'une discussion paisible des différends qui séparent les parties dans la certitude commune que la sagesse et l'expérience des anciens leur fera trouver une solution acceptable. »[11] Ce procédé est communément désigné sous le vocable de « *palabre* ».[12] Le déroulement des audiences dans un système judiciaire centralisé n'est pas toujours le même au Dahomey. Dans ce système, c'est-à-dire celui centralisé, il faut faire la distinction selon qu'il s'agisse d'un procès où le coupable est connu ou d'un procès dans lequel le coupable reste inconnu. Mais le point commun résidait dans le fait que « la justice, avec le droit de vie et de mort, était

---

8 Houndjahoué Lahaye (Sèna Hélène), *Quand le droit devient culture : le droit traditionnel au bénin*, Mémoire de maîtrise, Université du Québec à Montréal, octobre 2013, p. 25

9 Brunet La-Ruche (Bénédicte), *La justice pénale au Dahomey 1900-1945*, op cit, p. 32

10 Ibid, p. 35

11 Olawale (Elias), *La nature du droit coutumier africain*, Dakar, Présence africaine, 1998 ; p. 285

12 Selon le Centre National des Ressources Textuelles et Lexicales, c'est une Assemblée coutumière, généralement réservée aux hommes, où s'échangent les nouvelles, se discutent les affaires pendantes, se prennent les décisions importantes. Ces discussions longues, interminables et souvent oiseuses et difficiles en vue d'un résultat précis, se déroulent en générale sous un arbre qu'on appelle « Arbre à palabre ».

exclusivement entre les mains des rois (*ahosou*). »[13] Lorsqu'on se réfère aux audiences judiciaires dans lesquelles le coupable est connu, le roi avait la conduite des débats. La décision finale lui revenait. Ses gestes sont significatifs et traduisent ses vœux.

« Le roi du Dahomey fut le grand justicier. Il exerçait ses prérogatives devant les portes du palais, en présence du peuple et des guerriers. Le « *Migan* » et le « *Mèhou* », ses deux premiers ministres, se tenaient l'un à sa droite, l'autre à sa gauche. Aucun débat n'avait lieu en sa présence. Au milieu d'un silence émouvant, s'élevait seule la voix de l'accusateur, qui résumait l'affaire, telle que l'avaient étudiée avec lui des chefs ou des grands cabécères. Si l'accusé avouait son crime, le roi prononçait la peine : envoi aux armées, prison à temps, prison perpétuelle, mort qui était exécutée aussitôt. Dans le cas contraire l'accusé subissait les épreuves du fétiche. »[14]

On distinguait donc des gestes qui annonçaient la culpabilité ou la relaxe de l'auteur mis en cause. Toutes les parties ayant été entendues et tous les avis étant recueillis et pris en compte, le roi avait des cauris dans les mains qu'il peut soit déposer dans une calebasse soit garder. Dans le cas où il les déposait, la décision finale issue de l'audience était la peine de mort. Le fait de déposer tous les cauris dans la calebasse signifiait : « je n'ai plus d'argent pour le racheter ».[15]

Toujours, dans ce système centralisé, lorsque l'auteur de l'infraction est inconnu, le roi faisait appel au devin, pour éclairer l'assistance mais surtout pour éviter un quelconque malheur dans le village. Le plus souvent, le devin désigne d'abord un groupe d'individus dans lequel le coupable se trouve ; puis après l'individu auteur de l'infraction. Lorsque le mis en cause conteste sa culpabilité, alors il subit des épreuves de fétiche pour prouver son innocence. Les épreuves se faisaient sous la supervision de l'un des ministres du roi. Au Dahomey, c'était le « *Adjaho* », ministre des cultes qui s'en occupait.

« Ces épreuves consistaient pour le patient en la présentation d'un coq, auquel on faisait boire une certaine quantité de liquide. La mort du coq indiquait la culpabilité. Les expressions employées par les indigènes pour désigner l'épreuve et ses résultats montrent suffisamment leur croyance en l'occasion. Il boira le poison, disent-ils en parlant de quelqu'un qui va subir l'épreuve. Il a bu le poison et vit, exprime l'innocence. Il est mort par le poison, traduit l'idée de culpabilité. »[16]

En fait, le mis en cause est représenté par le coq qui a bu le poison. On pourrait parler d'une sorte de transfert d'âme du présumé auteur de l'infraction, dans le corps du coq. Donc, « si ce coq résistait à la potion, le prévenu était innocenté, sinon sa culpabilité était attestée et l'on passait à la phase du jugement. »[17] « Celui qui veut subir les épreuves s'agenouille à l'entrée de la case ; il remet quelque argent à l' « *adinon* » et lui présente un coq. L' « *adinon* » broie une écorce rouge en murmurant des invocations il verse la poudre ainsi obtenue dans une petite gourde à goulot étroit et y ajoute de l'eau. Puis, ouvrant le bec du coq, que lui présente son

13 Le Herisse (Auguste), *L'ancien royaume du Dahomey, mœurs, religion, histoire*, Emile Larose, Paris 1911 ; p. 73
14 Ibid, p. 74
15 Brunet La-Ruche (Bénédicte), *La justice pénale au Dahomey 1900-1945*, op cit. p. 34
16 Le Herisse (Auguste), *L'ancien royaume du Dahomey, mœurs, religion, histoire*, op, cit. p. 74
17 Brunet La-Ruche (Bénédicte), *La justice pénale au Dahomey 1900-1945*, op cit. p. 34

aide, il fait avaler à l'animal toute sa mixture.»[18] Dans cette logique, les prestations du « *Adjaho* », chef des cultes sont souvent requises dans des règlements spéciaux de conflit coutumier. « La justice avait souvent recours à l'habileté du féticheur pour éclairer sa religion dans les procès embrouillés ou les cas douteux, et il était rare que le féticheur n'obtint pas la vérité là où les cabécères avaient échoué. »[19] En effet, lorsque l'auteur de l'infraction a procédé par des moyens mystiques pour faire du tort à sa victime, c'est un cas exceptionnel où il n'existe aucune preuve matérielle contre l'auteur du délit. Alors le « *bokonon* » chez les « *Fons* » du sud et le « *boûn sounon* » chez les « *Bariba* » du nord, (devin ou prêtre religieux), seul lien avec les dieux et les ancêtres, devra être sollicité, afin de questionner le « *Fâ* » sur l'origine du mal ou de l'infraction.

Par ailleurs, dans le nord du Dahomey, on avait deux (02) types de sociétés, celle avec une chefferie, et celle sans chefferie. Dans ces deux formes d'organisation sociale, la justice n'avait pas les mêmes critères. Ainsi, dans la société ayant une chefferie, en occurrence chez les « *Wassangari* »[20], la justice est institutionnalisée et répond à des critères selon le conflit dont il s'agit. Le roi constituait le dernier recours dans la chaîne de la justice. Il tranchait les litiges en dernier ressort lorsque toutes les voies de recours sont épuisées. Comme dans les royaumes du Sud du Dahomey, ses décisions ne peuvent faire objet de contestation, et il a le droit de vie et de mort sur ses sujets. Mais, le pouvoir de justicier du roi est limité quant-il s'agit des questions foncières. Le règlement des conflits dans ce domaine est du ressort du chef de terre. Aussi, avec l'expansion commerciale arabe ayant favorisé l'introduction de normes islamiques dans cette société, certains conflits relevaient-ils de l'Imam ; surtout quand les deux (02) parties avaient pour religion l'islam. Ces litiges concernaient souvent les cas de succession. L'Imam joue aussi un rôle important en tant que conseiller du roi sur des conflits dont l'issue paraît parfois complexe. Le vendredi, jour saint et de prière selon les communautés musulmanes était le jour qui est retenu pour régler les litiges ou conflits chez le « *bariba* ». Précisons que le roi ne pouvait pas abuser de son pouvoir de justicier, car il existait une institution chargée de contrôler cette prérogative ; c'est la « *Gnon Kogui* »[21].

En ce qui concerne les sociétés sans chefferie, elles sont fondées sur les croyances religieuses. Dans cette logique, la justice n'est pas institutionnalisée ; et seule la croyance religieuse est à la base des manifestations diverses de la justice. Comme dans toute société précoloniale négro-africaine, tout conflit a pour conséquence de troubler l'ordre cosmogonique. L'intervention du chef de lignage en tant qu'arbitre, en collaboration avec les plus anciens de la communauté parait donc impérative pour maitriser la situation et revenir à l'ordre social préalable. Cela se passe à travers de longues discussions (la palabre). Aussi, la justice peut-elle prendre un tout autre paramètre : « *l'auto-justice* » ou vengeance personnelle. Dans cette

---

18 Le Herisse (Auguste) *L'ancien royaume du Dahomey, mœurs, religion, histoire*, op cit. p. 75

19 [ANONYME], *Le Dahomey*, op. cit, p. 99

20Les wassangari sont un peuple qui habite dans le pays des Baatombou (bariba), au nord du Dahomey. Selon le professeur John IGUE l'État baatombu était en construction sous la férule des cavaliers wassangari.

21 La Gnon Kogui est la sœur ou la cousine du Roi. Elle joue un rôle important dans la royauté de Nikki. C'est elle qui donne le nom aux princes à l'occasion de la Gaani, une fête de l'ère culturelle bariba. Elle influe également sur les décisions du roi pour éviter tout dérapage.

perspective, l'individu (victime) qui a fait le constat de la violation de son droit, confie le sort de son bourreau à une divinité (souvent un fétiche) pour en décider de la peine. Il s'agit d'une justice métaphysique ou encore appelée « *ordalie* ». On rencontre ces formes de justice, chez les « *somba* »[22].

B. Une justice déconcentrée : La délégation du pouvoir de juger.

Dans le système judiciaire hiérarchisé qui avait précédé et ensuite succédé à celui centralisé au Dahomey, le jugement des conflits n'était plus concentré dans les mains du roi ; on notait ainsi moins d'arbitraire. Avec l'agrandissement du territoire dû aux nombreuses conquêtes et aux terres annexées, les royaumes furent subdivisés en des villages, provinces et cantons. Au sud du Dahomey, désormais on a la présence des chefs locaux à la tête de chaque village. Ceux-ci appliquaient la justice au nom du roi. Ainsi, lorsque l'auteur de l'infraction à connaître est connu, une assistance composée du chef de village, des notables ou anciens du village, se réunissait ; puis en face se trouvaient les deux parties. « Les débats s'engageaient (…) et donnaient lieu à une compétition oratoire où proverbes et maximes des coutumes étaient déclamés habilement. »[23] Dans ce système, on a souvent et même régulièrement, presque toute la population du village qui vient suivre l'audience ; surtout si l'infraction est d'une ampleur à mettre tout le village en péril. Ainsi, on remarque que :

« S'il doit avoir lieu (le procès), la procédure est presque toujours publique et même bien plus que publique, collective. Le public en effet ne se contente pas d'être un spectateur passif de l'instance. Il commente chaque élément de celle-ci au fur et à mesure qu'il est mis en lumière devant lui (le plus souvent il a d'ailleurs une connaissance de seconde, sinon de première main de ces éléments), apprécie les mérites des adversaires, propose des solutions, réagit aux interventions de ceux auxquels le soin de proposer une solution est confié, bref vit le conflit en tant que directement concerné par celui-ci et par la solution qui y sera donnée. »[24]

« Toutes les personnes présentes sont non seulement autorisées à intervenir pour apporter leur témoignage mais aussi émettre une opinion ou demander des éclaircissements. »[25] Il arrive souvent que des contes folkloriques, des raisonnements anecdotiques, des proverbes considérés comme des formes d'expressions juridiques soient utilisés pour illustrer l'affaire et parvenir à un compromis. Ceci amène le professeur Amadou Abdoulaye Diop à dire que : « Les Africains préféraient appliquer, sans l'avoir formulé avec autant de netteté que les occidentaux, la maxime selon laquelle un mauvais arrangement vaut mieux qu'un bon procès. »[26]

Par ailleurs, dans le cas où l'auteur de l'infraction n'est pas connu, la procédure est la même que celle utilisée dans le système judiciaire centralisé. Sauf qu'à ce

---

22 Les somba sont un peuple qui regroupe un ensemble de communautés, Waaba, Berba, Otammari, Natemba, Yendé, vivant essentiellement dans le nord-ouest du Bénin. Le terme « Somba » est à l'origine une appellation péjorative donnée à ce groupe ethnique par les bariba à cause de leurs attitudes ou comportement ; et qui serait reprise par l'administration coloniale.

23 Idourah (Silvère Ngoundos), *Colonisation et confiscation de la justice en Afrique*, L'Harmattan, Paris, 2001 p. 42

24 Vanderlinden (Jacques), *Les systèmes juridiques africains*, op. cit. p 23

25 Durand (Bernard), *Le juge et l'Outre-mer : Les dents du dragon, justicia illiterata, æquitate uti ? /* recherche de l'UMR CNRS "Dynamiques du droit", Faculté de droit, Université Montpellier I, Tome 5, Lille : Centre d'histoire judiciaire, 2010, p. 87

26 Ibid. p. 86

niveau, le devin à consulter n'est pas celui du roi. Mais un autre appelé « *Adinon* », c'est-à-dire féticheur. Il est à noter que dans tous les cas, le ministre des cultes, « *Adjaho* » est toujours présent, car seul lui à la fonction de surveiller le déroulement des épreuves relatives aux fétiches. « Il est évident que l'appel au devin n'intervient que dans les cas où le crime ou le délit sont véritablement obscurs. »[27] Aussi, il existe-t-il des infractions dont la résolution exige des mesures drastiques. Ce sont les cas d'envoutement ou de sorcellerie. C'est aussi un cas d'infraction dans lequel l'auteur reste inconnu. Ici, le roi ou le chef du village fait appel à un sorcier pour résoudre le problème. La spécificité des cas de sorcellerie réside dans le fait que le sorcier peut même ne pas se rendre compte de ses actions.

« Par son caractère sacré, l'ordalie a une très grande force. Les suspects désignés par l'accusateur, le devin ou les chefs pour subir l'épreuve acceptent cette décision avec résignation et fatalisme. Et si l'ordalie décide que tel ou tel individu est coupable, la désapprobation à fortiori la révolte de ce dernier, ou des siens, ne se manifestera jamais. Car l'individu accusé est convaincu dans son for intérieur qu'il est le véritable coupable. Même s'il sait qu'il n'a pas commis matériellement et intentionnellement l'acte qui lui est reproché, il ne sait pas par contre – il ne peut d'ailleurs pas le savoir – si son deuxième état, sa deuxième nature n'a pas œuvré pendant son sommeil à son insu. »[28]

En fait, l'ordalie constitue la plus grave des infractions dans le droit traditionnel. Les personnes qui la pratiquent, sont jugées avec une grande rigueur. Et la peine prononcée à leur endroit est la mort. La même peine est également prononcée pour les cas de crime ou meurtre, afin d'éviter que la famille de la victime ne se venge, ou encore bannit de la communauté pour éviter sa présence à la famille de la victime.

Sous un autre plan, lorsque l'auteur de l'infraction est un membre de la famille royale, en d'autres termes prince ou princesse, il n'y avait pas de procès. Cela fait partie des cas d'infractions qui ternissent l'image du roi. Donc comme l'a dit le professeur Etienne Leroy, il faut, « préférer tenter de régler le différend dans le « ventre »[29] ; c'est-à-dire dans et au sein de la famille sans l'ébruiter.

Mais il existe des spécificités relatives au statut de l'auteur de l'infraction et au type d'infraction. Par exemple, « L'adultère des princesses royales n'était que faute légère ; la coupable passait, tout au plus, quelques mois dans la demeure du « précepteur des princes », « *Méhou* »[30], alors que « la femme coupable d'adultère ne recevait généralement qu'une correction corporelle, (...) les épouses royales coupables d'adultère étaient punies de mort. »[31] Telles étaient en partie les critères sur lesquels reposait la justice au sud du Dahomey.

Dans le nord du Dahomey, dans la communauté « *bariba* » chez les « *wassangari* », les diverses frustrations ont conduit à la création d'autres royaumes (Kouandé, Bouwè...) ; mais qui reconnaissent la légitimité du royaume originel, celui de Nikki. Au sein de ces royaumes considérés comme étant ceux des

27 Olawale (Elias), *La nature du droit coutumier africain*, op. cit., p. 239

28 Raynal (Maryse), *Justice traditionnelle, justice moderne, le devin, le juge, le sorcier*, L'harmattan 1994 p. 247

29 Leroy (Etienne), *Les Africains et l'institution de la justice. Entre mimétismes et métissages*, Dalloz-Sirey 2004, p. 9

30 Le Herisse (Auguste), *L'ancien royaume du Dahomey, moeurs, religion, histoire*, op cit. p. 74

31 Ibid

« *wassangari* », on peut constater l'existence permanente de l'autorité du roi de Nikki. Ainsi, les rois de ces divers territoires lui font allégeance et lui reconnaissent sa place de roi suprême des « *wassangari* ». On pourrait y voir une sorte de fédération. Cette organisation de la communauté « *wassangari* » a donc des effets sur l'organisation de la justice. En effet, les rois des royaumes qui se sont créés autour du royaume de Nikki sont considérés comme des représentants de ce dernier sur ces territoires. Ils rendent la justice au nom du roi du Nikki et reconnaissent son autorité suprême. Le mode de règlement des conflits est demeuré le même bien que la communauté « *bariba* » soit structurée différemment.

Dans les deux systèmes d'organisation judiciaire, il n'est pas souvent exclu qu'on évoque en souvenir le passé délictuel ou non de l'auteur de l'infraction. En définitive, il faut cependant souligner qu'il « n'existe pas en droit africain de fiction selon laquelle le juge doit être totalement étranger à l'affaire qu'il a à connaître »[32]. Souvent, la fin des procès coutumiers est suivie des recommandations et des exhortations pleines de paroles instructives, aussi bien aux parties qu'à l'auditoire pour consolider et asseoir les règles d'un ordre social et juste. Quant à l'audience, au cours d'un procès, « (...) elle offre un cours de droit vivant aux spectateurs et participants au procès. »[33]. On y constate également une situation dans laquelle où le coupable est connu et celle dans lesquelles le coupable n'est pas connu. Autrement dit, « la principale division entre instances relève de la relation entre le visible et l'invisible. »[34]

Mais la justice coutumière va connaitre un autre sort non seulement avec l'accroissement de la présence européenne au Dahomey mais aussi au fur et à mesure de la variation de leurs intérêts en présence.

II. La colonisation et l'élaboration puis la mise en application d'un nouveau régime en matière de justice

La colonisation a apporté une nouvelle vision dans divers domaines de la vie des colonisés. Une vision souvent disparate et même opposée à celle que connaissent les sociétés africaines. On peut imaginer qu'une réforme s'imposait, vu que les nouveaux territoires sous leur domination ne seraient totalement acquis que, s'ils y développaient leur mode et leur conception de vie ; surtout en matière de justice. Ainsi, se sont-ils penchés sur le secteur de la justice, qu'ils se sont appropriés par divers moyens et en variant les méthodes. Des instruments ont été mis en place pour asseoir la justice coloniale **(A)**. Ce fut un point stratégique et significatif pendant toute la période de l'expansion coloniale. « Avec la colonisation française en Afrique s'est posé le problème juridique de la coexistence d'une population autochtone vivant selon des coutumes et cultures très variées, et d'une minorité d'origine européenne ayant conservé ses mœurs régies par des lois inspirées du droit romain et du christianisme. »[35] On entra donc dans l'ère d'un pluralisme normatif et juridictionnel ; une fusion de deux systèmes de droit et une rencontre de deux systèmes judiciaires complètement opposés sur plusieurs plans. Ainsi, le passage de la justice coutumière à la justice coloniale **(B)** est vite fait. Progressivement installé dans la colonie du Dahomey avec la signature d'un traité de protectorat de Porto-

---

32 Olawale (Elias), *La nature du droit coutumier africain*, op. cit, p. 259

33 Durand (Bernard), *Le juge et l'Outre-mer : Les dents du dragon*, op. cit. p. 87

34 Leroy Etienne, *Les Africains et l'institution de la justice. Entre mimétismes et métissages*, op cit. p. 73

35 Otis (Ghislain), *Le juge et le dialogue des cultures juridiques*, karthala 2013, p.135

Novo, puis avec la reddition du roi Béhanzin considéré comme symbole de la résistance au Dahomey, le colonisateur imagina donc plusieurs mesures relatives à une transformation du système judiciaire.

A. Des instruments dans la mise en place de la justice coloniale

L'avènement de la colonisation a été un processus long et minutieusement pensé puis mis en place par le colonisateur. Avec le mécanisme ou le procédé des protectorats, le colonisateur s'est progressivement inséré dans les colonies et a gagné du terrain afin d'asseoir ses différentes politiques dont celle de la justice. En effet, divers instruments ont été pensés, conçus et mis en œuvre. D'une part, le Code de l'indigénat **(1)**, puis la rédaction des coutumes, qui dans le cas du Dahomey fut le Coutumier du Dahomey **(2)**.

1. Le Code de l'indigénat et son application par le pouvoir colonial

Avant d'en venir au Code de l'indigénat proprement dit, il serait approprié de définir ce qu'est un indigène, car toute la problématique a pour fondement ce concept et ce statut. Ainsi, « l'indigène est le sujet exclu de toute participation à la Cité au nom de ses « mœurs et coutumes » incompatibles avec le droit français. »[36] De cette définition, on comprend aisément que le Code de l'indigénat est un régime juridique qui s'est imposé dans les colonies et celle du Dahomey pour règlementer par la force du droit la vie juridique des dahoméens. Pour Martine FABRE, « il s'agit de mesures administratives temporaires renouvelables périodiquement (tous les sept ou dix ans) et qui ne contiennent pas les mêmes dispositions selon la colonie où elles sont appliquées, ni d'une période à l'autre. »[37]. Ainsi, « L'indigénat sera adopté par le décret de 1887 en AOF et AEF, avec cette différence par rapport à l'Algérie que, comme pour toutes les autres colonies, c'est l'exécutif seul qui décidera de sa création et de son évolution. »[38] Expérimenté en Algérie pour la première fois, ce régime a connu du succès dans l'assujettissement des peuples en tant que système répressif destiné aux seuls autochtones ou indigènes. Dans le cas de l'AOF dont le Dahomey fait partie intégrante, le régime de l'indigénat y a été introduit par « l'arrêté du 31 mars 1917, puis le décret du 7 décembre 1917, rassemblent l'ensemble de la réglementation portant sur l'indigénat en AOF. »[39] Contrairement donc aux valeurs qu'énoncent la constitution et la déclaration de droits, le Code de l'indigénat fut élaboré pour les besoins de la politique coloniale. C'est un instrument créé et qui est relatif au statut de l'indigène ou des populations autochtones dans les colonies. Il permet aux administrateurs coloniaux de prononcer des peines de prison et d'amende en dehors de tout procès. Ainsi, contenant des dispositions et des règlementations contraires à l'ordre juridique traditionnel des peuples colonisés et également aux principes d'une bonne justice, il donne aux administrateurs des colonies, des prérogatives de police et de justice. Dans ces colonies et dépendances,

« Le code de l'indigénat est constitué de réglementations disparates autorisant les administrateurs des colonies à appliquer aux populations dites

---

36 Piret (Bérengère) et al. *Droit et justice en Afrique coloniale, traditions, productions et réformes*, op. cit. p.138

37 Durand (Bernard), *Le juge et l'Outre-mer : Les dents du dragon* ; op. cit, p. 273

38 Ibid, p. 274

39 Piret (Bérengère) et al. *Droit et justice en Afrique coloniale, traditions, productions et réformes*, op. cit. p.124

indigènes des sanctions « disciplinaires » (emprisonnement de courte durée, amendes individuelles) et politiques (amendes collectives, internement et séquestre). Ce « régime de l'indigénat » se situe en dehors de toute procédure judiciaire. »[40]

Ce moyen coercitif employé par le colonisateur fut l'une des armes des premières heures de la colonisation. Il témoigne du rapport de force qui a régné au cours de la période coloniale. En effet, l'occupation de la colonie du Dahomey par le colonisateur, impliquait des relations entre indigènes et européens ; des relations dont la base était la soumission des peuples colonisés du Dahomey. Le règlement des conflits entre indigènes permettait ou favorisait une atmosphère de cohésion et de bonne entente entre les membres de la communauté, car les parties au conflit étaient traitées humainement et de manière égale. Avec le code de l'indigénat, on assiste à une désorganisation de la communauté colonisée sur le plan de la justice. « L'indigénat a conduit à tant de dérives en tant que tel, en raison même de son essence et du fait qu'il a, en grande partie, été confisqué aux juges pour être de la seule compétence de l'exécutif. »[41] La matérialisation des actes arbitraires du colonisateur à travers le régime de l'indigénat montre bien l'inégalité et l'arbitraire qui ressortent des dispositions de ce code. Pour Bénédicte Brunet-La Ruche, « le '' code'' de l'indigénat regroupe-t-il des textes qui n'ont aucun rapport avec une codification juridique, d'autant plus qu'il concerne le domaine de « l'extra-judiciaire », de l'« exception », qui devient la norme et qui est au cœur de la situation coloniale.»[42] Aussi, « il balaie certains fondamentaux jugés essentiels par tout juriste et ce qui peut être justifié ou toléré en temps de guerre ne paraît plus acceptable en temps de paix. »[43] Cela ne concernait que les seuls autochtones qui, subissaient passivement des décisions et des peines retenues à leur encontre. Des peines étrangères aux us et mœurs des colonies, qui ne sont issues d'aucun procès et qui de plus venaient d'un administrateur et non d'un juge habilité à les prononcer. Par conséquent, des déviances étaient observées dans l'appréciation des faits et des peines infligées. Par exemple, les faits suivants dans la colonie du Dahomey illustrent très bien les lacunes de ce code.

« Réquisitionné en octobre 1918 pour réaliser une prestation de travail dans un service public de la colonie du Dahomey, un homme « invective le chef de quartier d'une manière grossière ». En application du code de l'indigénat, il est immédiatement sanctionné par le commandant de cercle de Ouidah d'une peine de 8 jours de prison pour « propos irrespectueux ». Un mois plus tard et alors même qu'il a déjà subi sa peine, le lieutenant-gouverneur du Dahomey écrit à l'administrateur pour lui indiquer qu'il a commis une erreur dans l'appréciation des faits. En effet, le code de l'indigénat ne sanctionne que les actes et propos irrespectueux à l'égard d'un représentant ''européen'' de l'autorité. Le chef de la colonie rappelle donc à son subordonné que les infractions commises entre des agents « indigènes » de

40 Ibid, p. 117-118
41 Durand (Bernard), *Le juge et l'Outre-mer : Les dents du dragon* ; op. cit. p. 273
42 Brunet-La Ruche (Bénédicte), *"Crime et châtiment aux colonies" : poursuivre, juger, sanctionner au Dahomey de 1894 _a 1945*, Université Toulouse 2 Le Mirail, Histoire. Université Toulouse le Mirail - Toulouse II, 2013. Français. <NNT : 2013TOU20091>. <tel-00979289>Thèse, 2013, p. 176
43 Durand (Bernard), *Le juge et l'Outre-mer : Les dents du dragon* ; op. cit. pp. 275-276

l'autorité dans l'exercice de leurs fonctions relèvent du tribunal de cercle, donc de la justice indigène. »[44]

Aussi, un autre exemple définissant l'arbitraire de ce code se traduit-il à travers les actes du commandant de cercle d'Allada. « L'exemple du commandant de cercle d'Allada est à cet égard significatif. Son recours massif aux peines de l'indigénat parallèlement à des pratiques « extra-légales », telles que l'incendie de cases, pour obtenir les recrutements militaires et le paiement des impôts pendant la guerre, témoignent du fait que l'utilisation de l'indigénat ne contient pas la violence et l'arbitraire dans le seul cadre réglementaire autorisé. »[45] En fait, on constate une non-maitrise du cadre légal dans l'application du code de l'indigénat. On pourrait même conclure à une variation de règles selon les circonstances de l'acte, l'humeur de l'administrateur ou la personne de la victime. En somme, une incertitude. Sur le territoire dahoméen, « le nombre moyen des sanctions disciplinaires au Dahomey passe d'une centaine par mois au début de 1932 à 300 en juin de la même année ; au total 2829 punitions sont infligées en 1932. La répression s'accentue sur ce territoire jusqu'en 1935 (plus de 8900 punitions disciplinaires en 1933, 7500 en 1934). »[46] Deux conclusions essentielles relatives à l'introduction du régime de l'indigénat dans les colonies retiennent l'attention.

La première est que pour le colonisateur le mode de vie des indigènes relatif au respect de leurs règles est assez lacunaire, voire non évolué. Ainsi, il parait donc normal de faire évoluer ces sociétés primitives en substituant les règles et normes indigènes par de nouvelles lois plus civilisatrices. La seconde est qu'on comprend que ces réformes sont une forme d'adaptation constante des institutions du colonisateur sur un territoire étranger où il s'établit. A la fin de la Seconde Guerre mondiale, « le régime de l'indigénat est supprimé par décret du 22 décembre 1945. »[47]

2. La rédaction des coutumes : le cas du coutumier du Dahomey

Elaboré suite à de longues et diverses tentatives, le coutumier du Dahomey est un document qui recense ou qui contient les diverses pratiques coutumières du Dahomey. Etranger aux us et coutumes de la colonie du Dahomey, le colonisateur a eu cette ingéniosité de les constituer sous forme de document, afin d'en saisir la signification. Cette idée remonte à 1901 avec le Gouverneur Clozel qui, « a provoqué la constitution d'une commission, présidée par lui-même et destinée à mettre à la disposition de la justice indigène (assurée par les administrateurs) le texte des coutumes. »[48] A la suite de Clozel, d'autres Gouverneurs vont se lancer dans ce projet dont Roume, Brévié et Marcel de Coppet. Ainsi, « Le coutumier du Dahomey (aujourd'hui Bénin) relève de la circulaire 128. AP qui nomma un comité d'études historiques et scientifiques mis en place par le Gouverneur Général Clozel pour «

44 Archives Nationales du Bénin (ANB), 1M83, lettre de contrôle des sanctions disciplinaires, 13 novembre 1918, in Droit et justice en Afrique coloniale, traditions, productions et réformes, op. cit. p. 117

45 ANOM, FM, EEII850/1, dossier Combe Léonce ; in Droit et justice en Afrique coloniale, traditions, productions et réformes, op. cit. p. 134

46 Piret (Bérengère) et al. Droit et justice en Afrique coloniale, traditions, productions et réformes, op. cit. p. 136

47 Ibid, p. 140

48 Gilissen (John), La rédaction des coutumes dans le passé et dans le présent, Centre d'Histoire et d'ethnologie Juridiques, Bruxelles 1960, p. 275

ouvrir des champs nouveaux aux investigations des savants... »[49] Il est rédigé sur la base d'un questionnaire « dont le plan, calqué sur celui du Code Napoléon, ne pouvait cerner d'une manière satisfaisante la réalité juridique africaine. »[50] En effet, confronté à des incompréhensions relatives à la justice indigène qui n'avait aucune base si ce n'est que l'oralité des règles, une justice divine, qui composait avec les ordalies et les oracles ; des préceptes équivoques dirigés souvent par des réalités animistes, qui relevaient du « *vodoun* », et bien souvent aussi de l'arbitraire, le colonisateur réorganise tout cet ensemble et construit un système judiciaire à l'image de celle de la métropole par sa décision de matérialisation des règles sur un support écrit. La principale préoccupation ou l'objectif qui primait, était d'épurer les pratiques et règles indigènes afin de les dépouiller ou de les toiletter des superstitions dont elles étaient jugées teintes ; car, « la tradition, qui ne se confond pas toujours avec la coutume, y est imprégnée de religion. »[51] « La souplesse propre à cette source de droit disparaît ainsi comme s'efface son adéquation aux besoins de la société qu'elle régit. C'est dire à suffisance le caractère destructeur de la rédaction et du passage de l'oral à l'écrit qu'elle entraine. »[52] Ainsi, à défaut de rejeter les règles ou coutumes indigènes, le colonisateur imposa donc un droit mixte dans la colonie du Dahomey. « En 1933 sera publié le coutumier du Dahomey, territoire correspondant actuellement au Bénin. Le coutumier du Dahomey n'est pas un code au sens européen du terme, mais un recueil de décisions qui correspond à l'état du droit à un moment donné et qui est susceptible d'évolution. (...). »[53] Par ailleurs, la justice coutumière est mise à mal dans les tribunaux coutumiers. Désormais, les administrateurs coloniaux doivent se fier à un écrit qui sert de référence en matière de coutume ; et non à un individu ayant reçu par l'oralité les valeurs qui entourent la justice indigène. L'objectif du colonisateur est donc clair. Le droit traditionnel devait faire place à un droit quasi occidental, calqué sur le modèle du droit de la métropole ; mais avec des différences car, « le droit écrit introduit dans les colonies n'était pas tout à fait identique au droit métropolitain. En vertu du sénatus-consulte du 3 mai 1854, les textes métropolitains, lois et règlements, n'étaient pas applicables de plein droit outre-mer. »[54] On n'avait donc pas un droit traditionnel originellement africain, mais plutôt un droit hybride, à cheval entre le droit occidental et le droit traditionnel ; car il ne ressemblait pas exactement au droit occidental, ni au droit traditionnel. En fait, ce n'était pas le modèle de droit utilisé dans la métropole, et la transcription l'éloigne également du droit traditionnel. On pourra donc parler d'un assujettissement du système juridique dahoméen par le droit occidental ; en occurrence celui de la France.

B. De la justice coutumière à la justice coloniale

La justice dans la colonie du Dahomey va également connaître de nombreuses mutations. Le décret du 10 novembre 1903 (imité en 1910 au Congo français) est, on le sait, « l'acte organique de la justice » en A.O.F. Son titre VI règle une

49 Clozel, « Arrêté portant création d'un comité d'études historiques et scientifiques en AOF » JO de l'AOF. 10 Décembre 1915, pp. 817-818
50 Gilissen (John), *La rédaction des coutumes dans le passé et dans le présent*, op. cit, p. 278
51 Ibid, p. 27
52 Vanderlinden (Jacques), *Les systèmes juridiques africains*, op. cit. p. 13
53 Otis (Ghislain), *Le juge et le dialogue des cultures juridiques*, op. cit. p. 184
54 Becker (Charles) et al. *AOF : réalités et héritages Sociétés ouest-africaines et ordre colonial, 1895 – 1960;* op. cit, p. 139

organisation judiciaire inspirée notamment pour la justice indigène, créée à cette occasion, par le précédent algérien. »[55] Plusieurs autres décrets dans le cadre de la réformation de la justice indigène, viendront à sa suite. « En effet le décret du 30 avril 1916 a unifié le régime répressif à compter du 1er juillet 1916. Ainsi, à partir du 1er juillet 1916, les juridictions françaises connaîtront seules en matière pénale de toutes les infractions commises par les indigènes. »[56] On entre ainsi dans la phase de la confusion des pouvoirs **(1)** et d'une justice dualiste et confisquée au Dahomey **(2)** ; avec l'introduction de nouveaux éléments, en d'autres termes, de nouvelles normes, de nouvelles institutions et de nouvelles personnes chargées de la justice.

1. La confusion des pouvoirs exécutif et législatif

La réorganisation du système judiciaire au Dahomey a entrainé inéluctablement l'apparition de nouveaux acteurs dans la composition des tribunaux. En effet, avec la colonisation la justice qui était l'apanage du roi ou encore des chefs de village, fut transférée progressivement avec les réformes à d'autres acteurs chargés de la garantir. « L'organisation de la justice indigène reste sous le contrôle étroit de l'administration coloniale, même si les réformes vont vers une implication plus importante des magistrats de carrière. »[57] Dans cette perspective, on verra bien des administrateurs coloniaux exercer la fonction de juge dans les colonies. « Dans toute la colonie du Dahomey, les justices de paix furent créées près des tribunaux de première instance et du Tribunal colonial d'appel de Cotonou... »[58] Dans les juridictions indigènes, les fonctions de juge sont confiées à des administrateurs, des fonctionnaires qui doivent être titulaires d'une licence en droit.[59] Pour le professeur Georges Barnabé Gbago, « L'administrateur, commandant le cercle de Porto-Novo, adossé à l'ordre public colonial, s'inscrivait dans un système de règlement des conflits fondé sur une inversion de la place respective de la justice administrative et de l'ordre judiciaire. »[60] Ils avaient le titre de juges de paix. « Le juge de paix à compétence étendue était un magistrat polyvalent, à la fois juge d'instruction, procureur de la République et président; sa compétence était celle du tribunal de première instance pour chacune de ces fonctions. »[61] Il concentrait donc dans ses seules mains non seulement la fonction de juge et connaissait des infractions, mais assurait la fonction d'administrateur aussi de la colonie du Dahomey. « Il faisait office à la fois de justice de paix (tribunaux français) puis de président du Tribunal de premier degré (tribunaux indigènes). »[62] Le juge de paix avait donc la plénitude

---

55 Durand (Bernard), *La justice et le droit : instruments d'une stratégie coloniale*, Volume 1, Montpellier, 2001, p. 220

56 Otis (Ghislain), *Le juge et le dialogue des cultures juridiques*, op. cit. p. 138

57 Durand (Bernard), *La justice et le droit : instruments d'une stratégie coloniale*, op. cit, p. 183

58 Durand (Bernard), *Le juge et l'Outre-mer : La conquête de la toison ; justicia litterata, æquitate uti ? /* recherche de l'UMR CNRS "Dynamiques du droit", Faculté de droit, Université de Montpellier I, Tome 6, Lille : Centre d'histoire judiciaire, 2010, p. 172

59 Cette mesure fut initiée et mise en application bien plus tard avec le décret du 5 juin 1935, qui envisagea à la présidence des tribunaux de premiers degrés, des fonctionnaires européens spécialisés (administrateurs-adjoints des colonies, ou adjoints principaux des services civils, licenciés en droit et spécialisés dans l'étude des coutumes indigènes), voir Bernard Durand, le juge et l'outre-mer : Les dents du dragon, p. 28

60 Durand (Bernard), *Le juge et l'Outre-mer : La conquête de la toison* ; op. cit. p. 171

61 Becker (Charles) et al. *AOF : réalités et héritages Sociétés ouest-africaines et ordre colonial, 1895 – 1960* ; op. cit. p. 150

62 Durand (Bernard), *Le juge et l'Outre-mer : La conquête de la toison* ; op. cit, p. 171

de la fonction d'administrateur et ses compétences s'étendaient de façon illimitée à l'ensemble du système judiciaire. « Le juge de paix, juge unique en première instance, est devenu un juge de paix à compétence étendue exerçant à la fois sa juridiction en tant que président de l'institution, en tant que juge d'instruction et en tant que procureur de la République. »[63] « L'administrateur, président du Tribunal du premier degré de Porto-Novo avait par-dessus tout « le droit de frapper les sujets de sanctions pénales sans en justifier devant une autorité judiciaire. »[64]

Le Dahomey aussi bien que toute l'AOF était donc soumis à la fois à un régime répressif administratif et judiciaire. « L'administrateur était à lui seul juge civil, commercial, social et tribunal de simple police et s'occupait encore des litiges à caractère correctionnel. »[65] Cette situation était due au fait que la même et seule autorité qui administrait la colonie du Dahomey avait la compétence de sanctionner disciplinairement ou prononcer des décisions judiciaires contre les indigènes du Dahomey. « Doté d'un pouvoir disciplinaire, sans assesseurs et sans recours possible, ce pouvoir, apparemment sans frein était destiné à fortifier le régime de l'indigénat. »[66] Ils faisaient donc application du régime d'exception qu'est l'indigénat pour réprimer les actes des indigènes supposés être des infractions ; en d'autres termes tout manquement qui offusque le colonisateur. « Les administrateurs des colonies ont la maîtrise exclusive du régime de l'indigénat et assurent dans le même temps la saisine, l'instruction des affaires et la présidence des juridictions indigènes, concentrant entre leurs mains l'ensemble des pouvoirs de répression administrative et judiciaire. »[67] En définitive, le professeur Georges Barnabé Gbago pense qu'« une seule stratégie servait de boussole à l'administrateur-juge : la mise au pas des administrés, le contrôle des juridictions endogènes et par la suite la délégitimation des autorités traditionnelles.»[68]

2. Une justice dualiste et confisquée par le colonisateur

Le système judiciaire du Dahomey a été à maintes reprises réformé. L'organisation judiciaire précoloniale qui existait a été substituée par une organisation judiciaire instituée par le colonisateur. Avec l'arrivée du colonisateur au Dahomey, la justice indigène était encore d'actualité. Elle continuait à être exercée par les chefs locaux. Aussi, même avec les différentes transformations ou mutations que subissait le système de la justice, les chefs locaux étaient toujours maintenus et associés aux règlements des conflits ; mais ils n'avaient plus autorité. Ainsi, « la colonisation imposa en Afrique un nouveau modèle de règlement des conflits. »[69] Le processus de réorganisation de la justice au Dahomey est passé par de nombreuses étapes allant de la rédaction des coutumes, l'immixtion de l'administrateur colonial dans la justice indigène à l'introduction des juges de carrière dans le système judiciaire. « Une double organisation judiciaire est donc mise en place en AOF. D'une part, la justice française destinée aux Européens et

---

63 Ibid, p. 172
64 Ibid
65 Ibid, p. 173
66 Durand (Bernard), *Le juge et l'Outre-mer : La conquête de la toison* ; op. cit. p. 173
67 Piret (Bérengère) et al. *Droit et justice en Afrique coloniale, traditions, productions et réformes*, op. cit. p. 128
68 Durand Bernard, *Le juge et l'Outre-mer : La conquête de la toison* ; op. cit, p. 184
69 Gary-Tounkara (Daouda) et Nativel (Didier), *L'Afrique des savoirs au sud du Sahara (XVIè – XXIè siècles), Acteurs, supports, pratiques,* Khartala 2012, p. 65

assimilés, auxquels le gouvernement français entend assurer « une distribution de la justice analogue à celle qu'ils trouvent dans la métropole », avec des magistrats professionnels statuant selon une procédure proche de celle applicable en métropole. D'autre part, la justice indigène, dite de droit commun mais spécifique aux « indigènes » n'ayant pas la citoyenneté française ou « sujets », autrement dit la quasi-totalité des Africains, et dans laquelle l'administrateur joue un rôle central. »[70]

Dans cette logique, le professeur René Maunier affirmait en 1939 que « les colonies sont marquées par une « double législation » et une double justice, ce sont les territoires où « chacun » a « ses juges », où « chacun a ses lois » ».[71] On notait une ségrégation sur différents aspects juridiques. Les indigènes avaient des lois qui les régissaient et des tribunaux qui s'occupaient de leurs jugements. Les colonisateurs français et assimilés avaient également des lois et des tribunaux qui étaient les leurs. Cependant, il y avait des interactions entre ces institutions judiciaires. « Deux systèmes judiciaires –français et indigènes- cohabitent avec une grande capacité d'interaction, puisque les indigènes ont, sauf exception, la possibilité de saisir de leur procès, civil ou commercial, les tribunaux français…»[72] Toute cette structuration mise en place est en fait issue d'un long processus fait de décisions et de textes. C'est dans cette perspective qu'un texte avait réformé la justice indigène. Ainsi, le « décret du 16 Août 1912 va réorganiser la justice indigène en Afrique et réaffirmer la spécificité du statut indigène et du statut applicable aux justiciables des tribunaux français. »[73] De plus en plus convaincu que le monopole du droit et du système judiciaire était des instruments assurant le maintien de son autorité sur les colonies, le colonisateur donnera un autre visage à la justice dans les colonies avec la création des tribunaux de droit français et l'introduction dans le système, des magistrats de carrière. Un nouveau système judiciaire est donc mis en place avec de nouveaux principes. Les procès procèdent désormais d'une procédure distincte et d'un jugement d'exception ; aboutissant à des peines et des condamnations contraires à la philosophie de la justice des indigènes, conséquence de deux (02) systèmes opposés que le colonisateur a fusionné pour en faire un système hybride qu'il contrôle. Le système judiciaire institué au Dahomey n'était pas à l'image de celui institué dans la métropole. Il n'avait pas non plus ses caractéristiques originelles ; c'est-à-dire celles intrinsèques à la justice indigène. Plusieurs facteurs ont donc conduit à cette situation. En fait, on note d'une part l'implantation des tribunaux indigènes et celle de droit commun d'inspiration française, puis la rédaction des coutumes indigènes impliquant le passage de l'oral à l'écrit. Sur le terrain, on constate des conflits de compétence entre administrateur et juge, des cas de sanction sans procédure appropriée, des abus et des cas d'incompétence légalisée. « Les autorités coloniales peuvent également privilégier le régime de l'indigénat aux tribunaux indigènes afin d'obtenir des sanctions certaines dans le cas d'affaires criminelles délicates à juger en l'absence de preuves

---

70 Piret (Bérengère) et al, *Droit et justice en Afrique coloniale, traditions, productions et réformes*, op. cit. p. 122

71 Ibid, p. 137

72 Durand (Bernard), *La justice et le droit : instruments d'une stratégie coloniale*, op. cit, p. 183

73 Otis (Ghislain), *Le juge et le dialogue des cultures juridiques*, op. cit, p. 182

matérielles. »[74] On notait la confusion des mesures de sanction politique et celles de droit commun. Pour l'anthropologue de droit béninois Sotima Tchantipo, le colonisateur avait senti ce besoin de sécurité qui s'explique de par sa position de dominant. « Pour bien asseoir son autorité, il [le pouvoir colonial] élargit le domaine d'intervention de ces institutions [judiciaires] en s'érigeant en source unique de la loi et de la justice. Il disqualifie les institutions traditionnelles dont les décisions sont rendues nulles et non avenues, et s'arroge le droit d'ingérence dans tout conflit qui éclate dans ses colonies. »[75] On entre ainsi dans la phase de la confiscation et du monopole de la justice au Dahomey ; avec l'introduction de nouveaux éléments, en d'autres termes, de nouvelles normes, de nouvelles institutions et de nouvelles personnes en charge de la justice. La justice indigène qui, à travers les tribunaux indigènes, devait statuer sur les affaires civiles et en plus de moindre importance, peine à entrer en activité ou peut-on dire, n'entre pas en activité. L'inspecteur Demaret en 1910, « constate encore au Dahomey que les tribunaux de village qui auraient dû décharger les administrateurs d'une partie de leurs attributions ne sont entrés nulle part en fonction à l'exclusion du cercle de Djougou[76]. »[77] On peut imaginer que des manœuvres étaient certainement mises en place pour empêcher le fonctionnement des tribunaux indigènes au Dahomey.

En définitive, le royaume du Dahomey connaissait une organisation judiciaire qui lui permettait de régler les conflits et qui de plus, était adaptée à ses réalités. Même si, on pourrait parler d'un embryon de justice. Ainsi, avant donc l'arrivée du colonisateur, il existait un système judiciaire et une justice au Dahomey. Acteur principal de cette organisation judiciaire, le roi et les chefs locaux détenaient en leurs seules mains, les pouvoirs judiciaire et politique. La justice était l'apanage du roi et bien après celui des chefs locaux également. Plus tard, le législateur colonial entamera et poursuivra donc son œuvre de formatage de la justice de la colonie avec un projet pénal peu pensé et inégal dans sa pratique. On assiste ainsi à la coexistence de deux (02) systèmes juridiques et judiciaires quasi antinomiques sur tous les plans. Aussi, les chefs indigènes commencèrent-ils à perdre leur prestige et leur autorité sur la justice indigène au profit du colonisateur. C'est le début de la monopolisation de la justice avec désormais l'administrateur qui préside les tribunaux indigènes assisté de deux notables dont les rôles sont en fait assimilables à ceux d'un épouvantail. « L'histoire de la justice française aux colonies est celle des principes, lentement mis en œuvre, parfois contredits, confrontés aux difficultés qu'imposent les réalités du terrain. »[78]

---

74 Piret (Bérengère) et al. *Droit et justice en Afrique coloniale, traditions, productions et réformes*, op. cit. p. 129

75 Tchantipo (Saï Sotima), *Normes officielles, Normes pratiques et stratégies des acteurs dans le service public de justice au Bénin ;* thèse de doctorat, Université de Mainz, Allemagne 2013 ; p. 70

76 Ville située dans le septentrion du Dahomey, actuel Bénin.

77 Piret (Bérengère) et al. *Droit et justice en Afrique coloniale, traditions, productions et réformes*, op. cit. p. 132

78 Durand (Bernard), *La justice et le droit : instruments d'une stratégie coloniale*, op. cit, p. 49

4.
Les coutumes pénales du Dahomey de 1890 à 1960

Par
Irénée GUEDEHOUNGUE
Doctorant en Droit Privé, Université d'Abomey-Calavi

« Qu'il s'agisse des cités grecques et romaines, ou de la société féodale, il serait inexact de se fonder sur l'absence d'une organisation politique du type moderne de l'Etat pour conclure à l'inexistence du droit.... Le droit est l'expression d'une civilisation, en tant qu'il traduit les valeurs spécifiques de chaque peuple »[1]. Cette assertion, s'inscrivant dans la logique selon laquelle, il ne peut exister de société sans droit[2], justifie l'idée qu'il existait des systèmes juridiques dans les sociétés royales en Afrique noire avant même la colonisation. Ces systèmes juridiques étaient fondés sur des coutumes variées[3] et reflétèrent les valeurs traditionnelles qui imprégnèrent largement l'ensemble des populations. Comme dans la plupart des sociétés royales d'Afrique, la justice dans le royaume de Danxomè a été un élément fondamental de l'organisation de la vie en société. Cette justice est essentiellement fondée sur des coutumes. Ainsi, en matière pénale au Dahomey, ce furent les coutumes pénales qui organisèrent ce qu'il convient d'appeler en droit pénal moderne les *infractions* ainsi que leurs *répressions*.

Du latin *cosetudine*, le mot *coutume,* est caractérisé par un élément psychologique défini par la contrainte morale dans l'exécution des coutumes et un élément matériel tenant à la répétition de la pratique coutumière. Au sens général, la coutume est appréhendée comme la « façon d'agir établie par l'usage (habitude, mœurs, tradition). Dans une collectivité, c'est la manière à laquelle la plupart se conforment ».[4] Le Professeur Samba THIAM définit la coutume comme « un usage ou une tradition non écrite, réputé obligatoire par une communauté d'individus. C'est un mode populaire de régulation de la vie en société ».[5] La coutume est « un ensemble d'usage d'ordre juridique, qui ont acquis force obligatoire dans un groupe sociopolitique donné par la répétition d'acte d'ordre public et paisible pendant un laps de temps relativement long. »[6]. Par contre Philippe JESTAZ pense qu'« on peut du moins admettre que la coutume à l'état pur n'est ni écrite, ni même orale. En réalité, elle a un caractère gestuel, car elle naît de la répétition du même geste par les usagers du droit ». Par suite, il marque une différence entre coutume, pratique et usage. Pour lui, la coutume « ressemble aux usages extra juridiques de la vie en société. Il n'est pas toujours facile de savoir si telle pratique a ou non valeur de coutume (…) ; l'usage est utilisé de nos jours à l'échelon local ou à propos d'une branche d'activité et la coutume à l'échelon national »[7]. La coutume se distingue

---

1 G. A. KOUASSIGAN, « quelle est ma loi? Tradition et modernisme dans le droit privé de la famille en Afrique noire francophone », Pédone, Paris, pp. 166 et 169
2 C'est la consécration de l'adage latin : « ubi societas ibi jus »
3 Ces coutumes existèrent aussi bien en matière pénale, civil, commerciale qu'en matière administrative.
4 *Le nouveau Petit Robert de la langue française*, 2003, p.579.
5 S. THIAM, *Introduction historique au droit en Afrique*, L'Harmattan, août 2012, p.69.
6 J. Gilissen, *La coutume*, 1982, cité par B. TESFAYE, « La place de la coutume au XXIe siècle en Afrique » JURIAFRICA, 21/11/2011, p. 1.
7 P. JESTAZ, *Les sources du droit*, Dalloz, 2005, p.95.

également de la loi[8]. On pourra donc retenir que la coutume est d'abord un usage né de la répétition (*une fois n'est pas coutume*[9]), elle est mutante ; de ce fait, elle change avec les hommes qui la créent. Elle est « *un droit enfanté par le temps* »[10], elle s'applique à un groupe social d'ordre ethnique ou religieux. Ensuite, elle a un caractère informulé, gestuel et oratoire, elle est acceptée par le groupe social auquel elle est appliquée comme norme obligatoire. Même si elle est inégalitaire, elle est respectée aussi bien par les privilégiés que par les marginalisés dans l'intérêt supérieur de la société. C'est ce qu'un auteur a qualifié d'« *effet domino du système coutumier* »[11]. Enfin, la coutume est incertaine tant dans son contenu que dans son champ d'applicabilité.

De façon courante, est pénal ce qui est « relatif aux peines, aux infractions qui entraînent des peines »[12]. Gérard CORNU le définit comme ce « qui se rapporte aux peines proprement dites (sanctions répressives), aux faits qui encourent ces peines et à tout ce qui concerne la répression de ces faits »[13]. Ici, le mot pénal est utilisé pour désigner non seulement les règles coutumières relatives à la définition des infractions, des peines et de la responsabilité mais aussi, les règles qui gouvernent la poursuite, l'instruction et le jugement de l'agent pénal. Autrement dit, les règles de procédure qui gouvernent le déroulement du procès ; étant entendu que la compréhension des coutumes pénales ne peut être aisée que si l'on lie dans cette étude les règles matérielles à celles procédurales. Un auteur nous apprenait que : « Le droit pénal sans la procédure est comme un manche de couteau sans lame ; la procédure sans le droit pénal est une lame sans le manche »[14].

Ce qui préoccupe aussi dans ce sujet est la connaissance de l'origine du nom « *Dahomey* ». La densité historique de ce nom oblige à ne s'en tenir qu'à ce qui est strictement nécessaire à savoir pour mieux comprendre le sujet. Le Dahomey est sans doute l'actuel Bénin. Ce fut le nom donné, par le colonisateur, en hommage au Roi Béhanzin, au territoire du Bénin conquis, pour sa résistance face à la conquête du territoire de son royaume « *Danxomè* ». *Dahomey* est donc la déformation du nom de l'ancien royaume *Danxomè*. Il devint une colonie française autonome en 1894 avec le décret du 22 juin 1894 jusqu'à son accession à l'indépendance le 1er août 1960.

Concernant la période de cette étude allant de1890 à 1960, il faut noter que de 1890 à 1894, il y a eu la fin du règne du Roi Béhanzin et la conquête du royaume de Danxomè. La seconde période de 1894 à 1960 fut essentiellement marquée par l'achèvement de la conquête du Dahomey, son entrée dans l'Afrique Occidentale Française (AOF) et la fin de la colonisation.

Il ressort de ces définitions que les coutumes pénales du Dahomey de 1890 à 1960 regroupent l'ensemble des usages ou pratiques non écrites, réputés

8 « La particularité de la coutume, par rapport notamment à la loi, c'est qu'elle apparaît comme un pur ''negotium'' dénué de tout support matériel, donc dépourvu de tout ''instrumentum'' et de toute griffe officielle. Néanmoins elle est obligatoire » Philippe JESTAZ, op.cit., p.96.

9 Adage populaire.

10 J. CARBONNIER, *Droit et passion du droit sous la V République*, Paris, FLAMMARION, collection champs, 2006, p.6.

11 B. TESFAYE, « La place de la coutume au XXIe siècle en Afrique », in *JURIAFRICA*, 21/11/2011, p.2.

12 *Le nouveau Petit Robert de la langue française*, 2009, p.1215.

13 G. CORNU, *Vocabulaire Juridique*, dernière édition mise à jour, PUF 2011, p. 745.

14 M-H RENAUT, *Histoire du Droit Pénal*, Ellipses, 2005, p.5.

obligatoires au Dahomey et qui définissaient les comportements répréhensibles (les infractions) ainsi que la procédure de leur répression de la période précoloniale à la période coloniale.

La présente étude s'articulera donc autour des coutumes pénales du royaume de « Danxomè » dans la période précoloniale et celles du « Dahomey » pendant la période coloniale.

Ce sujet présente un intérêt à la fois théorique et pratique.

D'un point de vue théorique, il permettra de remettre à l'endroit les idées reçues et promues à l'envers et qui tendent à relativiser l'existence d'une justice dahoméenne avant l'arrivée du colon ou encore celles qui tendent à caricaturer au travers d'une lucarne désintégrée, les mécanismes endogènes de répression des infractions et qui surtout visent à soutenir que la pseudo *structuration* desdits mécanismes aurait une cause allogène.

D'un point de vue pratique, il permettra de reprendre l'histoire de la justice pénale béninoise sous différents angles bien ciblés en vue d'apprendre à désapprendre les certitudes les plus infondées, les croyances les plus creuses afin que de la connaissance de nos pratiques coutumières, des solutions soient trouvées aux difficultés juridiques auxquelles le pays est confronté.

A l'analyse du sujet, il se pose un problème fondamental : Quelle fut la place des coutumes dans la définition et la répression des infractions au Dahomey de la période précoloniale à la période coloniale ?

En effet, la matière pénale avant l'arrivée du colon était régie par les coutumes, seules normes applicables sur toute l'étendue du territoire du royaume. Après la colonisation, ces coutumes vont subir un affaiblissement dans un premier temps avec la réduction de leur champ d'application jusqu'à leur totale disparition au profit du droit pénal français.

C'est pour cela qu'il sera étudié dans une première partie, la prééminence avérée des coutumes pénales au Danxomè pendant la période précoloniale **(I)** et dans une seconde partie, leur déchéance durant la période coloniale **(II)**.

I. Une prééminence avérée des coutumes pénales pendant la période précoloniale (1890-1894)

Avant l'arrivée du droit français, le système pénal dans le royaume de Danxomè se basait exclusivement sur des coutumes. Ces coutumes, en fonction de l'évolution du temps, pouvaient être modifiées, complétées ou même abolies selon le cas. Ainsi, sera-t-il convenable de rechercher ici ces coutumes **(A)** qui encadraient l'exercice de la justice pénale **(B)**.

A. Les coutumes pénales applicables

En Afrique précoloniale, la législation du droit coutumier relevait de la compétence exclusive du Souverain. Dans le royaume de Danxomè, seul le Roi possédait ce pouvoir dont l'application ne doit souffrir d'aucune faille sur toute l'étendue du territoire de son royaume. C'est pourquoi il est appelé :

- *Dada gbêhônoumêto* : celui qui a droit de vie et de mort sur tous ses sujets ;
- *Sê-mêdo* : celui à qui doivent se soumettre toutes les créatures de la terre, les visibles et mêmes les invisibles ;
- *Ayinon* : le propriétaire des ressources du sol et du sous-sol, celui qui attribue les terres et à qui revient la collecte des ristournes provenant des terres mises en location ;

- *Djêhossou* : détenteur des perles et des bijoux et chargé du contrôle de leur fabrication et de leur commercialisation ;
- *Dokounnon* : détenteur et dispensateur des biens.

Mais en réalité, le pouvoir de légiférer du Roi n'est pas aussi absolu que l'on pourrait le penser. En effet, si on lui reconnait ce pouvoir, c'est parce que toutes les lois étaient prises en son nom et c'est lui qui présidait l'assemblée législative. Mais lui-même ne prenait que rarement l'initiative des lois car c'est aux provinces ou au peuple tout entier, à travers leurs représentants, les conseils du Roi, qu'il revenait de prendre l'initiative de l'institution de règles nouvelles. Selon le Professeur OLAWALE Elias « partout où il existait un système régulier de gouvernement, le mode législatif traditionnel consistait en Afrique dans la prise de décision par un chef assisté de ses principaux adjoints. La hiérarchie des chefferies trouvait ainsi son expression dans la dévolution du pouvoir législatif, les chefs de village ayant eux-mêmes avec la collaboration des chefs de famille, le pouvoir de prendre des décisions d'intérêt local de même que d'assurer à l'échelon du village, l'exécution des lois »[15].

Dans le royaume de Danxomè, les premières coutumes remontent à l'époque de HOUEGBADJA[16]. La tradition est précise sur ce point et attribue à HOUEGBADJA l'honneur d'avoir édicté les premières lois qui interdirent, dans les tribus soumises aux *Aladahonou*[17], non seulement la vengeance individuelle mais aussi l'exercice de toute autre justice que la sienne[18]. Il a donc élaboré un certain nombre de coutumes pour régir la communauté. « La tradition rapporte unanimement que ces coutumes sont aux nombres de quarante-et-un (41) ou kandé lisa, chiffre oh combien mystique, sacré et de perfection dans l'aire culturelle aja-tado[19] »[20]. En analysant ce corpus législatif du Roi, un auteur a estimé que « tous les secteurs de la vie individuelle et communautaire des habitants du royaume sont pris en compte[21] ». Au nombre de ces règles, figurent les coutumes pénales. C'est Anatole COYSSI qui, dans l'un de ses ouvrages[22], nous livre les quarante-unes (41) coutumes ainsi que les circonstances dans lesquelles elles ont été édictées. Les informations ont été recueillies en 1939 auprès des personnes certainement contemporaines des Rois GLELE et BEHANZIN. Le Roi HOUEGBADJA se contentait de relever dans sa législation les actes infractionnels sans pour autant en indiquer les éléments constitutifs. Toutefois, la responsabilité criminelle ne pouvait naître que de la violation de ces coutumes par des actes matériels soutenus par une volonté criminelle de l'infracteur. En réalité, le Roi était animé de la volonté d'assoir sa majesté et sa notoriété. Après avoir éliminé les autres chefs de villages pouvant

---

15 E. OLAWALE, *La nature du droit coutumier africain*, Présence Africaine, 1961, p. 210

16 En accédant au trône en 1645, Houégbadja dota le royaume du Danxomè d'un corpus législatif très impressionnant. C'est d'ailleurs pour cela qu'il est présenté par les historiens béninois comme un véritable législateur.

17 C'est ainsi que l'on appelait les fondateurs du Danxomè.

18 Cf. A. LE HERISSE, *L'ancien royaume du Dahomey, mœurs, religion, histoire*, Émile LAROSE, Paris, 1911, p.73

19 Les Aladahonou ont émigré de Tado, localité située dans le Togo actuel. L'aire culturelle aja-tado est avec l'aire yoruba la plus importante en nombre et dans l'espace au sud et au centre du Bénin.

20 J. C. ALLADAYE, *Fresques Danxoméennes*, les éditions du flamboyant, 2008, p.13

21 Idem.

22 A. COYSSI, *Tanguiéta un poste de brousse au Dahomey*, Lille, Imprimerie de la Rue du Chevalier français, 1943.

un jour lui arracher le pouvoir, il imposa des lois dont l'inobservation était pour la plupart du temps sanctionnée de la peine de mort.[23].

La lecture de ces coutumes nous amène à une catégorisation binaire des infractions, à savoir : les crimes et les délits. Étaient prévus et sanctionnés comme des délits, l'usurpation de terre, la mise à feu volontaire d'habitation, la désobéissance au chef et le faux témoignage en justice. Ces délits sont sanctionnés respectivement par l'emprisonnement, la vente aux marchands d'esclaves, la flagellation et l'enrôlement dans les troupes d'élite du Roi.

Par contre, étaient considérés comme des crimes, la tentative d'ouverture de tombeaux, la tentative de prélèvement d'échantillon quelconque sur cadavre par un fossoyeur, le renversement du Roi, l'adultère, la soustraction à l'obligation militaire, la violation de la confidentialité royale, le meurtre à domicile, la complicité d'avortement, la tentative d'empêchement de s'approvisionner au marché, la prononciation de la confiscation des biens par une personne autre que le Roi, le trouble à la quiétude sociale par les révélations des prêtres, l'empoisonnement de puits, le fait de se défaire de sa propre vie (le suicide), la demande d'appui par un souverain voisin à un autre pour marcher contre Abomey et la justice privée. Ces crimes étaient sanctionnés par la peine capitale (la peine de mort).

HOUEGBADJA dans ses prescriptions a fait une liste limitative des infractions. Ces nouvelles règles n'avaient pas d'effet abrogatoire à l'égard des règles qui préexistèrent avant l'arrivée au trône du Roi législateur en ce qu'elles n'avaient rien de contraire. Ainsi, le silence des nouvelles règles au sujet des contraventions devait-il être compris comme une admission des règles anciennement appliquées en la matière.

Les contraventions étant une violation des règles de bonne conduite sociale, elles se caractérisaient essentiellement par la profanation du sacré et la violation des interdits collectivement admis. Suivant la nature de l'acte, les conséquences pouvaient être individuelles ou collectives.

Dans le cas de la responsabilité individuelle, le contrevenant supporte seul les conséquences de ses actes. C'est le cas par exemple de l'interdiction de port de chaussure dans les lieux sacrés (le palais royal, les couvents...) ou la défense faite aux femmes d'accéder à certains lieux sacrés (certains couvents...). Les sanctions de ces infractions pouvaient aller jusqu'à la stérilité ou la perte des menstruations[24] chez les femmes ; et chez les hommes la condamnation aux travaux forcés. A ces sanctions s'ajoutait naturellement le *Ousrasra*[25] ainsi que les cérémonies de purification du lieu dont la sacralité est entamée. Bien évidemment, ces cérémonies sont aux frais du contrevenant.

23 Cf. J. PLIYA, *L'histoire de mon pays le Bénin*, 3e édition revue, complétée jusqu'en 1992, Cotonou, 1993, p.66.

24 Ces sanctions relevaient des divinités. Mais la femme ainsi sanctionnée pouvait toujours retrouver ses menstruations après des cérémonies de purification.

25 « Il consiste en la purification de l'individu souillé, c'est-à-dire l'individu qui a désobéi aux génies, violé leurs interdits, pour l'arracher aux châtiments souvent sans appel de ces justiciers invisibles, et réconcilier ainsi, à nouveau, la communauté des vivants, celle des ancêtres défunts et celle des divinités ; ce lien ayant été rompu entre temps du fait de la souillure. » Bénin : Revue de la justice Criminelle, Institut d'Études de Sécurité, Monographie 163, juin 2009, p. 126

Dans le cas de la responsabilité collective, les conséquences de l'acte rejaillissaient sur l'ensemble de la communauté en signe d'expression du mécontentement des divinités et des génies protecteurs de l'ensemble du royaume.

En cas d'inceste, de rapport sexuel en plein air, de la souillure du lit familial (paternel ou maternel) par un rapport sexuel de l'enfant sur le lit de ses parents,…., le plus souvent, c'est un signe cosmique (sécheresse, foudre) qui amène l'oracle à révéler le sacrilège (l'infraction).[26] Dans ce cas, le *tokplokplo*[27] est organisé sur instruction du Roi.

Après HOUEGBADJA, d'autres Rois à sa suite ont apporté un complément de comportements punissables au fur et à mesure de l'évolution et de l'agrandissement du royaume. Ainsi, avons-nous découvert sous le règne du Roi Tegbesu notamment, d'autres infractions comme le brigandage et le viol, qui étaient des crimes sanctionnés par la peine de mort.

Après la défaite de son armée à *Abéokuta,* une ville Yoruba située sur le territoire Nigérian en 1851, le Roi GUEZO a développé méthodiquement l'économie pour enrichir son royaume et sauver son peuple de la famine. Il instaure de nouvelles règles pour encourager l'activité économique et réprime sévèrement les crimes économiques. Il encouragea la plantation des palmiers à huile et fit interdiction aux citoyens de les abattre sous peine de mort[28]. Le Roi GUEZO érigea ainsi en crime, tout acte de destruction des cultures qu'elles soient de rente ou destinées à la consommation.

Il est à préciser que ces règles nouvelles n'ont pas entamé le nombre total des coutumes qui sont toujours restées quarante-et-une (41)[29] ; les règles nouvelles étant rattachées aux dispositions de même nature[30].

B. L'application des coutumes pénales

L'exercice de la Justice a commencé au Dahomey sous le règne du Roi HOUEGBADJA (1645-1685) et était un attribut personnel du Roi. Ce dernier rendait la justice, entouré de ses ministres et des grands dignitaires, devant son palais à Agbomè (Abomey), dans une maison aménagée à cet effet appelée *Akabaxa.*

Avec l'évolution du temps, l'exercice de la Justice a été plus ou moins décentralisé. Le Roi institua au-delà de son territoire personnel un système judiciaire très hiérarchisé, correspondant à la division administrative du royaume en provinces ou régions, elles-mêmes subdivisées en cantons formés de plusieurs villages. Le chef était désigné au sein d'une famille, approuvé par le Conseil des anciens puis plébiscité par le peuple, mais le Roi pouvait toujours désigner le chef de son choix.

Pour les infractions mineures (les délits), les chefs de famille, assistés d'un conseil, détenaient un certain pouvoir judiciaire sur leur parenté (les descendants d'un ancêtre commun). De même, les chefs de village (Tôhossou) et de province,

26 Bénin : Revue de la justice Criminelle, Op. Cit., p.122.

27 « Tokplokplo est une cérémonie organisée pour conjurer le mauvais sort, les mauvais esprits du village. Elle a lieu en cas d'épidémie, suite à la commission de sacrilège, d'infamie ou de souillure dans le village, qui constituent des infractions à l'encontre des génies. C'est la cérémonie de purification de la communauté entière. » cf. Bénin : Revue de la justice Criminelle, Op. Cit., p. 125

28 Cf. J. PLIYA, Op. Cit., p.86.

29 Cf. informations recueillies auprès du Professeur J. C. ALLADAYE, lors d'un entretien à l'Université d'Abomey-Calavi (Bénin), le 16 septembre 2015.

30 On a par exemple associé à l'article 7 des lois de Houégbadja les dispositions relatives aux crimes économiques institués par le Roi GUEZO.

responsables de l'ordre et de la sécurité pour toutes les familles de leur territoire, jugeaient en première instance leurs administrés, assistés des vieillards. Chaque chef avait donc son tribunal. En cas d'insatisfaction, les condamnés pouvaient ensuite faire appel devant le chef de région puis auprès du Roi[31]. « Les choses s'arrangeaient [souvent] au niveau du village, le chef du village étant obligé de rendre compte au chef de région, surtout pour lui donner sa part de cadeaux et d'objets divers perçus à l'occasion du règlement »[32].

A partir du règne du Roi Tegbesu en 1728, tous les chefs de village et de province furent soumis au *migan*. Ce dernier exerçait d'importantes attributions judiciaires. En effet, il connaissait de toutes les affaires portées devant sa Cour. S'il ne parvenait pas à trancher, il se référait au Roi.

Le Roi ne jugeait que les plus importantes affaires, celles criminelles, notamment les meurtres, les viols, le brigandage de grand chemin, l'adultère,... Il pouvait seul condamner à mort ou gracier. Le Professeur M. AHANHANZO GLELE affirme qu'« en cas de condamnation, c'était ce dernier qui décidait, après avoir recueilli l'avis de tous les ministres. Pendant que l'on délibère, le Roi avait, devant lui, une calebasse contenant des cauris avec lesquels il jouait pendant que les dignitaires, ses assesseurs délibéraient. Suivant qu'il gardait ou non en mains des cauris, on savait la sentence »[33]. Tous les avis étant recueillis, « si le Roi garde des cauris à la fin des débats, le prévenu est condamné, mais pas à mort ; s'il n'a plus de cauris, le prévenu est condamné à mort car le Roi n'a plus d'argent pour le racheter »[34].

Quant à la définition du quantum de la peine, elle dépendait du nombre de cauris que le Roi avait en main. Ainsi, la sévérité de la peine s'appréciait par rapport à l'importance du nombre de cauris entre les mains du Roi. Mais si la main du Roi est vide, cela signifiait que l'accusé était condamné à mort.

Cette détermination des peines ne se faisait pas arbitrairement comme on pourrait le penser. En effet, dans la tradition dahoméenne, les divinités et les esprits occupèrent une place de choix et sont donc invoqués chaque fois que la justice devait être rendue. Dans l'exercice judiciaire, les souverains Danxoméens s'appuyaient souvent sur le culte Vodoun, qu'ils étaient parvenus à mettre sous contrôle. La religion Vodoun constitua un important instrument de contrôle social utilisé par le pouvoir royal. En raison du rôle important que ces divinités jouaient dans les croyances, on attribuait l'existence ou non de cauris dans les mains du Roi à leur œuvre. Ainsi, à travers le Roi, c'est en réalité les divinités et les êtres invisibles qui sanctionnaient le fautif. C'est ce qui ressort d'ailleurs d'une étude de recherche sur l'histoire de justice criminelle au Bénin. « A chaque niveau du règlement de conflit, les ancêtres sont au rendez-vous dans l'ombre. Ce sont leurs mains invisibles qui inspirent et commandent le dénouement du procès. »[35].

En règle générale, une infraction atteint la victime mais rejaillit aussi sur la communauté. Il convient donc de compenser le préjudice de la victime mais également de rétablir l'ordre social et naturel, par des rites de purification. La

31 Il s'agit là de la consécration du principe du double degré de juridiction.
32 M. AHANHANZO GLELE, *Le Danxomè, du pouvoir aja à la nation fon*, Nubia, 1974, p.145.
33 Idem, p.144.
34 Idem.
35 Bénin : Revue de la justice Criminelle, Op. Cit., p. 122

responsabilité pénale reste cependant individuelle, c'est-à-dire que seul le coupable est reconnu responsable. Mais il appartient à ses proches, qui ont une obligation d'aide à son égard, de répondre de son méfait. Cette obligation de secours concerne les crimes et délits, qui peuvent être réparés en espèce ou en nature, et non les infractions passibles de la peine de mort, de la mutilation ou d'un châtiment corporel.[36]

Seule l'attitude de l'accusé déterminait la méthode de sanction à employer contre lui. S'il avoue son crime, le Roi prononçait la peine. Cette peine pouvait être l'envoi aux armées, la condamnation aux travaux forcés, la prison à temps ou à perpétuité et même la peine de mort. En cas de peine de mort, l'accusé n'était pas toujours immédiatement exécuté. Il était souvent réservé et mis à mort lors des rituels qui exigeaient des sacrifices humains. Ce n'était donc pas les sujets ordinaires qui étaient utilisés lors des sacrifices humains, mais les condamnés à mort. Les condamnés aux travaux forcés, quant à eux, étaient expédiés à une vingtaine de kilomètres de ''Agbomè'' dans une région marécageuse appelé « *Affomayi* » (les pieds n'y accèdent pas) où ils cultivaient la terre toute leur vie pour le Roi.

Dans le cas où l'accusé n'avouait pas son crime, il devait alors subir les épreuves du fétiche. C'était la pratique des ordalies (Adikpénoumin). Sur ce point, il est important de noter le rôle judiciaire du ministre des cultes, le *ajaxo*, institué par le Roi Tegbesu[37] (1728-1775). Le *ajaxo* jouait en quelque sorte le rôle de juge d'instruction. De même, il était le détenteur de la potion destinée à faire connaître la vérité. Il instruisait donc le Adikpéto (celui qui administre la potion) afin que ce dernier administre la potion (Adi) au prévenu. Si le prévenu résistait à la potion, il était innocenté ; sinon sa culpabilité était attestée et l'on passait à la phase du jugement.

Notons qu'il n'existait pas de véritables prisons d'Etat comme celles des États modernes que nous avons aujourd'hui. Les chefs de village et de région possédaient une petite case où les prévenus étaient enfermés. À Agbomè la capitale, seuls certains ministres et dignitaires avaient une prison et ce, à l'intérieur de leurs domaines. Les gens du peuple étaient emprisonnés chez le *kpakpa* à Gbekon-huegbo à Abomey. Il existait d'autres prisons chez le *nahe* à Alligbodji, chez *Kanbode* à Alligo, chez *binazon* à Djebe, chez *nyimavo* sous le règne de Gbéhanzin à Gbekon-huegbo. Les princes quant à eux, étaient emprisonnés chez *le Mehu.* Enfin, à l'intérieur du palais, existait également une prison pour les reines et toutes les autres personnes vivant au sein dudit palais.

Par ailleurs, les hommes et les femmes n'étaient pas traités de la même manière quant à l'exécution des peines. Par exemple, en cas de condamnation à mort d'une femme, elle est réservée et devra se suicider à la mort du Roi afin de devenir son épouse dans l'au-delà. Il faut également rappeler le rôle éminemment judiciaire de la plus vieille femme du palais royal. En effet, cette vieille femme, détenait une parfaite connaissance des grands arrêts anciennement rendus par les différents Rois qui se sont succédé au trône. A l'occasion du jugement des affaires particulièrement complexes, le Roi se référait à cette dernière qui, dans une démarche historico judiciaire, éclaire la Cour par des solutions retenues dans des cas similaires par d'autres Rois. L'avis de cette femme n'étant que consultatif, il revenait au Roi de

---

36 E. OLAWALE, Op. Cit., pp. 108- 110
37 Idem, p.134.

choisir de s'inscrire ou non dans la logique des anciens. Mais que sont devenues ces coutumes après l'arrivée du colonisateur ?

II. Une déchéance subtile des coutumes pénales pendant la période coloniale (1894-1960)

Dans la période coloniale, et ce dans l'ensemble des pays de l'Afrique Occidentale Française (AOF), « l'installation de la justice française entendait répondre à deux (02) impératifs majeurs : d'une part, rassurer les autochtones en faisant en sorte qu'aucune des règles éditées n'apparaisse comme une innovation qui heurterait les susceptibilités locales. D'autre part, ne pas craindre d'innover en écartant tout ce que le mécanisme judiciaire a d'archaïque »[38]. Dès lors, il est apparu inopportun de procéder au remplacement pur et simple des coutumes locales. La solution a consisté à mettre en place un système hybride dans lequel l'applicabilité de deux différentes normes pénales était paradoxalement admise. Dans cette démarche réductrice du champ d'application des coutumes locales, le colon a subtilement réussi à faire coexister sur le même territoire les coutumes pénales et le droit pénal français **(A)**. De ce dualisme juridique, il est parvenu à instituer une norme unique applicable à tous sans exception: le droit pénal moderne **(B)**.

A. Un dualisme juridique affaiblissant l'usage des coutumes locales

Lors de la conquête du Dahomey, le colonisateur s'est trouvé en présence d'un système judiciaire organisé au sommet duquel était placé le Roi. Ce système judiciaire précolonial était critiqué par les occidentaux qui le trouvaient très archaïque, arbitraire et corrompu. C'est d'ailleurs ce qu'exprimait Alfred BARBOU en décrivant très négativement la justice danxoméenne. Pour lui, *«* Les tribunaux ne manquent pas au Dahomey : chaque cabécère, si minime qu'il soit, a le sien. Mais ce n'est pas la justice qui se rend, c'est l'injustice qui se professe. (...) La pratique des juges dahoméens est de faire payer celui qu'ils absolvent et celui qu'ils condamnent *»*[39]. Ces critiques ont permis de dévaloriser le système judiciaire existant, en se référant à l' *« humanisme »* de la justice française et à sa supériorité. Dès lors, il était indéniable qu'après la conquête du pouvoir politique, le colon allait entièrement réformer le système traditionnel de justice.

Au lendemain de la conquête du Dahomey, l'une des premières préoccupations des autorités coloniales était de réorganiser la justice tout en évitant au départ la suppression systématique du système judiciaire existant. Pour le ministre des Colonies Albert SARRAUT, *«* il faut considérer l'organisation d'une bonne justice comme un des premiers devoirs de la colonisation et comme l'une des meilleures garanties de notre autorité [(l'autorité du colon)]»[40]. Le pouvoir renforce son emprise sur les populations des nouveaux territoires et la justice est l'un des éléments essentiels de gestion de la domination coloniale, avec la mise en place progressive d'un système distinct entre autochtones et populations françaises, hiérarchisé et étroitement contrôlé. Le colonisateur n'a pas les moyens humains et

---

38 M. BADJI, *Cours d'histoire du droit et des institutions judiciaires en Afrique*, Université d'Abomey-Calavi, Inédit, 2014.

39 Cité par B. BRUNET-LA RUCHE, La justice pénale au Dahomey de 1900 à 1960, Université de Toulouse II, Le Mirail, Master 2 histoire contemporaine, 2008. Disponible sur http://www.memoireonline.com /06/10/3567/La-justice-penale-au-Dahomey-de-1900--1960.html, page consultée le samedi 13 février 2016 à 12h 04min 20s.

40 Cité par Deschanel, *La réforme judiciaire dans les territoires de l'AOF*, Mémoire ENFOM, 1952-1953. CAOM, 3 ECOL 113 d1.

financiers de se substituer totalement aux autorités judiciaires « traditionnelles » ou autochtones. Le pouvoir colonial ne peut par ailleurs s'imposer par la seule force ; il doit maintenir les *« traditions »,* quitte à les remanier selon ses intérêts, et rechercher l'adhésion des populations en associant les anciennes autorités judiciaires. Le pouvoir colonial invente donc un nouvel ordre judiciaire qualifié d'« indigène ».[41] Il institua ainsi un système hybride par lequel il associe les coutumes remaniées à une partie des principes de droit pénal existant en France.

Ce système judiciaire coexiste et est parfois même confondu avec un autre instrument de domination coloniale : *« le Code de l'indigénat »* qui permet aux administrateurs coloniaux de prononcer des peines de prison et d'amende en dehors de tout procès.[42] En réalité, le Code de l'indigénat était un système dérogatoire au droit commun induit par la nécessité d'établir l'autorité du colon sur des territoires récemment conquis. La circulaire du 10 juillet 1918 explique que « le régime de l'indigénat est un régime d'exception répondant à la situation politique actuelle du pays dont l'administration nous est confiée, mais qui doit se modifier constamment, au fur et à mesure des progrès réalisés par nos populations indigènes, pour disparaître un jour[43] ». Il a été enfin supprimé sur la pression des humanistes aussi bien africains, français que du reste du monde.

Les coutumes affaiblies au moyen du système judiciaire indigène et du Code de l'indigénat étaient appliquées aux infractions commises par les Africains qui, à partir du décret du 26 juillet 1894 avaient acquis la possibilité de saisir en toute matière les tribunaux de paix des villes de Porto-Novo et Ouidah institués en principe pour juger des infractions commises par les français résidant dans la colonie.

Au fur et à mesure des réformes judiciaires, la possibilité pour les Africains d'accéder aux juridictions françaises, c'est-à-dire les Tribunaux de paix des villes de Porto-Novo et Ouidah se ferme peu à peu avec la volonté du pouvoir colonial de distinguer son statut juridique de celui des indigènes. Désormais, les juridictions françaises se distinguent très nettement des tribunaux indigènes et ne peuvent de ce fait être saisies que par les Français.

Il existait à cette époque deux (02) justices distinctes. Les Français sont jugés d'après les textes métropolitains par des juridictions de paix, des tribunaux de 1ère instance et une Cour d'appel soumise au contrôle de la Cour de cassation française, alors que les Africains se voyaient appliquer en matière civile et pénale, leur droit coutumier par des tribunaux de premier et second degré contrôlés par une Chambre d'homologation siégeant à Dakar. Ces tribunaux de second degré connaissent de l'appel des jugements rendus par les tribunaux de premier degré. Seulement, leur sont directement soumis, les crimes, les faits d'anthropophagie, ainsi que les infractions relatives à la traite, et celles dont les auteurs ou victimes sont des fonctionnaires indigènes ou des indigènes agents de l'autorité ou encore des militaires indigènes, et enfin celles commises au préjudice de l'Etat, de la colonie ou d'une administration publique.

41 Voir B. BRUNET-LA RUCHE, Loc. Cit.
42 Idem.
43 Cf. Saliou MBAYE, *Histoire des institutions coloniales françaises en Afrique de l'Ouest (1816-1960)*, Dakar, 1991, p. 74.

Selon Claude DURAND, « cette double organisation judiciaire découle de la dualité des statuts. On distingue en effet, les Français, personnes de statut de droit commun et les Africains, personnes de statut de droit local, des appellations qui traduisent la prééminence du statut français qui a une vocation générale à s'appliquer alors que le statut local ne concerne que les seuls Africains »[44].

Les trois (03) décrets pris entre 1901 et 1903 distinguèrent déjà les tribunaux français et les tribunaux indigènes. Toutefois, la compétence de ces tribunaux ne varie pas seulement en fonction du statut de la personne (Européen ou indigène) mais parfois aussi selon le domicile des parties intéressées. En effet, le décret du 6 août 1901 établit trois (03) types de juridictions françaises. Il institue un tribunal de première instance à Porto-Novo et maintient les justices de paix à compétence étendue dans les autres régions en fonction des besoins exprimés par le gouverneur de la colonie. Ces tribunaux connaissent de toutes les affaires civiles et commerciales et des contraventions et délits en matière pénale.

Les affaires criminelles sont quant à elles déférées à la Cour criminelle[45] siégeant toujours à Porto-Novo. Mais si les tribunaux de première instance et les cours criminelles sont compétents à l'égard de tous les justiciables résidant dans le ressort de Porto-Novo, quel que soit le statut juridique des parties, les justices de paix, installées dans le reste de la colonie, ne connaissent que des affaires intéressant des Européens ou assimilés. La plus grande partie des litiges entre Africains relevait donc des juridictions indigènes.[46]

Pendant plus d'un demi-siècle, vont coexister dans un même espace des normes juridiques différentes appliquées à des personnes de statuts différents. Face à cette ambivalence, les réactions des populations dahoméennes étaient multiformes, partagées entre acceptation, refus ou opposition.

Les occidentaux restent malgré tout hostiles à cette justice indigène et ne considèrent, comme seul valable, que le modèle juridique européen. Le jugement sur les coutumes exprimé par l'abbé Bouche, missionnaire sur la côte des esclaves à la fin du XIXème siècle, reflétait largement la pensée occidentale sur la justice coutumière : « On aurait tort de croire que les coutumes définissent ou expliquent les prescriptions de la loi naturelle. Elles se basent non sur le droit et la justice mais sur des décisions arbitraires antérieures (...). La perfection de la loi consiste à ne rien laisser à l'arbitraire du juge ; cette perfection ne saurait convenir à la coutume, qui laisse toutes portes ouvertes au caprice du juge. »[47]

Par ailleurs, les administrateurs ont du mal à faire respecter une coutume qu'ils ne connaissent pas ou mal, et dont ils ne saisissent généralement pas la portée ; l'absence de maîtrise des multiples langues locales rend plus difficile encore l'exercice.

In fine, les coutumes pénales traditionnelles allaient pratiquement être écartées au profit du droit pénal moderne.

---

44 Claude DURAND, *Les anciennes coutumes pénales du Tchad*, p.9.

45 Cette Cour est devenue tribunal criminel à partir de 1902, puis Cour d'assises en 1903, elle est transférée de Porto-Novo à Cotonou en 1903.

46 Cf. B. BRUNET-LA RUCHE, Loc. Cit.

47 L'abbé Bouche, *La côte des esclaves et le Dahomey*, Paris, Plon, 1885, p. 172.

B. Une suppression proclamée des coutumes locales

Au départ, l'objectif que poursuivait le colonisateur était simplement de neutraliser au moyen des textes écrits, certaines pratiques coutumières jugées horribles voire inhumaines. C'est d'ailleurs pour cela que le décret de 1936 autorisait les juridictions de 1er et second degré compétentes pour trancher les litiges entre indigènes, « à prononcer des peines lorsque la coutume est muette ou lorsque ses dispositions sont contraires au principe de la civilisation française »[48]. Dès lors, les coutumes ne s'appliquèrent plus de manière systématique. Bien évidemment, elles n'avaient plus de beaux jours devant elles. Nous apprenons dans une étude que « Sur 371 affaires, la coutume n'a été appliquée que dans 37% des cas, soit 136 affaires. Même dans ces affaires, la coutume n'est en réalité respectée que dans la mesure où elle est conforme à la législation française[49]. Dans 37% des cas, soit 137 affaires, le tribunal sanctionne une infraction réprimée par la réglementation de l'autorité coloniale et non par la coutume[50]. Enfin, la coutume n'est pas appliquée car elle est contraire aux principes de la civilisation française dans 26% des cas, soit 98 affaires.

Dans 85% de ces cas, soit 83/98, la coutume est le plus souvent écartée parce que la sanction qu'elle prévoit est jugée trop sévère et contraire aux principes judiciaires ou législatifs français qui se sont imposés depuis la fin du XVIIIème siècle. Il s'agit des cas où la coutume punit les infractions de châtiments corporels ou de la vente du condamné en tant qu'esclave. Dans les autres cas, soit 15/98, la coutume n'est pas appliquée, parce que la sanction qu'elle prévoit apparaît trop faible au regard de la gravité des faits[51]»[52].

Les résultats de cette étude montrent sans doute que le colonisateur avait opté pour une suppression progressive des règles coutumières qu'il n'entendait plus supporter trop longtemps. Il fallait d'abord réduire le champ d'application des coutumes au moyen du Code de l'indigénat qui était inadapté au conteste africain. C'est ce que rappelle à juste titre d'ailleurs Claude DURANT en affirmant que « le code d'indigénat applicable à l'AOF, l'AEF, au Togo et au Cameroun n'a nullement tenu compte des pratiques coutumières africaines, d'où leurs difficultés à connaître des infractions pénales dans l'espace africain. »[53]

Au lendemain de la Seconde Guerre mondiale, rien ne pouvait plus être comme avant. La guerre ayant fécondé un univers nouveau avec la révélation de nouvelles puissances au détriment des puissances coloniales qui, sont d'ailleurs, sorties de la guerre très affaiblies. En France comme dans les autres puissances

48 Claude DURAND, Op. Cit., p.10.

49 Il a été indiqué que le tribunal n'a appliqué la coutume à une infraction sanctionnée différemment par la législation française que dans deux cas (notamment dans une affaire de coups et blessures entre deux femmes, le tribunal applique la compensation pécuniaire du préjudice en se référant uniquement à la coutume).

50 Il s'agit notamment des infractions relatives aux armes et munitions (32% de ces affaires, soit 43 cas/137 portent sur la vente, le port illégal, ou le trafic d'armes ou de munitions) ou à la fabrication, détention et circulation des alcools de traite (32% des affaires). Les autres affaires concernent les délits douaniers (10% des cas), le vagabondage (5%), les entraves au recrutement (5%), les évasions (2%) ou autres atteintes à l'autorité de l'Etat (faux renseignements à l'administration, injures à l'autorité, etc.).

51 La coutume prévoit une compensation pécuniaire du préjudice causé mais le pouvoir colonial estime que cette sanction est trop légère et il lui substitue la peine d'emprisonnement.

52 Cf. B. BRUNET-LA RUCHE, Loc. Cit.

53 Claude DURAND, Op. Cit., p.10.

coloniales, il fallait opérer des réformes surtout sur le plan institutionnel afin de sauver la République. Sous la pression des humanistes et surtout des États-Unis, très favorables à l'auto-détermination des peuples, la France était contrainte de redéfinir ses relations avec ses colonies.

Avec la réforme constitutionnelle du 27 octobre 1946 fondant la IVème République, elle institua une Union française par laquelle, elle accorda l'accès à la citoyenneté aux populations exprimant leur libre volonté de participer à cette nouvelle Union. A partir de ce moment, les portes de l'empire fondé sur la domination française se ferment peu à peu dans les colonies et les nouvelles lois françaises se succèdent et s'humanisent de mieux en mieux. La différence de statuts entre Africains et Européens s'estompe et les lois effacent les traces de tout ce qui rappelle cet horrible souvenir. Comme la justice indigène, toutes les autres institutions fondées sur la distinction entre indigènes et citoyens ont été supprimées.

La loi dite « Lamine Gueye » du 7 mai 1946 permet aux dahoméens comme à tous les autres ressortissants des Territoires d'Outre-mer d'accéder à la citoyenneté française à partir du 1er juin 1946. Les termes de «colonies » et d'«empire » sont remplacés par « territoires d'outre-mer » et « Union française », tandis que le mot « indigène » est appelé à disparaître du vocabulaire colonial.

Le décret du 30 avril 1946 supprime à compter du 1er juillet 1946 les juridictions pénales indigènes et le Code pénal indigène de 1944. Son article 1er précise que « les juridictions françaises connaîtront seules, à l'exclusion de toute juridiction indigène, de toutes les infractions commises par les indigènes »[54] et elles devront appliquer le droit pénal français. Nanlo BAMBA estimait que, « parmi les réformes institutionnelles que la France a entreprises ou réalisées dans les territoires d'outre-mer au lendemain de la dernière guerre, la réforme de l'organisation judiciaire figure au rang de celles qui ont eu le plus grand retentissement auprès des populations autochtones de l'AOF »[55].

Cette suppression de la justice indigène a eu pour conséquence immédiate, l'augmentation du nombre de justiciables devant les Tribunaux français. Il fallait alors réorganiser le secteur judiciaire. Outre le tribunal de première instance de Porto-Novo et les justices de paix à compétence étendue, compétents en matière pénale à l'égard des populations anciennement ou nouvellement citoyennes auxquels le décret du 9 mai 1946 a accordé les mêmes attributions que les tribunaux correctionnels métropolitains, un décret du 3 juillet 1946 a prévu l'institution de justice de paix à compétence correctionnelle restreinte.

Des conseils supérieurs d'appel, avec un magistrat de Cour d'appel assisté de deux (02) fonctionnaires-juges, connaissent l'appel des jugements rendus par les justices de paix à compétence restreinte[56]. La Cour d'appel de l'AOF continue à siéger à Dakar. Elle connaît de l'appel des jugements rendus par les justices de paix à compétence étendue et les tribunaux de première instance. Cependant, des Cours

---

54 Claude Deschamps, *Les attributions judiciaires des administrateurs en Afrique Noire*, cité par B. BRUNET-LA RUCHE, Loc. Cit.

55 Nanlo BAMBA, *Les Africains devant la réforme judiciaire de 1946*, Mémoire ENFOM d'administrateur, 1956-1957. CAOM, 3 ECOL 127 d6, citée par B. BRUNET-LA RUCHE, Loc. Cit.

56 Mamadou Dian Chérif DIALLO, *Répression et enfermement en Guinée, le pénitencier de Fotoba et la prison centrale de Conakry de 1900 à 1958*, Paris, L'Harmattan, 2005, p. 536.

d'assises, composées d'un jury de citoyens et de magistrats professionnels, sont instituées pour juger des crimes.

Désormais, les anciens sujets de BEHANZIN accèdent à la citoyenneté française et sous cette qualité, ne verront plus jamais appliquer aux infractions dont ils seront coupables, les coutumes pénales mais plutôt, les règles de droit pénal correspondant à leur nouveau statut.

En conclusion, la justice pénale au Dahomey dans la période précoloniale était l'apanage du Roi. La procédure pénale, faisant intervenir certains acteurs dont le rôle était assimilé soit à celui du juge d'instruction, soit à celui du procureur, soit même à celui des jurés de la Cour d'assises, permettait d'assurer à chaque sujet du Roi une justice juste à l'occasion d'un procès plutôt équitable. Il était indéniable que les règles coutumières applicables fussent, du point de vue de leurs valeurs humaines, discutables mais convenables à l'époque et à la société à laquelle elles étaient appliquées. La centralisation du pouvoir judiciaire au sommet duquel était placé le Roi conformément à la coutume, n'était pas comme l'a pensé le colonisateur, une manière d'organiser l'injustice sociale. Le Roi, dans cette posture, était de notre point de vue assimilable au juge constitutionnel ou au juge suprême dont les décisions, qu'elles soient justes ou injustes, restent toutefois des décisions de justice donc présumées justes.

Ces coutumes étaient les seules normes applicables jusqu'à la fin de la période précoloniale. La conquête du Dahomey par le colonisateur a favorisé le déclin de l'usage des coutumes avec l'émergence d'un dualisme juridique. D'un côté, étaient appliquées aux français, les normes juridiques françaises et de l'autre, les indigènes étaient soumis aux coutumes aménagées par le colon. Un aménagement consistant à ne retenir que des coutumes conformes à la civilisation française et appliquées par des juridictions de premier et de second degré siégeant à Ouidah et à Porto-Novo chargées de trancher les litiges des indigènes.

Cette justice indigène va coexister plus d'un demi-siècle avec la justice française avant d'être supprimée à l'occasion des grandes réformes institutionnelles françaises de 1946. A partir de cette année, seules les lois françaises sont appliquées aux infractions commises au Dahomey. De la prééminence des coutumes pénales, l'on a assisté à leur déchéance au contact du droit français. Mais, la grandeur des difficultés liées à l'application de ce droit en Afrique n'a pas empêché les dahoméens à opter pour sa continuation après les indépendances.

Tout était-il mauvais dans nos coutumes ? Leur suppression était-elle opportune ? N'était-il pas possible de bâtir un droit africain sur la base de nos us et coutumes ? Faut-il changer de paradigme en s'orientant vers un modèle africain de droit ? Autant de questions qu'on est en droit de se poser après avoir effectué une incursion sur le terrain de l'histoire de la justice du Bénin. Le Professeur Claver MUPENDANA avait déjà estimé que « seul le peuple, agissant à l'unisson et dépouillé de toutes voix discordantes professant les idéologies impérialistes ou néocolonialistes, reconstruira son Etat. Seul un tel peuple peut envisager une autre conception du Droit, une autre façon d'envisager la production de ce Droit, une autre forme de formation de ses juristes ; la conception d'un Droit propre à l'Afrique, la détermination de la manière de produire ce Droit et enfin la formation de juristes engagés à développer ce Droit constituent des exigences concomitantes à une reconstruction de l'Etat africain. Et c'est ça le contenu de l' « Afrojurisophie », cette science déterminée à reconstruire l'Etat et le droit africains en tenant compte des us et coutumes, des traditions, de l'histoire, de la philosophie politico juridique, de la culture,... des africains ».[57]

Pour l'heure, et à défaut de cet idéal, il est du moins souhaitable de recourir, à l'occasion des révisions législatives, à nos us et coutumes afin que nous ayons enfin un droit adapté à nos réalités. Si comme l'affirme Maryse RAYNAL, « *le droit coutumier enseigne à l'homme la sagesse* »[58], le travail de création d'un Droit béninois nouveau, qui émancipe le peuple sans l'aliéner, passerait sans doute par le truchement de l'unification ou l'harmonisation des Droits coutumier et moderne[59]. Car, « un droit sans histoire est un droit sans avenir ne sachant d'où il vient, il ne saurait connaître où il va. »[60].

---

57 P. C. MUPENDANA, *Histoire du Droit*, collection ''ensemble pour la paix et le développement de l'Afrique'', p. 245.
58 Maryse RAYNAL, *Justice traditionnelle, Justice moderne : le devin, le juge, le sorcier*, Paris : L'Harmattan, 1994, p. 309, cité par Bénin : Revue de la justice Criminelle, Op. Cit., p. 136.
59 Bénin : Revue de la justice Criminelle, Op. Cit., p. 136.
60 B. G. GBAGO, *Introduction historique au droit*, inédit, p.2.

5.
La distribution de la justice en pays Bariba au XIXème siècle

Par
Apolline OUSSOU-KLOUI
Doctorante en Droit Privé, Université d'Abomey-Calavi

Le droit coutumier en Afrique Noire pose ses propres règles et principes de conduite dans le monde ou dans la communauté. Il crée ainsi un ordre social qui, lorsqu'il est atteint, doit être réparé selon les exigences de la coutume et les rituels de la purification[1] spécifiques à chaque ethnie. Cette réparation est nécessairement le résultat d'un procès ouvert à cet effet contre le fautif. Ce processus qui s'observait également au Dahomey du XIXe siècle, actuel Bénin, en général et en pays *Bariba* (*Barutem)* en particulier, suscite la réflexion sur la distribution de la justice en pays *Bariba* au XIXe siècle. En effet, la distribution est la « *répartition de choses entre plusieurs personnes* »[2]. C'est aussi « *l'opération consistant à attribuer à chacun ce qui lui revient en vertu d'une répartition* »[3]. La justice c'est « *ce qui est idéalement juste, conforme aux exigences de l'équité et de la raison. C'est aussi ce qui est positivement juste* »[4]. Elle est selon les auteurs Grecs et les Romains « *une vertu, consistant à attribuer à chacun la dignité qui lui revient et que cultivent tous les citoyens (législateurs, jurisconsultes, magistrats, simples particuliers*). »[5] Pour D. HUME, la justice « *naît de conventions humaines qui ont pour but de remédier à des inconvénients issus de la rencontre entre certaines qualités de notre esprit de la disposition des choses extérieures parmi lesquelles nous nous trouvons placés.* »[6].

D'une manière ou d'une autre, le but de la justice reste le même, celui de donner à chacun de façon juste son droit. La justice peut être distributive ou commutative. Elle est distributive lorsqu'elle vise à répartir entre les personnes les biens, les droits et les devoirs, les honneurs, en fonction de la valeur, des aptitudes, des besoins de chacun et du rôle de celui-ci dans la société. En revanche, elle est commutative lorsqu'elle prétend veiller à une égalité arithmétique dans les échanges. La première est celle qui se manifestait avant l'arrivée du colon, mais elle a été remplacée par la seconde qui est actuellement pratiquée par les juridictions modernes. La période de circonscription du présent sujet confirme bien le caractère distributif de la justice, objet de cette recherche, même si elle a semblé être remplacée par la seconde vers la fin du XIXe siècle.

Mais qu'elle soit distributive ou commutative, la justice comporte trois (03) étapes : les juridictions, les règles applicables par celles-ci et l'exécution des décisions qui en sont issues. Ainsi, la justice *bariba* prévoie-t-elle les organes de sa

---

1 Cf. notamment E. LE ROY, *Les Africains et l'Institution de la justice : entre mimétisme et métissages*, Paris, Dalloz, 2004, p. 9 et M. RAYNAL, *Justice traditionnelle, justice moderne : le devin, le juge et le sorcier,* Paris, Harmattan, Logiques juridiques, 1994, pp. 299-300.
2 *Dictionnaire Universel*, HACHETTE, 4e édition, 2002, p. 369.
3 G. CORNU, *Vocabulaire Juridique*, PUF, dernière édition mise à jour, 2012, p. 355.
4 G. CORNU, préc, p. 590.
5 E. SERVERIN, « jurisprudence », in *dictionnaire de la justice*, direction, L.CADIET, PUF, 1ère édition, 2004, p. 712.
6 Cf. J-F. SPITZ, « Justice (doctrines) », in *dictionnaire de la culture juridique*, (dir), D.ALLAND et S. RIALS, Puf, 1ère édition, 2003, p. 891.

distribution, les règles coutumières à respecter et une exécution certainement efficace de ses décisions.

Le pays *Bariba* est la portion du territoire qui abrite le peuple *Baatonu*[7]. C'est la population la plus représentative de la partie septentrionale du Dahomey ; elle s'exprime en *Baatonum*[8]. Cette société forme donc un empire situé au nord-est du Dahomey et au nord-ouest du Nigeria. Sa capitale Nikki se trouve ainsi en une partie sur le territoire dahoméen et l'autre partie s'étend sur *Bussa* en territoire nigérian. Il a pour centre l'empire du *Borgou*[9] dont le royaume de Nikki[10] représente la capitale. Viennent ensuite les royaumes secondaires[11]. Ainsi, le *Barutem* est-il une société bien structurée en classes sociales composées non seulement des *Baribas*[12] proprement dits, mais également des *Boko*[13] ou *Bussantché*, qui couvrent les régions situées à l'Est et au Nord de Nikki. Il regroupe de ce fait des nobles seigneurs, guerriers, griots, roturiers, artisans, esclaves (*Gando*)[14] et enfin les étrangers[15]. Dans cette cité chacune de ces classes avait son rôle. A cet effet, les chasseurs approvisionnaient la cité en gibier, les guerriers captaient les esclaves, les seigneurs assuraient la rentrée des taxes exigées aux *Gambari*, les *Peulhs* (étrangers) se chargeaient des réserves de viande, les griots gardaient la mémoire et la tradition orale de la cité, et le reste faisait les travaux champêtres et cultivait principalement

---

7 Le terme Baatonu désigne un habitant du pays Bariba, tandis que les habitants de ce même pays sont appelés les Baatombu. Il s'ensuit que si le singulier est Baatonu, le pluriel est Baatombu.

8 La langue parlée par le peuple Baatonu.

9 Comment a-t-on obtenu cette appellation ? Il paraît que les premiers Européens qui avaient exploré le haut-Dahomey auraient demandé un jour à un Bariba le nom de cette contrée. Ce dernier répondit machinalement qu'elle s'appelait « Bar hou ». Bar signifie Bariba et hou veut dire pays. A cet effet, Bar hou revêt littéralement le sens de pays des Baribas. Ainsi, mal entendu, mal prononcé, puis mal écrit par ces premiers Blancs, Bar hou serait devenu Borgou. Cf. L. B. BIO BIGOU & J. GUERRA, « Nikki, Capitale de l' ''Empire du Borgou (Bariba)'' », 1ère édition, Cotonou, décembre 2014, p. 12.

10 Ce vaste royaume est fondé par Simé entre XVe et XVIe siècle. Ce fondateur est le fils de Séro lui aussi est le descendant de Kissira venu de Bussa au Nigéria et qui fut le palefrenier de Mansa Doro. Étant chasseur et dans la recherche d'une habitation, Simé a identifié lors d'une chasse un milieu confortable et humide qu'il a appelé "yaniké-nikérousan". D'où le nom Nikki. Ainsi, la royauté de Nikki a pour noyau Ouénou qui est une localité restreinte située à sept (07) kilomètres de la ville de Nikki. C'est autour de ce noyau qu'est entouré tout le Borgou, une partie de l'Atacora et une partie du Nigéria. Ce royaume rassemble les villes telles que Nikki, Parakou, Kouandé, N'Dali, Kalalé, Bembérèkê, BaniKoara, Kandi, Sinendé, Ségbana, Gorgounou, Wassa-Pehunco, Kérou, Tchaourou. A cet effet, le reste du Nord du Dahomey est occupé par les Dendi (Karimama et Malanville) et les Somba.

11 On peut citer le royaume de Kouandé avec les Bagana, celui de Kandi avec les Saka, de Boè, de Kika, de Sandilo, de Parakou avec les Koubourou.

12 Les baribas constituent le peuple d'origine, c'est-à-dire les autochtones représentant la chefferie de terre. Cultivateurs, artisans, chasseurs, etc., les plus notables occupent de hautes fonctions comme les cas de SinaDanwirou et de SinaGorigui qui sont respectivement membres du conseil des ministres et appelés à la régence lors de la mort du Roi.

13 C'est la classe aristocratique des cavaliers originaires de Bussa. Ils constituent les wassangari de la royauté de Nikki pour la simple raison que cette dernière a été fondée par leur ancêtre Simé.

14 Ces esclaves formaient une catégorie sociale particulière. Ils sont composés des prisonniers de guerre, des natifs Baribas qui avaient été abandonnés par leurs familles à leur naissance parce qu'ils sont considérés comme des enfants maléfiques du fait de leur malformation ou si un malheur est survenu à leur naissance. A l'origine on les assassinait. Mais par la suite, ils étaient regroupés dans des villages de cultures et exécutaient les travaux surtout ceux champêtres sous le contrôle des pasteurs *peulhs* ou des « princes » baribas.

15 Généralement musulmans, les étrangers constituaient des *Peulhs* qui tiennent les troupeaux de bovins pour le compte des « princes » et s'occupent des enfants Gando ; des haoussa commerçants venus du Nord Nigéria et des soudanais ou nigériens résidant dans les principales villes baribas comme Nikki, Parakou, Kandi ou Kouandé.

l'igname, le mil, le maïs. De même, les forgerons fabriquaient des outils et des bijoux locaux. Les bouchers quant à eux vendaient la viande des troupeaux de la région. Cette société est caractérisée par son respect fort de la hiérarchie, son courage et son orgueil. Ce peuple tient trop à son honneur au nom duquel le *Bariba*[16] est capable d'affronter la mort. Cette population est fière d'elle-même, de sa valeur et de sa race. C'est pour cela qu'elle est méfiante et n'a confiance en aucun étranger. Pourtant, ce peuple est hospitalier plus que tous les autres peuples du *Borgou.* Ainsi, le *Bariba* est-il hostile aux injustices et est-il reconnu pour son caractère farouche, mais cela n'exclut pas en lui le sentiment de pitié qu'il ressent envers ceux de n'importe quelle race qui sont malheureux[17].La danse préférée de ce pays est le *Tèkè*, et le cheval est son symbole de la richesse surtout pour les *wassangari*[18]. L'une des spécificités de sa culture est la *Gaani*, la fête identitaire annuelle au cours de laquelle les princes se font coiffer par la reine-mère (*Gnonkogui).* La philosophie de ce peuple est que ''la grandeur d'un homme ne se mesure ni à sa carrure ni à son charisme, mais plutôt à sa richesse et surtout à ses pouvoirs mystiques''. En un mot, c'est un peuple plus obscurantiste.

La présente étude couvrant tout le XIXe siècle, elle part alors de la période précoloniale allant de 1801 à 1894, la portion de temps après lequel l'ensemble du territoire du ''Dahomey'' a connu la colonisation ; et s'étend au début de l'arrivée du colon partant de 1894 à 1900, où ont commencé la modification de la manière traditionnelle de rendre la justice et l'installation du système judiciaire étranger.

La distribution de la justice en pays *Bariba* au XIXe siècle renvoie à la gestion des litiges des périodes allant de 1801 à 1900. En réalité, au début du XIXe siècle, le peuple *Bariba* était marqué par des luttes internes intenses relatives aux difficultés successorales du trône entre les branches princières et les chefferies. Cela a conduit certains princes à créer d'autres royaumes pour gouverner les provinces avec le titre du roi. C'est pour cela que les *Baatombu*[19] considèrent le roi de Nikki comme le roi des rois ''*Sinaboko*''. Cependant, tous ces royaumes y compris celui de Nikki ont été fragilisés après s'être envahis par l'armée coloniale à la fin du XIXe siècle. Ainsi, les rois provinciaux sont-ils ramenés substantiellement au rang de simples chefs coutumiers et le *Sinaboko* est désormais vu comme un simple roi et non comme un roi suprême tel qu'il l'était avant.

Dès lors, on est en droit de se poser la question de savoir : comment la justice était-elle administrée en pays *Bariba* au XIXe siècle ?

---

16 Il possédait certains traits caractéristiques qui permettaient de l'identifier. Ainsi, « Le Bariba est d'une assez haute taille et doué d'une grande force ». C'est pourquoi Marty le décrit comme grand, fort et musclé. Cf. L. B. BIO BIGOU & J. GUERRA, « Nikki, Capitale de l' ''Empire du Borgou (Bariba)'' », op. cit., p. 14 et S. On l'identifie également dans ce document par d'autres critères. Ainsi, son habillement était-il généralement une tunique à rayures de la même couleur et sans manches qui lui arrive aux genoux et qui soufflait triangulairement sur le devant de sa poitrine. Pourtant, certains Baatombu portaient des pantalons bouffants alors que d'autres se revêtaient d'une sorte de tablier en forme de cerf volant attaché autour des reins. Le matin comme le soir, les hommes Baribas se drapaient de grands pagnes dont ils rejetaient les pans sur l'épaule gauche. Ils mettaient souvent sur la tête un bonnet d'étoffe rond fait avec du raphia. Les femmes de ce pays découpaient leurs cheveux en flots ou les tressaient en billons. Ces populations portaient des bracelets de cuivre jaune ou rouge, de fer ou de verre. Leur tatouage fondamental est une incision qui, partant du nez, aboutit au milieu de la joue.

17 Ces informations résultent de l'entretien que nous avons eu avec le professeur L. B. BIO BIGOU.

18 C'est le terme utilisé pour désigner les princes.

19 L'appellation du pluriel des populations de barutem.

La réponse à cette question montre que ce sujet est intéressant à traiter. L'intérêt de ce sujet réside dans le fait qu'il n'existe pas d'écrits exclusivement consacrés à la distribution de la justice en pays *Bariba*. Cependant, un certain nombre d'écrits abordent l'histoire du peuple *Baatonu* de façon générale, même s'il est à regretter qu'aucun écrit n'aborde spécifiquement l'organisation judiciaire de ce type de population septentrionale.

C'est pourquoi, l'objectif de ce travail est de montrer que le peuple *Bariba* avait une justice organisée en bonne et due forme avant l'arrivée du colon et de produire par ce canal un écrit sur ce volet de justice afin de permettre d'apprécier les caractéristiques et l'évolution de cette organisation judiciaire au XIXe siècle, vu les événements importants qui ont marqué cette période.

A cet effet, une méthode analytique nous permet d'examiner les informations recueillies, afin d'en déduire la raison qui gouverne l'organisation de la procédure de l'administration de la justice ainsi que les principes qui régissaient cette procédure d'une part, et des décisions proportionnelles aux infractions commises de même que de l'exécution nuancée desdites décisions de la justice d'autre part.

Il sera donc étudié l'administration raisonnable de la justice **(I)**, ainsi que les résultats mitigés de cette administration **(II)** en pays *Bariba*.

I. Une administration raisonnable de la justice

L'administration de la justice chez les *Baatombu* au XIXème siècle suivait une logique sensée, qui se révélait à travers l'organisation de la procédure **(A)** à respecter pour le règlement des différends. La même logique caractérisait également les principes qui gouvernaient cette procédure **(B)**.

A. Une raison tirée de l'organisation de la procédure

La procédure s'entend de l'ensemble des actes successivement accomplis par des organes judiciaires constitués au sein de chaque ethnie, depuis la réception d'une plainte en passant par le délibéré, pour enfin parvenir à la reddition d'une sentence de justice. Le caractère raisonnable de la justice en milieu *Bariba* au XIXème siècle exige que chaque différend soit soumis à un type de procédure donnée avant de recevoir une décision. La procédure est donc organisée en fonction des infractions que nous classons ici en deux catégories : les infractions mineures et les infractions majeures. Les premières suivent une procédure légère **(1)**, tandis que les secondes étaient soumises à une procédure qui leur est convenable **(2)**.

1) Une procédure légère réservée aux infractions mineures

Les infractions mineures que nous pouvons qualifier de contraventions et de délits selon les cas, sont multiples et variées. On peut citer entre autres les écarts de langage, les petits problèmes de familles, les questions de transhumance, les problèmes domaniaux, l'atteinte à l'honneur des parents d'autrui à travers des injures - enfant bâtard -, la médisance. C'est aussi le cas de la bagarre, de la menace de mort, du vol des objets surtout appartenant au roi, mais ce type d'infractions était rare, des problèmes en matière des affaires - dettes, abus de confiance, escroquerie -, etc. Ces conflits se réglaient toujours par voie de conciliation[20]- *we ni ya non*- et suivant une procédure à double degré de juridiction : le degré inférieur et le degré supérieur, même si ces litiges étaient le plus souvent réglés définitivement au premier degré.

---

20 Elle est un mode de règlement de conflits basé sur l'échange - we si ya non -.

Le degré inférieur présente deux volets : l'organe familial de règlement des différends et celui local. En effet, en milieu *Bariba*, lorsque les litiges mineurs naissent au sein de la famille, la raison en donne la compétence en premier lieu au chef de la famille (*yin yinro*) en application du proverbe selon lequel ''*le linge sale se lave en famille*''. Ce proverbe a une forte signification en pays *Bariba* en ce sens que, « l'idéal des sociétés africaines est de toujours tenter de régler des différends dans le « ventre », c'est-à-dire « au sein du groupe qui l'a vu naître »[21].

Ainsi, la procédure démarre-t-elle lorsque le chef de famille est saisi d'une demande en justice verbale venant de n'importe quel membre[22] de sa famille ou d'une personne extérieure à cette famille pour une infraction qui se produit au sein de ladite famille. Il peut toutefois s'autosaisir s'il a personnellement connaissance du dossier. Dans tous les cas, il convoque les parties à une audience dont il fixe la date et où il est entouré des oncles[23] des intéressés. A l'audience, les deux protagonistes sont obligés de se présenter et l'instruction définitive commence sans qu'il n'y ait nécessairement au préalable une instruction de l'affaire. Dès lors, la victime prend la parole en premier, ensuite le mis en cause expose les faits et enfin, les oncles de chaque partie s'expriment, puis le chef se prononce pour trancher amiablement le litige. La solution du juge familial était généralement sans recours, parce que le principe voulait que les pères ne puissent se tromper. En revanche, lorsque le litige n'implique pas une seule famille ou concerne un *Batonu* et un étranger[24], c'est le chef local à savoir le délégué – wousunon - ou le roi provincial qui, selon le cas, en était compétent. Saisie donc d'un conflit, la démarche au niveau de ces juges respecte les mêmes étapes que le processus de règlement familial. Alors que le délégué est, dans l'accomplissement de sa mission, assisté de quelques notables et sages ainsi que certains membres des familles respectives des litigants auxquels il fait appel, le roi de province est entouré des membres de sa cour royale. Le juge local avait la possibilité de procéder aux investigations secrètes, afin de rendre sa décision également conciliatoire.

Le règlement des conflits mineurs étant amiable, pour vérifier si le litige est complètement tranché, la ''Cola blanche'' est remise à la partie condamnée. Celle-ci la tend à la partie qui a eu gain de cause et lui présente ses excuses. Si cette dernière accepte la ''Cola'', cela est un signe de règlement définitif du conflit au premier degré. *A contrario*, son refus renvoie à la contestation de la décision rendue et par conséquent au recours qui sera porté devant le Premier ministre qui est la plus haute juridiction en la matière.

Ainsi, d'un différend produit dans sa localité, le Premier ministre convoque les justiciables pour une résolution conciliatoire, sans toutefois se référer à la sentence rendue précédemment en cas de recours. Il a, à cet effet, la charge de trancher le litige et de rendre compte au *Sinaboko*. Aussi, vérifie-t-il par la cérémonie de ''Cola blanche'', le dénouement obligatoirement définitif du litige parce que ses décisions sont insusceptibles de recours.

Rappelons que la justice *bariba* présente quelques spécificités, en l'occurrence dans le règlement des différends relatifs aux affaires. Elle retient plus la

21 LE ROY (E), Op. cit., p. 9.
22 Il peut s'agir de la victime elle-même ou toute autre personne n'ayant pas l'intérêt à agir.
23 C'est-à-dire des gens qui ont rang des pères des litigants.
24 C'est le cas généralement observé en matière des affaires.

responsabilité de l'intermédiaire aux opérations que celle du débiteur qui ne respecte pas son engagement. Dès lors, le créancier exerce son action contre l'intermédiaire afin de recouvrer sa créance, et il revient alors à cet intermédiaire, après avoir remboursé le créancier, de faire contre le débiteur une action récursoire. Par ailleurs, lorsque le différend opposait un autochtone à un étranger, la justice était rendue en faveur de cet étranger, sauf s'il se comporte très mal. La raison était que l'étranger était supposé ne pas connaître les règles du milieu *Batonu*.

La procédure ainsi prévue pour la résolution des infractions mineures en milieu *Bariba* au XIXe siècle, est la preuve de ce que la justice de ce pays en la matière était vraie, complète et très simple, même si les infractions majeures suivaient une procédure certainement lourde.

2) Une procédure lourdement convenable aux infractions majeures

Les infractions majeures que nous pouvons classer au rang de crime, concernaient notamment, le meurtre, le viol, l'empoisonnement généralement entre coépouses, les problèmes de gibier, les coups et blessures volontaires - l'assassinat au moyen des armes -. Il en est de même de l'envoûtement - l'usage des forces occultes à mauvais escient : le charlatanisme et la sorcellerie -, les infractions autour de la femme[25] - notamment l'adultère - qui étaient d'ailleurs les plus fréquentes. Elles entraînaient le plus souvent le meurtre de l'amant, dans la mesure où se trouver une femme à marier à cette époque était difficile. Le mariage n'était donc pas une question d'individus, mais plutôt celle de familles qui, de surcroit, ont une bonne réputation.

En outre, les problèmes relatifs à l'accession au trône constituaient une affaire majeure sans pour autant être considérés comme un crime. Ils sont donc une catégorie spéciale de différend.

Ces infractions faisaient en principe l'objet d'une procédure à triple degré de juridiction. Il s'agit de la juridiction familiale, royale provinciale et celle du *Sinaboko*. Lorsque ces faits se produisaient au sein de la famille, c'est la juridiction familiale qui statuait. Cette fois-ci, elle est composée du chef, des notables et sages de la famille, mais le processus de résolution reste le même, sauf le changement de la nature de la décision rendue. En cas d'impossibilité de résolution de l'affaire au sein de la famille, l'infraction est portée devant le roi de la localité. Dès lors, les rois provinciaux connaissaient et jugeaient tous les litiges intervenus dans le ressort territorial de leur province, sauf les problèmes d'intronisation qui relèvent de la compétence exclusive du *Sinaboko*. A cet effet, ces rois sont tous saisis, soit par la plainte de la victime, ou même de toute autre personne y compris les membres de leurs cours royales, soit par voie de renvoi du dossier opéré par les organes inférieurs de jugement, soit enfin, ils s'autosaisissent.

Lorsqu'une cour royale provinciale est saisie d'une infraction majeure, le roi convoquait de façon immédiate chaque partie pour sa déposition. Que les deux aient satisfait cette obligation ou si l'une d'elles ne répond pas à la convocation, le roi faisait appel à ses collaborateurs parmi lesquels il désignait quelques-uns pour constituer un comité d'investigation afin de rechercher toutes les informations nécessaires à la manifestation de la vérité, l'instruction préparatoire étant très discrète. Une fois l'instruction terminée, le comité rendait compte au roi ensemble avec les autres membres de la cour de toutes les informations réunies, pour qu'ils se

25 Par exemple, le fait de surprendre quelqu'un avec sa femme.

forgent une opinion. A cet instant, la date de l'audience est fixée et la convocation est adressée à chacun des protagonistes. Si une partie ne se présentait pas, une nouvelle convocation lui était envoyée avec une nouvelle date d'audience.

A cette audience obligatoirement accusatoire, publique, orale et contradictoire, le roi ouvrait les débats pour l'instruction définitive du dossier. En effet, en premier lieu, la victime relatait les faits. En deuxième lieu, l'agent pénal est interrogé. En troisième lieu, les témoins étaient auditionnés. En quatrième lieu, le reste du débat revenait aux membres de la cour royale et enfin, le roi prenait la parole en dernière position pour rendre sa décision. La prise de cette décision était orientée par la position majoritaire desdits membres qui faisaient office à la fois des jurés et du ministère public. Par contre, l'on note une absence notable du greffe à l'audience.

Toutefois, lorsque les rois provinciaux sont saisis d'une affaire dont la gravité dépasse leur compétence, ils la référaient au *Sinaboko.* Ce Souverain était donc le dernier recours dans l'organisation judiciaire des infractions d'une importance majeure au *Barutem* pendant la période précoloniale. Ainsi, était-il compétent pour connaître de toutes les infractions commises sur l'ensemble du territoire *Bariba* par voie de recours ou directe lorsque l'acte est posé dans sa propre localité. C'est dire que les processus de saisine et de jugement sont les mêmes que ceux observés dans le procès devant les rois provinciaux, sauf à quelques différences près.

Dans l'instance ouverte devant la Cour royale de *Sinaboko*, l'instruction préparatoire incombe au ministre de la cour dont l'infraction relève du domaine de compétence. Ce magistrat instructeur est tenu, après ses investigations, de présenter ses résultats à l'audience. Les débats, après être ouverts par l'Empereur, étaient animés par les ministres qui, en réalité, jugeaient le dossier, parce que le souverain n'intervenait qu'à la fin pour rendre sa décision après avoir pris en compte l'opinion majoritaire de ses ministres[26]. Cette exigence est inviolable surtout dans le règlement d'un conflit de trône[27].

Cependant, l'empereur rendait parfois tout seul la justice s'il estimait avoir la solution au problème qui lui était soumis, et qu'il n'avait pas besoin d'avoir le point de vue des autres membres de sa cour. Dans tous les cas, seul le Premier ministre pouvait attirer l'attention du roi et l'inviter à la décision qu'il s'apprêtait à rendre avant de délibérer.

Par ailleurs, il pouvait parfois arriver qu'une partie ne réponde pas à deux convocations du Roi, dans ce cas, le verdict tombe.

En outre, pendant que, les princes et les reines étaient jugés comme tout citoyen, mais avec des sanctions différentes, le *Sinaboko* n'était pas jugé. Mais, il pouvait recevoir des reproches, mais uniquement de la part du Premier ministre, et il en demeure ainsi jusqu'à ce jour.

Malgré les quelques minces différences qui existaient dans l'exercice de leur fonction juridictionnelle, les acteurs de la justice au *Barutem* au XIXe siècle

26 Ils constituent un regroupement de toutes les corporations professionnelles composées du chef des forgerons, des griots, celui buché ainsi que des princes.

27 Par exemple, pour le règlement des conflits de trône, les faits sont présentés au sinaboko et il convoqua les parties pour faire leurs dépositions. Ensuite les enquêtes sont menées sur l'origine de chaque partie, aussi bien du côté parental que maternel. A l'audience, le débat est lancé avec diverses interventions. D'abord, ce sont les parties qui interviennent, ensuite, c'est le tour des ministres et enfin, le Sinaboko prononça la décision qui donne le trône à qui de droit. Après avoir tranché le litige, la cola et l'eau étaient distribués à tous ceux qui furent présents.

détiennent et exercent le pouvoir judiciaire de la même manière, puisque « *quel que soit le type de société africaine considérée, les pouvoirs législatif, juridictionnel et exécutif tendent à coïncider dans leurs titulaires comme dans leur exercice* »[28].

La procédure de résolution des différends en pays *Bariba* au XIXe siècle était caractérisée par une certaine raison qui déterminait quelques principes indispensables dans la conduite de cette procédure de distribution d'une justice de qualité en comparaison avec les autres justices de la même époque.

B. Une raison déduite des principes de la procédure

Les principes qui caractérisaient le procès en pays *Bariba* au XIXe siècle peuvent être regroupés en deux catégories : les principes liés à la défense (1) et ceux régissant l'instance **(2)**.

1) Les principes gouvernant la défense

Certains principes garantissaient la défense des plaideurs dans la procédure de la résolution des conflits en pays *Bariba.* Il s'agissait du contradictoire, de l'égalité des justiciables devant la justice, des droits de la défense. En ce qui concerne le principe du contradictoire, il accompagnait déjà la liberté de la défense dans le procès en pays *Bariba* précolonial. Chez les *Baatombu*, une valeur fondamentale est l'écoute de l'autre. Elle se manifestait surtout dans l'administration de la justice de ce peuple. Ainsi, aucune décision ne pouvait-elle être prise dans ce pays sans que les parties n'aient été écoutées préalablement. Toute démarche remplie par chaque partie pendant la procédure, marquait un certain échange d'informations, aussi bien entre les protagonistes qu'avec le distributeur de la justice. Il en résulte qu'un traitement égal est réservé aux parties en cause lors des débats. Un lien existe donc entre les principes du contradictoire et de l'égalité des litigants devant la justice. Ce lien oblige le détenteur du pouvoir judiciaire à rester impartial et indépendant, même si une partie a tenté de le corrompre en lui offrant des présents.

Dès lors, l'acceptation de ces présents n'influence en rien la neutralité de l'autorité judiciaire dans la conduite du procès. D'où l'expression du *Sinaboko, ''konondimkurakononguem'go'' en Baatonum*[29] qui signifie : « *le repas du palais ne tue pas la vérité du palais* ». Il s'agit donc de l'affirmation du principe de l'égalité des parties dans le procès, en ce sens que cette façon de corrompre le Roi n'avait aucun effet sur le traitement égal des litigants. Toutefois, cette égalité des parties n'est pas respectée dans la prise des décisions parce que celles-ci diffèrent quand il s'agit des princes et des reines.

S'agissant des droits de la défense, ce sont des droits substantiels dont le respect permet surtout à la personne poursuivie de se justifier dans un procès sérieux. Au *Barutem*, la raison voulait que le justiciable fasse valoir devant le juge ses droits ou ses intérêts par lui-même ou exceptionnellement qu'un membre de la cour soit venu à son secours. En effet, en matière civile, ces droits se manifestaient par un ensemble de garanties fondamentales dont les parties jouissaient pour protéger leurs intérêts. Dès lors, la partie concernée est avertie de la date de l'audience et de son droit d'être accompagnée par les membres de sa famille, ou par l'intermédiaire qui a piloté les opérations d'affaires. Ces assistants peuvent être auditionnés au cours de l'instance. L'objectif visé ici est sans doute de permettre à tout plaideur de faire usage de tout

28 Cf. OLAWALE E. T., *La nature du droit coutumier africain*, Paris, Dakar, Présence Africaine, 1961, p. 206.

29 La langue parlée par la population bariba.

moyen tendant à rejeter comme non justifiée la prétention malhonnête de son adversaire.

A contrario, en matière pénale, seul le prévenu ou l'accusé a le droit de s'exprimer sans l'assistance aucune des membres de sa famille, même si ceux-ci étaient présents. La règle est la défense sans assistance. Le justiciable pourra donc à travers son expression user des arguments afin d'atténuer sa peine. Ainsi, par exemple, un homme qui a commis le crime d'assassinat sur la personne de l'amant de sa femme après l'avoir avertie trois fois de se tenir à l'écart de cette femme, pouvait se justifier par ces diligences qu'il a accomplies à l'égard de sa victime. Cet argument de la défense personnelle atténuait généralement la sanction, voire exonérait l'accusé de la peine encourue. Il s'agit d'une excuse absolutoire[30] évoquée par l'accusé. Cependant, lorsque l'audience a lieu devant l'empereur de Nikki, certains membres de la Cour royale sont habilités à se constituer d'office défenseurs de l'accusé. Ce pouvoir appartenait seulement au Premier ministre qui est le bras droit de *Sinaboko*, au chef religieux qui est l'Imam du royaume, et à la personne de confiance de ce Roi.

Ces défenseurs intervenaient au cours du procès pour porter l'assistance judiciaire à l'accusé. Leur objectif était de convaincre le *Sinaboko* afin d'obtenir l'atténuation de la peine à infliger au coupable. Mais souvent, seul le Premier ministre jouait ce rôle. Ce rôle ainsi développé en justice *bariba* précoloniale est similaire à celui que jouent les avocats dans la période coloniale, qu'ils soient commis par la partie défenderesse ou d'office. Ce constat nous permet de conclure que la justice au *Barutem* était garantie par un réel principe de la défense.

Il est donc constaté que le peuple *Bariba* connaissait l'importance des moyens de défense dans le procès. Toutefois, il existait des cas où certains moyens de défense étaient totalement absents, ce qui n'était pas le cas des principes indispensables à l'instance.

2) Les principes régissant l'instance

Les principes de la présomption de culpabilité et de la preuve fondaient la procédure de l'administration de la justice en milieu *Bariba*. Pendant la période précoloniale, la présomption de culpabilité était la règle, et l'exception était celle d'innocence. C'est dire que tout suspect était considéré coupable jusqu'à preuve du contraire. De ce fait, la charge de la preuve pesait sur le suspect, mais cela ne dispensait non plus l'accusation de fournir la preuve pour confirmer cette culpabilité présumée. Puisque, la preuve étant la rançon du droit, elle consistait pour le plaideur *baatonu*, l'action de démontrer la véracité d'un fait ou d'un acte. Dès lors, il incombait à chaque partie d'apporter la preuve des faits qu'elle alléguait au soutien de ses prétentions, ou qui lui étaient reprochés. Cette preuve se faisait principalement par deux moyens : l'aveu et le témoignage.

En ce qui concerne l'aveu, il est la reconnaissance de tout ou partie par une personne poursuivie, de l'exactitude d'un fait allégué contre elle. Ainsi, à l'audience publique, l'accusé reconnaissait-il en totalité ou en partie l'infraction qui lui était

[30] L'excuse absolutoire est celle qui peut dans les cas prévus la loi, conduire à une exemption de peine de l'auteur de l'infraction.

reprochée[31]. L'aveu était donc simple et tacite. Il était simple lorsque l'accusé confirmait le fait allégué contre lui sans aucune réserve. En revanche, son caractère tacite résultait d'un agissement ou d'une attitude de l'accusé impliquant la véracité du fait incriminé. Toutefois, il arrivait que l'auteur nie la vérité ou ne s'explique pas du tout. Dans ce cas, c'est la malédiction qui s'abattait sur lui. Il pouvait également subir la colère de la foule si l'infraction était d'une certaine gravité. Cependant, le cas du mensonge était rare, parce que l'aveu et le pardon de l'accusé permettaient parfois d'amoindrir la sanction qu'il pouvait encourir. Il en est de même pendant la colonisation aussi bien en ce qui concerne la justice traditionnelle que celle moderne.

S'agissant du témoignage, il était exclusivement oral dans la justice *bariba* précoloniale. En effet, pour être éclairé sur les faits litigieux, lorsque toutes les informations n'étaient pas encore réunies ou suffisamment claires, afin de trancher le litige, l'autorité judiciaire faisait appel à des témoins. A ce sujet, il envoyait une délégation chez des personnes susceptibles de témoigner pour que celles-ci viennent accomplir cette obligation. Les témoins étaient dispensés de la prestation de serment sous le poids de la parole sacrée que prononçait le *Sinaboko* avant l'ouverture des débats. Ainsi, disait-il : « *Quiconque osera mentir devant ma cour, aura la malédiction de mon trône et celui qui dira la vérité, en sera béni* »[32].

Dans cette logique, la foi sans faille en la divinité et la crainte pour le trône faisaient que, suite à cette mise en garde mystérieuse faite par l'empereur, les justiciables ainsi que les témoins n'osaient mentir sous peine de sanction divine. Ces derniers y comprenaient en substance que mentir était un péché et que dire la vérité était une bénédiction. En conséquence, sans prêter serment, toutes les personnes concernées disaient la vérité et rien que la vérité. C'est pourquoi, le témoin qui n'était pas en mesure de dire la vérité, préférait ne pas venir à l'audience et pouvait même se suicider pour être supprimé au lieu d'aller mentir au procès pour recevoir en contrepartie la malédiction toute sa vie.

L'aveu et le témoignage étaient utilisés pendant la période coloniale vers la fin du XIXème siècle où l'on assistait à l'apparition de leurs formes écrites lorsque l'affaire était portée devant la justice importée. En dehors de ces deux principaux moyens de preuve au *Barutem*, d'autres moyens étaient usités surtout quand la preuve était difficile à être fournie. Par exemple, pour les infractions mystiques comme l'envoûtement, l'empoisonnement, ayant entraîné la mort, le moyen de preuve était les forces occultes.

Dans le premier cas, l'oracle était consulté en vue de découvrir la vérité dans la situation soumise à la justice. Dans le second cas, la vérité pouvait être révélée par la victime avant qu'elle ne rende l'âme. Bien que, ces moyens ne soient pas fiables, parce que c'est de l'irréel qui entraînait parfois une fausse accusation, autrement dit, la condamnation d'un innocent, le peuple *Bariba* y croyait fortement à l'époque.
L'usage de ces différents principes faisait de cette justice raisonnablement structurée, une justice équitable. L'achèvement de cette équitabilité était la

31 Par exemple, en cas d'empoisonnement, d'envoûtement, etc., l'accusé pouvait accepter la responsabilité de tout le crime ou reconnaître d'avoir joué seulement un petit rôle dans la commission de cette infraction.

32 Il s'agit des propos recueillis de l'actuel Premier ministre de la cour royale de Nikki, M. DUNWIRU Bio GUERRA.

protection de la dignité des uns et des autres à travers des résultats nécessaires obtenus à la fin de la procédure et qui servaient plus ou moins à restaurer l'ordre social troublé ou réparer et consolider des liens sociaux rompus.

II. Une administration aux résultats mitigés

L'aboutissement de la justice *bariba* comme toute autre justice, est d'apaiser les tensions dans la société. Cet apaisement social était parfaitement satisfait parce que les différentes prises de décisions étaient proportionnelles à l'intensité de l'infraction commise **(A)**. Toutefois, l'exécution de ces décisions était nuancée **(B)**.

A. Des décisions proportionnelles aux infractions commises

Porteuse de sanctions, une décision de justice au *Barutem* était tout jugement obtenu après l'application des règles coutumières, quel que soit l'organe qui l'avait rendu et son objet. La décision pouvait contenir une punition, une peine infligée à l'auteur d'un crime ou délit, comme elle peut être juste une mesure réparatrice de la violation d'une obligation. Cette variation du contenu des décisions permet de les classer en deux catégories : les décisions sévèrement justifiées par la gravité extrême des infractions **(2)** seront exposées après avoir identifié celles moins sévèrement admises pour les simples affaires **(1).**

1) Les décisions moins sévèrement admises

Les décisions moins graves étaient celles qui véhiculaient les peines qui ne présentaient pas une grande inquiétude aux yeux de *Baatonu.* Ces sanctions pouvaient être, la malédiction, l'interdiction au bénéfice d'un privilège ou à l'acception au trône, la compensation, le remboursement des sous, les amendes, la restitution des objets volés, le sarclage du champ du roi, les sanctions morales, le renvoi de la femme dans sa famille d'origine, la confiscation des biens, sans que la liste ne soit exhaustive.

S'agissant des décisions proférant la malédiction, refusant un privilège[33] ou l'accession au trône, elles étaient destinées aux princes et reines. Plus précisément, la malédiction et le refus d'un quelconque privilège sont infligés par le *Sinaboko,* aussi bien aux princes qu'aux reines, qui étaient naturellement bénéficiaires des avantages particuliers. L'interdiction à l'accession au trône rendait non éligible le prince sanctionné. La décision de la malédiction intervenait lorsque ces justiciables ont commis le crime, le Roi les maudissait en implorant le malheur sur eux.

Ces différentes sortes de sanctions particulières sont prononcées à l'endroit des princes et reines pour éviter ce que nous appelons la ''vengeance royale''. Autrement dit, éviter que la famille du prince ou de la reine qui avait subi des peines autres que celles ci-dessus expliquées, inflige, quand elle accédait au trône, les mêmes sanctions à un membre ayant lesdites qualités et appartenant à la famille du roi qui avait rendu les décisions non admises pour cette catégorie de justiciables. Cela est d'autant plus possible, parce que l'accession au trône en pays *Bariba* se faisait et se poursuit de façon alternative entre les descendants masculins des princes et ceux des princesses.

Quant à la décision de compensation, elle visait à éteindre de manière totale ou partielle deux obligations réciproques entre les mêmes personnes. Elle se fait sur une quantité de choses fongibles de même espèce. Cependant, il arrivait que les choses d'espèces différentes fissent l'objet de la compensation. De plus, l'obligation

33 Le privilège est donc la faculté exceptionnelle et exclusive accordée à un individu ou à une collectivité de faire quelque chose ou de jouir d'un avantage.

de rembourser des sous ou la confiscation des biens appartenant au débiteur intervenait en cas d'un procès ouvert relativement à une créance. Ainsi, la décision ordonnait au débiteur d'une dette de rembourser les sommes dues, et en cas de son insolvabilité manifeste, au créancier de confisquer les biens du débiteur à concurrence des sommes qui lui étaient dues.

En ce qui concerne l'amende, elle était prévue quand il s'agissait généralement de réparer un tort moral causé à autrui, par conséquent, elle est honorable. Cette sanction existe également chez le colonisateur jusqu'aujourd'hui. De même, en matière d'infraction de vol, deux sanctions étaient prononcées. La décision précisait d'une part, que le voleur restitue les objets dérobés et d'autre part, qu'il sarclât dans le champ du Roi.

Par ailleurs, les décisions morales visaient à troubler la tranquillité intrinsèque du coupable en laissant sur sa conscience l'acte qu'il avait posé. Il s'agissait donc d'un auto-jugement et d'une autopunition échelonnés dans le temps, en ce sens que le coupable traînât ce poids durant toute sa vie. Cependant, il était des cas où des justiciables faisant objet des sanctions divine et morale, subissaient la colère de la foule ou du prince guerrier *''Orou Kassa Kperigui''* qui vivait au village *Bugnon* à *Pèrèrè*. Ce prince si puissant et si riche, rendait une justice privée, parallèle à celle du souverain, parce qu'il n'était pas une autorité de distribution de justice. Il récupérait des personnes qui échappaient à la justice malgré leurs crimes odieux, et les exécutait, soit par l'égorgement, soit par la décapitation. Tout ceci se faisait sous un arbre fétiche appelé *''gandia''* situé à *Pèrèrè*. Le couteau à double tranchant qui servait à cette exécution est dit *''takobi''* et le bourreau qui exécutait est appelé *kpirikou Békourou*. Ledit principe ralliait également beaucoup de *Peulh* ou Haoussa qu'il sacrifiait à ses nombreux fétiches. Ces exécutions se faisaient en présence du prince. Cette barbarie était organisée par celui-ci malgré les décisions sévères que prononçaient les juges compte tenu de la gravité de certaines infractions.

2) Les décisions sévèrement justifiées

De coutume au *Barutem*, l'individu qui avait commis un crime devait être obligatoirement sanctionné, parce qu'il était tenu de répondre de son acte. Il était donc impossible dans le milieu *Bariba*, de parler de l'impunité et du délit de fuite. En effet, le délit de fuite est le fait pour un individu qui a commis une infraction de tenter d'échapper à sa responsabilité. Cette possibilité n'existe pas chez les *Baatombu,* quelle que soit la peine encourue. C'est ainsi qu'en matière de crimes, certaines sanctions étaient prévues conformément aux circonstances relatives aux infractions pour restaurer l'ordre social troublé. On peut citer limitativement, l'humiliation, les châtiments corporels qui se présentaient sous plusieurs formes. C'est dire que cette dernière sanction pouvait consister à enterrer vivant le condamné, le décapiter, le ligoter et le fouetter. Il pouvait également être obligé à regarder le soleil. Une autre sanction était le bannissement du coupable de la société, c'est-à-dire son expulsion du royaume ou de la famille ou du peuple *Baatonu*.

S'agissant de l'humiliation, elle est la peine capitale dans le pays *Bariba* au XIXe siècle, surtout avant l'arrivée du colon. En effet, l'humiliation est l'action consistant à blesser une personne dans son amour-propre en la couvrant de honte ou de confusion. Cette sanction est celle que les *Baatombu* considéraient comme la plus dure et la plus pénible à respecter. Pour cela, le *Baatonu* préférait se donner la mort en se suicidant avec de petites flèches empoisonnées que d'observer cette décision.

En ce qui concerne l'expulsion du coupable de la famille chez le peuple *Bariba*, elle est la sanction la plus sévère que le juge familial prenait. Il s'agissait de renvoyer le condamné dans une autre famille. Cette peine considérée comme la peine supérieure prise au niveau de la famille, est dure pour le *Baatonu* en raison de la force qu'a la famille à ses yeux ; pourtant, il est obligé de s'y conformer.

Par ailleurs, les châtiments corporels étaient des décisions également sévères qui consistaient à infliger une bonne correction à l'accusé, afin que de tels actes ne se reproduisissent plus dans cette société. Le jugement affirmait parfois avec force, le nombre de coups de chicotes que méritait le condamné. L'objectif de la décision qui prévoyait l'exposition du regard de l'agent pénal aux rayons solaires, était de lui détruire la vue, afin de l'empêcher de commettre à nouveau ledit acte infractionnel.

Curieusement, un autre type de peines spéciales s'observait généralement en Afrique à partir d'une période donnée comme l'a si bien précisé le Professeur Mamadou BADJI en ces termes : « *Dans les principautés wolof à partir de la fin du XVIIe siècle, notamment les peines infligées aux délinquants, c'était la réduction à l'esclavage* »[34]. Et comme le pouvoir judiciaire s'exerçait en Afrique précoloniale presque de la même manière, ces peines spéciales pouvaient également être prononcées dans la justice en pays *Bariba.*

Cependant, avec l'arrivée du colon, toutes ces sanctions issues des pratiques répétées et portées par des décisions qualifiées de sévèrement justifiées, furent interdites par le Blanc. Celui-ci les considère comme des actes de barbarie, de vandalisme, de traitements dégradants et inhumains, etc., puis à partir de 1894, il n'y avait plus possibilité de prendre ces types de sanctions dans la justice traditionnelle. Mais, force est de constater que ce même colonisateur qui fustigeait ces sanctions traditionnelles, avait prévu dans sa propre justice, la peine de mort qui consistait à exécuter ceux qui en étaient condamnés. Ce que l'on pouvait déplorer à l'époque. En revanche, les peines qui n'étaient pas jugées atroces par le colonisateur, c'est-à-dire celles douces ont survécu et restent encore d'actualité.

Que des décisions soient graves ou inoffensives, une fois qu'elles étaient prises, leur exécution ne se faisait pas attendre. Toutefois, certaines circonstances limitaient parfois cette exécution.

B. De l'exécution nuancée des décisions de justice

La satisfaction d'une décision de justice est son exécution. En effet, l'exécution d'une décision s'entend comme une action consistant à contraindre la partie condamnée à mettre en œuvre les dispositions de la décision intervenue. Si cette exécution était obligatoire **(1)** au *Barutem*, il n'était pas exclu qu'elle soit limitée **(2)**.

1) Une exécution obligatoire

L'exécution se faisait selon le type de décisions de justice et différait selon que ces décisions soient sévères ou non. En réalité, il n'existait pas en milieu *bariba* un endroit assimilé à une prison qui pouvait abriter les condamnés à des peines corporelles, afin qu'ils les purgeassent. En conséquence, aussitôt qu'une telle décision est rendue, aussitôt elle est exécutée. L'exécution était donc spontanée, il n'y avait pas un temps considérable entre la reddition d'une sentence et son exécution. De plus, toute exécution était faite publiquement. L'objectif visé était de

34 Cf. M. BADJI, « L'Etat et le droit africain : Une perspective historique » dans une interview de 2015.

renforcer l'interdiction violée, afin d'empêcher que les atteintes se reproduisent dans la société *Bariba.*

Nous en voulons pour preuve, la mise en œuvre de la décision de l'humiliation. Cette exécution consistait à obliger la personne qui en est condamnée, à s'asseoir par terre au centre de la cour royale. Elle peut aussi être mise à nue publiquement. Une telle exécution a des implications très négatives sur cette personne dans la mesure où elle devient désormais un individu sans valeur humaine[35] aux yeux du reste du peuple *Bariba.*

L'humiliation avait donc pour le *Baatonu,* le sens de chosification de l'individu sanctionné. Cette sanction étant si forte au sens de cette population que la personne condamnée à une telle peine préférait mourir que de l'exécuter. Souvent, ceux qui faisaient l'objet de cette décision se suicidaient pour ne pas être honnis, parce que pour ce peuple, la mort est meilleure que la honte. Le *Baatonu* préférait donc se prémunir contre la honte en préparant des flèches empoisonnées qu'il garde par-dessus lui, pour qu'au jour de la honte, il puisse se poignarder, afin de disparaître de ce monde.

Alors que, la honte est pire que la mort pour les *Baatombu,* le colon considérait la mort comme la peine capitale. On en déduit donc que le peuple *Bariba* avait depuis lors, un sens d'analyse plus profond qui lui permettait de comprendre qu'il y avait des valeurs humaines qui étaient au-dessus de la mort. C'est pourquoi la sanction de l'humiliation est toujours en vigueur jusqu'aujourd'hui.

Par ailleurs, l'individu qui est condamné à recevoir des coups, pouvait, dans la cour royale et devant tout le monde, être ligoté et fouetté proprement. De même, celui qui était condamné à mourir est au vu et au su de toute la population enterré vivant ou décapité. Le sanctionné pouvait également être obligé par la force, à exposer son regard aux rayons solaires lorsque cela est le contenu de la décision prononcée contre lui.

Toutefois, ces peines ainsi que leurs modes d'exécution avaient disparu vers la fin du XIXe siècle avec l'arrivée du colon, dont les sanctions prévoyaient les peines de mort ou d'emprisonnement. Cependant, curieusement le *Baatonu* préférait les châtiments corporels à la prison. C'est en cela que ce type de sanction est encore d'actualité à l'exception de ses formes qui donnaient la mort. A cet effet, l'individu châtié est relâché dans la cité *Bariba,* mais sous la surveillance de cette société. Aussi, le bannissement oblige-t-il la personne qui en a fait l'objet, à quitter d'elle-même ou de force sa famille ou le pays tout entier, en fonction de l'autorité qui a prononcé la sanction. Toutefois, le condamné pouvait, après avoir fait un temps à l'exile, revenir ou décider de rester définitivement à l'étranger.

En ce qui concerne l'exécution des décisions amiables, elle se faisait séance tenante. Tout d'abord, la partie perdante présente publiquement ses excuses à celle qui a eu gain de cause. Par ailleurs, s'il y a lieu à des paiements, remboursements, restitutions, etc., l'exécution se faisait généralement de façon consensuelle entre les litigants pour la simple raison que le respect de la parole donnée fait partie des critères fondamentaux qui caractérisent le peuple *Bariba.* Rappelons au passage qu'en cas de paiement d'une amende, la partie condamnée en payait une partie à son adversaire, et l'autre partie est donnée au chef de l'organe qui a rendu la décision,

35 Un vaut rien, un moins que rien qui ne peut plus être considéré comme une personne, mais plutôt comme une chose.

l'amende étant payée en ''Cola''. En revanche, avec la justice moderne, la totalité des amendes est versée exclusivement dans le compte de l'Etat.

En outre, un prince condamné exécute sa peine par son abstention de participer à la concurrence de l'accession au trône, parce qu'il n'est plus digne pour discuter de ces questions, même s'il était le mieux placé pour être le Roi. De la même manière, les reines sanctionnées doivent également s'interdire au bénéfice de tout privilège. La compensation exige que la personne débitrice qui a la dette la plus élevée ou l'intermédiaire des opérations d'affaires, rembourse le reste dû après avoir soustrait sa part, à l'autre partie. Elle se faisait en nature à travers les choses de même espèce voire d'espèces différentes.

Cette exécution malgré qu'elle soit spontanément efficace, elle n'était pas absolue.

2) Une exécution limitée

Le principe de l'exécution des décisions de justice en milieu *bariba* était une exécution immédiate et instantanée. Toute décision rendue avait donc un caractère exécutoire et obligatoire quelle que soit la qualité de son auteur. Pourtant, lorsqu'une partie n'est pas satisfaite d'une décision rendue au premier degré de juridiction, elle saisit le degré supérieur selon les cas. Cette saisine du juge supérieur implique le refus de l'exécution de la décision contestée, et marque l'exercice d'une voie de recours. Celui-ci s'observait surtout, en matière des infractions moins graves.

Ainsi, toute partie qui refuse de recevoir ou de tendre la ''noix de Cola'', à son adversaire, manifeste en effet sa volonté de ne pas respecter la décision obtenue. Il en est de même lorsqu'une partie se sentant lésée devant le juge du second degré, saisit la juridiction suprême. Il s'agit d'un recours en cassation, mais la particularité ici était que la haute juridiction statuait au fond malgré qu'aucun recours ne fût toléré à ses décisions. Cette exigence de l'exécution absolue est valable pour toutes les décisions rendues au niveau de la Cour Royale de Nikki, quelle que soit la nature de l'infraction parce que, non seulement, le juge supérieur ne revient pas sur ses décisions, mais il n'existait pas non plus une cour supérieure à celle-ci avant le colon. Toutefois, un recours spécial peut être exercé par le Premier ministre contre la décision du souverain avant que celle-ci ne soit rendue publique. C'est pour cela que nous qualifions ce recours d'*a priori*.

De plus, dans un procès relatif à l'usurpation de domaine, la Cour, après avoir pris sa décision, exclut le déguerpissement de l'usurpateur de l'espace qu'il a déjà occupé ; mais le reste du domaine peut alors être récupéré par le vrai propriétaire. Toutefois, si l'usurpateur a aménagé l'espace occupé en un champ de culture, le déguerpissement est fait à compter de la fin de la récolte. En outre, la personne sanctionnée pouvait s'exiler pour fuir l'exécution. En revanche, lorsqu'une décision ayant conduit un condamné à se suicider, s'était révélée fausse et que la vérité s'était éclatée plus tard, la même justice réhabilitait le défunt pour sauvegarder son honneur aux moyens des cérémonies traditionnelles. Il se dégage de ce mouvement, la manifestation d'un recours en révision dont la justice s'autosaisissait.

Par ailleurs, certaines décisions de la cour étaient en réalité inexécutables immédiatement. Il s'agit des décisions à caractère divin, comme par exemple celles proférant la malédiction à l'endroit des princes et des reines. Enfin, l'arrivée du colon limite également l'exécution des décisions de la Cour dans la mesure où ces sentences sont portées devant la justice importée.

En conclusion, la justice en pays *Bariba* au XIXe siècle était très raisonnable pour permettre à toutes personnes d'obtenir le respect de sa dignité, afin d'apaiser les tensions dans cette cité. Son administration suivait une procédure à double ou à triple degré de juridiction selon la nature de l'infraction, et se reposait sur des principes à valeur cardinale qui déterminaient d'une part, sa particularité et faisaient d'elle d'autre part, une justice généralement équitable. Ces principes sont qualifiés aujourd'hui de principes du procès équitable, mais à quelques exceptions près, avec le renversement de la présomption de culpabilité en celle d'innocence observé dans la justice moderne. La logique et la rigueur basées sur l'ingénieuse raison qui caractérisait la distribution de la justice *bariba* à l'époque, permettaient d'obtenir des sanctions adéquates à travers des décisions dont l'exécution était toutefois discutable. L'objectif visé ici était de faire triompher le peuple *Bariba* à travers le maintien de son ordre social et sa survie, ainsi que la consolidation de l'harmonie entre les fils et filles *Baatombu*. Ainsi, la résolution des différends actualise-t-elle une relation de réciprocité essentielle et vitale : elle assure et garde juridiquement l'indépendance et la solidarité des membres du groupe[36] social. La similarité qui existe entre la justice traditionnelle et celle moderne montre que la première a servi de base à la constitution de la seconde qui est usitée au Bénin actuellement.

36 Cf. « Problématique des droits de l'homme dans les droits traditionnels d'Afrique Noire », in *Droit et cultures*, n°1, 1981, p. 100.

6.
L'informalisation du Droit

Par
Rodrigue DAVAKAN,
Doctorant en Droit Privé, Université d'Abomey-Calavi

« On se condamne à ne rien comprendre à l'Afrique traditionnelle si on l'envisage à partir d'un point de vue profane. La connaissance de l'autre implique, en effet, d'adopter le point de vue de l'autre, - c'est ce qu'on appelle "le décentrement mental" -, de le connaître tel que lui-même se connaît, (...) faute de quoi on ne le comprend qu'à travers soi-même, ce qui est la pire manière de dialoguer »[1]. C'est par ces mots qu'Amadou Hampâte Bâ suggère la distance adaptée à l'observation du fait normatif traditionnel africain. Dans cette mesure, il est possible d'envisager les rapports entre la coutume et le droit positif colonial importé en Afrique noire. La coutume, « donnée immédiate de la conscience sociale »[2] suivant Bergson est l'une des sources les plus anciennes du droit. Elle a une empreinte prégnante dans les sociétés traditionnelles africaines[3] même si par l'effet des interactions sociales, celles-ci, quoique n'étant pas closes[4], s'ouvrent à la modernisation sous l'impulsion de mouvements d'acculturation. « Règle juridique spontanée », siège du droit traditionnel[5], la coutume est « la loi que l'usage a établie et qui s'est conservée sans écrit pendant une longue tradition »[6]. Elle rappelle des pratiques instinctives, spontanées, routinières et naturellement imposées par la populace ; c'est le droit qui est là ; un ensemble de règles orales, attachées à la morale, aux proverbes, aux contes et légendes[7]. Le droit coutumier[8], principal outil de la justice coutumière se distingue de la coutume dont il concourt au but avec des moyens humains et le formalisme de la procédure[9]. La coutume africaine a précédé

1 HAMPÂTE BÂ (A.), « À la recherche d'une identité culturelle», in *Le courrier de l'UNESCO*, février 1976.
2 Voir BERGSON (H.), *Essai sur les données immédiates de la conscience*, Paris, Alcan 1889.
3 TUNC (A.), (dir.), *Les aspects juridiques du développement économique, Etudes préparées à la requête de l'UNESCO* in Dalloz 1966 pp. 1 et s. « Le droit présente en Afrique une importance presque plus grande encore qu'ailleurs, du fait que les coutumes africaines, qui sont juridiques en même temps que sociales et religieuses, sont souvent extrêmement riches, complètes, et englobent tous les aspects de la vie des hommes et des communautés humaines ».
4 HOUNTONDJI (P.), *Sur la philosophie africaine*, Paris, 1977, Maspero, p. 228.
5 GONIDEC (P.-F.), *Les droits africains, Evolution et sources*, Paris, LGDJ, 1968.
6 ALOSSE (C.-G.), *La norme du droit en Afrique entre la tradition et la modernité*, Université de Kara, Togo Germivoire, 2015, p. 45.
7 Voir Revue de la Justice criminelle du Benin (RJCB), l'Initiative Africaine pour la Sécurité Humaine, Monographie 163, juin 2009 ; p. xvi.
8 Théoriquement la coutume *stricto sensu* se distingue du droit coutumier. La coutume est la norme ancestrale pratiquée, reçue, intelligible et parfois inintelligente pour défaut de rationalité. Le droit coutumier regroupe les unités de coutumes, les normes coutumières, « suffisamment stables » pour être codifiées. Voir MAGNANT (J.-P.), « Le droit et la coutume dans l'Afrique contemporaine », *Droit et Cultures*, Revue internationale interdisciplinaire, n°48, 2004, Parag. 41.
9 Cette procédure en matière pénale par exemple débute par le transport de la cause au tribunal traditionnel à travers le roi, les notables, les chefs locaux, les membres de la Cour royale. L'auto-saisine est également possible en cas de découverte d'un fait infractionnel. S'ouvre ensuite une information avec comme principales mesures d'enquête la confrontation et l'interrogatoire. Les audiences sont publiques, la délibération intervient et la décision est exécutée librement par le condamné dans la plupart des cas. Il n'est pas exclu que la décision suggère au Dahomey une cérémonie cultuelle comme le *Tokplokplo*, le *Ousrasra*, *Axiwlawla*, etc.

l'État africain et l'a marqué de manière indélébile en tant qu'elle a constitué une source déterminante du droit, notamment à l'époque précoloniale. Cette période est substantiellement tenue par les traditions avec une configuration sociale paramétrée par des groupements hiérarchisés dans lesquels les droits et obligations dépendent du statut du sujet dans un environnement de *pluralisme essentiel*[10]. Les coutumes africaines précoloniales étaient nombreuses et quoiqu'ayant une convergence relative[11], elles ne manquaient pas de présenter des singularités, isolément observées. L'intervention de la loi coloniale destinée à incliner le corpus juridique traditionnel vers un ordre public colonial moniste, va en fait renforcer l'attachement des Noirs aux modes de vie hérités, montrant ainsi que des générations de pratiques *pluri centenaires* ne se peuvent éteindre par le truchement d'une certaine acculturation sociale quelque structurée qu'elle fût.

L'organisation du droit occidental en strate avec *la contrainte* pour *critérium* décisif va tout de même favoriser l'intégration relative du droit colonial. Cette intégration a fait féconder les germes des clichés d'un droit noir jugé *lacunaire et retardataire* bouffi de *religiosité et de croyances mythiques*[12] avec le ferment d'un droit dépassionné conçu par l'humain pour l'individu et la société et dont l'obligatoriété est davantage une nécessité sociale qu'une injonction vue comme immuable, supranaturelle, inaltérable et reçue comme telle.

Le positivisme n'est pas seul à rendre compte du recul de la coutume. La constitution intrinsèque du fait traditionnel y a aidé. En effet, les sociétés noires sont organisées autour de systèmes de chefferies avec à leur tête des autorités respectées pour leur sagesse supposée, redoutées pour leur statut social et surtout pour les pouvoirs surnaturels qu'elles détiendraient dans la mesure où elles supervisent les activités culturelles et ordonnancent les cérémonies cultuelles des divinités *Vaudou*. Ces chefs sont également gardiens de la tradition et de l'exécution des rites coutumiers. L'arrivée du colon étant bien perçue comme une entreprise d'envahissement, les chefs traditionnels avaient été vus comme de solides remparts contre le colon.

L'indolence des chefferies face au colon, source d'une certaine déception, va fragiliser le respect des coutumes, en signe de défiance à l'égard de leurs gardiens, les chefs et représentants traditionnels. Le recul du droit coutumier a donc, à tout le moins, une double origine endogène et exogène[13]. Au rejet des règles coutumières est alliée une certaine tolérance de règles nouvelles. Commence alors une coexistence de fait entre deux droits : le droit tribal, ethno-territorial, statutaire[14],

---

10 J'appelle pluralisme essentiel le cosmopolitisme ancré, soutenu par la multiplicité des ethnies, des cultures, des divinités, des rituels qui déterminent la vie de l'individu, l'ordre socialet les rapports entre vivants et morts dans les peuples noirs d'Afrique.

11 Cette unité coutumière africaine permet de la distinguer des règles occidentales.
Voir DIOP (C. A.), *L'unité culturelle de l'Afrique noire*, 2ème édition, Présence africaine, 1959.

12 NDIAYE (Y.), « Le nouveau droit africain de la famille », *Ethiopiques*, numéro 14, *Revue socialiste de culture négro-africaine*, avril 1978.

13 Ce recul du droit coutumier est toutefois compensé par une certaine précellence de la justice coutumière chaque fois qu'elle offre un avantage comparatif certain en regard de la justice formelle en raison de la souplesse procédurale, du coût ou encore de l'éloignement de la circonscription administrative.

14 Se référant à l'âge, au sexe, à la place dans la communauté. Voir à ce propos, VIIIe Congrès français de droit constitutionnel, L'ineffectivité du positif en Afrique subsaharienne, rapport Atelier n°4 Droit constitutionnel et droit comparé, p.2. Nancy, 16, 17, 18 juin 2011.

communautariste des us et coutumes d'une part[15], et le droit colonial, écrit, nouveau, objectif et flexible d'autre part. Cette cohabitation tantôt tolérée, tantôt repoussée suivant les centres d'intérêt va se déséquilibrer avec le temps et l'influence grandissante de l'emprise coloniale. Les différents dieux africains seront progressivement relégués au second rang par un « Dieu trinitaire » ; la communauté va passer derrière l'individu ; le travail organisé autour de la *patria potestas*[16] va céder à l'indigénat[17] bien connu des anthropologues[18]. En fait, l'identité noire[19] va blanchir tout en conservant une souche originelle quelque peu diluée. Au contact du mouvement impérial, cette souche composite des pratiques a curieusement traversé avec succès la colonisation, réaffirmant son importance qui avait déjà sous-tendu sa reconnaissance et son intégration au droit "nouveau". C'est dans ce sens que la publication en 1933 du *Coutumier du Dahomey* a présenté des règles de droit traditionnel. Le constat de la survivance des coutumes juridiques comme un ordre positif autonome et intégré dans l'État de droit invite à repenser le système actuel non pas parce que certaines normes coutumières ont été attachées au droit écrit pour y être consolidées, mais surtout parce que des réalités sociologiques ignorées ou rejetées par le droit colonial ont tout de même résisté au délaissement, plongeant l'Etat africain dans un dualisme de structures normatives autonomes.

Le système juridique contemporain est typique du champ juridique de Jean Carbonnier composé à la fois de « zone de droit » et d'« hypothèse du non droit »[20]. À côté du droit occidental (néo) colonial, il demeure un noyau coutumier:un corps de règles sans support matériel, suivi par les peuples comme répondant au droit et considéré comme tel. Cette zone de « non droit » est en fait un espace juridique sur lequel le positivisme n'a qu'une emprise sommaire et superficielle : c'est un espace de droit informel.

---

15 Cette présentation caricaturale de la coutume suggère au fond, qu'elle n'est « ni judiciaire ni juridique. Elle suit les articulations sociales dont elle s'inspire et qu'elle habille » cf. LE ROY (E.), *Parmi les historiens*, Paris, Le Seuil, 1983, p. 227.

16 L'expression latine renvoie au Père de famille exerçant l'autorité et la puissance sur les personnes sous son influence.

17 Le 28 juin 1881 le Code de l'indigénat fut adopté par le Gouvernement français pour être appliqué dans l'ensemble de ses colonies. Il a réussi à soumettre les autochtones et les travailleurs immigrés aux travaux forcés, à l'interdiction de circuler la nuit, aux réquisitions, aux impôts de capitation sur les réserves et à d'autres mesures dégradantes. Il s'agissait de règles discrétionnaires ayant pour finalité l'entretien de l'ordre colonial lui-même inégal (car distinguant les citoyens français de la métropole des sujets français i.e. les africains noirs, malgaches, algériens, antillais, mélanésiens, etc.). Ce code a été régulièrement mis à jour en fonction des intérêts des colons. Ce texte de l'Empire colonial est certainement celui qui a le plus marqué les peuples colonisés. Aujourd'hui encore, les discours officiels d'anciens colonisés rappellent la violence, l'injustice et l'humiliation consécutives à la mise en œuvre de ce code.

18 Voir SURET-CANALE (J.), *Afrique noire, l'ère coloniale*, Paris, Editions sociales 1964 ; ASIWAJU (P.), « Control Through Coercion. A study of the indigenat Regime in French West African Administration 1887-1947 », Bulletin de l'IFAN, 41, 1979 ; FALL (B.), *Le travail forcé en Afrique occidentale française (1900-1945)*, Paris Karthala, 1993.

19 L'identité noire est associée au rapport entre communauté et individu. L'individu noir, vu de l'angle coutumier n'est pas une réalité autonome ; il ne vaut qu'en communauté.

20 « La conduite humaine est régie par d'autres systèmes que le droit. En dehors du droit, il y a la religion, la morale, les mœurs, les inhibitions intériorisées sans qu'il y ait des règles perceptibles pour les commenter. Il y a la prudence, la crainte, la sobriété, il y a cette force indéfinissable que l'on appelle le bon sens, le sens commun, c'est une véritable source du droit. » CARBONNIER (J.), *Flexible droit*, 10ème éd., LGDJ, 2001.

L'informalisation du droit, née de la réaction locale africaine à l'action étrangère occidentale est ostensible dans les peuples noirs d'Afrique. Il faut se garder de croire que le droit informel serait un droit imparfait, résiduel ou inachevé ; les zones du *non droit* ne sont pas des imperfections juridiques. Il s'agit plutôt du petit droit de l'histoire ; de la réponse de la conscience, de la morale, des mœurs, de la civilisation, du bon sens, articulée en retour au recul du droit, à l'inaptitude du seul droit, toutes choses normales par ailleurs étant donné que le droit est plus petit que les relations humaines[21]. Certains ressorts juridiques ont dû, face à l'enracinement du droit coutumier, compromettre en supportant le dualisme aménagé autour d'un droit coutumier reconnu et d'un droit moderne occidental optionnel notamment en matière d'état des personnes. Il en est ainsi du Sénégal avec les successions ou le mariage[22], du Cameroun pour l'essentiel de ce qui ressortit au droit familial. D'autres ressorts juridiques ont simplement entrepris une rupture épistémologique avec la tradition et imposé par voie législative dans l'essentiel des rapports juridiques, le droit colonial importé. C'est le cas du Dahomey devenu Bénin où la Constitution et les institutions ne font pas place à la coutume. Cet élan de rupture n'est tout de même qu'apparent car il cache une subsistance sous-jacente[23] du système coutumier permettant d'éprouver la distance entre l'ordre juridique formel et l'ordre juridique réel[24]. S'impose, l'étude des facteurs ayant concouru à l'informalisation du droit, ses modes de construction, son champ d'application, ses limites, ses rapports avec le droit moderne. La concurrence des ordres, souvent source d'imbroglio juridique autorise l'étude de la superposition des expériences[25] dans une démarche analytique empreinte de réflexions épistémologiques. Nombre d'études ont été réalisées sur les rapports juridiques africains, et par des pôles dont l'éloignement géographique a exprimé l'approximation, tentés avec des œillères et suivant une approche ethnocentrique, un vocabulaire relativement suffisant et reflétant l'idée d'un "ailleurs" projeté supérieur. Ces études étrangères présentent "étrangement" la coutume comme résiduelle, un ensemble de règles « souvent flou(e)s, sommaires » aux « aspects incertains et médiocres » sans « bases écrites, ni textes de référence », n'ayant « d'autre véhicule que la mémoire des hommes qui vivaient ses rudiments » au détour d'une « vie juridique, très fruste, à l'image du profond recul de la civilisation » et ne permettant « qu'une maigre floraison

21 CARBONNIER (J.), *Flexible droit*, op.cit., pp.23-24.

22 Cf. loi 72-61 du 12 juin 1972 portant Code de la famille du Sénégal de 1972.

23 Aujourd'hui encore, dans l'exercice de la sanction du droit, le besoin de la coutume se sent : le dénouement des conflits est prioritairement soumis au règlement traditionnel auprès de notables, de chefs locaux ou dans les cours royales, ou sous l'autorité de chefs religieux ou de confrérie secrètes redoutées (*Oro* ou justicier de la nuit, *Zangbetô* ou gardien de nuit, *Kuvitô* encore appelé *egúngún*). Le droit coutumier offre le cadre d'une entente concertée avec des principes éducateurs tirés de la tradition des protagonistes. Les conflits concernés tiennent notamment aux dettes, aux bagarres, à l'irresponsabilité familiale, à l'adultère, au divorce, au vol, aux menaces de mort, à l'envoutement, au charlatanisme, à la destruction des champs, à la médisance, à l'empoisonnement, au meurtre, à l'escroquerie, aux coups et blessures volontaires, à l'abus de confiance, aux traitements dégradants infligés dans les couvents. Voir présentation de la Revue de la justice Criminelle, Institut d'Études de Sécurité, Monographie 163, juin 2009, p. 15.

24 NDOKO (N.C.), « Les manquements au droit de la famille en Afrique Noire », *Revue internationale de droit comparé*, 1991, vol 43, N°1, p. 89.

25 LE ROY (E.), *La vie du droit en Afrique ; Diversité et originalité des expériences juridiques contemporaines*, Penant 1978, n° 176, pp. 135 et s.

juridique »[26]. Une telle méprise ne peut être accidentelle. C'est l'expression d'un système ethnocentré qui méconnait les limites du droit moderne autant discutable tel que le montrent les revirements de jurisprudence, *les arrêts de rébellion*, le *salmigondis* du jugement sur intime conviction, etc. Cette dynamique a souvent exposé les travaux des chercheurs à discussion dès lors que le fait africain est hâtivement présenté comme *barbare, sauvage, primitif.* Ce sont curieusement ces positions qui soutiennent souvent les politiques et les décisions de développement en Afrique, car portées par des institutions influentes qui s'allient aux travaux de chercheurs sensibles à une perception occidentale de la vie africaine, avec des prétentions plus ou moins racistes[27]. « L'histoire est toujours dangereuse. Le monde de l'histoire, c'est le monde du risque, mais c'est à nous qu'il appartient à chaque moment d'établir et de réajuster la hiérarchie des périls »[28].

La présente étude n'est pas une revanche ; elle serait d'ailleurs moins cotée que les travaux qu'elle discute si elle en était une. L'étude tente d'approcher le droit informel noir pris en l'exemple spatio-temporel dahoméen. Les préoccupations dans le cadre de cette réflexion seront limitées à l'espace géographique et politique du Dahomey actuel République du Bénin. En fait il s'agit de circonscrire la question de la portée de l'informalisation du droit induite par la colonisation au Dahomey (Bénin).

La précision du Dahomey devenu Bénin parait peut-être surabondante dans la perspective d'une étude historique puisque la coutume est foncièrement dahoméenne ; elle est intrinsèquement liée au Bénin précolonial qu'elle régentait avant le colon et sa législation moderne. Un tel exercice est compromis tant qu'il n'a pas été définitivement délibéré sur la délimitation tenant à l'espace et au temps. À ce propos, il n'est pas inutile de rappeler que la politique française de la colonisation est fille de la IIIe République et a pris corps avec l'an 1830[29]. Il faudra attendre l'an 1894[30] pour voir le Dahomey sous le joug de la puissance française. C'est donc d'une part, du Dahomey du 19ème siècle qu'il s'agit se référant au droit importé[31] et d'autre part, du Dahomey précolonial se rapportant aux règles coutumières, sans occulter le Dahomey postcolonial dans son rapport aux séquelles juridiques coloniales. Si le temps a ici un triple ressort, l'espace est à son tour diffus car le territoire du Dahomey a varié selon les différents marqueurs temporels retenus. Pour des raisons pratiques, l'étude va circonscrire le Dahomey à sa souche originelle, son noyau, correspondant à l'espace microsocial et infraétatique d'Agbomè (plateau

26 GARISSON (F.), *Histoire du Droit et des Institutions*, Paris, Montchréstien, 1977, T.1, pp. 40-45.
27 « Le colonialisme porte en lui la terreur. Il est vrai. Mais il porte aussi en lui, plus néfaste encore peut-être que la chicotte des exploiteurs, le mépris de l'homme, la haine de l'homme, bref le racisme. Que l'on s'y prenne comme on le voudra, on arrive toujours à la même conclusion. Il n'y a pas de colonialisme sans racisme », CÉSAIRE (A.), cité par Pascal BLANCHARD (P.), et BANCEL (N.), *De l'indigène à l'immigré,* Paris, La Découverte, Gallimard, 1998, contre couverture.
28 CESAIRE (A.), Discours lors du Festival mondial des arts nègres, Colloque sur l'art dans la vie du peuple, Dakar, 6 avril 1966.
29 MINDENOUVO (F.), *Histoire du Bénin moderne*, Ed. Le Perroquet, p. 3. 2015.
30 Ibid. p.4.
31 Ce droit français sera un outil plus subtil et plus efficace par son pacifisme apparent en regard de l'usage de la force. Voir à ce propos KAMTO (M.), *Pouvoir et Droit en Afrique noire. Essai sur les fondements du constitutionnalisme en Afrique noire francophone*, Paris, LGDJ, 1987, p. 208.

territorial d'Abomey) substantiellement tenu par l'ethnie[32] Fon. De ce point de vue, le droit informel béninois est le droit coutumier dahoméen survivant. L'achoppement des périodes coloniales et contemporaines ajouté à l'objet d'administration sociale des règles coutumières font de cette réflexion d'histoire juridique, une histoire juridique positive. Il faut déjà remarquer que le droit positif post colonial, post indépendance est fondamentalement le produit de la codification occidentale. Cela justifie que le droit moderne dans cette étude soit vu non seulement comme le commencement du positivisme à l'époque coloniale mais aussi son prolongement au droit actuel. Face à ce droit moderne linéaire se trouve donc un droit coutumier cyclique-le droit de l' « éternel hier »[33]- qui en revanche ne varie pas : ceci exprime un rapport confrontationnel inégal entre un corps de règles manifestement dynamiques[34] et une législation relativement statique ; entre « le droit-instrument »[35] et « le droit monument »[36]. L'intérêt légistique de connaître les contours du champ juridique béninois a inspiré le présent travail. L'étude se propose de dégager la partie du droit la plus disponible au modernisme et le for de résistance le mieux gardé par la tradition en vue de dégager les fondamentaux d'une légistique cohérente. Elle tente d'approcher le droit informel béninois dans la veine des préoccupations qui conduisent à la question de Guy Kouassigan : « Quelle est ma loi ? »[37]. L'approche socio-anthropologique est mise à contribution pour comprendre l'objet de l'étude, soit les rapports et interactions sur le terrain du droit, de la rencontre franco-dahoméenne. Cette approche n'est pas l'habitude des juristes, généralement normativistes alors même que le positivisme est bien souvent contredit par les faits[38]. Si l'étude semble possible c'est que la codification abondante après réception post-coloniale de l'héritage des codes napoléoniens qui ont été acceptés et adoubés sans être repensés, laisse entrevoir des traces vives que la loi peine à gommer efficacement. Or, un tel refoulement ne peut être sans résistance. Le clivage émergeant de l'oppression du monisme importé, à l'origine du dualisme dans l'ordre béninois est fait d'un côté, d'un droit légal, formel, procédural et substantiel, un

32 Par ethnie, on peut entendre un ensemble d'individus unis par un certain nombre de caractères spécifiques de civilisation et de culture, qui peuvent être soit la langue, soit un système de valeurs établies.

33 Le droit coutumier est un droit ancestral consensuel venant de l'intérieur de la société. Il n'est donc pas imposé avec une sûreté par voie de contrainte extérieure, mais s'articule autour de sanctions implicites. Voir à ce sujet OLAWALE (E.), *La nature du droit coutumier africain*, Paris, présence africaine, 2000.

34 Le droit moderne est un droit intellectuel susceptible d'actualisation, de perfection, et d'abrogation ; un droit adaptable.

35 J'appelle droit-instrument, le droit moderne car non seulement il peut être pensé pour tenir l'avenir mais surtout son avènement peut n'avoir pour seule vocation que de répondre à un besoin très précis : il est alors plus un instrument de satisfaction, de résolution de problème, un utilitaire qu'une masse de règles de conduite sociale ; un ensemble d'outils normatifs abstraits de satisfaction d'un besoin social au moyen si besoin, de contrainte.

36 Je qualifie le droit traditionnel de droit-monument en raison de la grande difficulté à défaire et/ou amender une règle coutumière reçue comme étant une norme ancestrale dont la mise en œuvre est tout autant une vénération pour les anciens dont la place est omniprésente dans la société dahoméenne au moyen des "*Assins*", qu'une exigence réglementaire.

37 Titre de l'ouvrage éponyme publié aux Editions Pédone, 1974.

38 Voir ASSIEU-ANDRIEU (L.), « Une enquête sur la codification des usages locaux et la construction du Droit », *Histoire de la justice*, n°1, 1988, pp. 19-20.

droit officiel pensé et *enforcé*[39] par l'Etat de droit et d'un autre côté, des règles émanant des profondeurs de la société, dégagées par l'histoire populaire et *enforcées* par la conscience. Parce que le clivage tient à la rencontre de deux cultures, la première tendant à absorber la seconde qui se refuse à s'y résorber entièrement, on notera que la superposition des expériences juridiques est toujours une réalité attachée au droit informel.

Etudier la portée du droit informel béninois peut se faire à travers les gènes du droit éponyme. Dès lors, on observera que le droit informel béninois est généré par l'oppression assimilationniste du droit moderne **(I)** qui éprouve la survivance réactionnaire du droit coutumier **(II)**.

I. L'oppression assimilationniste du droit moderne

L'incursion du droit moderne au Dahomey a eu pour motivation majeure l'harmonisation de la législation en vigueur et la volonté d'asseoir une hégémonie alors compatible avec l'idéologie colonialiste. Elle a surtout servi à défaire l'organisation normative traditionnelle[40] dont la configuration se prêtait à l'influence du droit colonial. L'exercice de tensions sur les fondements de la société noire **(A)** explique l'expression de tendances du même sujet vers les bords coloniaux **(B)**.

A. L'exercice de tensions sur les fondements sociaux

Réorganiser une société nécessite des moyens s'inscrivant tant dans la généralité que dans la durée. Le droit intègre justement ces paramètres et se présente assez vite de ce point de vue comme un instrument[41] majeur d'amendement de la structure socio-économique dahoméenne. Le terme « amendement » va avec la restructuration car l'arrivée du colon n'est pas le départ d'une organisation sociale mais plutôt la remise en cause d'un système préétabli aux fins de maîtriser le droit existant. La structure du droit traditionnel dahoméen construite autour des piliers du collectivisme et du respect du sacré va perdre de son âme paysanne avec l'entrée de corps de règles jusqu'alors inconnues et tenant au commerce, à la propriété privée, au travail etc. ; le droit ne procèderait donc plus des références ancestrales, ou de positions transcendantes ou immanentes mais plutôt du colon décidé à contrôler le territoire et ses occupants car lui-même étant sous le joug de cercles financiers "libéralistes"[42].

Cette pression sociale colonialiste soutiendra au Dahomey le succès de concepts tels la propriété individuelle, la promotion de l'individu ou encore la laïcisation du droit sous la coupe de juridictions modernes, avec en perspective la

39 J'utilise le terme « enforcé » pour exprimer la mise en scelle, l'activation de la loi ; l'ensemble du processus social, détachable de l'acte de promulgation, qui lui donne force contraignante.

40 « On entend par droit traditionnel les droits dont la formation et le mode de légitimation ne relèvent pas du droit de l'État qu'ils précèdent ». ALOSSE (C.-G.), op.cit., p. 47.

41 Voir à ce propos, DOS SANTOS (D.), « La place du droit coutumier dans la formation des États africains », in *Rapport de l'Atelier du CR 03 au XVe Congrès international des sociologues de langue française*, Université d'Ottawa, Québec, 2003 ; « il est plus facile et simple d'avoir un modèle théorique, sorte de « prêt-à-porter », que l'on pose comme étant seul et vrai, quitte précisément à effacer la multiplicité des ordres juridiques et les reléguer à un rôle secondaire, ou à imposer un ordre juridique étatique comme hégémonique alors que ses assises sociales sont faibles ».

42 « Le grand drame historique de l'Afrique a moins été sa mise en contact trop tardive avec le reste du monde, que la manière dont ce contact a été opéré ; (...) c'est au moment où l'Europe est tombée entre les mains des financiers et des capitaines d'industrie les plus dénués de scrupules que l'Europe s'est "propagée"; (...) notre malchance a voulu que ce soit cette Europe-là que nous ayons rencontré sur notre route et que l'Europe est comptable devant la communauté humaine du plus haut tas de cadavres de l'histoire. » Extrait du *Discours sur le Colonialisme* ; CESAIRE (A.), Ed. Présence Africaine, 1955.

question du maintien ou non de l'organisation judiciaire préexistante. Le choix a concerné deux options tendant soit à conserver les juridictions indigènes, soit à confier à des magistrats l'application du droit traditionnel. Le colon au Dahomey comme ailleurs a opté pour le maintien[43] des juridictions *spéciales* indigènes[44]. Il ne s'agit pas de permettre à l'organisation judiciaire préexistante d'officier en l'état, mais de la laisser fonctionner tout en contrôlant sa procédure, son objet, ses acteurs, soit sa structure. Il est utile de remarquer que l'exercice du contrôle de l'application de la loi est indissociable de la capacité à l'influencer, l'interpréter et la mettre en œuvre.

Ce contrôle devait assurer une conformité des décisions issues des juridictions indigènes à l'ordre public colonial. C'est ainsi que la coexistence des deux ordres a été pensée et organisée progressivement. La distribution de la justice va intégrer dès le début du XVIIIe siècle, un dualisme borné tantôt par une organisation pénale traditionnelle résiduelle mais effective[45], tantôt par une organisation civiliste de droit moderne.

Cette tentative de restructuration va amoindrir l'emprise de la royauté sur la gestion des affaires criminelles dont le contentieux était organisé depuis la conciliation familiale jusqu'à l'instance suprême au pied du *lit de justice* tenu par le roi. Progressivement[46], des hypothèses initialement sous le pouvoir de la coutume vont intégrer le code pénal Bouvenet par incrimination et ressortir aux juridictions modernes avec des peines métropolitaines pour des matières touchant à la coutume. Cette progression[47] a été constante jusque dans la première moitié du XXe siècle où il est aisé de relever l'intérêt du droit colonial aux exigences coutumières tenant au mariage. Ainsi, relève-t-on l'incrimination en 1947 de l'escroquerie à la dot : « les peines prévues (...) seront applicables à quiconque aura dans le cas de mariage, devant être célébré selon la coutume locale, donné ou promis en mariage une fille dont, selon la coutume, il ne pouvait pas, ou plus disposer et perçu ou tenté de percevoir tout ou partie de la dot fixée par la coutume »[48] ou encore les dispositions prévues autour des faits qualifiés de crimes rituels par actes d'anthropophagie[49]. Il y

43 Les prémisses d'une telle entreprise étaient ostensiblement perceptibles à l'épreuve de l'organisation judiciaire impulsée notamment par le décret du 15 mai 1889 qui conserve sans autres indications les tribunaux indigènes existants dans les colonies.

44 La métropole a entendu assurer le « maintien des juridictions actuellement existantestant pour le jugement des affaires civiles entre indigènes que pour la poursuite des contraventions et des délits commis par ceux-ci envers leurs congénères », Voir Décret du 20 juillet 1894, art. 27 : J.O. du Dahomey, 1er octobre 1894. Toutefois, la répression des infractions pénales devait échoir à un Conseil d'appel officiant en Tribunal criminel, et appelé à connaître des crimes et délits et de toutes les affaires déférées en France aux Cours d'assises ; Voir aussi SOLUS (H.), *Traité de la condition des indigènes en droit privé*, Paris, Sirey, 1927, pp. 436 et s.

45 « L'accès de l'ensemble des indigènes à la justice française reste fictif compte tenu de l'éloignement géographique d'une partie des Dahoméens », le tribunal étant situé à Porto Novo. Voir BRUNET- LA RUCHE (B.), *La justice pénale au Dahomey*, mémoire de Master d'Histoire, Université de Toulouse 2-Le Mirail, 2008, p.39.

46 Le 17 novembre 1947, trois décrets sont pris pour être appliqués en Afrique occidentale française modifiant et complétant quatorze articles du code pénal français.

47 Les premières réglementations relatives à l'organisation de la justice ne s'occupent pas des rapports juridiques entre colonisés. Au Dahomey, le décret du 11 mai 1892 organisant la justice dans la colonie de Guinée française et dépendances s'applique à partir de 1893 aux Établissements français du golfe du Bénin. Voir BRUNET- LA RUCHE (B.), op.cit., pp. 38-39.

48 Article 405 *in fine*.

49 Cf. article 302 du code pénal Bouvenet.

a dans l'ordonnancement du droit moderne autour du fait infractionnel à ressort coutumier, une expression d'impuissance du colon à modifier la coutume objet de législation. C'est que l'État colonial bien qu'insistant sur l'ascendance de ses lois, n'a pu instaurer un monopole légal complet[50]. Son espace social conquis intègre fondamentalement les sphères économiques révélant ainsi des motivations impérialistes assumées en demi-teinte par le respect des structures politiques d'administration sociale. De fait, l'organisation politique dahoméenne n'a pas été directement ébranlée. Le souci apparent du colon de conserver un monarque à la tête du Dahomey est constant, même après la déportation du roi Béhanzin dont l'expérience avec la puissance coloniale aurait pu convaincre cette dernière de combattre le trône[51]. Cette composition ne cache pas pourtant les velléités de création d'un État colonial intégral certainement entretenues par les influences réciproques des deux ordres juridiques dans la mesure où le droit traditionnel ne pouvait s'appliquer qu'à défaut de la loi. Ce rapport explique le syncrétisme socio-juridique dahoméen noté à travers le libéralisme et l'individualisme d'aspiration moderne d'un côté et le communautarisme de l'autre[52]. Cette cohabitation orientée vers l'organisation sociale n'est pas sans conséquence sur la structure politique locale car elle heurte la légitimité des autorités traditionnelles dont toute l'influence n'a de sens que dans l'effectivité du collectivisme, de sorte que, dès que l'individu se pense et se détermine comme tel, la posture du collectivisme apparait aussitôt telle une imposture. Le recul des coutumes va ainsi progressivement s'installer aux confluents des nouvelles procédures juridiques notamment pénales.

Le jugement par les tribunaux coloniaux des affaires pénales sur la base du Code Bouvenet cristallisera l'abolition des ordalies dans l'administration de la preuve et le recul des serments sur les fétiches. L'ère des juges dépouillés de toute part de divinité, appelés à siéger en qualité d'assesseurs non-initiés fragilise l'arsenal pénal dahoméen et donne une prime au déracinement[53]. Malgré l'insistance sur le supposé statisme du droit coutumier, le colon va réaliser la dimension mobile du même droit jusqu'alors insoupçonnée. En effet, la conviction du sujet de droit dans l'application du droit coutumier fait de ce droit à côté du droit moderne un droit tout autant mouvant. L'individu membre de la communauté qui se déplace emporte avec lui son droit, l'adapte dans la mesure du possible avec l'ordre public de son territoire d'accueil, l'envisage dans ses rapports avec autrui et le fait adopter par culture. Face à cet attachement ancré et pour ne pas manquer en pouvoir, les textes coloniaux vont commencer à envisager l'incorporation enrichissante, la composition avec les dispositions coutumières. Il serait excessif de soutenir de ce point de vue que le droit noir n'a eu qu'un rapport oppressant avec la colonisation. Cette thèse méconnaîtrait l'interpénétration résultant de la rencontre de différentes origines surtout lorsqu'il y a disproportion dans les forces en présence. Cependant, la composition avec la coutume était un simple compromis léger et mal vécu par une volonté hégémonique

50 Cf. YOUNG (C.), "The african colonial state and its political legacy", in ROTSCHILD (D.), CHAZAN (N.), (dir.), *The precarious balance: state and society in africa*, Londres, Westview Press, 1988, p. 36.

51 Cette réalité n'est pas propre au Dahomey ; « l'expérience administrative n'a pas éradiqué les traditions politiques précoloniales ». Voir CHABAL (P.), *Power in Africa : an essay in political interpretation*, Basingstoke : Mac Millan, 1992, p. 11.

52 Le dualisme organisait une compétence *ratione personae* aux africains et une compétence *ratione materiae* des tribunaux de droit écrit aux assimilés.

53 DELAVIGNETTE (R.), *Les vrais chefs de l'Empire*, Paris, Gallimard, 1931, pp. 151 et s.

elle-même mal formulée et encore moins bien exprimée. La coutume n'était voulue que dans la stricte mesure où elle était *secundum legem*. Pour s'en rendre compte il faut en référer aux rapports entre le code napoléonien et le Dahomey. L'article 4 du texte de 1804 promulgué au Sénégal par arrêté du Gouverneur du 05 novembre 1830 et rendu exécutoire au Dahomey par décret du 6 aout 1901 portant réorganisation du service de la justice prévoit que « le juge qui refusera de juger, sous prétexte du silence, de l'obscurité ou de l'insuffisance de la loi, pourra être poursuivi de déni de justice ». Cette disposition permettait au juge moderne certes de sortir du positivisme mais seulement en cas de silence de la loi pour vider l'espèce au moyen de normes coutumières, mais dans tous les cas sur un terrain matériellement résiduel. La coutume, socle social, une fois reléguée annonce dès lors une réfaction des fondements de la vie sociale sous l'influence de la même cause coloniale.

B. L'expression de tendances vers les bords coloniaux

La période coloniale dahoméenne est un espace temporel témoin de diverses entreprises de remises en cause de l'ordre normatif par des moyens détournés, notamment les codifications et rédactions. Les coutumes ont été à cette époque de l'histoire africaine *dénaturées et diabolisées*[54]. On s'en rend compte en observant les bases de la société dahoméenne constituées autour du foncier, des pratiques cultuelles ou encore de la famille.

Si l'essence de la coutume réside dans l'influence spirituelle, le recul des divinités entraine inexorablement le recul de la coutume. Il est intéressant de ce point de vue d'observer les suites de l'article 264[55] du code pénal Bouvenet réprimant les pratiques de sorcellerie et de charlatanisme alors même que les officiers de police n'avaient pas les moyens d'opérer la distinction entre *pratiques magiques et sorcières*, et p*ratiques culturelles ou religieuses*[56]. Le malaise dans l'appréciation du fait a persisté dans la législation moderne qui n'a pu se défaire de la méfiance de principe du colon. L'article 458 de la loi n° 2018-16 portant code pénal en République du Bénin n'a fait que reprendre *in extenso* le texte colonial. Le fond du texte est d'une portée particulière. En effet, il n'est pas nécessaire que la pratique qualifiée de « magie », « sorcellerie » ou « charlatanism*e* » ait causé un trouble à l'ordre public ou un dommage aux biens ou aux personnes ; il importe juste qu'elle soit susceptible de l'être. Alors il se pose la question de savoir ce qu'est une pratique de sorcellerie, de charlatanisme ou de magie et la distance qui sépare une telle pratique des rites cultuels endogènes. Par suite, il est utile de rechercher le seuil à partir duquel, une pratique visée par le texte pénal est susceptible d'attenter à l'ordre public. La difficulté de discuter le bien-fondé de ce texte en toute objectivité résulte de ses fondements. Il fallait à la vérité une disposition légale permettant de décourager les actes coutumiers en lien avec les croyances religieuses dont la pratique pouvait représenter une menace à l'occidentalisation sous toutes ses formes. L'absence de correction de ce texte à travers la réforme de 2018 est un rendez-vous manqué. Seulement, le nombre infime de condamnations sur la base dudit texte

---

54 MWISSA KUYU (C.), *Parenté et famille dans les cultures africaines, Point de vue de l'anthropologie juridique Questions d'enfances*, éditions Karthala, 2005, p.12.

55 Sera puni (...) quiconque se sera livré à des pratiques de sorcellerie, magie ou charlatanisme susceptibles de troubler l'ordre public et de porter atteinte aux personnes ou à la propriété. Art 264 Code pénal Bouvenet 1804.

56 Cette répression aura permis à tout le moins de limiter les dérapages des ordalies dont la sincérité reste à établir vu que les récits convergent vers une quasi-systématicité de la reconnaissance de culpabilité.

montre les limites d'une telle approche légale de la culture endogène dont la théorisation des aspects punissables du point de vue du droit pénal reste un enjeu.

Par ailleurs, la population dahoméenne avait une organisation axée sur la famille et vivant dans un collectivisme agraire. L'entreprise coloniale va attenter substantiellement à cette organisation sociale. L'un des ressorts importants de cette entreprise est la remise en cause du collectivisme agraire au prétexte de la modernisation du système foncier traditionnel. Cette modernisation va accueillir l'arrivée de procédures permettant l'appropriation privée des terres[57]. Il en est notamment ainsi de la procédure de constatation de droits fonciers coutumiers[58] et de l'immatriculation introduite par l'administration coloniale française, pour la première fois, dans la colonie du Dahomey par le décret du 5 août 1900. L'institution subséquente des livres fonciers[59] va achever de lever le voile de la sacralité qui recouvrait jusque-là le foncier au Dahomey, étant donné que la terre ne se prêtait pas à l'appropriation privative, puisqu'elle appartient aux dieux[60] et au roi. Cette rénovation du système foncier se retrouve en contrebas de la chaussée sociale car la terre est dans la pensée traditionnelle « sacralisée humanisée et socialisée »[61]. Elle n'était pas vue comme susceptible d'aliénation plénière[62].

Cette nouvelle approche de la gestion de la terre constitue un tournant décisif dans le mouvement coutumier dahoméen. Il est témoin de l'élaboration de thèses subtiles[63] s'appuyant sur la théorie de la succession d'État. L'État colonial ayant succédé aux autorités traditionnelles, les terres de la communauté (ensemble des sujets du roi) migrent de la gestion royale à l'administration coloniale. La succession d'État entend donc tirer droit des ententes conclues entre le colon et les chefs coutumiers de sorte à faire constater une cession immobilière d'envergure. Seulement, les rois du Dahomey, n'ont pu consentir à une donation plénière au profit d'une puissance étrangère portant sur leur territoire[64]. Du coup, cette conception de la terre a été très discutée au Dahomey[65] avant d'être renversée en justice par la Cour

57 Dès 1925, une procédure de constatation des droits fonciers coutumiers sera instituée par décret.

58 Décret du 8 octobre 1925.

59 Voir décret du 26 juillet 1932, (JORF, 2 Août 1932 et rectificatif).

60 MAGNANT (J.-P.), « Les normes foncières traditionnelles en Afrique noire », in CONAC (G.), et TAVERNIER (M.), (dir.), *La terre, l'eau et le droit en Afrique, à Madagascar et à l'île Maurice*, Bruxelles, Bruylant, 1998, p. 68.

61 Voir GBAGUIDI (N.), « La revendication du monopole foncier de l'Etat, l'intangibilité du titre foncier et l'accès à la terre au Bénin », in *Journal of Legal Plurialism and Unofficial Law*, n°39, 1997, p. 44.

62 Cette réalité n'est pas propre au Dahomey. Elle est présente dans toutes les cultures noires et conforte de ce point de vue l'idée de l'unité du droit coutumier.

63 Les décrets coloniaux de 1904 et 1906 portant sur les titres fonciers et propriété individuelle ont été articulés autour du principe des « terres vacantes et sans maîtres », faisant de l'État le propriétaire de toute terre non immatriculée, sauf celles identifiées comme étant des propriétés collectives des indigènes ou détenues par les chefs ou les représentants, dont la disposition nécessitait le consentement de l'administration coloniale.

64 Voir à ce propos, MONDJANNAGNI (A.), *Campagnes et villes au sud de la République populaire du Bénin*, thèse de doctorat d'État en géographie, université Paris-7, Paris/La Haye : Mouton, 1977; HENRY (C.), « La terre de Sakpata », *Journal des africanistes*, 80-1/2, 2010, pp. 253-256 ; SIMONNEAU (C.), « Stratégies citadines d'accès au sol et réforme foncière au Bénin, la pluralité comme enjeu ? ». Métropolitiques, 16 janvier 2017.

65 Une affaire a opposé l'administration coloniale à un dahoméen qui entendait immatriculer en son nom une parcelle ; le représentant de l'administration coloniale s'opposa à la demande d'immatriculation au motif, entre autres, que le terrain appartiendrait à l'État colonial du fait de la substitution par conquête de l'État français à l'ancien souverain du Dahomey, propriétaire de toutes les terres de son royaume. S'est alors posée la question de savoir si le demandeur à l'instance sur opposition, représentant de

d'appel d'Afrique occidentale française, puis revue sous la théorie des « terres vacantes sans maîtres ». Cette dernière théorie, inspirée par les articles 538, 539 et 713 du Code civil napoléonien va connaître un recul avec le décret du 15 novembre 1935 qui présente les terres qui ne sont pas sous emprise manifeste soit à titre de possession ou soit à titre de propriété, comme étant du domaine de l'État.

Les terres non exploitées, non immatriculées, mises en jachère de même que les réserves et espaces classés étaient donc assimilables au domaine de l'État parce que non immatriculées et de tenue coutumière. « Appartiennent à l'Etat les terres qui, ne faisant pas l'objet d'un titre régulier de propriété ou de jouissance (...), sont inexploitées ou inoccupées depuis plus de dix ans ». Ce n'est qu'avec le décret du 20 mai 1955 que la charge de la preuve va incomber à l'Etat acquéreur, allégeant le fardeau du possesseur coutumier. Cette posture est le siège même de l'illogisme de la théorie[66], car un fond ne peut pas être à la fois tenu coutumièrement (c'est-à-dire détenu par un individu ou une communauté) et vacant ou sans maître. La contradiction est manifeste sinon maladroite. Elle entrainera un réajustement postérieur[67] qui a permis l'opposabilité des droits fonciers coutumiers à l'État et aux tiers d'une part et l'exclusion des terres de tenue coutumière du domaine privé de l'État d'autre part.

Le traitement du sol a impacté ses occupants organisés en cellules familiales. Les rapports sociaux étant la conséquence directe du collectivisme agraire, les familles ont subi l'impact du mouvement des paradigmes avec de nouvelles tendances. L'époque précoloniale dahoméenne en effet, en est une de parentalisation à portée large. L'individu est au groupe[68] ; ce dernier étant dans une dynamique d'intégration assise sur le partage de biens communs. La parenté est chez les Fon « le partage par les membres du groupe de ce qu'ils ont en commun »[69]. C'est un lien ontologique sacré qui lie les membres d'une *cour,* les concessions entre elles,

---

l'administration avait qualité pour agir. La Cour de l'AOF est allée plus loin dans la réponse. Dans un arrêt de principe en date du 10 mars 1933, elle décida que les souverains locaux même s'ils avaient des droits exorbitants sur les terres étaient des détenteurs sans titre qui ne pouvaient légitimement transmettre leurs droits abusifs à un État civilisé (Cour d'Appel de l'AOF, 10 mars 1954, Penant 1933, I: 252). Cette haute juridiction coloniale condamna donc l'utilisation de la théorie de la succession aux droits des souverains locaux pour s'approprier les terres indigènes, parce que les souverains locaux précoloniaux n'étaient pas propriétaires des terres: « L'État français ne saurait prétendre avoir légitimement acquis par voie de conquête ... ».

66 À propos de la critique des théories d'acquisition, Voir CRINOT, (L.), « L'Accès à la terre et à l'eau en milieu rural : Le contexte juridique en vigueur au Bénin », *Revue Béninoise des Sciences Juridiques et Administratives (RBSJA),* N°Spécial 55 ; Décembre 1990 ; SARASSORO (H.), « Le droit foncier ivoirien entre la tradition et le modernisme », CIREJ, 1989.

67 Voir le décret-loi de 1955, J.O.R.F. 21 mai 1955 et le décret de 1956 J.O.R.F. du 18 juillet 1956 et rectificatif du 17 août et du 15 septembre 1956. « En Afrique occidentale française, sont confirmés les droits fonciers coutumiers exercés collectivement ou individuellement sur les terres non appropriées selon les règles du code civil ou du régime de l'immatriculation. Nul individu, nulle collectivité ne peut être contraint de céder ces droits si ce n'est pour cause d'utilité publique et moyennant une juste compensation ».

68 « L'individu est lié au groupe et le groupe à ses membres par un rapport dialectique qui s'oppose tant à une conception individualiste qu'à une conception collectiviste du droit: il n'y a pas d'un côté l'individu séparé, pris dans sa singularité, de l'autre, le groupe » Voir à ce propos RAYNAL (M.), « Problématique des droits de l'homme dans les droits traditionnels d'Afrique Noire », *Droit et culture*, n°1, 1981, p. 100.

69 AHOUANGAN (D.), *Le système de parentalisation communautaire et le droit de la famille au Dahomey*, Thèse, Paris, LAJP, 1975, p. 65.

les descendants aux ascendants. Le lien direct par le sang n'est pas le plus pertinent[70] dans les rapports avec la communauté à laquelle l'individu appartient. La communauté se présente alors comme un espace de vie et de mise en commun non construite sur des rapports privés. Cette structure est totalement différente de celle occidentale elle-même étant le *continuum* logique du capitalisme libéraliste et individualiste. Pour mieux asseoir la culture de l'Occident au Dahomey, il fallait en plus d'espérer que par amendements de la gestion du foncier, la famille s'écroulât ; légiférer aux fins d'accélérer la transformation profonde et subtile[71] de la société dahoméenne. Cela passe donc par l'affirmation déracinante du Code civil et la codification de la coutume. Le Dahomey est l'un des espaces coloniaux où l'entreprise de codification du coutumier est très significative. Ce Coutumier reconnait la polygamie[72] qui « existe et est légale dans toute l'étendue de la colonie du Dahomey », à côté d'un droit civil monogamique dans un rapport de contradiction arbitré par une option de mariage, l'idée étant que la francisation certaine du Dahomey devait homogénéiser à terme la constitution de *l'affectiomatrimonii.*

L'entreprise coloniale a pu bousculer la société dahoméenne et lui suggérer quelques couleurs déteintes par les préférences coloniales au détour de l'assimilation organisée. « Or, l'expérience montre qu'on ne bouleverse pas le fonctionnement d'une société par une décision administrative (...). L'expérience prouve qu'il n'est pas de Droit parfait, même rédigé par des « experts », qui soit valable pour toutes les sociétés et qui puisse remplacer au pied levé le Droit vécu par la population, la coutume tant qu'elle est appliquée »[73]. Les traces indélébiles du droit coutumier, malgré la réception législative post coloniale des enseignements coloniaux sont sources de perplexité et postulent que l'oppression du droit moderne colonial a éprouvé la résistance et la survivance du droit coutumier traditionnel.

II. La survivance « réactionnaire » du droit coutumier

Après les indépendances, la remise en cause de l'ordre juridique colonial pouvait être espérée. Mais l'État béninois comme les autres d'Afrique française a reconduit la plupart des lois coloniales, sinon les mettant à jour suivant les évolutions métropolitaines[74]. Comme par un effet de mode ainsi que le relève le Professeur Mamadou BADJI, « les constitutions des années 1960 étaient la copie fidèle de la constitution française de 1958. Parce que le mimétisme était total, les résultats ne pouvaient pas être bénéfiques pour l'Afrique. On a oublié que si on fait un texte, si beau soit-il mais qui ne cadre pas avec une certaine réalité sociologique,

---

70 « La parenté n'est pas l'expression statique de consanguinité ou d'alliance ». MWISSA, op. cit., p.23.

71 L'attitude du colon français au Dahomey n'est pas la même que celle d'autres puissances dans d'autres colonies. En effet par le décret du 25 juillet 1948 (aujourd'hui abrogé) relatif au mariage monogamique indigène, le législateur colonial a entendu décourager la polygamie dans les colonies belges notamment le Burundi, le Rwanda, le Congo Kinshasa. Ensuite viennent les mesures réprimant l'adultère et la bigamie avant l'interdiction le 4 avril 1950 de la polygamie. Voir PIRON (P.), et DEVOS (J.), *Codes et lois du Congo Belge,* Bruxelles, Larcier, 1960, pp. 187 et s.

72 Circulaire N°API du 28 mars 1931 portant Coutumier dahoméen, Section II, point 34. Pour autant, la polygamie n'est pas propre au Dahomey ni à l'Afrique. Elle a existé en dehors du continent comme en Océanie, en Thailande etc. Voir BINET (A.), *Le mariage en Afrique noire*, Bruxelles, Foi vivante, 1959, p. 62.

73 MAGNANT (J.-P.), « Le droit et la coutume dans l'Afrique contemporaine », op. cit., parag 34-35.

74 Voir à propos de la réception du droit français dans le droit béninois, ZANOUVI (J.), *Les systèmes juridiques du Bénin, Rencontre de droit comparé du CICLEF, Mode de production des droits africains et common law*, Moncton, École de droit, Université de Moncton, 1995, pp. 20 à 25.

il y aura des distorsions, des problèmes et des déséquilibres »[75]. L'absence d'élan nationaliste de *retour au droit traditionnel* n'a pas pour autant dérouté le droit éponyme qui, face à l'amnésie des nouveaux dirigeants a opposé une mémoire vive.

D'un point de vue général, une certaine disposition naturelle -analphabétisme élevé, pesanteurs entravant le recours au droit moderne, ignorance, pauvreté en milieu rural[76], croyances religieuses- a favorisé la défiance du droit importé. « Le droit n'est en effet pas le résultat uniforme d'une fonction organisatrice monopolisée par un organe politique (…) Chaque groupe a son droit et l'adapte constamment aux enjeux de la société »[77]. Cela passe également par la coutume. On le constate avec le sort des royaumes : la chefferie traditionnelle, malgré les rejets dont elle a fait l'objet conserve une influence certaine[78]. La tentative de déracinement de l'identité dahoméenne dans l'expérience coloniale et la complaisance de l'élite postcoloniale ont permis de jauger la résilience de l'ordre traditionnel au travers notamment de la résistance du droit de la famille **(A)** et celle de la conception toujours coutumière du droit foncier des biens **(B)**.

A. La survivance du droit coutumier familial

La résistance du droit familial face aux incursions structurelles coloniales peut se mesurer à l'aune de l'échec de l'entreprise de désagrégation de la famille-communauté, de la proclamation inaudible de la monogamie et de l'émergence banalisante de la "bureaugamie". La famille dahoméenne, socle de la société a été marquée comme présenté ci-haut par l'expérience coloniale. Il est vrai que l'individu béninois peut être autonome et titulaire de droits privatifs absolus mais, en milieu rural, la vie communautaire conserve ses traces. La famille est restée dans son essence au Dahomey Benin, imprenable, *dernier carré de la résistance*[79] *du droit traditionnel.* La conception communautaire de la vie sociale est foncièrement ancrée dans les valeurs dahoméennes ; elle néglige plutôt assez la volonté individuelle. Malgré l'insistance dans la volonté de suggérer une cellule réduite, la structure familiale est restée telle. La famille demeure entendue *lato sensu* et inclut non seulement les membres par le sang mais aussi les individus qui s'y sont toujours trouvés autour. Elle est entretenue par ceux qui la font, l'agrandissent, et par ceux qui, quoique n'y ayant pas procréé ou n'en étant pas la substance biologique tiennent à son épanouissement. Ces éléments d'identification sont tels que le droit est impuissant à en rendre compte. Les oncles, tantes et autres sont plus présents dans les rapports courants des progénitures que les géniteurs directs.

---

75 BADJI (M.), *La construction du droit en Afrique*, interview accordée à ThinkingAfrica, http://www.thinkingafrica.org/V2/portfolio/la-construction-du-droit-en-afrique-dr-mamadou-badji/, consulté le 09 décembre 2017 à 17h 01mn.

76 La pauvreté par tête et par habitant est passée de 25,2% en 1994-1995 à 32,9% en 1999-2000. Voir Premier Rapport sur les OMD, Ministère du Plan, de la Prospective et du Développement/Système des Nations Unies, Cotonou, juillet 2003, p. 3.

77 LE ROY (E.), cité par GBAGO (G.), *Le Bénin et les droits de l'homme*, Paris, L'Harmattan, 2001, pp. 244-245.

78 Il faudra attendre la loi n°2019-40 du 07 novembre 2019 portant révision de la loi n°90-32 du 11 décembre 1990 portant Constitution de la République du Bénin pour voir la première référence importante à la chefferie traditionnelle depuis la décolonisation. L'article 151-1 de ladite loi dispose : « *L'Etat reconnaît la chefferie traditionnelle gardienne des us et coutumes dans les conditions fixées par la loi* ».

79 MBAYE (K.), cité par YOUSSOUPHA (N.), « Le nouveau droit africain de la famille », *Ethiopiques* numéro 14, op.cit.

C'est dans la famille que la coutume est mieux concentrée car la famille est aussi le creuset de satisfaction aux rites. La reconnaissance du mariage monogamique est un pas vers une famille réduite alors même que la polygamie était le système-support de la famille nombreuse, environnement, dans lequel les distinctions entre enfants naturels et enfants légitimes sont sans objet. Curieusement, l'option laissée par le législateur colonial est rejetée postérieurement par le législateur béninois, préférant, rappeler l'obédience par la promotion d'une monogamie imposée et le rejet de l'option. Or, l'option du mariage n'arrache aucun droit, ni à la femme ni à l'homme. Elle en rajoute.

Depuis l'avènement du code des personnes et de la famille en 2004, il est impossible pour le béninois de contracter un mariage polygamique. Le régime matrimonial calqué sur celui de la France a entendu mettre deux sociétés aux valeurs disparates sur une même ligne. Il ne s'agit pas de rejeter la "modernité" mais plutôt de ne pas nier la tradition. La tradition n'est pas synonymique d'arriération ou de rétrogradation[80].

Non seulement le droit moderne postcolonial tel qu'impulsé par le droit colonial installe le régime monogamique, mais en plus entend-il encadrer la phase prénuptiale de la dot[81]. Cette dernière n'aurait au titre de la loi qu'un caractère symbolique[82]. Mais la société béninoise n'a pas attendu un consensus pour arbitrer le choix à faire entre le conformisme à l'égard du droit moderne et l'allégeance au droit coutumier nié. Le constat en effet est que la dot n'a aucunement un caractère symbolique. Elle est toujours l'occasion de dépenses importantes et sa réussite est essentiellement tributaire de l'ostentation qui l'a soutenue de sorte que l'option de la sobriété est *de facto* interprétée comme une révélation inquiétante d'impécuniosité, une incapacité du prétendant à assumer le mariage auquel il aspire. Le caractère symbolique de la dot prévue par la loi, n'est que pure rhétorique. Sans dot, il n'y a pas *en fait* de mariage, les familles ne se reconnaissant pas officiellement. Du coup, les époux en droit sont concubins en fait. L'écho de la légalité de leur union se perd ainsi dans les réverbérations omniprésentes de la légitimité contestée tant par la société que les familles intéressées. Le mariage n'est pas une affaire d'individus ou de "*papiers*".Il constate l'union entre deux familles. Cette union n'est vraie qu'à la condition d'une dot *régulière*. Une alliance faite par-devant l'officier de l'état civil sans l'onction traditionnelle coutumière sera toujours imparfaite d'un point de vue social. Cette union ne produirait d'effets que dans les rapports entres les époux et l'État. Inversement le mariage coutumièrement célébré et sans le passage devant l'officier de l'état civil ne sera reconnu en fait qu'entre les parties intéressées.

L'ancrage du mariage polygénique d'essence coutumière et les restrictions du droit moderne en la matière font que la plupart des candidats au mariage se complaisent dans le concubinage. Leur situation matrimoniale n'a alors pas de pertinence juridique. Pour les intellectuels (ou non) qui régularisent leur situation matrimoniale par la célébration d'un mariage civil, il faut remarquer que cette union régulière est souvent complétée par au moins une autre relation para-conjugale. La monogamie de force dans un environnement foncièrement enclin à la polygamie

---

80 Voir ABLAYE (M.), et AMADOU (A.), *L'Afrique face au défi de la modernité*, Éditions Silex, 2006.

81 La dot est un ensemble de cadeaux ou une somme d'argent que la famille du futur époux apporte à celle de la future mariée en vue de célébrer le mariage.

82 Il faut surtout en référer au code de la famille togolais (article 52) limitant la valeur des biens de la dot à dix mille (10.000) francs CFA pour comprendre le caractère symbolique.

laisse réagir le mouvement légalement interdit, sous la revanche du *bureau*. On se retrouve donc dans la monogamie de droit complétée par la *bureaugamie* de fait. Il s'agit d'un dualisme original qui compose avec la matière de la polygamie, qui satisfait à la forme de la monogamie, et qui intègre les pratiques européennes des maîtresses[83]. La bureaugamie est au fond la même réalité sociologique que l'institution juridique de la polygamie. La réaction du droit familial traditionnel montre bien qu'on ne peut pas instituer la vie. Le droit de la famille est de tous les droits celui qui appartient à l'individu et dans le miroir duquel il retrouve toujours ses choix. Il est le domaine privilégié de l'expression de « l'essence du droit » ou du « droit essentiel à la personne », soit la représentation par l'individu de la norme dans ses rapports conflictuels ou non à la communauté et à l'État de droit.

Se retrouvant entre les injonctions extérieures ou instructions sociales et les projets du *moi*, le droit familial affiche sa particularité ; les réactions qu'il suscite appellent et donne écho aux aspirations profondes du même *moi* qui s'exprime avec ou sans l'adhésion du cadre formel, « tel un avatar d'une logique individualiste poussée à son terme »[84].

Des décrets coloniaux aux Codes postcoloniaux, les mouvements identitaires conservent une convergence sur la résistance du droit de la famille à se laisser manier façon-occident. La puissance identitaire se présente alors comme une opportunité quasi revancharde de décolonisation. La systématisation de la dot et, l'approche communautaire du régime matrimonial illustrent l'échec[85] de la colonisation en droit de la famille et l'échec de l'occidentalisation entreprise par l'État avec l'argument de la modernisation des textes de droit familial sous le lobbying légitime et à succès de mouvements féministes opposés aux aléas de maltraitances, de déviances et d'accidents de la polygamie.

S'il n'est sur certains sujets que pure rhétorique, le code béninois des personnes et de la famille mériterait d'être repensé par les acteurs impliqués car il est un secret de polichinelle en effet que sur les aspects du régime monogamique et de la dot, le code familial s'apparente à un texte-musée usé. Lorsqu'une démarche ignore la viabilité de son objet, elle engendre une illusion d'uniformisation[86]. Une norme sociale même rendue obligatoire par un texte juridique, ne s'appliquera que si elle est sociologiquement praticable[87]. Aujourd'hui encore, en milieu rural et périurbain, la société béninoise garde l'essentiel des structures anciennes dont

83 Les maîtresses sont sous la polygamie traditionnelle des femmes, épouses au même titre.

84 TAYLOR (C.), *Multiculturalisme, Différence et démocratie*, Paris, Flammarion, 2003, pp. 46-49. On retrouve avec l'auteur l'élan de l'individualisme poussé qui a nourri la quête du « sentiment de l'existence » de Rousseau, l'exploration du moi en dehors des passions, des contraintes extérieures et conventions sociales, abdications ou autocensures que suscite l'influence du regard de l'autre. L'affirmation de l'identité-souche promouvrait donc le relativisme qui sert de fondement à la proclamation d'une certaine identité ou différence, individuelle ou collective par rapport à la masse sociale.

85 La composition de la loi avec la coutume n'est pas totale. La protection de l'ordre public par la prohibition de la polygamie est toujours un échec. Voir SOW SIDIBE (A.), « Le pluralisme juridique en Afrique. L'exemple du droit successoral sénégalais », L.G.D.G, Paris 1992, pp. 22 et s.

86 FRANCESCAKIS (P.), *L'ordre juridique*, Paris, Dalloz, 1946/1975, pp. 65-66, 106 et s.

87 SABATIER (R.), « Les creux du droit positif au rythme des métamorphoses d'une civilisation », in *Le problème des lacunes en droit*, Bruxelles, Bruylant, 1986, p. 534. [C'est une opération de contextualisation qui est visée : en tenant compte de la langue, des institutions, des concepts, des valeurs et surtout des pratiques juridiques africaines, il faut essayer de comprendre l'articulation de chaque norme juridique dans les sociétés africaines].

l'économie générale exprime la solidarité entretenue entre les âges et les générations sur la terre des ancêtres, lien sacré entre les vivants et les morts, dont la protection trouve toujours caution.

B. La résilience du droit foncier coutumier

Les tentatives pour incorporer les terres au domaine de l'État colonial se sont multipliées dans le temps et l'espace dahoméen dans un rapport conflictuel. La conception privative du droit colonial de la terre n'a jamais adhéré à la dimension sacrée et communautaire de la propriété coutumière. Au Dahomey, la terre rappelle les anciens, les ancêtres, émanation de *Sègbòlissa* le créateur. Elle ne peut être l'objet d'appropriation privative car appartenant déjà à des entités supérieures et intransigeantes. Dès lors, les instructions du code napoléonien et les décrets successifs incarnant le même esprit visent un objet qui ne se prête pas *a priori* au rapport pressenti. Bien entendu, la notion de propriété privée est connue au Dahomey mais elle est absorbée par la communautarisation[88]. Le défaut de prise en compte de cette dimension fonctionnelle sociale explique les nombreuses discussions judiciaires et administratives autour des théories élaborées successivement pour tenir le foncier. Ces discussions et défiances n'ont pas tellement contenu l'élan colonialiste même après l'échec des théories de succession d'État et de terre vacante. Le système coutumier foncier sera encore éprouvé par les revendications de l'État par des décrets successifs[89] jusque sous la période post coloniale. Après les indépendances, la loi n°61-26 du 10 août 1961 a permis au Président de la République de poursuivre l'entreprise d'incorporation de terres au patrimoine de l'Etat par l'institution de périmètres d'aménagement rural[90] permettant aux autorités de déclarer une région, suivant les opportunités qu'elle offre, zone d'aménagement rural et donc à l'État de s'en déclarer propriétaire[91]. Les périmètres d'aménagement rural ainsi définis sont déclarés « péri-mètres d'utilité publique »[92]. Cette proclamation de droit sur un fond de tenue coutumière au Dahomey comme ailleurs en Afrique noire, n'est pas un exercice aisé[93].

Toutes ces astuces et revendications ont impacté le droit coutumier des biens immobiliers du Dahomey et du Benin. Il en résulte une constitution foncière à trois fondements : la propriété traditionnelle, la propriété familiale et la propriété collective.

88 L'Afrique ancienne ignore l'individu autonome qui aurait des droits absolus et opposables aux tiers sur une chose » ; Voir MAGANT (J.-P.), « Les normes foncières traditionnelles en Afrique noire » in CONAC (G.), CONAC (F.) et TAVERNIER (M.), (dir.), *La terre, l'eau, et le droit en Afrique, à Madagascar et à l'île Maurice*, Bruxelles, Bruylant, 1998, p. 68.

89 Cf. décret-loi de 1955 (J.O.R.F. 21 mai 1955) ; décret de 1956 (J.O.R.F. du 18.juillet 1956 et rectificatif).

90 Cf. loi du 10 août 1961 (J.O.R.D. 15 août 1961).

91 L'aménagement d'un domaine privé de l'État était un moyen sûr pour faire mettre des terres à la disposition des compagnies coloniales.

92 LE MEUR, (P.-Y.), *L'Information foncière, bien commun et ressource stratégique. Le cas du Bénin*, dossier n° 147 des Zones arides, Institut international pour l'environnement et le développement, Londres, mai 2008, p. 5.

93 Voir DE LESPINAY (C.), « Toponymie, autochtonie, revendication foncière : le cas Baynunk en Afrique de l'Ouest » in GUILLOREL (H.) et KOUBI (G.), (dir.), *Langues et droit, Langues du droit, droit des langues*, Bruylant, 1999, p. 107 ; KOUASSIGAN (G.), *L'homme et la terre*, Paris, Berger Levrault, 1966 ; KOUASSIGAN (G.), *Objet et évolution des droits fonciers cou*tumiers, Encyclopédie juridique africaine, t.5, Abidjan, Dakar, Lomé, 1982, pp. 29-38 ; DE LESPINAY (C.), « Ineffectivité de la loi foncière ? Un exemple en Guinée Bissau », *Droit et cultures*, n°38, pp. 70-79, 1999.

La précellence de la propriété traditionnelle est édifiante dans la mesure où, en l'absence de plans d'aménagement et d'urbanisation, les terres béninoises ressortissent majoritairement au statut rural. C'est justement dans ces espaces que la tradition est maintenue. « Le béninois traditionnel possède en propre ses biens meubles et s'il est chef de ménage, sa case d'habitation, son argent, etc. La propriété familiale est indivise et gérée par le chef de famille qui doit en consacrer l'usufruit à la collectivité »[94].

Les familles et collectivités étant des instances politiques essentielles au Dahomey Bénin, le chef de chacune de ces structures, est tenu de faire jouir aux membres de sa cellule les fruits des biens appartenant à la communauté. La propriété collective interpelle au plan communautaire les biens auxquels tout le monde peut prétendre en vertu de son utilité publique et donc de son appartenance naturelle au chef, pourvoyeur de ressources.

L'État colonial dahoméen puis le Bénin indépendant ont entrepris d'imposer une procédure de reconnaissance de la propriété détenue coutumièrement par la voie de l'immatriculation. Les Dahoméens qui possédaient au sens de la loi la terre devaient pour se voir conforter dans la propriété, suivre ladite procédure d'immatriculation[95]. En dépit de la réaffirmation de la procédure d'immatriculation au moyen de la loi du 14 août 1965, l'hésitation du législateur aux fins d'imposer la procédure d'immatriculation est remarquable puisqu'il reconnait « toute l'importance du droit foncier de l'immense majorité des propriétaires terriens, car il n'a pas osé bousculer ces derniers »[96]. Ainsi, le régime de propriété privée traditionnelle va cohabiter avec la propriété foncière de droit moderne. La prégnance de la propriété coutumière peut être mesurée suivant le degré de maniement juridique de celle-ci au travers des donations, cessions, legs, baux etc. Or, l'héritage colonial approuvé s'avère inopérant. Le circuit légal d'acquisition foncière tracé autour de la procédure de l'immatriculation des terres et de l'attribution de titres fonciers est relativement inaccessible pour la masse. Cette procéduralisation du droit foncier a été rendue possible par un ensemble de textes au rang desquels la circulaire n° 128 A.P. du 19 mars 1931 portant coutumier du Dahomey, la loi 69-20 du 13 juillet 1960 fixant le régime du permis d'habiter au Bénin, le décret n°64-276 du 02 décembre 1964, la loi 65-25 du 14 août 1965 portant régime de la propriété foncière, la loi 2013-01 du 14 août 2013 portant code foncier et domanial en République du Bénin et la loi 2017-15 modifiant et complétant la loi 2013-01 du 14 août 2013.

La difficulté de l'accès au foncier gardé par l'Etat pose des problèmes de procédures et de coût d'acte de procédure, contraignant les populations à transiger en dehors des marges légales même sur des fonds nantis du seul permis précaire d'habiter, informalisant ainsi les procédés réguliers.

---

94 ZANOUVI (J.), op. cit., p. 24.

95 Il faut référer au décret colonial du 5 août 1960 pour remarquer le premier instrument juridique béninois au service de la mise en œuvre de la technique d'immatriculation des terres. Le colon a tenté pour la première fois de prétendre que les Dahoméens n'étaient pas propriétaires des terres de leurs ancêtres. Ensuite le décret 26 juillet 1932 et après, la loi du 14 août 1965 vont reprendre l'essentiel de la technique d'immatriculation des terres.

96 MENSAH (N.), *Droit et développement rural en Afrique : exemple du Dahomey*, Thèse de doctorat d'État, Université de Paris, 1971.

Le support majeur de ces transactions est en fait la présomption de propriété[97] en regard d'indices concordants tirés d'éléments sensibles (plaques implantées, témoignages, présence d'édifices mortuaires, etc.). Les limites de ces procédés de reconnaissance de droit conduisent à une certaine insécurité conduisant en milieu urbain et périurbain à la récurrence de la revente par un propriétaire, d'un immeuble qu'il avait déjà cédé, le cadre matériel de transaction se prêtant au stellionat et à la vente d'immeubles d'autrui même si l'élaboration d'un cadastre est une mesure de protection accessible à l'élite.

Le Code foncier de 2013 avait tenté d'uniformiser les régimes fonciers à travers une procédure simplifiée d'immatriculation et de délivrance de certificat de propriété foncière (CPF). Pour son efficacité, l'Agence Nationale du Domaine et du Foncier (ANDF) a été créée, ainsi qu'un cadastre national communiquant avec les pouvoirs décentralisés en vue de réduire les fraudes. Ces initiatives ont eu un succès mitigé. Aucun certificat de propriété foncière n'a été délivré. Le titre foncier repoussé par le certificat de propriété foncière fera son retour à la faveur de la loi la 2017-15 modifiant et complétant la loi 2013-01 du 14 août 2013 portant code foncier et domanial en République du Bénin. Soit quatre (04) ans après l'adoption du Code foncier et domanial, l'Assemblée Nationale du Bénin adopte une loi modificative[98] du code foncier et domanial de 2013. Cette modification a porté entre autres sur la précision des actes ayant valeur de titre foncier, le retour du titre foncier, l'extension du champ du fonds de dédommagement foncier, sous le motif de l'alignement aux exigences du droit OHADA.

Ces mouvements législatifs incessants n'expriment pas une vitalité du foncier béninois mais plutôt des difficultés à conforter l'emprise étatique sur des procédés fonciers articulés autour de pratiques séculaires. La discussion n'étant pas en faveur de l'administration, c'est la composition qui permet de se défaire d'un légalisme froid et désincarné.

Ces réactions illustrent la nécessité du rapprochement des deux droits. Il n'est pas possible d'organiser une société avec un référentiel désincarné. Le référent doit provenir du sujet concerné. Si la proximité est délaissée pour l'exotique, le résultat est nécessairement mitigé comme l'illustre encore le professeur BADJI : « quand vous avez une difficulté, une crise majeure (...), ce n'est pas au Palais de la République qu'il faut aller. Il faut aller chez le marabout parce que c'est là-bas que se dénouent les crises. A beau vouloir nier l'importance de nos coutumes, (...), elles nous rattrapent. Autant composer avec et voir dans quelle mesure on doit pouvoir les concilier si cela permet d'avancer »[99]. En effet, dans les rapports de droit patrimonial, le recours même au savoir des *anciens* est bien souvent la clé du litige. Ce sont leurs témoignages en tant que notables qui vont fonder la reconnaissance de propriété foncière même devant le juge civil moderne dont les décisions qui s'écartent des réalités traditionnelles sont sources de nouveaux conflits.

---

97 Voir à ce propos SIMONNEAU (C.), « Stratégies citadines d'accès au sol et réforme foncière au Bénin. La pluralité comme enjeu ? », in *Métropolitiques*, 16 janvier 2017.
url : http://www.metropolitiques.eu/Strategies-citadines-d-acces-au.htm.

98 Le 29 mai 2017, le Parlement béninois a adopté la loi modificative du Code foncier et domanial sous la proposition du député Boniface YEHOUETOME soutenu par le Professeur Joseph DJOGBENOU, alors Garde des Sceaux, ministre de la Justice et de la Législation du Bénin.

99 BADJI (M.), op.cit.

Il est toujours possible d'ériger une passerelle plus solide pour relier les deux sphères formelles et informelles dans un logiciel au code source mixte, intégrant l'option de juridiction coutumière au profit des justiciables avec un code traditionnel et un code de procédure coutumière étoffé dans ce sens.

- III -

CAMEROUN

7.
Histoire de la justice au Cameroun de 1472 à nos jours : La longue marche vers l'occidentalisation des modes de règlement des conflits

Par
Blaise Alfred NGANDO
Agrégé d'histoire du Droit, Université de Yaoundé II

La configuration actuelle du Cameroun est le résultat d'une histoire coloniale complexe, riche de la succession et de la combinaison d'influences allemande (1884-1914), française (1916-1960) et britannique (1916-1961). Avant l'ère coloniale, le « Cameroun » se réduit à sa côte maritime. Son entrée dans l'Histoire et la Cartographie remonte au récit général de l'exploration de la Baie de Biafra[1]. Mais on n'a aucune information écrite sur cette partie du globe jusqu'au XVème siècle[2]. D'aucuns assimilent le *Mont Cameroun* (4070 m) au « *Char des Dieux* » évoqué par le Carthaginois Hannon au VIème siècle avant Jésus-Christ[3]. Ce qui est sûr, c'est que, vers 1450, des navigateurs portugais arrivent au fond du Golfe de Guinée. En 1472, ils découvrent l'île « *Formosa* » (plus tard appelée *Fernando Poo*), puis le fleuve *Wouri* qu'ils baptisent « *Rio dos Camaroes* » (*Rivière des crevettes*). Celui-ci est alors le plus important estuaire de cette côte camerounaise qui s'étend sur cent cinquante miles du Rio del Rey (Nord-Ouest) à Campo (Sud-Est), qui donne sur l'Océan Atlantique, et dont les traits saillants sont ses nombreuses criques et anses marécageuses. Sur ses bords, se sont établies des populations *dwala*[4], d'origine *Bantou*, parlant la même langue, pratiquant les mêmes activités (dont la pêche), possédant des traditions orales proches. Venant du bassin du Congo, la « migration *dwala* » a repoussé vers l'intérieur les populations *Bassa* et *Bakoko* qui occupaient déjà le bas pays. Depuis quand vivaient-ils là ? Difficile de dater avec précision le début de leur implantation, tant les écrits sur cette période sont rares. Mais il est probable que cette vague migratoire soit étroitement liée à la situation décadente du royaume du Congo à l'aube de la domination portugaise. De toute évidence, la côte camerounaise est habitée vers 1500. Avec l'ouverture du pays au commerce et à la traite esclavagiste, les *Dwala* deviendront maîtres de cette région littorale connue au XIXème siècle sous le nom de « *Cameroon River* » (*rivière Cameroun*).

C'est là que de 1472 à 1884, Portugais, Hollandais et Anglais se succèdent, en vertu du système des monopoles. De 1884 à 1914, le Cameroun sera une colonie allemande[5]. Durant cette période, les éléments constitutifs de l'Etat du Cameroun prennent racines : les délimitations territoriales du pays se fixent, une administration pyramidale se forme à l'échelle du nouveau territoire, une population indigène camerounaise prend corps par différenciation statutaire vis-à-vis des ressortissants

1Bouchaud (Joseph), *La côte du Cameroun dans l'Histoire et la Cartographie*, des origines à l'annexion allemande (1884), Yaoundé, Institut Français d'Afrique Noire (IFAN), 1952.
2 Mveng (Engelbert), *Histoire du Cameroun*, Paris, Présence Africaine, 1963, p. 94.
3 Ibid., pp. 47-69.
4 Gouellain (René), *Douala Ville et Histoire*, Paris, Institut d'ethnologie – Musée de L'Homme, 1975. Lire aussi Doumbè-Moulongo (Maurice), « Origines et migrations des Duala », in *Abbia*, n°20, juin 1968, pp. 79-150.
5 Owona (Adalbert), *La Naissance du Cameroun 1884-1914*, Paris, L'Harmattan, 1996.

européens. A la faveur de la « Grande Guerre »[6], les Gouvernements français et britanniques se partagent le Territoire[7]. Après une « période d'incertitude juridique »[8], l'ancienne colonie allemande est placée sous mandat (1922-1946), puis sous tutelle (1946-1960/1961) de la France et de la Grande Bretagne[9]. De même que l'Allemagne y a exercé sa souveraineté de 1884 à 1914, les deux puissances occidentales ont pleins pouvoirs d'administration, de législation et de juridiction, sauf dispositions contraires au mandat ou à la tutelle internationale. Le 1er janvier 1960, le « Cameroun français » devient indépendant et est rejoint, le 1er octobre 1961, par la partie sud du « Cameroun britannique » jusqu'alors rattachée au Nigéria, devenant une « République fédérale ». A l'issue du Référendum du 20 mai 1972, la « République fédérale » du Cameroun est rebaptisée « République unie » qui elle-même prend la dénomination « République du Cameroun » par une loi du 4 février 1984.

En prenant possession du Cameroun, les puissances européennes y ont trouvé une multitude d'ethnies[10] dotées, chacune, d'une organisation sociopolitique, et *a fortiori*, de systèmes juridiques[11] reposant soit sur les coutumes animistes[12], soit sur

---

6 Aymerich (Général de division), La conquête du Cameroun, Paris, Payot, 1933. Annet (Armand), En colonne dans le Cameroun – notes d'un Commandant de compagnie (1914-1916), Paris, Editions René Debresse, 1949. Ngandè (Simon), Le Kamerun et la France dans la première guerre (1914-1922), Thèse de doctorat 3e cycle, Université Paris VII, octobre 1976.

7 Le 21 septembre 1915, les Gouvernements français et britannique signent un accord établissant un condominium au Cameroun. Ils déterminent les modalités d'administration conjointe et provisoire du Territoire camerounais jusqu'à la fin des hostilités. Mais des divergences persistent entre Français et Britanniques sur l'application du condominium. Pour sortir du climat de suspicion entre les deux Gouvernements, la solution du partage s'impose. Au terme de l'accord du 4 mars 1916, la France tire le maximum d'une situation qui ne lui était pas très favorable, en obtenant la plus grosse part du Territoire. Cf. Eyelom (Franklin), *Le partage du Cameroun entre la France et l'Angleterre*, Paris, L'Harmattan, 2003. Madiba (Essiben), « La France et la redistribution des Territoires du Cameroun (1914-1916) », dans *Afrika Zamani*, Revue d'histoire africaine, Yaoundé, décembre 1981, n° 12 et 13.

8 Ngongo (Louis), *Histoires des institutions et des faits sociaux*, T.1, 1884-1945, Paris, Berger-Levrault, 1987. p. 73.

9 Ndam Njoya (Adamou), *Le Cameroun dans les relations internationales*, Paris, L.G.D.J., 1976.

10 Une ethnie est un groupement de familles au sens large, qui possède une structure familiale, économique et sociale homogène et dont l'unité repose sur une langue, une culture et une conscience de groupe communes. Certains considèrent la « tribu » comme une subdivision de l'ethnie, et d'autres comme un simple équivalent. Officiellement, le Cameroun, compte environ 250 ethnies. Une « esquisse ethnologique » [Esquisse ethnologique pour servir à l'étude des principales tribus des Territoires du Cameroun sous mandat français, Bulletin de la Société d'Etudes camerounaises, juillet 1943 (2e édition), IFAN, Centre local Cameroun, Douala] a été dressée par l'IFAN (Institut Français d'Afrique Noire) en 1943 « pour servir à l'étude des principales tribus des Territoires du Cameroun sous mandat français ». Lire aussi, Dugast (I.), Inventaire ethnique du sud - Cameroun, IRCAM, Mémoire I, série populations, Paris, 1949. Tardits (Claude), Contribution de la recherche ethnologique à l'histoire des civilisations du Cameroun, 2 vol., Paris, Ed. du CNRS, 1981.

11 « Or, les Occidentaux ont naturellement une tendance à appliquer aux sociétés africaines leurs propres concepts, élaborés à partir d'idées, d'expériences et de structures socio-économiques qui n'étaient pas celles de l'Afrique (…). C'est une erreur de lier la notion de Droit et celle d'Etat souverain, car l'Etat n'est qu'une forme de société politique, la forme la mieux intégrée sans doute, mais néanmoins une société politique fondamentalement semblable aux autres (…). Si l'on renonce à lier la notion de Droit et la notion d'Etat (…), il n'y a aucune difficulté à reconnaître que la notion de Droit puisse exister dans des sociétés politiques non étatiques ». (Cf. Gonidec (P.– F.), *Les droits africains Evolution et sources*, T. 1, Paris, LGDJ, 1968, p. 8). Dans ce sens, Bernard Durand (Introduction historique au droit, Paris, Montchrestien, 2004, pp. 373-374) souligne que « l'Afrique traditionnelle offre un éventail remarquable de sociétés politiques dans lesquelles (…) l'appréhension du droit et sa mise en œuvre peuvent se présenter de manière différente », que « si l'on veut bien appréhender le droit comme reflet d'une certaine

le droit musulman. En effet, au Sud-Cameroun, les *Bantou*[13] et semi-*Bantou*[14] constituent les deux grands groupes linguistiques[15]. Les premiers ne connaissent aucune autorité politique centrale, et sont dispersés en petits groupes. L'ordre social y repose seulement sur quelques principes de base communément acceptés, sans que personne ne soit spécialement affecté à son maintien[16]. L'administration se trouve en général devant une poussière d'aspirations individuelles. Les villages, avec leur chef de terre et leur chef politique, forment des unités assez hétérogènes, dans lesquelles

---

manière d'envisager les rapports entre les individus, entre eux et le monde, alors le droit africain est le bien commun des sociétés africaines, dans sa dimension fortement imprégnée de ruralité (…), dans celle qui l'inscrit dans la référence aux ancêtres (…) ou dans celle qui fait de lui un système étroitement lié à des croyances surnaturelles et à des rituels ». Déjà, Elias T. Olawale (*La nature du droit coutumier africain*, Paris, Présence africaine, 1961) avait analysé et interprété les concepts de base sous-jacents au droit africain en tenant compte des conditions sociales et juridiques. Le Professeur Gonidec (*Les droits africains Evolution et sources*, op. cit., pp. 11-17.) s'en est inspiré pour dégager « des caractéristiques communes qui donnent à l'ensemble des droits africains une unité profonde » : Au delà de la « distinction entre le droit musulman et les autres droits traditionnels », le droit africain est un « droit paysan », « collectiviste », « inégalitaire », « sacré », et « oral ».

12 Celles-ci sont des pratiques ancestrales « d'origine mystérieuse parce que le plus souvent fondées sur un mythe, qu'il faut inlassablement répéter si l'on ne veut pas s'aliéner les puissances invisibles qui protègent la communauté ». Cf. Le Roy (Etienne), « La formation des droits non étatiques », dans *Encyclopédie Juridique de l'Afrique*, T. 1, Dakar, Nouvelles Editions Africaines (NEA), 1982, pp. 353-360.

13 Les tribus du groupe bantou sont originaires de la région des sources du Nil et seraient issues de l'union des Pygmées avec les Ethiopiens au Nord, avec les Hottentots-Boshimen au Sud. Au Cameroun, les Bantou occupent les régions forestières et peuvent être divisés en groupes qui correspondent à des migrations différentes. Entre autres groupes importants, on note le groupe duala (qui s'étend le long de la côte), les Bassa et les Bakoko (entre le littoral et le centre du pays), les groupes maka et mandjia (comprenant les tribus des régions de l'Est du Cameroun), le groupe fang (établi dans le Centre-sud du Cameroun). Cf. Esquisse ethnologique pour servir à l'étude des principales tribus des Territoires du Cameroun sous mandat français, Bulletin de la société d'Etudes camerounaises, juillet 1943 (2e édition), IFAN, Centre local Cameroun, Douala. Cf. Dugast (I.), Inventaire ethnique du Sud Cameroun, op. cit. Lire aussi, Tardits (Claude), Contribution de la recherche ethnologique à l'histoire des civilisations du Cameroun, op. cit. Lire aussi, Pouka (Louis Marie), Les Bassa du Cameroun, dans Les cahiers d'outre-mer, Tome III, 1950, IFOM de Bordeaux, pp. 153-166. Mpouma (S.), Histoire des Bassa – manuscrit, IFAN – III – 37, Douala. Mousongo (H.), Histoire des Bassa – manuscrit). Nicol (Yves), La Tribu des Bakoko, Thèse pour Doctorat en droit, Université de Paris, Paris, Librairie coloniale et continentaliste, Larose, 1929. Ngoa (Henri), Historico-généalogique des Ewondo, étude critique, dans Abbia, mai-août 1969, n° 22, pp. 65-88. Alexandre (P.) et Binet (J.), Le groupe dit Pahouin, PUF, 1958. Bertaut (Maurice), Le droit coutumier des Boulous – monographie d'une tribu du Sud Cameroun, op. cit. Laburthe-Tolra (Philippe), Minlaaba, Histoire et société traditionnelle chez les Béti du Sud Cameroun, Thèse de doctorat, Paris V, 1975, Diffusion Libraire Honoré Champion, 1977.

14 Font partie de cette communauté, les Bamiléké et Bamoun qui occupent les hauts plateaux de l'Ouest-Cameroun. D'après l' « Esquisse ethnologique » dressé par l'IFAN, les dernières vagues de la grande migration soudanaise se seraient arrêtées aux rives du Noun, où elles se seraient installées et auraient constitué sur les montagnes de la rive droite, la tribu des Bamiléké, sur le plateau de la rive gauche, la tribu des Bamoun. Cf. Esquisse ethnologique pour servir à l'étude des principales tribus des Territoire du Cameroun sous mandat français, Bulletin de la société d'Etudes camerounaises, juillet 1943 (2e édition), IFAN, centre local Cameroun, Douala. Lire aussi, Lecoq (Raymond), *Les Bamiléké, une civilisation africaine, Présence africaine*, 1953. Kwayeb (Enock Katté), Les institutions de droit public du pays Bamiléké (Cameroun). Evolution et régime actuel, op. cit. R. Delarozière, Les institutions politiques et sociales des populations dites Bamiléké, Institut français d'Afrique Noire, 1950. Ghomsi (Emmanuel), *Les Bamiléké du Cameroun (essai d'étude historique des origines à 1920)*, Thèse de doctorat 3e cycle, Université de Paris – Sorbonne, 1972. Tardits (Claude), Le royaume Bamoun, Paris, Armand Colin, 1980.

15 Dugast (I.), *Inventaire ethnique du Sud Cameroun*, op. cit. Lire aussi, Tardits (Claude), *Contribution de la recherche ethnologique à l'histoire des civilisations du Cameroun*, 2 vol., op. cit.

16 Labouret (Henri), *Le Cameroun*, Paris, L'Hartmann, 1937, pp. 15-16.

les chefs de famille sont à peu près indépendants[17]. Lorsque plusieurs de ces agglomérations constituent une petite confédération, celui qui est placé à la tête de celle-ci possède seulement des pouvoirs temporaires religieux ou guerriers, il ne peut faire exécuter ses ordres par des ressortissants sur lesquels il n'a pas d'autorité politique. Par contre chez les semi-*Bantou*, l'autorité politique est centralisée et fortement structurée[18]. Contrairement aux institutions assez lâches des *Bantou*, les chefferies sont autoritaires, les organisations sociales fortes et cohérentes. Mais dans l'ensemble du Sud-Cameroun, la condition des individus est déterminée par l'âge, la naissance et le sexe. Les cadets doivent respecter les aînés, les enfants doivent obéissance non seulement à leurs parents, mais aussi à toutes les personnes âgées. Les hommes libres, les serviteurs et les esclaves constituent les trois classes dans ces sociétés traditionnelles[19]. Quant aux femmes, dont la condition est complexe et varie d'une société à l'autre, elles sont en général exclues du pouvoir politique. Ces inégalités traduisent la cosmologie propre à ces populations : le principe hiérarchique existant entre les individus reproduit celui du « monde invisible ».

Les caractéristiques essentielles de la procédure juridictionnelle chez ces populations animistes du Sud-Cameroun s'ordonnent autour de trois éléments : d'abord, le mode de règlement des litiges est lié dans une large mesure à la nature du groupe social considéré. Autrement dit, il varie selon que le groupe social est fortement ou faiblement structuré. Ensuite, au sein même d'une société centralisée, des différences séparent la procédure appliquée par le tribunal suprême – celui du roi ou du chef – et par les simples juridictions de villages. Enfin, la procédure diffère selon que le procès est de nature criminelle (ou publique) ou de nature civile (ou privée). Dans une société fortement structurée, les délits qui portent atteinte à l'équilibre social sont qualifiés de « crimes » et sont jugés par le roi ou le chef, ou par un de ses subordonnés dans la localité où le crime a été commis. Dans le cas où le coupable est inconnu, divers moyens permettent de le démasquer. On fait appel à des éléments surnaturels et en particulier aux ordalies, aux serments solennels et à la divination. En matière criminelle, la mort du coupable (par flèches, lances, pendaisons, noyades ou empalement) est la sanction ultime. Les crimes moins graves sont sanctionnés par des amendes ou des compensations. L'emprisonnement quant à lui n'est pas d'un usage très répandu. En matière civile, les jugements sont généralement d'une grande souplesse, de façon à permettre que la sanction choisie soit adaptée aussi bien que possible au type de délit commis. Sauf cas exceptionnels, les sanctions prononcées ne sont pas considérées comme irréversibles. Les éléments qui entrent en jeu dans leur détermination sont : la capacité de la partie perdante à s'acquitter de l'amende ou de la compensation à laquelle elle a été condamnée, l'attitude de la partie gagnante elle-même, peut-être prête à accepter une réparation

17 Ibid.

18 Ibid.

19 « En principe, la société est fondée sur le sang. Dès lors les entités sont tribales. La présence d'un étranger à l'intérieur d'un groupe tribal, si cette présence est permanente, pose un problème nouveau. L'étranger ne peut être qu'un assimilé, un esclave ou un serviteur. Dans les deux premiers cas, le sujet entre graduellement dans la tribu ; il peut lui-même obtenir de fonder un foyer avec les femmes du maître chez qui il vit. Sa descendance sera comptée avec celle du chef de famille. Ainsi sa race entre dans la tribu (…). La société traditionnelle bantou offre trois classes : les hommes libres qui sont aussi frères de même sang ; les chefs et les notables en font partie et ne constituent pas une classe à part. Les serviteurs ou assimilés au service des hommes libres, et les esclaves ». Cf. Mveng (Engelbert), *Histoire du Cameroun*, op. cit., p. 144.

équivalente d'une autre sorte, le sentiment des juges qui peuvent estimer qu'eu égard à certaines circonstances de fait il n'est pas souhaitable que la sanction prononcée soit irréversible. La procédure normale est la requête privée de la partie lésée devant un ancien de la tribu, qui est d'ordinaire le chef de la famille ou du lignage quand les deux parties sont de la même famille ou du même lignage. S'il l'estime indispensable, eu égard au caractère du différend, cet ancien fait comparaître devant lui l'autre partie. Dans le cas où celle-ci entend en référer pour sa part à l'ancien de sa propre famille, les deux (02) juges conviennent d'un lieu et d'un moment pour examiner ensemble le différend. Que le procès soit de nature criminelle ou civile, le témoignage est très souvent utilisé comme mode preuve dans les communautés africaines. Le juge apporte un soin particulier à être parfaitement informé de l'affaire et de l'état d'esprit des parties. Il est plus soucieux de préserver l'équilibre sociologique du groupe, plus attentif à la résonnance sociale de ses décisions. Camille Kuyu[20] note à cet égard :

« *Dans le souci constant de maintenir la cohésion du groupe, il importe d'apporter à chacun, lors de la résolution des conflits un minimum de satisfaction. Cette volonté procède de la nécessité de renforcer les liens qui rattachent entre eux des individus au sein du groupe et en l'absence d'un principe de cohésion extérieur et supérieur, qui dans les sociétés judéo-chrétiennes fut Dieu puis l'Etat* ».

Il est en effet primordial que l'individu soit intégré au groupe et qu'il en est conscience pour pouvoir investir son énergie dans l'intérêt de tous. Le sentiment de son appartenance à la communauté sera renforcé par la conscience de la sécurité juridique qui y règne. Car la nécessité d'aboutir à un consensus garantit à chacun le respect de son statut juridique. La conviction existe aussi qu'une bonne solution pour la communauté ne peut être réellement désavantageuse pour un particulier puisqu'il appartient à celle-ci. L'objectif à atteindre étant la cohésion du groupe, la justice coutumière repose sur un ordre plus négocié qu'imposé. D'où l'importance du maintien de la paix sociale, la primauté de la conciliation, la flexibilité des normes juridiques en droit africain traditionnel comme l'explique le Juriste – anthropologue belge Jacques Vanderlinden[21]. C'est pourquoi, la justice traditionnelle n'a recours qu'en cas d'absolue nécessité aux peines irrémédiables, comme la peine de mort, car son but est toujours de tenter la conciliation des parties. Lorsque le condamné accepte les termes de la décision des juges, il n'y a évidemment aucun problème. Mais s'il se dresse contre elle et refuse d'acquitter l'amende ou la compensation, ou encore de restituer l'objet qu'il détient indûment, il faut envisager l'exécution forcée de la condamnation. C'est la tâche dans les sociétés fortement structurées de fonctionnaires particuliers, une sorte de milice qui fait fonction à la fois d'armée et de force de police. Cette conception négociée du droit et de la justice véhicule donc les représentations religieuses africaines marquées par la perpétuelle immanence du monde invisible sur les vivants.

En revanche au Nord-Cameroun, les populations se sont majoritairement converties à l'islam. Cette partie du pays est habitée par trois groupes distincts[22] : les

20 Kuyu (Camille), *Les institutions de la démocratie et de l'Etat de droit. Point de vue anthropologique*, Symposium international de Bamako, 2000

21 Vanderlinden (Jacques), *Les systèmes juridiques africains*, Paris, PUF, 1983.

22 Mohammadou (Eldridge), « Introduction historique à l'étude des sociétés du Nord-Cameroun », dans *Abbia*, Revue culturelle camerounaise, Mars-juin 1966, Yaoundé, pp. 233-271.

Soudanais qui se subdivisent en une cinquantaine d'ethnies à l'origine animistes[23], les *Sémites* représentés par les *Arabes Choa*[24], et le groupe *Peul* composé de *Foulbé*[25] sédentaires et de *Mbororo* nomades. Historiquement, les Soudanais sont dénommés « autochtones » par rapport aux autres groupes dont l'apparition dans le Nord-Cameroun a été postérieure. Entrées en rapport les unes avec les autres, ces « civilisations » se sont « radicalement altérées pour les unes, relativement modifiées pour les autres »[26]. C'est véritablement à partir du XVIIIe siècle que cette région se transforme lorsque des pasteurs *foulbé* venus du Nigéria réussissent à s'imposer par la force des armes[27]. Sous la conduite d'Ousman dan Fodio, les conquérants s'efforcent de créer un grand Empire *peul*[28] après avoir soumis les populations animistes locales. Au milieu du XIXe siècle, l'hégémonie des *Foulbé* s'étend pratiquement à l'ensemble du pays[29]. Désormais, le Nord-Cameroun est divisé en *Lamibé* (chefferies)[30], placées sous l'autorité d'un *Lamido* (chef)[31]. A une multitude

---

23 En référence aux musulmans, ils sont appelés « Kirdi », ce qui veut dire « païens ». « Chez [ces] populations non islamisées l'organisation sociale est basée sur la famille étendue, régie par le droit paternel et regroupée en différents clans exogames. Chaque clan reconnaît pour chef temporel le plus proche descendant d'un héros fondateur, aux exploits fabuleux ». Ibid., p. 253. Lire aussi, B. (Lembezat), Les populations païennes du Nord Cameroun, Paris, Mémoire de l'Institut français d'Afrique Noire, Centre du Cameroun, 1958.

24 Frank Hagenbucher – Sacripanti (Les arabes dits « suwa » du Nord Cameroun, dans Cahiers de l'Orstom, Vol. XIV, n° 3, Paris, Orstom, 1977, pp. 228-229) rapporte que c'est en 1823 qu'est signalée pour la première fois la présence des populations arabes au Sud du lac Tchad, installation qui fut la conséquence d'incessantes guerres, notamment contre les Kotoko.

25 Mohammadou (Eldridge), *Ray ou Rey-Bouba, traditions historiques des Foulbé de l'Adamâwa*, Paris, CNRS, 1979. Lire aussi, Lacroix (Pierre-François), « Matériaux pour servir à l'histoire des Peuls de l'Adamawa », dans *Etudes Camerounaises*, Revue trimestrielle, Tome V, sept-déc.1952, n° 37-38, IFAN, Centre du Cameroun. Cf. Hurault (J.), « Histoire du Lamidat peul de Banyo (Cameroun) », dans *Compte rendus trimestriels des séances de l'Académie des Sciences d'outre-mer* [séance du 20 juin 1975], Tome XXXV - 1 - 1975, pp. 421- 463.

26 Mohammadou (Eldridge), « Introduction historique à l'étude des sociétés du Nord-Cameroun », op. cit., p. 237. Bernard Hepp, *Coutumes des Peuls de l'Adamaoua*, Thèse en droit, Université de Paris, 1948, p. 11) précise, en ce qui concerne les Peuls, « qu'ils empruntèrent aux populations haoussa ou païennes, au contact desquelles ils se trouvaient, un vocabulaire relativement important ainsi que les diverses coutumes qui, sans transgresser formellement les règles édictées par le Coran, permettaient de les assouplir ou de les écarter en ce qu'elles pouvaient avoir de gênant pour les individus ».

27 « L'installation des Foulbé dans le Nord-Cameroun [s'est déroulée] en deux mouvements distincts : la première phase de cette installation est pacifique et s'étale sur quatre siècles (du XVe au XIXe siècle), la seconde phase qui a lieu au XIXe siècle [revêt] un aspect guerrier et prend la forme d'une conquête systématique ». Cf. Mohammadou (Eldridge), « Introduction historique à l'étude des sociétés du Nord-Cameroun », op. cit., p. 240.

28 Dan Fodio organise cet Empire qu'il divise en plusieurs provinces à la tête desquelles il installe un émir dépendant directement de lui et ayant autorité sur tous les chefs foulbé de son Territoire. Pour la province du Cameroun, il choisit pour lieutenant un pieux lettré de Yola, Modibo Adama. C'est lui qui donne au Nord-Cameroun le nom d'Adamawa, c'est-à-dire « la terre d'Adama ». Modibo Adama installe la capitale de l'Adamaoua à Yola à partir de laquelle il organise sa province. Cf. Mohammadou (Eldridge), « Introduction historique à l'étude des sociétés du Nord-Cameroun », Ibid., p. 244.

29 A l'exception des Etats Kotoko et du Mandara, les massifs montagneux du Mandara, le pays des Chouwa et la vallée du Logone. Ibid., p. 245.

30 Le Lamidat est le Territoire sur lequel s'exerce la juridiction d'un Lamido. La taille de ces Lamidats varie de quelques kilomètres carrés avec seulement 1000 habitants pour atteindre des proportions considérables, tel le Lamidat de Rey-Bouba qui s'étend sur plus de 35000 km^2. Cf. Mohammadou (Eldridge), « Introduction historique à l'étude des sociétés du Nord-Cameroun », Ibid., p. 266.

31 Le terme Lamido vient du verbe « Lamaago » qui signifie gouverner. Chef de la communauté musulmane, il est le représentant de Dieu, l'expression d'une souveraineté d'essence divine. Commandeur des croyants », le Lamido est un personnage hors du commun dont le prestige

de groupuscules qui se partageaient toute la région avant le XVIIIe siècle, la culture *peule* est venue donner une unité nouvelle basée sur des structures politiques de plus grandes dimensions et sur les principes du droit musulman[32]. En dehors des *Kirdi*[33] qui opposent une résistance, les populations nouvellement dominées, ayant adopté les règles posées par l'islam[34], sont intégrées dans la collectivité *peule*. Alors que les sociétés animistes autochtones sont demeurées avant tout des groupements de parenté, la société *peule* est une cité politique centralisée et hiérarchisée[35]. La stratification sociale est accusée par la différence de dignité et de pouvoir établi entre la noblesse et le peuple, et par la différence de statut juridique entre les hommes libres et les esclaves, entre les vainqueurs et les vaincus. Disposant d'une organisation sociale hiérarchisée, les *Peuls* ont mis en place des mécanismes pour encadrer le règlement des conflits. En tant que chef de la collectivité musulmane, le Lamido est garant de la sécurité et de la spiritualité de ses sujets. Il est aussi le premier magistrat qui réconcilie les parties en conflit. Dans cette fonction de dialogue, il dirige la justice par l'intermédiaire de l'*Alcali*, ministre de la Justice dont

---

s'appuie sur une grande richesse. L'accession au Lamidat n'a pas lieu selon les règles de succession déterminées, mais par élection. L'appartenance à la famille est la seule condition exigée pour briguer le Lamidat. C'est aux dignitaires foulbé réunis en « faada » (Conseil du Lamido) qu'il appartient de désigner et aussi éventuellement de déposer le Lamido. La cour (faada) du Lamido est composée de dignitaires les uns Foulbé, les autres serviteurs émancipés. On note parmi les dignitaires les plus importants : le Wadjiri ou « Premier ministre », le Wakili, le Galdima représentant des Foulbé auprès du Lamido, le Sarki Faada, l'Iman chef de la mosquée. Les dignitaires serviteurs remplissent souvent des fonctions spécialisées d'ordre domestique : le Samaki, chef des écuries, le Sarki Dogari chef des gardes, le Kofa chef des portiers. Le Lamido dirige la justice par l'intermédiaire des juges appelés Alcadi. Cf. Froelich (J.-C.), « Le commandement et l'organisation sociale chez les Foulbé de l'Adamaoua (Cameroun) », Etudes Camerounaises, sept. déc.1954, n° 45-46, IFAN. Mohammadou (Eldridge), « Introduction historique à l'étude des sociétés du Nord-Cameroun », op. cit., pp. 266-267.

32 Les « coutumes peuls » du Nord-Cameroun ont pour base fondamentale le droit musulman qui, outre les quatorze chapitres (Sourates) du Coran, a été complété par la somme des actes du prophète Mahomet (Sunna), les différentes traditions (Hadith) et la jurisprudence (Fiqh) qui fixent aux croyants l'ensemble des obligations auxquelles ils doivent se soumettre. Mais le droit musulman a subi dans chaque région différentes altérations du fait des usages locaux, des interprétations divergentes qu'en faisaient les lettrés ou les chefs appelés à rendre une justice assez sommaire ». Les Peuls ont par exemple emprunté aux populations haoussa ou païennes, un vocabulaire relativement important ainsi que diverses coutumes qui, sans transgresser formellement les règles édictées par le Coran, ont permis de les assouplir ou de les écarter en ce qu'elles pouvaient avoir de gênant pour les individus. Cf. Hepp (Bernard), *Coutumes des Peuls de l'Adamaoua*, op. cit.

33 « A le considérer froidement, ce mot n'est que le sobriquet un peu injurieux dont se servent les musulmans pour désigner les tribus païennes du Nord-Cameroun. Ce mot n'a pas seulement la signification de païen, et celle de peuple sans dieu ou peuple sans foi, mais aussi de ce que nous entendons par des gens arriérés. Les Kirdi sont les gens arriérés, les non développés, et c'est pourquoi ce nom désigne les nombreuses petites et grandes tribus animistes et fétichistes des régions chaudes comprises entre le Logone et les Monts Mandara, et plus bas, au sud, vers le plateau Adamaoua ». Cf. Gardi (René), Kirdi, Paris, Albin Michel, 1957 (Extrait de l'introduction). Lire aussi, Lembeza (B.), Kirdi, les populations païennes du Nord Cameroun, mémoires de l'Institut français d'Afrique Noire (centre du Cameroun), 1950. Benoit (Jean-Pascal), Kirdi au bord du monde, un médecin lyonnais au Cameroun, Paris, René Julliard, 1957.

34 « En résumé, écrit Eldridge Mahamadou, la soudaine hégémonie du monde foulbé du début du XIXe siècle tiendra à cette conjonction historique de traits de culture favorables : une structure étatique et guerrière, un ciment religieux puissant, une culture universaliste et une certaine avance technique ». Cf. Mohammadou (Eldridge), « Introduction historique à l'étude des sociétés du Nord-Cameroun », op. cit., p. 269.

35 Froelich (J.-C.), « Le commandement et l'organisation sociale chez les Foulbé de l'Adamaoua (Cameroun) », op. cit.

l'autorité s'exerce sur tous les conflits sociaux (héritage, adultère, sorcellerie, vol...). La loi appliquée est celle issue du Saint Coran et la *Sunna* (Traditions du Prophète Muhammad)[36].

Ainsi, le Cameroun est un extraordinaire condensé culturel où se côtoient et se croisent les grandes traditions culturelles du continent africain[37]. Point de jonction des régions géographiques occidentale, sahélienne et centrale, c'est le carrefour où se rencontrent les populations soudanaises, négritiques et bantous. Ce pays concentre plus ou moins l'héritage juridique et politique de l'Afrique précoloniale dans la mesure où il est traditionnellement régi par le droit animiste dans sa partie méridionale et par le droit musulman dans sa partie septentrionale.

La présente étude consiste donc à faire une rétrospective de la longue marche des institutions judiciaires du Cameroun depuis 1472, date de la découverte de ce territoire d'Afrique par les navigateurs portugais. Une telle démarche historique[38] permettra de comprendre comment, au contact des populations autochtones qui avaient déjà leur propre conception du droit et de la justice, les Européens ont patiemment réorganisé et orienté les institutions judiciaires dans une perspective étatique. En dépit des résistances de la justice traditionnelle, force sera de constater que dès la période précoloniale **(I)**, l'esprit des institutions judiciaires occidentales prendra peu à peu place. Cette tendance sera encore plus marquée sous le régime colonial **(II)** qui lèguera au Cameroun indépendant un modèle étatique de justice en rupture avec la conception africaine de règlement des conflits.

I. Les « justices » occidentales sur la côte camerounaise avant l'ère coloniale

Après la découverte du Cameroun en 1472, Portugais **(A)**, Hollandais **(B)** et Anglais **(C)** qui s'y succèdent trouvent des populations autochtones avec une conception africaine de la justice. Les relations juridiques entre les Européens et les populations locales passeront progressivement du pragmatisme à la codification, jetant les prémices d'une justice coloniale empreinte des valeurs occidentales.

A. Les relations juridiques entre Portugais et populations locales (1472-1590)

Après la prise de *Ceuta* (1415), le Prince Henri[39], roi du Portugal, poussé par un zèle apostolique, soutenu par l'espoir d'un commerce lucratif, organise une expédition sur les côtes d'Afrique. En 1469, son successeur Alphonse V cède à bail, pour une rente annuelle, le « commerce de Guinée » à Fernao Gomez. Celui-ci finance l'expédition de 1472 (conduite par Fernao do Po) qui fait connaître la côte camerounaise aux Européens. En 1454, Rome a légalisé la traite. Le commerce des esclaves se développe. Au large de la Baie de Biafra, des négriers portugais amorcent des échanges avec les populations côtières. Le trafic esclavagiste devient rapidement un monopole royal : en 1482, le roi Jean II du Portugal en assume la

---

36 L'on sait que l'enseignement du Prophète a tenté de résoudre tous les problèmes qui pourraient se poser à un homme ou à un groupe : religion, vie sociale et politique, morale.

37 « Centre de gravité du continent Noir, le Cameroun peut être considéré comme une Afrique en réduction et son étude est particulièrement bénéfique pour qui veut s'initier aux problèmes africains ». Cf. Imbert (Jean), *Le Cameroun, Que sais-je ?* Paris, PUF, 3e édition, 1982, p. 3.

38 Roger Cagan (« Contribution à l'histoire de la justice au Cameroun », dans *PENANT*, n°636, Janvier 1956, pp. 5-18) avait mené une étude similaire, mais plus sommaire et limitée dans le temps.

39 Surnommé le « Navigateur », don Henri (1394-1460) est le troisième fils du premier roi de la Maison d'Aviz, don Jean er

gestion et transfère le siège de la traite des nègres à Lisbonne. En 1486, Joao de Porto, fonctionnaire, est nommé à la tête de l'établissement spécial appelé *Casa dos Escravos,* qui gère la traite. Pendant les sept premières années d'existence de cette compagnie, 3594 esclaves sont vendus. Parmi les navigateurs qui fréquentent les parages du Cameroun récemment découvert, se trouvent également les Espagnols[40]. La traite des esclaves retient de plus en plus l'intérêt des Européens et de leurs partenaires africains sur la côte Ouest d'Afrique.

Mais les textes de l'époque renseignent peu sur les populations de la baie de Biafra[41], et d'éventuels rapports avec les négriers occidentaux. Les maigres renseignements décrivent essentiellement la côte ainsi que les passages favorables à la navigation[42]. Aussi, le Révérend Bouchaud regrette-t-il qu'aucun voyageur de cette époque n'ait laissé « une description des Noirs qui habitaient alors la côte du Cameroun ». Dans l'*Esmeraldo de Situ Orbis*[43] de Duarte Pacheco Pereira, l'on note néanmoins :

« Toute la côte, à partir de cette serra de Fernam do Poo vers le Nors-Est, est le Rio dos Camaroes, où il y a une bonne pêcherie, mais Nous n'avons eu encore aucun commerce avec les indigènes de cette localité »[44].

Or l'ouvrage cité a dû être commencé, à partir de 1505, quand l'auteur revient de son premier voyage aux Indes, et terminé en 1508[45]. Est-ce à dire qu'à cette date, les négriers portugais ne sont pas encore en relation avec les populations côtières de *Rio dos Camaroes* ? Rien n'est sûr, d'autant qu'à cette époque, les Portugais gardent jalousement le « secret »[46] de leur commerce. Pour Joseph Bouchaud, « il est possible que les voyages organisés par les soins de Fernao Gomes

---

40 Bouchaud (Joseph), *La côte du Cameroun dans l'Histoire et la Cartographie, des origines à l'annexion allemande (1884)*, op.cit., p. 70.

41 « Il est regrettable qu'aucun voyageur de cette époque ne nous ait laissé une description des Noirs qui habitaient alors la côte du Cameroun ». Cf. Ibid., p. 75.

42 « Ces ouvrages eurent vraisemblablement leur origine dans les notes que prenaient les pilotes au cours de leurs croisières et qu'ils rectifiaient ou complétaient au fur et à mesure que leur expérience s'enrichissait. Ils étaient communiqués à l'autorité centrale, c'est-à-dire à la Causa de la Mina à Lisbonne, où des experts les utilisaient pour constituer des « Guides de Navigation » réservés, bien entendu, aux seuls pilotes portugais autorisés par la Couronne » Cf. Ibid., p. 51. « Au début, ces ouvrages ne contenaient guère qu'une description de la côte, avec indication des distances entre deux points consécutifs, et de l'orientation à suivre pour passer de l'un à l'autre. Cf. Ibid., p. 69.

43 L'Esmeraldo de Situ Orbis est un ouvrage essentiel pour l'étude des découvertes de l'époque qui nous occupe. C'est à la fois, une description sommaire, mais précise, de la côte africaine, et un guide de la navigation du Portugal aux Indes. Il fait l'objet de plusieurs éditions critiques, parmi lesquelles celle de A. C. DE SILVAS DIAS (en portugais), et celle de G. H. KIMBLE (pour la Hakluyt Society de Londres). C'est d'après ceux-ci que nous devons à Joseph Bouchaud la traduction française du livre II, et plus particulièrement du chapitre X « concernant la Serra de Fernam do Poo ». Cf. Ibid., (« Quelques textes Anciens ») pp. 51-63

44 Cf. L'Esmeraldo de Situ Orbis, livre 2. Cité, Bouchaud (Joseph), *La côte du Cameroun dans l'Histoire et la Cartographie, des origines à l'annexion allemande (1884)*, op.cit., p.55.

45 Ibid., p. 54.

46 « La mort du Prince Henri entraîna une application stricte de la « politique du secret » dont les Portugais recouvraient leurs découvertes pour les mettre à l'abri de la concurrence des autres nations et s'assurer le monopole des profits qu'ils en tireraient. Cela explique que nous ne possédions qu'un fort petit nombre de documents relatifs à cette période » (Bouchaud, p. 35). Aux Cortès de 1481, les députés du Tiers-Etat prièrent le roi de n'admettre aucun étranger dans ses états, ajoutant que les Florentins et les Gênois en savaient déjà trop long sur les choses de Guinée. Aussi, fut-elle résolument adoptée par Alphonse V et surtout par ses successeurs Jean II et Emmanuel-le-Fortuné. Ce dernier la renforça par une législation trop sévère, en 1504 ». Cf. Ibid., p. 44

étant des entreprises d'un caractère privé, n'aient pas eu l'ampleur des expéditions officielles, comme celles du Prince Henri auparavant ou celles du roi Jean quelques années plus tard »[47]. Manière dire que les négriers portugais ont déjà des échanges commerciaux avec les populations côtières du Cameroun autour de 1500[48]. Toujours est-il qu'ils n'ont pas d'établissements permanents sur le continent. Ils établissent des *resgates,* des places de marchés où les indigènes se rassemblent pour l'échange des marchandises. Ces marchés se tiennent habituellement aux embouchures des *rios* (fleuves), et le *Rio dos Camaroes* en est un. Pour développer le commerce et la traite sur la côte africaine, les Portugais fondent de puissants points d'appui, de célèbres *forts*, à la fois entrepôts, comptoirs et garnisons militaires. L'un des entrepôts portugais les plus florissants depuis le XVIème siècle est l'île de San-Thomé (Sao Tomé), non loin de la côte camerounaise. Cette *capitainerie* centralise les comptoirs et les *resgates.* Elle a à sa tête un gouverneur, comprend une garnison militaire, un entrepôt de commerce et de traite, le personnel européen et des esclaves à son service. Notons qu'après la découverte du Congo, celle du Cap de Bonne-Espérance et surtout celle des Indes, la côte de Guinée perd beaucoup de son importance aux yeux des Portugais. Ils continuent de s'intéresser à San Thomé à cause du sucre, mais les régions situées au fond du Golfe de Guinée passent tout à fait au second plan.

Il est donc probable qu'après la découverte de *Rio dos Camaroes* en 1472, le contact entre négriers portugais et indigènes camerounais ne soit pas demeuré régulier. Difficile dans ce cas de décrypter rigoureusement la nature des rapports juridiques avec les populations locales. Mais le mot « *dash* » (cadeau, pourboire), hérité de l'époque, semble traduire une certaine idée de justice dans les échanges commerciaux. Y a–t-il eu des désaccords entre partenaires, et comment ont-ils été résolus ? Aucun document n'en fait cas. Il est toutefois certain qu'en l'absence de base stable à *Rio dos Camaroes*, la législation portugaise n'a pas particulièrement influencé le mode de vie des populations camerounaises à la différence du Congo voisin où a été tenté un programme de christianisation et d'« européanisation » (*Regimento*)[49]. D'ailleurs, les navigateurs portugais n'ont jamais pris pied sur la côte camerounaise : ils resteront toujours à bord de leurs caravelles. Une attitude qui se

47 « Du vivant du Prince Henri, écrit Bouchaud, les capitaines qu'il envoyait à la découverte avaient coutume de marquer leur passage en gravant, sur le tronc d'un arbre bien apparent et facile à reconnaître, la belle devise française de leur maître : « talent de bien faire ». Les envoyés de Fernao Gomes érigeaient de grandes croix de bois ; mais les indigènes les abattaient le plus souvent après leur départ, parfois même avant que leur navire fût hors de vue. Le Roi Jean II voulut des monuments plus durables. Il fit tailler des piliers de granit, surmonté d'une croix et des armes du Portugal et portant la date de l'expédition ». Cf. Ibid., p. 70

48 « A l'exploration, les navigateurs portugais joignaient un fructueux commerce. Ils offraient aux indigènes du sel, des étoffes, des ustensiles en métal et même, malgré la défense formelle du Pape, des rames à feu et de la poudre. En guise de monnaie, on se servait de ces petits coquillages qu'on appelle cauris et de manillas (…). En échange, les Portugais trouvaient à acheter du poivre à queue, des ignames, du poisson séché ou fumé, de l'huile de palme, de la gomme, de l'ivoire, du bois de teinture, des peaux de léopards, des perles bleues à veines rouges, du bétail et surtout des esclaves » ». Cf. Ibid., pp.72-74.

49 En 1512, le Portugal codifie un programme de christianisation et d' « européanisation » du Congo. Il envoie un ambassadeur porteur d'instructions codifiées dans un « Regimento ». Ce document codifie les demandes séparées du roi Afonso et y ajoute le code judiciaire et les arrangements pour transformer la cour sur le modèle portugais. Afonso refuse le code portugais et sa cour ne sera jamais réorganisée sur le modèle de celle de Lisbonne.

maintiendra pendant la période hollandaise qui a laissé des descriptions[50] un peu plus détaillées de la « *rivière Cameroon* ».

B. Les relations juridiques entre Hollandais et populations locales (1590-1800)

Au début du XVIIème siècle, les navigateurs hollandais tirent de la côte camerounaise 400 à 500 esclaves par an. Un commerce actif et fructueux se fait autour de leurs établissements, et leurs navires visitent les nombreux estuaires qui se succèdent du Cap des Palmes au Cap Lopez. Dans les comptoirs où le personnel est suffisamment nombreux, les principaux fonctionnaires et officiers forment un conseil que le directeur consulte et qui sert de tribunal à la colonie[51]. D'après Bouchaud, une requête adressée en 1607 aux Etats-Généraux par les trafiquants de la côte de Guinée expose que, depuis quinze ans, plus de deux cents navires se sont rendus sur la côte d'Afrique[52]. Mais, comme les Portugais, les négriers hollandais restent à bord de leurs navires, et les tribus côtières, *Dwala* et *Malimba* principalement, servent d'intermédiaires avec les populations de l'arrière-pays :

« *Depuis le cap Formose jusqu'au cap Lopez,* lit-on dans une relation[53] de 1803, *le caractère féroce des nègres qui bordent cette côte ne permet guère aux Européens d'y aborder, et encore moins d'y faire quelque commerce avec sûreté. Les différents peuples de cette contrée, étant continuellement en guerre les uns avec les autres, fournissent beaucoup d'esclaves pour la traite ; mais, comme ces nègres sont extrêmement jaloux de leur liberté, et qu'ils se donnent souvent la mort pour se soustraire à l'esclavage, les armateurs n'y attachent qu'un très bas prix* »[54].

Il est certain qu'entre le XVIIème et le XVIIIème siècle, c'est surtout autour de l'estuaire du *Wouri* que se concentre l'attention des trafiquants et des traitants. Selon la coutume de l'époque, on rassemble les esclaves au passage des navires. Là où les chefs servent d'intermédiaires, la traite s'ouvre par un cérémonial minutieux : annonce de l'arrivée du bateau, invitation du chef à bord, réception au village et présentation des cadeaux, enfin proclamation de l'ouverture de la traite[55]. Les

---

50 La meilleure description et la plus complète de la côte d'Afrique en général, et des établissements hollandais en particulier, durant la période qui suit, se trouve dans l'ouvrage de J. Bardot qui publia ses souvenirs sous le titre de Description des Côtes Occidentales de l'Afrique et des Contrées adjacentes. Cf. Bouchaud (Joseph), *La côte du Cameroun dans l'Histoire et la Cartographie, des origines à l'annexion allemande (1884)*, op. cit., pp. 92-93.

51 Ibid., p. 81

52 Samuel Braun, un chirurgien de Bâle, visita ces districts en 1614 sur Le Chien Blanc, commandé par un officier hollandais, Jean Petersen. Il rapporta que le commerce était florissant autour du Rio del Rey où les indigènes échangeaient de l'accarine contre des cauris. Le commerce des esclaves y était encore plus florissant. Braun et ses compagnons ont même acheté quatre jeunes garçons dans le district du fleuve wouri comme cadeau pour le capitaine Petersen contre un vase de neuf mesures de vin espagnol. Olivier Dapper, un médecin hollandais donnera un aperçu plus clair de la côte camerounaise. Son récit inspira John Ogilby qui publia Africa (Londres, 1670) dans lequel l'on note à propos des populations Calbongos : « ils sont très rusés et très malins, aussi un Blanc doit-il être toujours sur ses gardes ». Cf. Ibid., pp. 78-89.

53 Sous le patronage de l'African Association, J. Leyden fait paraître en 1799, son ouvrage « A Histotical and Philosophical Sketch of the Discoveries and Settlements of the Européeans in Northern and Western Africa at the close of the XVIIIth century » qui résume tout ce que l'on savait de cette partie de l'Afrique à cette date. Un certain Cuny, chef de bureau à la Marine, en l'an XII, traduisit cet ouvrage en français. Le seul passage où il soit question du Cameroun est ainsi rédigé : « Depuis le Cap Formose jusqu'au Cap Lopès, le caractère féroce des nègres qui bordent cette côte ne permet guère aux Européens d'y aborder et encore moins d'y faire quelque commerce avec sûreté ». Cf. Ibid., pp. 110-111.

54 Cité, Bouchaud (Joseph), *Histoire et géographie du Cameroun sous mandat français*, 1944, p. 18.

55 Mveng (Engelbert), *Histoire du Cameroun*, op.cit. p. 138

navires occidentaux auront coutume de payer aux chefs indigènes des droits (« *coutumes* »[56]) pour traiter avec eux et leurs sujets. Basées essentiellement sur des engagements verbaux, les tractations commerciales se grippent parfois, à cause de la « *fraude et de la mauvaise foi de certains roitelets* »[57]. L'emploi de la force s'accentuera avec le développement du commerce. *« Les trafiquants d'abord arbitres dans les conflits locaux, prennent parti pour renverser tel chef ombrageux, imposer tel autre plus « coulant ». On [voit] même des cas ahurissants. Un chef invité à prendre un apéritif à bord, se laisser griser ... Quand il est pris par l'alcool, on l'enferme à fond de cale avec ses victimes et on lève l'ancre. Quelques semaines plus tard, il sera vendu comme les autres aux colons des îles* »[58].

C'est, d'ailleurs, dans un contexte dramatique que l'influence hollandaise prendra fin dans la première moitié du XIXème siècle. En effet, le 26 juin 1845, deux navires de guerre hollandais, le *Lancier* et l'*Abeille*, jettent l'ancre à Douala avec pour double mission de contribuer à l'abolition de la traite des nègres et d'apporter aux marchands hollandais sur la côte, un support moral et matériel. A cette époque, la firme hollandaise *Boelen & Cie* a des difficultés à recouvrer ses créances aux rois George, Bell et Akwa de Douala. Les rois sont invités à bord de l'*Abeille* pour des négociations au cours desquelles ils promettent de payer leurs dettes. Mais lorsqu'ils quittent le bateau, ils ne manifestent aucune intention de tenir leur promesse. C'est seulement quand « *George-Town* » et « *Bell-Town* » sont bombardées[59] (30 juin-2 juillet 1845) que King Akwa, prit de frayeur, implore un capitaine anglais d'intercéder en sa faveur près du commandant hollandais, et envoie immédiatement sur l'*Abeille* les marchandises promises. L'épreuve du bombardement sera épargnée à son village et il sera invité à déjeuner à bord du *Lancie*r ! A ce moment, la côte camerounaise est déjà dominée, depuis le début du siècle, par les Anglais qui y ont changé les pratiques. Ils seront les premiers à fouler le sol camerounais.

C. Les débuts de la codification et la création d'une « Cour d'équité » pendant la période britannique (1800-1884)

En effet, vers 1800, les navires d'une compagnie commerciale britannique, la *Congo District Association*, fréquentent déjà régulièrement la « *rivière Cameroun »*[60]. Il en est de même des navires d'un marchand de Bristol, Henri King, qui vient surtout pour acheter des esclaves destinés aux Antilles. Ses deux (02) fils, Richard et William, prendront sa succession sur le fleuve *Cameroun* au début du XIXème siècle. Autour de 1830, plusieurs entreprises britanniques ont, dans l'estuaire

---

56 Le mot anglais « customs » qui veut dire douane.

57 « Avec qui traitaient les commerçants européens ? Avec les différents chefs de la côte. Il y eut sans doute parmi eux des hommes de valeur ; nous voyons un Don Alfonso au Congo se préoccuper du problème de la traite, et s'en préoccuper dans le bon sens. Beaucoup de ces roitelets, il faut l'avouer, étaient des hommes sans personnalité, corrompus de générations en générations par l'habitude de l'alcool, des tractations commerciales où la fraude et la mauvaise foi faisaient seules la loi, par la pratique enfin de la chasse à l'homme ». Cf. Mveng (Engelbert), *Histoire du Cameroun*, op.cit., p.121.

58 Ibid., pp. 121-122.

59 « Je fus alors forcé d'agir, raconte le Commandant J. H. Van Boudick Bastiaanse. Après avoir attendu une demi-heure, c'est-à-dire jusqu'à dix-heures et demie dans la matinée du 30 juin, le Lancier lança plusieurs grenades et boulets contre George-Town, la négrerie la plus voisine, et seulement trois grenades sur Bell-Town ». Cité, Bouchaud (Joseph), *La côte du Cameroun dans l'Histoire et la Cartographie, des origines à l'annexion allemande (1884)*, op.cit., p.100.

60 Bouchaud (Joseph), *La côte du Cameroun dans l'Histoire et la Cartographie, des origines à l'annexion allemande (1884)*, op.cit., p. 111

du *Wouri*, des pontons qui leur servent d'entrepôts et de boutiques. Quelques navires français et américains mouillent parfois à Malimba et à Batanga, et des pirates[61] (surtout Espagnols et Portugais) rôdent dans les eaux de Fernando Poo et de San Thomé. Des années 1840 à 1884, les visites diplomatiques des agents britanniques deviennent permanentes dans l'estuaire du Wouri. Ces visites ont commencé dès l'installation des Anglais à Fernando Poo en 1827, date à laquelle ils ont nommé pour la région un officier chargé de surveiller le trafic et de réglementer les tractations entre commerçants occidentaux et indigènes. Lors de ces inspections, des conseils sont prodigués, des arrangements conclus, le tout consigné dans des procès verbaux approuvés par les parties en présence[62]. Notons que les disputes sont fréquentes sur la côte camerounaise et mènent souvent à l'interruption du commerce. Les mauvaises créances issues du système de « *trusts* » constituent la cause générale de ces disputes. Il s'agit d'un système par lequel les peuples côtiers, qui sont des intermédiaires de commerce, obtiennent des Européens des prêts qu'ils promettent de rembourser à l'aide de marchandises obtenues des tribus de l'intérieur. Or, ils ne remboursent pas toujours ces prêts, soit parce que les tribus de l'intérieur ne leur ont pas fourni la marchandise requise, soit parce qu'ils sont de mauvaise foi[63]. C'est le défaut de remboursement des prêts qui constitue la cause première de nombreuses disputes.

C'est le 10 juin 1840 qu'est signé, à Douala, le plus ancien traité connu entre les rois *dwala* (Akwa et Bell) et le gouvernement anglais. Aux termes de cet accord, les deux (02) monarques s'engagent, moyennant un bon « *cadeau* » (*dash*), à ne plus faire, ni autoriser la traite des esclaves. Un second traité, confirmant le premier, est signé le 7 mai 1841. Pour la première fois, apparaît dans ce texte[64] la menace d'une « *sévère punition* » (article 1), au cas où les clauses de l'accord ne seraient pas observées. Il est aussi précisé que le cadeau promis ne sera versé que sur présentation d'un certificat, attestant leur entière observation, et qu'il est envisagé comme compensation de la perte subie par les signataires, du fait de leur renonciation à la traite des esclaves. Le 25 avril 1842, une nouvelle déclaration remise aux rois Akwa et Bell, réaffirme que le « *cadeau* » ne serait pas versé au cas où il serait prouvé que la traite a continué d'être pratiquée, et avertit que l'Angleterre emploierait alors la force pour l'abolir. Pour renforcer tous ces textes, est conclu, le 11 mars 1842, entre le capitaine William Allen (Commissaire de l'Expédition du Niger) et les rois *dwala* (Akwa et Bell), un nouvel arrangement destiné à obtenir la « *suppression des sacrifices humains* ». Les années suivantes voient l'établissement à Douala (dans le quartier Akwa), de la première Mission évangélique fixée au Cameroun : la *Mission baptiste de Londres*. Puis les commerçants s'installent de plus en plus nombreux. Des différends s'élèvent entre les *Dwala* et ceux-ci. Le

61 « L'interdiction de la traite donne même une nouvelle impulsion à ce honteux trafic dans les rivières de la baie de Biafra, car les innombrables criques qui bordent le rivage permettent aux négriers d'embarquer en cachette et de se dérober aux navires de la police de la mer ». Bouchaud (Joseph), *Histoire et géographie du Cameroun sous mandat français*, op.cit., p. 18.

62 Cf. Gouellain (René), Douala, *ville et histoire*, op.cit., pp. 47-48.

63 « Le traitant prenait livraison des marchandises et ... ne reparaissait plus ! Ou bien, à son retour de brousse, il allait vendre au prix fort à un navire concurrent les produits qu'il avait obtenus grâce aux marchandises avancées par un autre ! ». Cf. Bouchaud (Joseph), *La côte du Cameroun dans l'Histoire et la Cartographie, des origines à l'annexion allemande (1884)*, op.cit., p. 149.

64 Ce nouveau texte, beaucoup plus précis que le précédant, est signé séparément par les deux (02) rois Akwa et Bell.

besoin d'un arbitre et d'une autorité supérieure se fait sentir. C'est alors que John Beecroft (déjà gouverneur de Fernando Po) est nommé officiellement, par une lettre du ministre Palmerston, en date du 30 juin 1849, premier Consul anglais pour les baies de Bénin et de Biafra. Le 17 décembre 1850, il préside à la conclusion d'un important accord, en 12 articles, entre les rois et chefs *dwala*[65] et les commerçants européens. Cet intéressant traité contient les plus anciens textes connus en matière de réglementation commerciale (articles 3 à 5) et portuaire (articles 6 et 7), ainsi qu'une sorte de police municipale (articles 10 à 12). Dans ce texte, apparaît pour la première fois la notion de « *Comey* »[66] (péage), une redevance fixe annuelle, due au roi ou au chef sur le terrain duquel traite un commerçant européen. Le consul Beecroft signe encore le 29 avril 1852 un autre traité, renforçant la lutte contre l'esclavage qui, malgré les précédents accords, continue plus ou moins clandestinement. Parmi ses huit (08) articles, les deux (02) derniers attaquent particulièrement certaines coutumes païennes (comme les sacrifices humaines rituels), prescrivent la liberté de pratique religieuse, protègent l'œuvre missionnaire, et vont même jusqu'à instituer des cimetières chrétiens ! Le 1er mai 1852, est signé par le consul Beecroft avec King Bell (assisté d'Old Glasgow et d'Old Green), un traité concernant l'œuvre missionnaire chrétienne. Soulignons la largeur de vue des autorités anglaises qui, malgré leur position prépondérante au Cameroun, n'ont pas cherché alors à s'assurer un traitement de faveur. Les articles 6 et 8 proclament nettement l'égalité des droits pour les ressortissants de n'importe quel pays. Dès novembre 1854, Thomas Hutchison remplace le Consul Beecroft décédé (10 juin 1854). Il signe, le 14 janvier 1856, avec les rois et chefs *dwala*, le traité instituant, en vingt articles, la « *Cour d'Equité* »[67], un tribunal de commerce destiné à juger les conflits commerciaux mettant aux prises Africains et Européens. Le 19 mai 1858, King Akwa et ses notables signent une convention dans laquelle ils s'engagent à abolir certaines pratiques jugées « barbares et sanglantes » par les agents britanniques. Dans le même sens, est conclu, le 8 juillet 1859 un nouvel accord entre le consul Hutchinson et les rois *dwala*, pour l'abolition des sacrifices humains. Deux ans plus tard (13 décembre 1861), Richard Burton, le nouveau consul, obtient un nouvel accord anglo-*dwala* contre la « pratique du meurtre par représailles ».

Viendra ensuite une longue période de plus de vingt (20) ans pendant laquelle on ne trouve aucun nouveau traité. Il semble que les Anglais aient alors eu les regards tournés vers d'autres points de la côte africaine, Accra et Lagos principalement. Se sentant oubliés, les *Dwala* se rappellent par différentes lettres, au bon souvenir du Gouvernement anglais. Dans une lettre datée du 7 août 1879, le clan *Akwa* demande à la Reine Victoria d'instaurer la législation anglaise chez eux. Le 8 mars 1881, le clan *Bell* saisit le Consul britannique Hewett dans le même sens. Une autre lettre commune, signée de Noumba Lobè et de Mpondo Ma Ngando, adressée le 6 novembre 1881 à Gladstone – chef du Gouvernement anglais – est précise :

« *Nous désirons que notre pays soit gouverné par le Gouvernement anglais. Nous sommes fatigués de gouverner ce pays nous-mêmes : chaque dispute amène*

---

65 Pour la première fois, ce traité fut contresigné par quinze (15) chefs et notables dépendant des rois Akwa et Bell.

66 Que nous traduisons par : péage. Ce mot nous semble être la déformation en pidjin du terme anglais : income, la taxe ; plus tard les Allemands écriront : « Kumi ». Ce péage était une redevance fixe annuelle, due au roi ou chef sur le terrain duquel traitait un commerçant européen.

67 Cf. *Infra*.

une guerre et souvent une grosse perte de vie ; aussi pensons-nous que le mieux est de vous remettre ce pays, à vous les Anglais qui, sans doute, apporterez la paix, la civilisation et le christianisme dans le pays »[68].

En date du 1er mars 1882, le gouvernement fait répondre aux deux (02) rois qu'il n'est pas prêt à entreprendre le « protectorat » du Cameroun. Les *Dwala* seront très déçus, et un certain nombre d'entre eux, principalement les Akwa, se tourneront vers les Allemands avec lesquels est conclu le 30 janvier 1883 un important accord commercial. Cet accord n'empêche pas les Akwa de signer peu après, le 29 mars 1883, en présence du Consul Hewett et de nombreux témoins, un traité de paix avec les Bell. Traité dans lequel on remarque des considérations de droit pénal (peine de mort), de droit civil (héritage), ainsi que des préoccupations d'urbanisme. Bref, la domination anglaise sur la côte camerounaise s'est accompagnée d'une tendance à la codification des rapports entre puissances occidentales[69] et indigènes. Ceci en vue de garantir la paix, de lutter efficacement contre la traite esclavagiste, et de sécuriser les échanges commerciaux. La « *Cour d'Equité* », créée en 1856, est le produit exemplaire de cette mutation civilisatrice.

En effet, peu de temps après la mort du Consul J. Beecroft (1854), des troubles éclatent à Douala. Un agent d'une firme anglaise tue un autochtone (Ned Akwa) que les lignages Bell et Akwa vengent en se révoltant, prenant à parti les Européens de l'estuaire du Wouri. Mais un navire de guerre (*Antelope*) qui croise dans les parages, remet les choses en ordre. Thomas Hutchinson, le nouveau consul, envisage de mettre sur pied une organisation capable de surveiller, de réglementer, et de juger. C'est ainsi que, le 14 janvier 1856 le traité instituant la « *Cour d'Equité* » est signé à bord du « *Bloodhound* », bateau de Sa Majesté britannique. Cette convention vise « *une meilleure réglementation des affaires commerciales entre les subrécargues et les commerçants indigènes du fleuve Cameroun* ». Elle énonce une série de règlements pour apaiser les tensions sur la côte camerounaise. L'article 17 du traité prévient clairement :

« *Attendu que plusieurs embarcations ont été fréquemment arrêtées et retenues le long des navires, et que les seuls sujets britanniques ont été détenus et maltraités, toute agression commise sur la propriété ou les personnes sera punie d'une sanction immédiate contre la partie offensante, un tribunal spécial étant convoqué pour cette occasion, et la plus forte amende autorisée par les lois infligée* ».

Pour éviter les différends, obligation est faite (article 13) à tout bateau arrivant dans le fleuve pour y commercer de payer au roi du quartier devant lequel il veut jeter l'ancre, ou à son représentant, une taxe proportionnelle à la capacité du bateau[70]. *Idem* pour les agents résidant à terre qui payent une taxe fixée en accord avec le roi (ou son représentant) du quartier où se trouvent leurs magasins. Il est

68 Cf. Brutsch (J. R.), *Les Traités Camerounais*, op.cit., p. 28.

69 Mentionnons quelques traités conclus par des Français sur d'autres points de la côte camerounaise : celui conclu avec King William de Bimbia, le 19 décembre 1850, celui du 20 mars 1842 au terme duquel « King William or Imale of Batabga » place son territoire sous la protection de Sa Majesté Louis-Philippe, celui conclu en 1883, par le King Pass-All (Mukoko a Manyane) de Malimba

70 La valeur de 10 krus d'origine par 100 tonnes de capacité de bateau. Dans les cas particuliers, ou ceux d'agents résidant à terre, la taxe est fixée – à l'année ou autrement – d'accord avec le roi (ou son représentant) du quartier où se trouvent leurs magasins. Sous aucun prétexte, une taxe ne pourra être exigée de ce même bateau un magasin convenable, contre payement de 4 krus.

précisé que « quiconque, roi, chef ou commerçant, empêchera ou tentera d'empêcher le commerce d'un bateau ou d'un subrécargue après le payement du péage usuel pour l'obtention du droit de commerce, sera cité devant le tribunal lors d'une assemblée des subrécargues pour motiver son opposition. S'il est trouvé coupable d'obstruction illégale, il sera passible d'une amende dont le montant sera alors fixé » (article 15). Si, après le payement usuel au roi ou représentant pour l'utilisation du magasin, un agent ou subrécargue peut prouver que son entrepôt a été forcé illégalement ou endommagé, et que des biens y ont été volés par un indigène, ledit roi ou représentant sera tenu pour responsable du préjudice (article 14). Les règlements contenus dans le traité de 1856 permettent de brosser un tableau de la situation dans laquelle s'effectuent les échanges vers le milieu du XIXème siècle. Aussi, les rois s'engagent-ils « non seulement à payer leurs propres dettes, mais encore à user de leur influence, chacun auprès des commerçants de son ressort, pour qu'ils en fassent de même ». Tout comme ils s'engagent à garder inviolée la déclaration antiesclavagiste convenue le 10 juin 1840 et à informer de la présence d'un négrier tout officier de Sa Majesté britannique. En cas d'inobservation des lois et règlements énoncés, les partis sont passibles d'amendes fixées par la *Cour d'Equité*. Si un indigène refuse de payer une amende, il lui est interdit d'accéder à bord de tout navire dans le fleuve, pour quelque motif que ce soit. Il est également stipulé que tout subrécargue, ne voulant pas acquitter l'amende, sera déchu des « privilèges » du tribunal. Si un commerçant indigène quelconque essaie d'éluder, soit par défaut, soit de toute autre manière, la pénalité infligée par la *Cour*, il sera signalé à tous les patrons, commerçants et subrécargues du fleuve. Ceux-ci seront, sous peine d'amende, tenus d'interdire audit défaillant l'accès de leur bateau pour y commercer, ou tout autre motif et, si nécessaire, attendront pour le règlement final l'arrivée du Consul britannique. Pour donner une force contraignante et exécutoire au traité de 1856, il est prévu que toute infraction envers un article est passible d'une punition (amende) que le juge du tribunal estimera bon d'infliger[71]. Il est aussi clairement mentionné que tout subrécargue ou indigène qui refuse de se présenter au tribunal est passible d'une amende, à moins qu'il ne justifie clairement son absence. Si l'un ou l'autre vient au palais de justice, ou dans son voisinage immédiat, avec des armes à feu, ou tout autre engin offensif, il sera sévèrement puni et expulsé. Dès leur entrée en vigueur, les lois et règlements énoncés obligent tous les commerçants, même ceux qui étaient absents lors de la signature du traité.

Pour ce qui est de sa composition, la *Cour d'Equité* réunit tous les subrécargues, ainsi que les rois et commerçants de la place. D'après le texte, les membres de la Cour se réunissent sous la présidence d'un subrécargue élu, pour un mois, à tour de rôle. Des séances extraordinaires sont prévues. Un palais de justice est prévu, et « le terrain acheté aux frais communs des subrécargues commerçant sur le fleuve ». Mais le texte précise que le palais « sera considéré comme propriété britannique, et sous la protection du consul de Sa Majesté britannique, soumis à l'approbation du Gouvernement de Sa Majesté ». Ce qui laisse transparaître la prépondérance de la Grande-Bretagne ou de son représentant dans l'expression de la justice. D'ailleurs, il est précisé qu'un « rapport sur chaque réunion sera envoyé au Consul de Sa Majesté britannique à Fernando Poo ». C'est celui-ci qui juge en

71 N'excédant toutefois pas 20 krus pour un indigène, et 300 krus pour un patron, un subrécargue et un agent.

appel[72] les décisions de la Cour d'Equité. Ce pouvoir judiciaire du consul britannique prendra de plus en plus d'importance, dépassant le règlement des conflits commerciaux pour assurer l'arbitrage des conflits entre clans *dwala*. Ce qui ressort clairement dans l'accord de paix du 29 mars 1883 entre le clan Bell et le clan Akwa, notamment dans les articles 1, 2, 3, 5 et 11 qu'il convient de reproduire :

« 1. *Tout différend entre les deux partis devra à l'avenir, s'il ne peut être aplani par les deux rois eux-mêmes, ou par eux et leurs chefs réunis en conseil, être soumis pour arbitrage au consul de Sa Majesté britannique, dont le jugement sera final et contraignant pour les deux parties. Le consul sera autorisé à infliger au parti coupable une amende n'excédant pas 300 fûts.*

2. Si u des deux partis commence une guerre contre l'autre, avant que le consul ait pu juger le litige, le parti agresseur, ou les individus intéressés de ce parti, seront frappés par le consul, pour une telle action, d'une amende s'élevant jusqu'à 300 fûts, avec ou sans blocus commercial, et sans préjudice de la punition ou amende à laquelle ledit parti ou lesdits individus seront condamnés, en tant que jugés coupables par le consul, quant à la cause première de la mésentente entre les deux partis.

3. Si un parti commence une guerre contre l'autre, à cause d'un différend déjà tranché par le consul, ce dernier pourra imposer au parti agresseur l'une ou les deux punitions suivantes, selon son gré, savoir : une amende n'excédant pas 300 fûts, et le blocus du commerce. Il pourra aussi frapper les individus en cause du parti agresseur, qui auront été reconnus comme particulièrement coupables, de la peine de mort ou de la peine de bannissement pour un temps indéterminé, ou d'une amende n'excédant pas 300 fûts, ou du blocus de leur commerce pour un temps indéterminé. Le consul pourra commuer en une amende les peines de mort, de bannissement ou de blocus commercial » (...)

« 5. *Toute violation de l'article 4 sera soumise au jugement du consul, qui aura le pouvoir d'infliger une amende ne dépassant pas 100 fûts à toute personne coupable d'une violation* » (...)

« 11. *Les palabres pour dettes seront soumises en première instance au roi du débiteur, en vue du règlement. Si un règlement n'arrive pas à être obtenu auprès du roi, l'affaire sera soumise alors à la Cour d'Equité. Appel pourra être interjeté auprès du consul contre un jugement de la Cour, à condition que son président ait été préalablement informé de cette intention d'appel, et ce, dans l'espace d'une semaine après le prononcé du jugement* ».

Dans le même esprit, c'est à travers les « prérogatives judiciaires » de M. Edouard Schmidt (agent de la Compagnie Woermann de Hambourg), que l'on perçoit l'influence grandissante de l'Allemagne sur la côte camerounaise. Dans l'accord Akwa-Woermann du 30 janvier 1883, l'article 6 dispose :

« *Toute palabre au sujet du commerce ou de toute autre cause, qui pourrait s'élever audit endroit, doit être arrêtée jusqu'au retour de M. Schmidt au cas où elle ne pourrait être réglée sur-le-champ, et s'il arrivait que M. Schmidt ne soit pas sur*

---

72 En effet, le traité prévoit que tout groupe des trois membres (subrécargues, rois et commerçants) a le droit de faire appel contre les décisions du Tribunal. L'appel est différé jusqu'à la prochaine visite du consul. S'il se révèle à l'examen non fondé, ou non valable, les appelants sont passibles de l'amende la plus forte infligée par le tribunal. Celui-ci peut employer des amendes qu'il inflige soit au profit de ses frais de construction ou de bon fonctionnement, soit pour tout autre but, sur décision de l'assemblée.

le fleuve ; elle sera alors portée devant M. Schmidt et le roi Akwa ou ses représentants. Au cas où une entente ne pourrait être obtenue, l'affaire sera portée devant la Cour d'Equité, dont la décision sera définitive pour les deux parties (...) ».

En somme, vers la fin du XIXème siècle, le « pouvoir judiciaire » des agents occidentaux sur la côte camerounaise augure le régime colonial. La *Cour d'Equité*, mise en place par les Anglais a quasiment remplacé le *Ngondo*[73] (l'Assemblée traditionnelle *dwala*) dans l'arbitrage des conflits. Même si sa force exécutoire est restée relative[74], la *Cour d'Equité* marque une transition symbolique dans la conception indigène du droit : le passage de l'oralité à la codification comme garantie pour l'application des lois et règlements. C'est sur ces prémices que s'amorce la colonisation allemande du Cameroun en 1884.

II. La justice au Cameroun colonial

Le 12 juillet 1884, « Rois » et « Chefs » du territoire nommé « Cameroun », abandonnent leur droit de souveraineté, de législation et d'administration à deux firmes allemandes (Woermann, Jantzen et Thormählen) qui, à leur tour, transfèrent les droits acquis à leur Gouvernement qui s'en sert, pour annexer au delà de la côte, les peuples de l'intérieur, faisant basculer durablement le Cameroun sous la domination coloniale occidentale. A partir de l'occupation allemande **(A)**, l'Etat colonial devient l'épicentre de la production normative et de l'organisation judiciaire. Français **(B)** et Anglais **(C)** prendront le relais pour poser les bases du système judiciaire du Cameroun contemporain.

A. Les débuts de la dualité judiciaire au Cameroun allemand (1884-1914)

Dès la prise de possession du Cameroun par les Allemands, l'un des premiers gestes est de retirer aux Anglais la présidence de la Cour d'Equité. L'Amiral Knorr se charge d'abolir ensuite cette cour d'arbitrage[75]. D'une manière générale, l'administration allemande, s'installant dans les colonies acquises par l'Empire, s'est préoccupée d'établir une justice[76] régulière, tant au civil qu'au criminel. La loi du 17 avril 1886, présentée au *Reichstag* sous le titre de « *loi sur l'administration de la justice dans les territoires protégés allemands* » a pour objet de satisfaire à cette nécessité. En présentant cette loi, le but du gouvernement est d'avoir le pouvoir d'instituer, par une série de décrets impériaux, une organisation judiciaire s'accordant autant que possible avec la loi du 10 juillet 1879 sur les juridictions

73 Ngondo vient de Ngond'a mukoko qui signifie : « l'échine du banc de sable ». C'est en effet sur le banc de sable situé au milieu du fleuve que les Dwala se réunissaient. A l'origine, l'assemblée fonctionnait essentiellement comme une bourse des valeurs et comme un tribunal de commerce. Ce n'est que petit à petit qu'elle a inscrit les affaires « politiques » à son ordre de jour.

74 « Le tribunal ne fut pas créée dans l'intention de prendre une influence directe sur la société Duala. Il n'était pas conçu comme instrument de domination politique, il aurait dû plutôt faire fonction de médiateur entre Africains et Européens. En fait la « Cour d'Equité » demeura un idéal pratiquement jamais atteint. Les obstacles à sa réalisation étaient trop grands. La bonne volonté faisait défaut aux commerçants européens indisciplinés et peu raisonnables, et les Duala, n'étant pas égaux en droits, restaient forcement sceptiques et détachés. En 1864, le Consul Burton constata : "... all signed the agreement but no one adhered to it". Le tribunal survécut à peine quelques semaines à sa création et à ses diverses restaurations; puis à partir du printemps 1883, il semble avoir travaillé à la satisfaction des membres ». Cf. Wirz (Albert), « La rivière du Cameroun : commerce pré-colonial et contrôle du pouvoir en société lignagère », dans *Revue française d'Histoire d'outre-mer*, LX, n° 219, Paris, 1973, p. 184

75 « Par cet acte, écrit Rudin, fut effacé le dernier vestige de l'autorité anglaise au Cameroun ». (Germans in Cameroons, New Haven, 1938, p.138). Cité, Ngongo (Louis), *Histoire des Institutions et des faits sociaux*, op.cit., pp. 61-63.

76 Cf. Chéradame (André), *La colonisation et les colonies allemandes*, Paris, Plon, 1905, pp. 238-252.

consulaires. Le *Reichstag* a voulu ainsi limiter, par cette loi, les pouvoirs de l'Empereur. Dans ce sens, l'article 2 prescrivait que le droit civil, le droit criminel et la procédure, y compris l'organisation judiciaire seraient appliqués aux colonies conformément à la loi sur les juridictions consulaires de 1879 ou conformément aux lois allemandes ou prussiennes, dont la loi de 1879 prévoit les modifications nécessaires pour l'application aux colonies. Autrement dit, l'Empereur n'a plus le droit de fixer la date de la mise en vigueur de la loi sur les juridictions consulaires dans les différentes colonies. Désormais, la loi du 10 juillet 1879 règle seulement l'organisation des tribunaux consulaires. En ce qui concerne le droit civil, le droit criminel et la procédure, elle se contente de déclarer applicables, dans les ressorts de juridiction consulaire, les lois de la Confédération et les lois prussiennes sur la matière. Comme les ordonnances sur la procédure civile, sur la procédure de la faillite et sur la procédure criminelle ne paraissent pas applicables dans toutes leurs parties, la loi de 1879 y a apporté certaines modifications, afin de permettre leur introduction dans les ressorts des juridictions consulaires. Mais même avec les modifications, la loi de 1879 et les autres lois, soit allemandes, soit prussiennes, ne sont pas applicables aux colonies. Pour y rendre leur application possible, l'article 3 de la loi de 1886 prévoit un certain nombre de modifications à ces lois et de dispositions exceptionnelles que l'Empereur peut ordonner par voie de décret. Ainsi, par décret, l'Empereur peut :

- Soumettre à la juridiction coloniale des personnes non spécifiées dans la loi sur la juridiction consulaire,
- Autoriser le fonctionnaire chargé de la justice dans une colonie à faire paraître des règlements de police, à prononcer, contre les contrevenants, la prison jusqu'à trois (03) mois, la contrainte par corps, l'amende et la confiscation,
- Soumettre aux tribunaux coloniaux des causes relevant de la cour d'assises,
- Désigner comme cour d'appel ou comme tribunal de seconde instance, pour les causes civiles, pour les questions de faillites et pour les causes ne ressortissant pas à la juridiction ordinaire chargée du règlement des litiges, le tribunal hanséatique ou un tribunal consulaire, ou bien, pour les causes dans lesquelles sont impliquées les indigènes, soit comme appelants, soit comme appelés, un tribunal de colonie,
- Prendre les décisions relatives aux oppositions, aux remises, à l'exécution des contraintes et aux frais.

Au Cameroun (et au Togo), c'est à partir du 1er octobre 1888 que la loi sur la juridiction consulaire a été introduite par le décret du 2 juillet 1888, ceci à l'égard de toutes les personnes, sauf des indigènes[77]. Ce décret édicte les mêmes prescriptions que celui du décret du 13 juillet 1888, relatif à la Nouvelle-Guinée, en ce qui concerne les causes relevant de la cour d'assises, l'installation d'une juridiction de

77 « Le bénéfice de la loi des juridictions consulaires n'était primitivement accordé qu'aux Allemands et aux protégés (Autrichiens, Suisses, Luxembourgeois), l'Empereur ayant le pouvoir de l'accorder aux sujets des autres nations civilisées, ce qui avait eu lieu pour toutes les colonies ; mais sous cette forme la loi avait une application personnelle et non territoriale. La loi du 25 juillet 1900 a modifié ce principe en étendant l'application, dans toutes les colonies, de la loi de 1879 et celle du 7 avril 1900, à toutes les personnes non indigènes. Le caractère de ces lois devient donc à la fois personnel ». Cf. Lobstein (René), *Essai sur la législation coloniale de l'Allemagne*, Thèse pour le Doctorat, Université de Poitiers, Paris, 1902, p. 99.

deuxième instance et l'application de la peine de mort. Il règle en outre, les questions de propriétés immobilières. La loi du 4 mai 1870 avait déjà été mise en vigueur à partir du 1er juillet 1886, par décret du 21 avril 1886, pour toutes les personnes non indigènes.

A l'égard des populations locales, une Décision du gouverneur impérial Zimmerer en date du 16 mai 1892 (modifiant un texte antérieur du 7 octobre 1890) institue un tribunal arbitral indigène, pour la tribu de Douala. Ce texte décide que les contestations entre indigènes des tribus *dwala* sont réglées par le chef indigène du défendeur si, en matière civile, l'objet de la contestation n'a pas une valeur supérieure à 100 marks, et si, en matière criminelle, la peine à prononcer ne dépasse pas 300 marks d'amende ou six (06) mois de prison. L'appel contre les décisions des chefs est recevable devant un nouveau tribunal arbitral à constituer. Ce dernier est en même temps, compétent comme tribunal de première instance pour les causes qui ne sont pas du ressort des chefs, le crime de meurtre et de mort par suite de coups reste cependant en dehors de la juridiction du tribunal arbitral. Ce dernier n'a pas non plus pouvoir de prononcer la peine de mort ni une peine privative de liberté excédant deux années. La jurisprudence du tribunal arbitral est fondée sur les usages et coutumes du lieu. Les membres du tribunal arbitral indigène, ainsi que leurs suppléants sont nommés par le gouverneur impérial. La nomination est à tout moment révocable. Le tribunal arbitral nome un président qui dirige les débats ainsi qu'un secrétaire, qui rédige un procès-verbal de chaque cause. Le procès-verbal qui contenir la date de la séance, les noms des juges et des parties, l'objet et la cause du procès, ainsi que la décision prononcée, devra être signé par le président et le secrétaire. Les procès-verbaux de l'année doivent être réunis chronologiquement en un dossier et peuvent être examinés à tout moment par le gouverneur ou ses représentants. Le gouverneur est libre ainsi que le fonctionnaire qu'il déléguera, d'assister aux séances du tribunal indigène. L'appel contre les décisions du tribunal arbitral indigène est recevable entre les mains du gouverneur impérial ou de son représentant. L'appel doit être interjeté dans la semaine qui la suit la publication du jugement, soit par écrit, soit verbalement auprès du secrétaire du gouvernement. Les affaires qui ne sont pas soumises à la compétence du tribunal arbitral indigène, sont réservées à la juridiction du gouverneur impérial ou de son représentant.

Une décision du chancelier allemand en date du 27 février 1896[78] (pris en vertu d'un Décret impérial du 25 février 1896[79]) stipule que dans la procédure à l'égard des indigènes, les mesures autres que celles prescrites par les règlements de procédure allemande, pour l'obtention d'aveux ou de témoignages sont interdites. De même, l'application de peines extraordinaires, particulièrement de peines préventives est défendue.

En vertu du même décret impérial du 25 février 1896, une décision complémentaire du Chancelier d'Empire est prise le 22 avril 1896[80] relativement à l'exercice de la juridiction pénale et des pouvoirs disciplinaires à l'égard des indigènes[81]. Ce texte prévoit que dans les territoires de la côte, la juridiction pénale

78 Disposition du chancelier de l'empire du 27 Février 1896 (Journal officiel de l'empire du 29 février 1896, n°53 annexe du journal colonial du 1er mars 1896).
79 Annulé par le Décret impérial du 3 juin 1906.
80 Disposition du Chancelier de l'Empire du 22 avril 1896.
81 Pour les territoires de protectorat allemands en Afrique orientale, au Cameroun et au Togo.

et la procédure pénale sur la population indigène est exercée par le gouverneur (chef du territoire), dans les circonscriptions le chef de circonscription (chef des services) est substitué au gouverneur. Ce dernier a le droit de déléguer ses pouvoirs sous sa propre responsabilité, aux fonctionnaires placés sous ses ordres, pour leur région administrative, mais il est tenu de rendre compte au gouverneur de la mesure dans laquelle il fait usage de ce droit. Les peines admises sont les châtiments corporels, les amendes, la prison avec travail forcé, l'enchainement, la peine de mort. L'emploi de châtiments corporels contre les Arabes et les Hindous est exclu. La bastonnade ou la flagellation ne peut être ordonnée contre une personne de sexe féminin. Il ne peut être ordonné que la flagellation contre toute personne de sexe masculin au ~~dessous~~ dessus de 16 ans. L'exécution de la bastonnade a lieu avec un instrument de correction approuvé par le gouverneur, l'exécution de la flagellation a lieu avec un fouet ou une verge légers. La condamnation à la bastonnade ou à la flagellation peut comporter l'exécution en une ou deux fois. Il ne devra, à chaque exécution, être appliqué plus de 25 coups pour la bastonnade et plus de 80 coups pour la flagellation. La deuxième exécution ne devra pas avoir lieu avant l'écoulement d'un délai de deux (02) semaines. Doivent toujours assister à l'exécution de la bastonnade et de la flagellation un Européen désigné à cet effet, par le fonctionnaire muni de pouvoirs de juridiction pénale, ainsi qu'un médecin dans les lieux où il s'en trouve un. L'état de santé du condamné doit être examiné avant de commencer l'application du châtiment. Le médecin présent ou, à son défaut l'Européen présent assistant à l'exécution a le droit d'interdire ou d'arrêter l'exécution de la bastonnade ou de la flagellation, dans le cas où l'état de santé du condamné semble l'exiger. Les amendes dépassant 300 marks ainsi que les peines d'emprisonnement excédant six (06) mois, doivent être approuvées par le gouverneur à qui il doit être rendu compte immédiat du prononcé de la peine. L'exécution, si le retard impliqué ne la rend pas impossible, doit être suspendue jusqu'à l'arrivée de l'approbation. Le prononcé définitif de la peine de mort appartient uniquement et seulement au gouverneur. Dans le cas où le chef de circonscription (fonctionnaire en chef) a décidé cette peine, il doit en être rendu compte immédiatement au gouverneur, avec envoi du dossier. Le plus ancien du village doit être convoqué aux débats. Pour les crimes graves, le chef de circonscription doit convoquer plusieurs notables indigènes, sans que cesse pour cela la responsabilité du chef de circonscription. Il est établi un procès-verbal de débats. Le jugement doit être rédigé par écrit.

Pour les postes et les expéditions (missions) dans l'intérieur du pays, le texte prévoit que relativement à l'exercice de la juridiction, le chef de poste ou d'expédition (mission) est substitué au chef de circonscription. Lorsque dans les postes situés dans l'intérieur ou pour les expéditions (missions) qui s'y trouvent, le prononcé de la peine de mort ou son exécution immédiate semble s'imposer pour raison de force majeure (cas de soulèvement de coup de main ou d'une autre situation de danger), le chef de poste doit introduire autant que possible une procédure sommaire contre l'inculpé, en convoquant au moins deux (02) assesseurs et il doit envoyer ensuite au gouverneur le procès-verbal à tenir des débats, ainsi que le jugement prononcé avec les arguments et les raisons. Si les assesseurs prescrits n'ont pas pu être convoqués à la procédure sommaire, les raisons devront en être exposées au procès-verbal. Cette même procédure sommaire entre en vigueur à l'égard de tous les indigènes coupables lorsque dans une partie ou dans un lieu du territoire, l'état de guerre est décrété par le gouverneur impérial par le gouverneur impérial ou ses représentants, ou par un fonctionnaire du gouvernement indépendant ou bien par un commandant militaire indépendant.

Les indigènes qui sont en service ou en contrat de travail peuvent être punis disciplinairement de châtiments corporels concurremment et uniquement d'un enchainement n'excédant pas 14 jours, par le fonctionnaire investi de l'exercice de la juridiction pénale sur demande du distributeur de service ou de l'employeur pour infraction continuelle à ses devoirs et paresse, pour résistance ou abandon non fondé du service, ou du travail ou pour toutes autres infractions importantes aux conventions du service ou du travail.

Les chefs de circonscription et les chefs de poste, ainsi que le cas échéant les chefs d'expédition (mission) et, en cas d'absence de leur part, leurs représentants doivent rendre compte trimestriellement au gouverneur des peines exécutées. Ces rapports doivent être présentés au ministère des affaires étrangères (section coloniale).

A partir du 1er janvier 1900[82], de profonds changements s'opèrent dans les institutions juridiques de l'Allemagne, par la mise en vigueur du nouveau Code civil allemand et des lois annexes, de l'ordonnance sur le cadastre du 24 mars 1897, de la loi du même jour sur les ventes par autorité de justice et sur les séquestres, ainsi que la loi sur la juridiction volontaire du 17 mai 1898. En même temps, entre en vigueur le code de commerce révisé du 10 mai 1897, la nouvelle procédure civile et la nouvelle procédure des faillites, ainsi que la nouvelle loi du 18 mai 1898 sur l'organisation de la justice. Dans la mesure où ces nouvelles lois doivent être exécutées aux colonies sous la même forme que dans la métropole, la nécessité s'est donc imposé de réviser la loi du 10 juillet 1879 sur les juridictions consulaires pour la mettre en harmonie avec les lois ultérieures et modifier les points qui, à l'usage sont devenus défectueux. C'est dans ce but qu'est promulguée l'ordonnance du 7 avril 1900[83] qui entre en vigueur le 1er janvier 1901, en vertu du décret impérial du 25 octobre 1900. Une loi sur la justice aux colonies paraît le 25 juillet 1900. Cette nouvelle loi part de ce principe que la juridiction est une partie de ce pouvoir protectoral et présente comme ce pouvoir un caractère territorial. Par suite, toutes les personnes vivant dans la colonie peuvent lui être soumises. Par conséquent, il n'y a qu'à spécifier, dans la loi sur la justice aux colonies, les personnes qui ne lui seraient pas soumises. C'est ce qui a été fait pour les indigènes et les parties de la population à eux assimilés par décret impérial. Pour ceux-ci, l'Empereur a le choix de juridiction. Il peut soumettre à la juridiction consulaire, conformément à la loi à la loi du 7 avril 1900, ou régler d'une façon différente leur juridiction, par exemple en faisant juger par le Chancelier de l'Empire et les fonctionnaires placés sous les ordres de ce dernier. Enfin, l'Empereur est autorisé à fixer la date de la mise en

---

82 « Le droit civil prussien a disparu par la promulgation du code civil allemand qui a eu lieu le 1er janvier 1900, et par suite c'est ce dernier qui est applicable dans les juridictions consulaires et coloniales ». Cf. Lobstein (René), *Essai sur la législation coloniale de l'Allemagne*, op.cit., p. 98.

83 « La loi que met en vigueur la législation coloniale est, comme on le sait, la loi sur les juridictions consulaires du 10 juillet 1879, modifiée elle-même par la loi du 7 avril 1900. Le droit à appliquer par ces juridictions et par suite par les tribunaux coloniaux était, d'après la loi de 1879, le droit des pays prussiens (Preussisches Landesrecht) et le droit criminel allemand (avec restrictions toutefois) ainsi que les procédures civile et criminelle prussiennes modifiées par ladite loi. La loi de 1900 a complété la loi de 1879 en ce sens qu'elle donne à l'Empereur le pouvoir, en l'absence de prescriptions dans la loi de 1879, de prendre des dispositions en matière de droit et de procédure civils ». Cf. Lobstein (René), *Essai sur la législation coloniale de l'Allemagne*, Ibid.

vigueur des articles 2 à 7 de la loi du 25 juillet 1900 dans les colonies où la loi du 10 juillet 1879 et celle du 4 mai 1870 ne sont pas encore appliquées.

De l'ensemble de ces réformes[84], il résulte que la juridiction consulaire est exercée par le consul et le tribunal consulaire. Le consul reçoit du Chancelier de l'Empire les pouvoirs nécessaires pour exercer la juridiction. Le tribunal consulaire se compose du consul, président, et deux (02) membres ayant voix délibératives. Dans certains cas spéciaux, la présence de quatre (04) membres est prescrite. Si, pour un débat civil, il est impossible de réunir deux (02) membres, le tribunal consulaire est remplacé par le consul. La nomination des membres du tribunal consulaire est faite par le consul pour une période d'une année. Celui-ci les choisit parmi les notables habitant dans le ressort judiciaire ou, à défaut, parmi les notables habitant dans le ressort, au nombre de quatre membres et deux suppléants au moins. Les membres prêtent serment à la première séance pour la durée de leur première année de charge. Le consul est compétent pour les causes relevant des *Amtsgerichte*[85] en vertu de la loi sur l'organisation de la justice et de l'ordonnance sur la faillite. Quant au tribunal consulaire, il est compétent pour les causes relevant des tribunaux d'échevins (justices de paix) ou des *Landgerichte* (tribunaux de première instance). La compétence du consul s'étend encore aux questions relevant de la juridiction de conciliation, mais qui relèvent en première instance des *Amtsgerichte* ou des *Landgericht,* dans les parties du territoire prussien où le code général est en vigueur. Dans les colonies, alors que le tribunal consulaire est remplacé par le tribunal de la colonie, le consul est remplacé par le fonctionnaire ayant reçu délégation spéciale du chancelier de l'Empire les pouvoirs nécessaires à l'exercice de la justice[86].

En ce qui concerne la situation personnelle des juges aux colonies, aucune culture juridique n'est exigée du consul faisant fonctions de juge. Quant à la situation légale et disciplinaire des juges coloniaux, il faut leur appliquer, comme aux consuls faisant fonctions de juges, les prescriptions de la loi sur les juridictions consulaires et de la loi sur l'état des fonctionnaires. Seulement, la loi du 31 mai 1887 permet de mettre en disponibilité, à un moment quelconque, les gouverneurs, chanceliers et commissaires coloniaux. Les juges coloniaux ne jouissent donc pas de l'inamovibilité.

La loi du 10 juillet 1879 n'a pas prévu l'établissement d'un parquet près des tribunaux consulaires. Mais la loi sur l'organisation coloniale de 1886-1888 laisse à l'Empereur, dans l'article 3, paragraphe 4, le droit d'ordonner la création d'un parquet pour causes correctionnelles[87]. C'est en vertu de cet article de la loi que le

84 Cf. Chéradame (André), *La colonisation et les colonies allemandes*, op.cit, pp. 238-252.

85 « Nous ne savons comment désigner en français ces tribunaux (la traduction littérale serait tribunaux de baillage, ce qui n'a pas de sens d'après l'organisation judiciaire actuelle) ; ils ont à régler les procès commerciaux, à déclarer les faillites ; mais ils ont aussi des attributions en matière civile ». Cf. Lobstein (René), *Essai sur la législation coloniale de l'Allemagne*, op.cit., p.100.

86 Au Cameroun, Louis Ngongo (*Histoire des Institutions et des faits sociaux*, op.cit., pp. 61-63) rapporte que dans les circonscriptions administratives, les juges de cercle jouissent des pouvoirs du juge consulaire et statuent comme juges de première instance.

87 « Près des tribunaux consulaires siégeant au criminel, il n'ya pas de parquet (Staatsanwaltschaft). Cet organe existe au contraire dans les colonies, et a le même rôle que dans la métropole, notamment en ce qui concerne l'instruction criminelle. Les cas qui en Allemagne sont réglés directement par la police sont aux colonies de la compétence des juges supérieurs ou de district, siégeant sans assesseurs ». Cf. Lobstein (René), *Essai sur la législation coloniale de l'Allemagne*, op.cit., p.102.

décret impérial du 13 décembre 1897 a prescrit la coopération du ministère public au débat principal en première instance, à la production des voies de droit, et dans la procédure de deuxième instance, pour toutes les causes criminelles portées devant les tribunaux des colonies, qu'il s'agisse d'un crime ou d'un délit. Le procureur est nommé par le plus haut fonctionnaire de la colonie et il est choisi parmi les fonctionnaires coloniaux[88]. En cas de nécessité, il peut être pris parmi les notables domiciliés dans le ressort. Le procureur est soumis à la surveillance et aux ordres du plus haut fonctionnaire. Les personnes qui doivent remplir les fonctions de greffier ou d'huissier sont désignées par le juge ainsi que les personnes qui agrée à titre révocable comme avocats-avoués[89]. Les titres 13-16 de la loi des juridictions consulaires sont consacrés à l'organisation de l'assistance judiciaire, à la police des audiences, à la langue en usage, à la délibération et au prononcé du jugement. Ces dispositions sont en vigueur dans les colonies.

L'Empereur peut, par décret, instituer comme tribunal d'appel[90] ou de seconde instance, un tribunal consulaire ou un tribunal de la colonie. Il peut également fixer la procédure à suivre devant ces tribunaux et en fixer la compétence. Les personnes appelées à juger en deuxième instance ne peuvent être les mêmes que celles qui ont jugés en première instance. Une exception est cependant formulée à l'article 35 de la loi sur les juridictions consulaires pour les arrêts du consul en ce qui concerne les appels. La procédure en usage est la procédure ordinaire, mais avec des simplifications. Elle est analogue à celle en usage devant les *Amtsgerichte* où l'assistance d'un avocat ou d'un avoué n'est obligatoire.

L'article 4 du décret du 2 juillet 1888 sur la justice au Cameroun et au Togo, a institué une juridiction de première instance dans chacune des colonies. L'article 5 du même texte a également institué au Cameroun une juridiction de deuxième instance pour les deux colonies. Ce tribunal d'appel est composé d'un président et de quatre membres. Au Cameroun, les fonctionnaires capables de rendre la justice sont le chancelier du Cameroun et le gouverneur[91] du Cameroun, respectivement pour la juridiction de première instance et pour la juridiction de deuxième instance.

Ainsi, la nouvelle loi sur la juridiction consulaire du 7 avril 1900 n'a pas modifié l'organisation de la justice instituée par la loi du 10 juillet 1879, et toutes ses prescriptions à ce sujet s'appliquent aux colonies en vertu de l'article 2 de la loi coloniale du 25 juillet 1900. D'après l'article 23 de la loi sur les juridictions consulaires sont jugés en premier et dernier ressort par le *Bundesrat*. Enfin, d'après

88 Au Cameroun, la fonction de ministère public est exercée dans les circonscriptions par le fonctionnaire le plus gradé du siège et auprès du tribunal supérieur par le référent du service judiciaire. Cf. Ngongo (Louis), *Histoire des Institutions et des faits sociaux*, op.cit., pp. 61-63.

89 « Les qualités d'avocat et d'avoué ne sont pas distinctes en Allemagne ; elles sont réunies chez une même personne qui a le titre de Rechtsanwalt (littéralement versé en droit) ; les plus anciens de ces Rechtsanwälte reçoivent le titre et les fonctions de notaire ». Cf. Lobstein (René), *Essai sur la législation coloniale de l'Allemagne*, Ibid., p.101.

90 « Appel des jugements prononcés par les tribunaux consulaires ne peut être porté que devant un tribunal compétent de l'Empire ; au contraire dans les colonies, il existe un tribunal spécial chargé d'examiner les appels et qui doit comprendre au moins quatre assesseurs et un président (ce tribunal est désigné sous le nom de Gerichtshof des Schutzgebietes, Cour de justice de la colonie) ». Cf. Lobstein (René), *Essai sur la législation coloniale de l'Allemagne*, Ibid., p. 101.

91 Le gouverneur, incarnation de l'exécutif, est en même temps la plus grande instance judiciaire. Lui seul peut faire une remise des peines jusqu'à six (06) mois prononcées par le tribunal. Cf. Ngongo (Louis), *Histoire des Institutions et des faits sociaux*, op.cit., pp. 61-63.

l'article 49 de la loi du 10 juillet 1879, la justice militaire n'est pas modifiée par cette loi. Ce principe est reproduit dans la loi du 7 avril 1900, mais comme il figure dans la partie de la loi qui n'est pas applicable aux colonies, il a été reproduit de nouveau dans la loi coloniale du 25 juillet 1900 de sorte que toutes les personnes qui, d'après le code pénal militaire du 20 juin 1872, d'après la loi militaire du 2 mai 1874 ou d'après l'ordonnance sur la procédure criminelle militaire du 1er décembre 1898, sont soumises à la juridiction militaire, ne sont pas soumises à la juridiction des juges et tribunaux coloniaux. Le décret impérial du 26 juillet 1886 prescrit que les lois pénales militaires allemandes sont applicables aux militaires des troupes d'Afrique. Le décret impérial du 18 juillet 1900 règle la procédure criminelle, à l'égard des militaires des troupes coloniales, d'après les principes de l'ordonnance sur les tribunaux criminels militaires du 1er décembre 1898, mais avec quelques modifications.

En mai 1902[92], est pris un acte du gouverneur relatif à l'exercice de la juridiction à l'égard des indigènes. A à cet égard, il est prescrit que « la population de couleur » est soumise aux décisions sur la jurisprudence indigène. La procédure pénale ne doit être introduite que pour les actes pour lesquels au moment où l'acte a été commis est prévue au code pénal de l'empire ou dans d'autres lois d'empire ou encore un décret impérial, ou bien encore par une ordonnance. En ce qui concerne le genre et gravité de la peine les décisions de ces lois et décret sont applicables selon les cas, en tant que cette prescription n'aura pas apporté de modifications. Le Gouvernement du Cameroun se réserve de faire rédiger en langue populaire un tableau des faits punissables à envisager à chaque fois, pour le territoire. La peine de mort peut être prononcée :

- Dans tous cas pour lesquels le code pénal de l'empire ou une autre loi d'empire prévoit la peine, supérieur à dix années de privation de liberté.
- Dans les cas de rapt et de mise en péril d'un convoi de chemin de fer
- Dans les cas par exemple d'un viol lorsque l'acte a été commis sur une personne blanche
- Dans les cas d'attaque à main armée, conséquemment résistance envers un fonctionnaire allemand dans l'exercice de ses fonctions.

Les témoins ou experts de couleur qui avec intention témoignent faussement devant le tribunal sont punis dans la mesure appropriée pour faux témoignage en justice. Il peut être dans le jugement accordé au lésé ou aux parents de la victime une indemnité à payer par le coupable. Les poursuites pour acte délictueux sont laissées à l'appréciation professionnelle du fonctionnaire compétent investi de l'exercice de la juridiction. Le prononcé d'une peine ou de l'acquittement pour acte délictueux, ne peut avoir lieu que par voie de jugement rendu sur la base de débats publics et verbaux. Pour faire la preuve, il ne peut être fait usage que de témoins, d'experts, de l'apparence, de pièces justificatives, de l'aveu de l'accusé en audience publique du tribunal appelé à juger. L'emploi de moyens coercitifs pour l'obtention de témoignages et d'aveux est interdit à tous les degrés de la procédure. Les témoins et experts indigènes ne prêtent pas serment, mais ils sont instruits à fond de leur devoir de témoigner selon la vérité ainsi que des sanctions. Il est permis à l'accusé de prendre un défenseur. Dans tous les cas où la peine de mort peut être prononcée, il doit lui être commis sur sa demande, un défenseur blanc. Il est dressé un court

92 Règlement du gouverneur de mai 1902.

procès-verbal des débats dans lequel la personne de l'accusé et l'acte coupable est exactement désigné. Le gouverneur se réserve de surveiller l'exécution de ces prescriptions par la demande d'envoi de rapports et des dossiers et par l'inspection sur place.

Par une décision du gouverneur en date du 28 juin 1902[93], il est ordonné que les pénalités admises dans la décision du Chancelier d'empire du 22 Avril 1896 selon l'importance du cas, sont également applicables lorsque l'ordonnance édictant la peine applicable au fait ne contient pas de décision particulière à ce sujet. Une circulaire du gouverneur en date du 5 janvier 1906[94] viendra donner des précisions concernant la juridiction pénale et disciplinaire sur les indigènes. Une autre circulaire du gouverneur en date du 28 octobre 1909[95] rappelle les bases légales des châtiments applicables aux indigènes. On y note que l'application de peines aux indigènes n'est possible que judiciairement[96], disciplinairement[97] et par voie de contrainte administrative[98].

On remarque ainsi que dès la prise de possession du territoire, les autorités allemandes se sont préoccupées d'organiser la justice. A côté de la justice indigène, des dispositions particulières ont été prises pour la justice concernant les ressortissants européens. Autrement dit, il existe pendant la période allemande deux (02) sortes de tribunaux, l'un pour les Européens et l'autre pour les indigènes. Pour les Européens, on distingue deux (02) instances, la seconde jouant le rôle de cour d'appel en même temps pour le Togo. Les jugements sont souvent rendus par des non-juristes[99]. Les sanctions se réduisent aux amendes et en cas d'infraction grave entraînant six (06) mois de prison, le coupable est rapatrié en Allemagne pour y purger sa peine. En matière de justice indigène, on distingue les tribunaux des chefs de villages et les tribunaux indigènes. Les premiers, présidés par les chefs des agglomérations lointaines, connaissent de tous les procès civils et la plupart des infractions. Dans certains cas, les décisions sont soumises à l'homologation du chef de district qui sanctionne, lui seul, les faits de rébellion et de complot contre la souveraineté allemande. Les seconds institués au départ dans la région de Douala, vont s'étendre à Edéa et à Yaoundé. Désignés en « pidgin suprême » sous le nom « Mixed courts » et appelés par les Allemands « Schiedgeriechte », ils sont

93 Ordonnance du gouverneur du 28 Juin 1902

94 Circulaire du gouverneur concernant la juridiction pénale et disciplinaire sur les indigènes du 5 janvier 1906

95 Circulaire du gouverneur concernant la juridiction sur les indigènes du 28 octobre 1909

96 Lorsqu'on se trouve en présence d'actes punis par le code pénal de l'Empire ou d'autres lois de l'Empire ou par des décrets impériaux ou des ordonnances du gouvernement

97 Lorsqu'on se trouve en présence d'actes punissables d'après le paragraphe 17 de la disposition du chancelier du 22 Avril 1896.

98 Lorsque, l'autorité appelée à l'exercice des pouvoirs de police dans l'intérieur de son ressort a pris, à l'égard d'un indigène ou d'une collectivité d'indigènes sous peine de sanction et dans un but administratif arrêté et que, dans le cas où une action doit être obtenue, il n'a pas été obtempéré à ce(t arrêté dans les délais fixés à l'arrêté même.

99 D'après Evans Lewin (Le régime allemand, Paris, Publication du comité de l'Afrique Française, p. 34) « beaucoup de fonctionnaires allemands ont sans doute fait de leur mieux avec le système en vigueur. D'autres, comme Schmidt, le grand juge Meyer au Cameroun, Von Brauchitsch, le gouverneur Puttkamer, Von Rötberg, et combien d'autres, ont prostitué leur charge à des intérêts privés. Schmidt nomma sa maîtresse et procureuse indigène ''Jenufia'', ou Reine, lui conféra le droit de porter l'épée des fonctionnaires, et lui donna, avec le pouvoir de juger en première instance celui de lever des redevances jusqu'à 15 marks ».

composés de trois (03) membres. Ils jouissent d'une autonomie complète. Leur compétence se limite aux affaires civiles pourtant sur une valeur de moins de 300 marks et aux infractions susceptibles d'entraîner au maximum six (06) mois d'emprisonnement et 100 marks d'amende. Au-dessus de ces deux (02) premiers tribunaux, existent un tribunal du premier degré (présidé par un fonctionnaire européen, assisté de deux (02) assesseurs indigènes nommés pour une année)[100] et un tribunal de circonscription (présidé par l'administrateur) qui connait de l'appel des tribunaux de premier degré et statue sur les infractions graves. La juridiction suprême est représentée par le gouverneur[101] qui se prononce en appel sur les causes soumises à la juridiction de second degré et qui jouit du droit d'évocation pour toutes les affaires importantes. Au régime pénal, se superpose un régime disciplinaire, c'est-à-dire un pouvoir de police administrative, pour punir les infractions légères analogues aux contraventions[102]. L'organisation judiciaire ainsi conçue a soulevé de nombreuses critiques dans les milieux coloniaux français.

B. La dualité judiciaire au Cameroun français (1916-1960)

En effet, l'administration française qui prend possession du territoire en 1916, reproche au régime allemand de « laisser aux juges indigènes une trop grande liberté, qui favoriserait les dénis de justice et les exactions »[103]. Elle estime, par ailleurs, que la juridiction suprême représentée par le gouverneur allemand, était inapte à jouer le rôle régulateur qu'on doit attendre d'un organisme de ce genre. Il s'agit alors pour l'administration française de reprendre en main les tribunaux dirigés par des chefs titulaires de l'autorité traditionnelle sur les indigènes. Mais la réforme n'est pas réalisée immédiatement, et on préfère procéder par étapes. Par conséquent, les « tribunaux de village » et les « tribunaux de race » existants sont maintenus provisoirement. Par décret du 6 mai 1916[104], la France réorganise au Cameroun le service de la justice à l'égard des citoyens français, des étrangers alliés ou neutres et des indigènes des colonies ou possessions françaises jouissant dans leur pays d'origine du statut métropolitain. Le texte crée à Douala un tribunal à juge unique fonctionnant comme des justices de paix à compétence étendue de l'AEF (Afrique Equatoriale Française). Les fonctionnaires ou officiers commandants des circonscriptions peuvent être chargés, dans l'étendue de leur circonscription, des fonctions de juge de paix par arrêté du Commissaire de la République et dans les conditions indiquées dans ces arrêtés. Ils président également les tribunaux indigènes[105] rétablis ou institués au chef lieu de chaque circonscription. En dehors de

100 Ils sont juges d'appel des tribunaux indigènes et juges en premier ressort des affaires civiles excédant la compétence de ces tribunaux et des affaires pénales pouvant entraîner pour leurs auteurs une peine comprise entre six (02) mois et dix (10) années d'emprisonnement.

101 Pour les indigènes, un tribunal de 1ère instance est créé en 1892. Il s'agit en fait d'un tribunal coutumier présidé par un des chefs. Ceux-ci peuvent infliger une peine de six (06) mois de prison, mais n'ont aucune compétence pour tout crime ou délit passible de la peine de mort. L'appel se fait auprès du Gouverneur. La bastonnade (Nul ne doit subir deux (02) bastonnades en moins de deux (02) semaines. Par ailleurs, il est interdit d'infliger la bastonnade à une femme) constitue l'une des sanctions les plus courantes. Elle est administrée devant un médecin ou un représentant officiel du Gouverneur.

102 A cet égard, l'ordonnance du chancelier d'Empire du 22 avril 1896 a prévu comme sanctions la peine d'emprisonnement avec la bastonnade et le fouet.

103 Cf. Costedoat (René), *Le mandat français et la réorganisation des Territoires du Cameroun*, Thèse pour le doctorat, Université de Dijon, Faculté de droit, Besançon, Imprimerie Jacques et Demontrond, 1930, pp. 111-117. Labouret (Henri), *Le Cameroun*, Paris, L'Hartmann, 1937, pp. 60-76.

104 Promulgué par arrêté du 8 août 1916.

105 En matière indigène, la coutume indigène est appliquée.

la compétence dévolue au Conseil de guerre en matière criminelle, ce tribunal créé par le décret du 6 mai 1916 connait de toutes les affaires civiles et commerciales ainsi que des affaires correctionnelles. Il relève en cas d'appel de la Cour d'appel de Brazzaville[106]. Ce tribunal juge suivant les lois et la procédure en vigueur pendant l'occupation allemande. En cas d'empêchement, il applique la loi et la procédure française. Cette dernière solution jurisprudentielle a été entérinée[107] législativement par décret du 12 janvier 1917[108] qui réorganise la justice au Cameroun. Ce texte conforte le Conseil de guerre dans sa compétence criminelle, maintient le tribunal de Douala, institue des justices de paix[109] à compétence étendue ou à compétence ordinaire et des tribunaux indigènes.

Un arrêté du 21 avril 1917 réorganise la justice indigène. Il est institué des tribunaux indigènes aux chefs-lieux de circonscription et de subdivision[110]. Ces tribunaux sont présidés par les chefs de ces unités administratives, assistés de deux (02) assesseurs indigènes[111]. En matière civile et commerciale, ils connaissent en premier et dernier ressort de tous les litiges dont ils sont saisis par les individus non justiciables des juridictions françaises. En matière répressive, ils connaissent de toutes les atteintes portées aux personnes ou aux biens commises par des personnes au préjudice des personnes non justiciables des juridictions françaises. Ils connaissent de tous les crimes. Ils jugent suivant la coutume des parties, à condition que celle-ci ne soit pas « contraire aux principes de la civilisation française ». En matière répressive, les décisions prononçant des peines supérieures à deux (02) ans de prison doivent être soumises à l'examen et à l'approbation du commissaire de la République. Les peines que peuvent prononcer ces tribunaux indigènes sont l'emprisonnement, l'amende sans limites, l'interdiction de séjour (qui ne peut dépasser vingt ans) et la peine de mort qui ne peut être appliquée toutefois que par

---

106 La Compétence de cette cour est fixée par le décret du 16 avril 1913.

107 Aux termes de son article 5, « les tribunaux du Cameroun jugent suivant les lois et la procédure avant l'occupation du pays par les forces armées de la République ».

108 « Alors que le décret de 1916 organisait les tribunaux de l'ancien Cameroun, le Gouverneur général de l'AEF, prenait, de son côté, un arrêté instituant des tribunaux français dans les territoires du nouveau Cameroun. Les inconvénients de la dualité de la législation n'échappèrent pas au pouvoir central qui réunit et harmonisa les dispositions édictées pour chacun dans un décret du 12 janvier 1917 ».

109 L'originalité du décret du 12 janvier 1917 consiste dans le pouvoir laissé Commissaire de la République de créer les justices de paix à compétence étendue assistées d'un officier du ministère public. Par circulaire du 24 mars 1917 (J.O.C. 1917, p.62), le Commissaire de la République estime que le moment n'est pas propice pour l'institution des tribunaux français dans les circonscriptions. Le président du tribunal de Douala conserve donc sa compétence sur l'ensemble du territoire. Les dossiers des affaires instruites par les chefs de circonscription, en leur qualité d'officiers de police judiciaire lui sont soumis avant transfèrement des inculpés. Suivant l'importance de l'affaire et sa nature, il ordonne le renvoi devant son tribunal ou fait nommer, par arrêté, un juge de paix à compétence étendue et un greffier *ad hoc*.

110 « Sa compétence, en premier et en dernier ressort, comprenait toutes les affaires civiles et toutes les infractions. Et, malgré les craintes d'exactions et de déni de justice que représentaient à l'époque les tribunaux purement indigènes à l'autonomie complète, les « mixed courts », appelés désormais « tribunaux de races », continuèrent de fonctionner provisoirement à Douala, à Edéa et à Yaoundé. Il y en avait neuf pour la circonscription de Douala, trois pour celle d'Edéa, et une pour la circonscription de Yaoundé. Leur compétence, par contre se restreignit aux délits de faible importance ; leurs décisions intervenaient toujours à charge d'appel. Le régime disciplinaire persista ; l'emprisonnement simple et l'amende remplacèrent, en principe, les châtiments corporels ». Cf. Cagan (Roger) « Contribution à l'histoire de la justice au Cameroun », op.cit., p.7).

111 Ils sont choisis parmi les chefs et notables dont la liste est dressée à la fin de chaque année pour approbation au commissaire de la République. Un arrêté du 21 avril 1917 fixe leur rémunération.

décision du Président de la République française. Dans le cas où les châtiments corporels sont prévus par la coutume, l'emprisonnement leur est substitué.

Un autre arrêté du 21 avril 1917 fixe les conditions dans lesquelles peuvent continuer de fonctionner provisoirement les tribunaux indigènes proprement dits (« tribunal de village »[112] et « tribunal de race » [113] et « les institutions judiciaires coutumes »[114]) et détermine ainsi leur organisation et leur compétence. Par circulaire du 5 mai 1917, le Commissaire de la République insiste pour qu'aucun tribunal purement indigène autre que ceux existants ne puisse être autorisé à l'avenir.

Un arrêté du commissaire de la République en date du 18 avril 1918 rend applicable au Cameroun le fonctionnement de la justice française en Afrique Equatoriale Française[115]. Un autre arrêté du 18 avril 1918 réorganise la justice indigène au Cameroun[116]. Avec la fin de la *Grande Guerre*, la compétence criminelle du Conseil de guerre est restreinte. Par décret du 8 août 1920, la justice de paix à compétence étendue de Douala est remplacée par un Tribunal de première instance[117] rattaché à la Cour d'appel de Brazzaville, composé d'un juge Président,

---

112 En matière civile et commerciale, le chef de chaque village juge en premier ressort tous les litiges où sont parties les indigènes de son village lorsque la valeur du litige ne dépasse pas cent francs. En matière répressive, le chef de village connait en premier ressort des délits commis sur l'étendue de son village lorsque la peine ne dépasse pas 15 jours de prison et 100 francs d'amende. L'appel des jugements des chefs de village peut être porté dans les 24 heures devant le « tribunal de race ».

113 Il est composé d'un (01) président, deux (02) assesseurs, un (01) ou deux (02) secrétaires, un interprète. Ce tribunal connait en premier ressort lorsque sont parties ou en cause les indigènes appartenant au même groupe ethnique. En matière civile et commerciale, il connait des litiges dont la valeur dépasse 100 francs. En matière répressive, il connait des délits qui sont sanctionnés par des peines inférieures à 300 francs d'amende et à 6 mois d'emprisonnement. Les jugements rendus par les tribunaux de race sont susceptibles d'appel devant le tribunal de circonscription ou de subdivision.

114 Ces institutions continuent à fonctionner comme par le passé avec ce correctif toutefois : en matière répressive, toute condamnation supérieure à 6 mois d'emprisonnement ou à 300 francs d'amende est soumise obligatoirement à l'homologation du commissaire de la République.

115 Sont désormais applicables les dispositions :

Du décret du 16 avril 1913 portant réorganisation de la justice en Afrique Equatoriale Française,

de l'arrêté du gouverneur général de l'Afrique Equatoriale Française du 11 mai 1914 fixant la compétence des justices de paix à compétence étendue de l'Afrique Equatoriale française, leurs attributions et la procédure en matière répressive,

De l'arrêté du gouverneur général de l'AEF du 11 mai 1914 réglant la procédure en matière civile et commerciale devant la cour d'appel et les tribunaux de toute catégorie de l'AEF

De l'Arrêté du gouverneur général de l'AEF du 11 mai 1914 concernant les fonctions d'agent d'exécution.

De l'arrêté du gouverneur général de l'AEF du 3 octobre 1916 portant tarif général des émoluments et honoraires en matière civile et criminelle devant les tribunaux français de l'AEF. Mais les frais de justice tels qu'ils sont prévus par la loi du 20 mai 1898 en vigueur dans les territoires occupés de l'ancien Cameroun avant l'occupation continueront à être perçus au profit de l'Etat.

116 Ce texte précise que les dispositions du décret du 16 avril 1913 réorganisant la justice en AEF en ce qui concerne la justice indigène sont désormais applicables. Mais il prescrit que sont maintenus en vigueur :

Le titre III de l'arrêté du 30 décembre 1916 fixant les conditions de perception des taxes en matière de justice indigène,

L'arrêté local du 19 avril 1917 réglementant l'exercice de la contrainte par corps,

L'arrêté du 21 avril 1917 fixant les conditions dans lesquelles pourront continuer à fonctionner les tribunaux indigènes proprement dits avec cette restriction toutefois qu'en matière répressive, toute condamnation supérieure à six (06) mois de prison ou à 300 francs d'amende est soumise obligatoirement à la procédure d'homologation.

117 L'étendue des biens séquestrés ajoutée aux nombreuses affaires soumises à la justice de paix à compétence étendue de Douala ont motivé la transformation de cette juridiction.

d'un Procureur de la République, d'un lieutenant de juge et d'un juge suppléant[118]. Un décret du 13 avril 1921 supprime les « tribunaux de village », et pose que les indigènes sont tous justiciables des « tribunaux de races ». Il institue, en outre, au-dessus des tribunaux de circonscription et de subdivision, un organisme de contrôle, dit « tribunal d'homologation », présidé par un magistrat de carrière, le Président du tribunal européen, d'un magistrat nommé par le chef du Territoire et d'un assesseur indigène également désigné par le Commissaire de la République. La justice française au Cameroun est réorganisée par un décret du 29 décembre 1922 qui supprime le rattachement du tribunal de première instance à Douala à la cour de Brazzaville et crée à Douala un Conseil d'appel[119] à juge unique, une Cour criminelle[120] et des justices de paix ordinaires. Entre temps, les châtiments corporels appliqués sous la domination allemande[121] ont été supprimés et remplacés par des peines d'emprisonnement[122], tout comme est désormais interdite par arrêté du

---

118 Le principe du juge unique est cependant maintenu et le tribunal est rattaché à l'Afrique Equatoriale Française.

119 Le Conseil d'appel est une juridiction mixte dans laquelle, à côté d'un juge unique ayant le titre de président, deux assesseurs, choisis parmi les fonctionnaires en service dans la colonie, sont appelés à rendre la justice. Le Conseil d'appel se complète par un procureur de la République, chef du service judiciaire et un greffier (décret du 22 décembre 1922). Les décrets des 3 mai et 15 juillet 1927, transformeront le Conseil d'appel à juge unique en un Tribunal supérieur d'appel, composé de trois (03) magistrats de carrière, institueront une chambre des mises en accusation à Douala et une justice de paix à compétence étendue à Garoua (qui sera transférée à Yaoundé). Le décret du 11 mai 1934, entré en vigueur le 1er janvier 1935, supprimera le Tribunal supérieur d'appel et le territoire du Cameroun fera à nouveau partie du ressort de la Cour d'appel de Brazzaville.

120 La Cour criminelle comprend les membres du Conseil d'appel et deux (02) assesseurs ayant voix délibérative sur la question de la culpabilité, d'application de la peine et des dommages-intérêts. A défaut de chambres de mises en accusation, la Cour criminelle est saisie directement par le procureur de la République qui décerne contre l'accusé, cité par lui, une ordonnance de prise de corps. A cet effet, les instructions criminelles, une fois terminées, sont remises au substitut expressément chargé du ministère public près le tribunal. Le substitut rend une ordonnance de transmission de la procédure au Procureur de la République à qui la partie civile et l'accusé adressent leur mémoire en défense s'ils le jugent utiles. Si le Procureur de la République est d'avis de traduire l'accusé devant la Cour criminelle, il cite dans les mêmes formes qu'en matière correctionnelle. En sa qualité de chef du service judiciaire, il peut charger, par voie de réquisition, tout juge d'instruction de son choix de compléter toute information même à l'occasion des faits commis hors du ressort de sa compétence. Il peut, en outre, autoriser la mise en liberté avec ou sans caution même dans le cas où cette mise en liberté a été refusée par le magistrat chargé de l'instruction. Le règlement des dossiers d'information correctionnelle est effectué par le substitut. Pour attaquer les jugements en dernier ressort, il existe une seule voie de recours : le pourvoi en cassation.

121 Cf. Fr/C.A.O.M. / Fonds Ministériel/ série géographique Togo-Cameroun/ carton34/ dossier 330. Extraits de la législation pour le Cameroun – Juridiction sur les indigènes, Décision du Chancelier d'Empire relative à l'exercice de la juridiction pénale et des pouvoirs disciplinaires à l'égard des Indigènes, dans les Territoires de protectorat allemand en Afrique orientale, au Cameroun et au Togo du 22 avril 1896. Lire aussi, Ibid., Circulaire du Gouverneur concernant la juridiction pénale et disciplinaire sur les indigènes du 5 janvier 1906. Circulaire du Gouverneur concernant la juridiction sur les Indigènes du 28 octobre 1909.

122 La circulaire du 6 juillet 1917 du Commissaire Fourneau est très nette à cet égard : « En vous rappelant qu'aucun texte organisant, soit la justice indigène, soit le régime des peines disciplinaires dans les Territoires occupés de l'Ancien Cameroun, ne prévoit l'application de punitions corporelles, j'ai l'honneur de vous faire connaître que je m'oppose formellement au maintien de pratiques en usage sous l'ancienne administration allemande, mais que notre méthode de colonisation se refuse à employer. Je vous prie donc de donner des instructions précises à vos subordonnées pour rejeter l'emploi de tout moyen brutal de correction ; les peines régulières d'amende ou de prison, prévus pour la répression des délits de l'indigénat, mis à votre disposition doivent amplement suffire pour tous les cas ne relevant que des juridictions indigènes. Chaque fois que je serai mis au courant des faits de cette nature, je n'hésiterai pas à prendre des sanctions sévères. Je tiens à préciser d'autre part que, seuls les chefs de circonscription

18 août 1917 la mise en gage des personnes indigènes de sexe féminin. Par arrêté du 14 mars 1917[123], les peines spéciales à l'indigénat[124] ont été introduites au Cameroun[125]. Ce régime, confirmé par un décret spécial du 8 août 1924[126], permet aux administrateurs de bénéficier des prérogatives juridictionnelles.

---

et de subdivision, nommément désignés par arrêté ont le pouvoir d'appliquer des peines disciplinaires. Il m'a été signalé que des sous-officiers en tournée avaient condamné à des peines de prison et d'amende en même temps, des indigènes, et qu'ils leur infligeaient des châtiments corporels. Je vous prie de prendre des dispositions énergiques pour mettre fin à cette façon de procéder. J'invite les commandants de région à veiller strictement à l'exécution de ces prescriptions ». Cité, Costedoat (René), *Le mandat français et la réorganisation des Territoires du Cameroun*, op.cit., p. 114.

123 Cf. Arrêté du Commissaire de la République du 14 mars 1917 déterminant les infractions spéciales à l'indigénat (J.O.C. 1er octobre 1917) complété par arrêté du 26 octobre 1917 (J.O.C. 1er novembre 1917). Lire aussi, Circulaire du 18 août 1917 du Commissaire de la République française relative à l'application de l'arrêté déterminant les infractions de l'indigénat (Journal officiel de l'ancien Cameroun du 1er octobre 1917). Circulaire du 6 mars 1919 du Commissaire de la République au sujet de l'exercice des pouvoirs disciplinaires (Journal officiel de l'ancien Cameroun du 1er avril 1919).

124 Il s'agit d'un régime prévoyant des infractions particulières, réprimées par des peines spéciales, généralement infligées par l'autorité administrative qui dispose de pouvoirs disciplinaires et judiciaires étendus. Lire, Merle (Isabelle), « Retour sur le régime de l'indigénat. Genèse et contradictions des principes répressifs dans l'Empire français », *French Politics, Culture and Society*, vol. 20, n° 2, 2002, pp. 77-97. Cet article présente les dynamiques du régime de l'indigénat, à la fois au niveau impérial et local.

125 Le régime de l'indigénat est introduit au Togo par Arrêté du 24 mai 1923 (Cf. Recueil de législation coloniale, 1923, p. 263). Dans les possessions françaises, ce type de répression administrative a pris ses sources en Algérie par décret du 29 août 1874. L'indigénat est étendu à la Cochinchine par décret du 25 mai 1881, à la Nouvelle-Calédonie par décret du 18 juillet 1887, à l'AOF par décret du 30 septembre 1887, à l'Annam, au Tonkin-Laos par décret du 5 février 1897125, au Cambodge par décret du 6 mai 1898, à Madagascar par arrêté du 13 novembre 1899, à l'AEF par arrêté du 12 février 1907 (complété par décret du 31 mai 1910), à la Côte des Somalies par décret du 19 juillet 1912. [Cf. Morandeau-Couderc (Stéphanie), « Le régime de l'indigénat dans les colonies françaises », dans *La Justice et le Droit : Instruments d'une stratégie coloniale* (sous la direction du Professeur Bernard Durand), vol. 3, UMR 5815 Dynamiques du droit, Faculté de droit de Montpellier, 2001, pp. 927-957]. Les peines d'indigénat et les pouvoirs disciplinaires reconnus aux administrateurs seront respectivement supprimés par les décrets du 22 décembre 1945 et du 20 février 1946.

126 Cf. Décret du 8 août 1924 déterminant au Cameroun l'exercice des pouvoirs disciplinaires. Le Rapport du Ministre des Colonies le justifie en ces termes : « L'ordonnance du Chancelier d'Empire en date du 22 avril 1896 réglementait au Cameroun, sous la domination allemande, l'application aux indigènes des peines disciplinaires : les peines prévues étaient l'emprisonnement aux fers pour une durée de quatorze jours et la bastonnade et le fouet dans la limite respective de vingt-cinq coups. Depuis le 14 mai 1916, le Commissaire du Gouvernement dans les Territoires occupés du Cameroun substituait aux châtiments prévus par la réglementation allemande des peines plus conformes à nos principes de civilisation : l'emprisonnement simple et l'amende. L'année suivante, un arrêté en date du 14 mars 1917 déterminait, dès l'instauration d'un régime administratif régulier, les infractions spéciales à l'indigénat. Enfin, le décret du 22 mai 1924, qui rend exécutoire dans le Territoire du Cameroun les lois et décrets promulgués en Afrique équatoriale française antérieurement au 1er janvier 1924, est venu récemment doter notre pays sous-mandat du régime de l'indigénat en vigueur dans cette Colonie. Toutefois, malgré les analogies certaines, les races indigènes qui peuplent le Cameroun présentent avec celles de l'Afrique équatoriale française des différences sensibles ; leur niveau social et moral, paraît, dans l'ensemble, plus élevé. Il semble, dans ces conditions, qu'il y ait intérêt à réglementer par un décret spécial cette importante question en nous inspirant du texte déjà intervenu dans le Territoire du Togo ». [Cf. Fr/ C.A.O.M./ Fonds ministériel / Série géographique Togo-Cameroun / Carton 30/ dossier 262 – Décret du 8 août 1924 déterminant les pouvoirs disciplinaires des administrateurs, 1924-1939]. Lors de son audition, en 1925, à la Commission Permanente des Mandats, le représentant français (M. Duchêne) explique que le décret du 8 août a un but de « coordination et de simplification » : « Il prépare, réalise ou fait prévoir l'intervention de l'autorité judiciaire dans l'application des peines disciplinaires infligées aux indigènes, comme sanction de certaines contraventions ou de délits spéciaux. Cette tendance ne se manifeste pas seulement au Cameroun. Le régime de l'indigénat, dans les Territoires soumis à la France, est, depuis

Les décrets des 3 mai et 15 juillet 1927, transforment le Conseil d'appel à juge unique en un Tribunal supérieur d'appel, composé de trois (03) magistrats de carrière, instituent une chambre des mises en accusation à Douala et une justice de paix à compétence étendue à Garoua (qui sera transférée à Yaoundé). Le décret du 11 mai 1934, entré en vigueur le 1er janvier 1935, supprimera le Tribunal supérieur d'appel et le territoire du Cameroun fera à nouveau partie du ressort de la Cour d'appel de Brazzaville. Par décret du 31 juillet 1927[127], l'administration française réorganise la justice indigène. Les tribunaux de races à compétence absolue et sans appel sont remplacés par des tribunaux du premier degré et des tribunaux du deuxième degré[128], ceux-ci recevant l'appel des affaires jugées au premier degré[129]. La Chambre d'homologation instituée en 1921, est confirmée comme instance suprême de la justice indigène. Le texte de 1927, mis en application par arrêté du 11 septembre 1928, sera complété par celui du 26 juillet 1944 instituant en AEF et au Cameroun des juridictions indigènes coutumières. De la combinaison des décrets du 31 juillet 1927[130] et du 26 juillet 1944[131], on retient qu'en matière civile et commerciale, la justice est administrée à l'égard des indigènes ne possédant ni la nationalité française, ni le statut de nationaux européens, par des juridictions appliquant « exclusivement la coutume des parties, à la condition que celle-ci ne reste pas silencieuse sur le point litigieux, ou qu'elle ne soit « pas contraire aux principes de la civilisation ». On distingue par conséquent deux (02) ordres de juridictions : l'une pour les citoyens français, et l'autre pour les indigènes animistes ou musulmans[132].

Avec la Constitution de 1946, le dualisme de la justice civile se poursuit avec l'article 82 qui précise que les « citoyens qui n'ont pas le statut civil français conservent leur statut personnel tant qu'ils n'y ont pas renoncé ». Par contre, en matière pénale, la justice indigène est supprimée au Cameroun décret du 30 avril 1946[133]. Dès le 1er juillet 1946, seules les juridictions françaises connaissent de

---

quelques années, considéré comme étant de nature exceptionnelle et comme devant être transformé graduellement. Ce régime est exceptionnel, en ce sens que l'autorité administrative punit de certaines pénalités des faits qui, s'ils sont reconnus répréhensibles, devraient être sanctionnés par l'autorité de droit commun. On a jugé plus expéditif, ou même nécessaire, de pouvoir frapper tout de suite, dans les formes simples, la population indigène, lorsqu'il s'agit de mesures prises par l'autorité administrative ou de faits dont la répression doit être immédiate. Bien que cette intervention de l'autorité administrative ait quelque chose d'anormal, il ne semble pas possible de supprimer ce régime exceptionnel, non seulement dans les Territoires sous mandat, mais ailleurs encore ». Cf. Archives de la SDN, C.386. M. 132. 1925. VI, Procès-verbaux de la sixième session de la commission permanente des mandats tenue à Genève, du 26 juin au 10 juillet 1925, p. 41.

127 Cf. Décret du 31 juillet 1927 portant réorganisation de la justice indigène dans les Territoires du Cameroun (J.O.C. 1927, p. 429).

128 Les tribunaux du premier degré, du deuxième degré et la Chambre d'homologation peuvent être comparés respectivement aux tribunaux de première instance, cour d'appel et cour de cassation.

129 Chauleur (Pierre), *L'œuvre de la France au Cameroun*, Yaoundé, Imprimerie du Gouvernement, 1936, p. 95.

130 Cf. Décret du 31 juillet 1927 portant réorganisation de la justice indigène dans les Territoires du Cameroun (J.O.C. 1927, p. 429).

131 Cf. Décret du 26 juillet 1944 instituant et organisant en Afrique Equatoriale Française et au Cameroun des juridictions indigènes coutumières (J.O.C. 1944, p. 726).

132 Cf. Lampué (Pierre), La justice coutumière dans les pays africains francophones, Extrait de la Revue juridique et politique Indépendance et Coopération, n°1/1979.

133 Cf. Décret portant suppression de la justice indigène en matière pénale dans les Territoires relevant du ministère de la France d'Outre-mer (J.O.C. 1946, pages 706 et 779).

toutes les infractions pénales[134]. A partir de la même date est abrogé le décret du 17 juillet 1944 instituant un Code pénal indigène[135]. L'organisation de la justice de droit français est reprise en totalité par les décrets des 27 novembre 1946[136], 22 octobre[137] et 27 novembre 1947[138]. Le Cameroun, jusqu'alors rattaché du point de vue judiciaire à l'AEF, reçoit une organisation autonome par la création et l'installation à Douala d'un tribunal supérieur d'appel et d'une Cour criminelle. Dans le même temps sont créées des justices de paix à compétence ordinaire[139] ou à compétence correctionnelle limitée au siège de chaque subdivision[140], et des justices de paix à compétence étendue au chef-lieu de chaque région. De nouvelles justices de paix à compétence étendue sont créées par décrets du 10 mai 1951. Des tribunaux de première instance sont installés à Yaoundé et à Garoua, en plus de celui qui a d'abord été créé à Douala. Une Cour d'appel est établie à Yaoundé par le décret du 11 avril 1951[141] et installée le 13 janvier 1952. Enfin, le décret du 5 janvier 1954[142] crée de nouveaux tribunaux de première instance à Dschang, Maroua, Ebolowa et Bertoua en remplacement des justices de paix à compétence étendue de Dschang, Maroua, Ebolowa, Batouri, Bétaré-oya. L'organisation judiciaire comprend, depuis la promulgation du décret du 5 janvier 1954[143] : une (01) Cour d'appel[144], une (01)

---

134 L'article 3 précise néanmoins que « toutes les infractions commises antérieurement à la publication du présent décret resteront passibles des peines prévues par la législation indigène lorsque celles-ci étaient moins sévères ». *Ibid.*

135 Cf. Décret du 17 juillet 1944 un code pénal indigène pour l'Afrique Occidentale Française, l'Afrique Equatoriale française, le Cameroun et le Togo.

136 Cf. Décret du 27 novembre 1946 portant réorganisation judiciaire au Cameroun (J.O.C. 1947, p. 1397). Décret modifié par ceux des 30 juin et 16 octobre 1946.

137 Le décret du 22 octobre 1947 créée treize justices de paix à compétence étendue en sus du tribunal de Douala déjà existant.

138 Cf. Décret du 27 novembre 1947 portant réorganisation de la justice de droit français en AEF (J.O.C. 1948, p. 118).

139 Cf. Arrêté du 27 avril 1948 portant création de justice de paix à compétence ordinaire (J.O.C. 1948, p. 506). Arrêté du 19 septembre 1953 portant ouverture d'une justice de paix à compétence ordinaire à Mbouda (J.O.C. 1953, p. 1577).

140 Cf. Arrêté du 29 juillet 1948 investissant certains chefs de subdivision, juges de paix à compétence ordinaire, des attributions des tribunaux correctionnels [Modifié par arrêté du 7 février 1952 (J.O.C. 1952, p. 197) et par décret du 4 janvier 1954 (J.O.C. 1948, p. 845)].

141 Cf. Décret du 11 avril 1951 portant suppression du tribunal supérieur de Douala et création d'une Cour d'appel à Yaoundé. (J.O.C. 1952, p. 37)

142 Cf. Décret du 5 janvier 1954 portant modification au tableau A annexé au décret du 22 août 1928 déterminant le statut de la magistrature d'outre-mer (Cameroun). (J.O.C. 1954, p. 1750).

143 Cf. Décret du 5 janvier 1954 portant modification au tableau A annexé au décret du 22 août 1928 déterminant le statut de la magistrature d'outre-mer (Cameroun). (J.O.C. 1954, p. 1750).

144 La Cour d'Appel siège à Yaoundé, et est composée de quatorze membres (un président de Cour, deux présidents de Chambre, six conseillers, un Procureur général, deux avocats généraux et deux Substituts généraux). Elle connaît sur appel des parties ou du ministère public des affaires civiles et commerciales jugées en première instance par des tribunaux de première instance et les justices de paix à compétence étendue du Territoire, des affaires de police correctionnelle jugées en première instance par les tribunaux de première instance et les justices de paix à compétence correctionnelle. Les arrêts rendus par cette juridiction peuvent être soumis à la Cour de cassation qui siège à Paris, sur pourvoi des parties. La Cour d'appel, constituée en Chambre d'annulation, connaît sur pourvoi des parties des décisions rendues en matière de simple police et, dans les limites de la compétence des juges de paix, en matière civile et commerciale, des décisions des justices de paix à compétence ordinaire, des justices de paix à compétence étendue et des tribunaux de première instance. Auprès de la Cour d'Appel, siège une Chambre de mise en accusation composée de deux (02) conseillers à la Cour d'appel désignés par le président et d'un magistrat de tribunal de première instance. Elle constitue la juridiction d'appel des décisions rendues par les juridictions d'instruction du Territoire. En matière criminelle, une fois l'instruction achevée, elle décide si

Cour criminelle[145], sept (07) tribunaux de première instance[146], quatorze (14) justices de paix à compétence étendue[147], quatre (04) justices de paix à attributions correctionnelles[148] et vingt-cinq (25) justices de paix à compétence ordinaire[149]. Ces juridictions sont compétentes pour juger, en matière pénale, tout individu habitant le Territoire, de quelque statut qu'il soit, selon la loi française. Une ordonnance du 17 décembre 1959 fixe l'organisation judiciaire de l'Etat tandis qu'un décret du 18

---

les inculpés doivent être mis en accusation et traduits devant la Cour criminelle. Ses attributions sont définies par le Code d'instruction criminelle français. Le ministère public est représenté auprès de la Cour d'appel par un procureur général, chef du service judiciaire, assisté de deux (02) avocats généraux et de deux (02) substituts généraux.

145 La Cour criminelle se compose normalement de trois membres de la Cour d'appel et de deux assesseurs autochtones si l'un des accusés est autochtone, ou de deux assesseurs européens si l'accusé est de statut européen. Les assesseurs sont tirés au sort sur deux listes de dix notables désignés par le Haut Commissaire. Cette Cour criminelle siège normalement à Yaoundé. Elle peut se déplacer, si cela est nécessaire, en d'autres points du Territoire. Dans ce cas, elle est présidée par un membre de la Cour d'appel et comprend deux magistrats du lieu où elle se trouve et deux assesseurs tirés au sort sur une liste de huit notables locaux européens ou africains selon le statut de l'accusé. L'accusation est soutenue devant elle par un membre du Parquet général ou le Procureur de la République du lieu. Cette Cour criminelle connaît de tous les crimes commis dans le Territoire du Cameroun sous tutelle française. Ses arrêts peuvent être soumis à la Cour de cassation.

146 Les tribunaux de première instance siègent à Yaoundé, Douala, Garoua, Maroua, Dschang, Ebolowa, Bertoua. Ils sont composés d'un président jugeant seul, d'un ou deux juges chargés des fonctions de juges d'instruction et de juges suppléants. Les juges d'instruction des tribunaux instruisent les crimes et les délits commis dans leur ressort. Les fonctions du Ministère public sont assurées auprès des tribunaux de première instance par un procureur de la République assisté de substituts.

147 Les justices de paix à compétence étendue sont composées chacune d'un seul magistrat siégeant à Nkongsamba, Foumban, Bafia, Bafoussam, Kribi, Edéa, Abong-Mbang, Ngaoundéré, Eséka, Nanga-Eboko, Sangmélima, Fort-Foureau, Mokolo, Yabassi et Yagoua. L'unique magistrat cumule les fonctions de procureur, de juge d'instruction et de président. Lorsque, par suite de l'importance et du nombre d'affaires, il est adjoint au juge de paix à compétence étendue un suppléant, c'est ce juge suppléant qui remplit les fonctions de juge d'instruction. Le procureur de la République a droit de réquisition devant les justices de paix à compétence étendue de son ressort, notamment pour le règlement des procédures criminelles. Au même titre que les tribunaux de première instance, les juges de paix à compétence étendue connaissent en première instance de tous les délits et contraventions commis dans leur ressort par des Européens ou des Africains. Ils connaissent également en première instance, sans limitation de compétence des affaires civiles et commerciales lorsqu'au moins une des parties en cause est de statut civil de droit commun. En 1957, les compétences de la justice de paix à compétence étendue ont été supprimées mais des sections des tribunaux dans le ressort de ces derniers avec à leur tête des présidents auxquels la loi confère le pouvoir de juger les affaires qu'ils ont instruites.

148 Les justices de paix à compétence correctionnelle, au nombre de quatre, siègent à Banyo, Yoko, Moloundou et Tibati. Yagoua est devenue justice de paix à compétence étendue. Les fonctions de juge de paix sont remplies dans ces juridictions par un fonctionnaire de l'ordre administratif, le chef de subdivision du lieu où siège la justice de paix. Ces juridictions ne sont compétentes que pour connaître des délits. Leur persistance se justifie par leur éloignement.

149 Les justices de paix à compétence ordinaire siègent au chef-lieu des subdivisions administratives. Elles sont au nombre de vingt-cinq (25) en 1955 (Cf. Rapport français de 1955 à l'ONU, p. 49). Les fonctions de juge de paix sont remplies par un fonctionnaire de l'ordre administratif, le Chef de Subdivision du lieu où siège la justice de paix. Ces juridictions ne connaissent en matière pénale que des contraventions de simple police (un à quinze jours d'emprisonnement, six cents à douze mille francs d'amende). En matière civile, elles ont la même compétence que les justices de paix à compétence ordinaire de la Métropole (en dernier ressort jusqu'à cinq cent francs, à charge d'appel jusqu'à trois mille francs). Les jugements des justices de paix à compétence ordinaire peuvent être frappés d'appel par les parties et soumis aux tribunaux de première instance ou aux justices de paix à compétence étendue. Chaque juridiction est assistée d'un greffier et de commis-greffiers s'il y a lieu.

décembre détermine les mesures transitoires pour son application[150]. Au sommet de cette nouvelle organisation juridictionnelle se trouve la Cour suprême qui assure le rôle qui revenait jusque-là à la Cour de cassation française. Au niveau du deuxième degré, l'ordonnance du 17 décembre 1959 a prévu la création de quatre (04) cours d'appel dont les sièges sont à Douala, Dschang, Yaoundé et Garoua[151]. En première instance, sont prévus des tribunaux de conciliation[152] et des tribunaux de première instance[153]. En matière administrative, le décret n°59-83 du 4 juin 1959 a défini le contentieux administratif et institué un Tribunal d'Etat[154] qui est juge de droit commun en premier et en dernier ressort dans tous les litiges administratifs. En matière répressive, l'ordonnance du 17 décembre 1959 est restée muette sur l'organisation des tribunaux correctionnels et des tribunaux de simple police. Mais elle a prévu la création au chef-lieu de chaque département d'une cour criminelle, et la possibilité pour celle-ci de siéger, lorsque les circonstances ou les nécessités du service l'exigent, dans une autre localité désignée par ordonnance du président de la cour d'appel sur proposition du procureur général. Déjà, antérieurement à l'ordonnance du 17 décembre 1959, une loi du 22 mai 1959 a donné au gouvernement le pouvoir d'établir par décret là où il jugeait nécessaire, des cours criminelles spéciales en cas de troubles répétés portant atteinte à l'ordre public, pour une période de huit (08) mois, prorogeables après avis conforme de l'Assemblée législative. Composées du président du tribunal de première instance, président, de quatre (04) assesseurs, du procureur de la République et d'un (01) greffier, ces juridictions connaissent des crimes contre la sécurité intérieure de l'Etat et d'une manière générale de tous crimes commis avec port d'armes et usage de violences contre la paix publique, les personnes ou les biens ainsi que les crimes et délits

150 L'article 62 de l'ordonnance de 1962 prévoit en effet qu' « au cas où le gouvernement se trouverait dans l'impossibilité temporaire soit d'installer tout ou partie des juridictions nouvelles, soit d'appliquer certaines des règles édictées par la présente ordonnance », la date de mise en application pourrait être reportée par décret. Cf. « L'organisation judiciaire du Cameroun », dans *PENANT*, n°723, Janvier-Février-Mars 1969, p.43)

151 Jusqu'alors, il n'existait que la Cour de Yaoundé qui avait remplacé le Tribunal supérieur de Douala. « La composition et le ressort de chacune de ces cours ont été fixés par le décret n°59/246 du 18 décembre 1959 modifié par le décret n°62/317 du 6 septembre 1962. Chaque Cour comprend théoriquement 1 président, 1 procureur général, 1 ou 2 substituts généraux, 2 ou 3 juges suppléants. De plus les cours de Douala et Yaoundé disposent de 3 sièges de vice-président. Dans la pratique, de nombreux postes ne sont pas pourvus et les cours de Dschang et Garoua se composent d'un unique magistrat qualifié de « président », le ministère public étant commun à la cour d'appel et au tribunal de grande instance ». Cf. « L'organisation judiciaire du Cameroun », dans *PENANT*, n°723, Janvier-Février-Mars 1969, op.cit., p. 48)

152 Prévus par l'article 6 de l'ordonnance, ces tribunaux ont pour mission de concilier les parties en toutes matières civile et commerciale, à l'exception des conflits de travail. « Leur composition, un juge unique et des suppléants évoque partiellement les anciens tribunaux de même nom car le président est choisi parmi les chefs coutumiers, notables, fonctionnaires en retraite ou personnalités privées jouissant de l'estime et de la confiance de la population ». Cf. « L'organisation judiciaire du Cameroun », Ibid., p. 44.

153 Ces tribunaux évoquent les tribunaux du même nom existant avant la réforme. L'ordonnance de 1959 a prévu la mise en place de 48 tribunaux de première instance (la plupart à un juge) pour environ 30 départements. Parallèlement à ces tribunaux de première instance, l'ordonnance de 1959 a prévu la création dans toutes les localités où la concentration économique, commerciale, industrielle ou ouvrière le justifie, des tribunaux de travail. Dans toutes les autres localités, les conflits individuels de travail sont réglés par le tribunal de première instance.

154 Ce Tribunal d'Etat est composé d'un (01) président et deux (02) assesseurs, un (01) commissaire du gouvernement donnant ses conclusions sur chaque affaire.

connexes. Elles peuvent également sur réquisition du ministère public se saisir d'office de tous crimes et délits se révélant au cours des débats. Les cours criminelles spéciales peuvent être saisies par ordonnance de renvoi du juge d'instruction et même par la procédure du flagrant délit. Elles jugent en dernier ressort et sans recours en cassation. Les condamnations à la peine capitale doivent être exécutées sur les lieux du forfait et en public. Une ordonnance du 31 décembre 1959 sur les juridictions militaires crée un tribunal militaire permanent à Yaoundé en temps de paix, composé d'un (01) magistrat du siège de la Cour d'appel, président, de deux (02) officiers de l'armée camerounaise, d'un commissaire du gouvernement officier, magistrat ou fonctionnaire licencié en droit et d'un greffier. Ces traits fondamentaux de l'organisation judiciaire du Cameroun français seront maintenus dans le cadre de l'Etat fédéral qui a tout autant intégré l'héritage judiciaire du Cameroun britannique[155].

C. La dualité judiciaire au Cameroun britannique (1916-1961)

Après le partage du Territoire en 1916, les premiers administrateurs britanniques appliquent au Cameroun les lois du Nigéria auxquelles ils se sont familiarisés et adoptent certaines ordonnances telles que l'ordonnance sur les tribunaux indigènes. Avec la publication de l'ordonnance n°3 de 1924 organisant administrativement le Cameroun britannique, les lois en vigueur au Nigéria s'appliquent au Cameroun et complètent quelques reliefs de la législation allemande encore pratiquée dans quelques régions. La justice indigène continue de reposer sur les « *Native Courts* », constitués de juges indigènes dans les régions où l'autorité traditionnelle est restée puissante et disposée à l'administration indirecte. Ces tribunaux sont censés appliquer en matières civiles comme répressives les lois et coutumes du pays « tant qu'elles ne sont pas contraires aux principes de justice et d'humanité ». Le gouverneur et ses délégués, les administrateurs coloniaux doivent bien entendu vérifier l'application de ce principe, en revoyant éventuellement les peines en matières pénales et criminelles.

Les juridictions locales[156] qui appliquent les règles coutumières dans tout différend opposant des « *natives* »[157], sont constituées par les « *alkali courts* » et les

---

155 « Si les deux systèmes juridiques, français et anglais, se caractérisent par les conceptions individualistes et libérales qui dans chaque Etat sont à la base du droit, s'ils ont une même origine commune (droit romain et philosophie du XVIIIème siècle), les techniques de mise en application des principes juridiques diffèrent profondément d'un pays à l'autre. La France, et sa suite le droit camerounais oriental, font de la loi écrite la source principale du droit, tandis que le droit camerounais occidental, à la suite du droit britannique, a pour essentielle la coutume ». Cf. « L'organisation judiciaire du Cameroun », dans *PENANT*, n°723, Janvier-Février-Mars 1969, op.cit., p.34).

156 Cf. « L'organisation judiciaire du Cameroun », dans *PENANT*, n°723, Janvier-Février-Mars 1969, op.cit., pp. 63-67).

157 « L'expression ''native '' a en effet été prise dans plusieurs acceptions. Pour la fédération de Nigéria est ''native'' tout Africain d'une région du continent où les institutions tribales ont existé que ses parents soient tous deux ''natives'' ou seulement l'un d'entre eux, ce qui permet d'étendre le terme aux métis. Il résulte de cette définition qu'elle englobe des Noirs d'Amérique ou des Indes, mais qu'elle ne peut être étendue aux personnes morales. Pour les provinces de l'Est Nigéria (actuel Cameroun) est ''native'' toute personne dont les parents étaient membres d'une ou plusieurs tribus de Nigeria et les descendants de ces personnes ou toute autre personne dont un de ces parents était membre d'une telle tribu. Le terme se trouve enfin pris dans un troisième sens dans une matière spécifique « The tenure of land » dans les ''law'' of Nigeria de 1948. Est ''native'' toute personne dont les parents (ou l'un d'entre eux) étaient membres d'une tribu des provinces du Nord ou du ''Cameroons'' et les descendants de ces personnes. (...) Le terme peut être étendu aux personnes issues d'une autre tribu d'Afrique, avec accord des autorités,

« *customary courts* ». Les « *alkali courts* » (kumba, Ndop et Nkambe) sont compétentes pour juger de tous les litiges où les musulmans sont intéressés. L'appel de ces décisions est porté devant les « *districts officers* » (Nso, Bamenda et Nkambe). Un deuxième appel éventuellement devant le « *senior district officer* »[158].

Les « *customary courts* » (environ 74) connaissent des litiges intéressant les personnes non musulmanes soumises au droit et aux coutumes locales. Elles sont reparties en « *customary courts* » de première[159] et de seconde classe[160] (encore appelées juridictions du degré A et du degré B). Elles ont « *ratione materie* une double compétence civile et répressive, variable, définie par le ''warrant'' qui crée la « court ». Ces juridictions ont compétence exclusive et illimitée pour toutes les questions ayant trait au droit de la famille (mariage, filiation), aux successions et au droit foncier. Par contre, elles ne peuvent ni imposer de châtiments corporels, ni connaître en matière répressive des infractions les plus graves. : trahison, sédition, meurtre...[161].

Le souci qui a présidé à l'installation de ces juridictions coutumières est le désir de maintenir une justice proche du justiciable, aussi simple et peu onéreuse que possible. Les juges souvent nombreux (3 à 10) participent eux-mêmes aux interrogatoires des parties qui doivent comparaitre en personne, le ministère des avocats étant interdit. La coutume autorise cependant, avec l'accord de la « *court* », le mari à représenter sa femme, le maître son employé, ou à déléguer un membre de la famille en qualité de représentant. L'audience est publique et le jugement est rendu à la majorité des voix. Le rôle de greffier est tenu par un secrétaire. L'appel qui se fait dans un délai de trente (30) jours, est porté devant les « *customary courts* » d'appel (environ 25) ou dans certaines circonstances devant les « *magistrates courts* » ou la « *High court* ». Toutefois, dans les matières réservées aux juridictions coutumières (mariage, filiation, succession...), l'appel ne peut être porté devant les juridictions de « *common law* » que si le « warrant » de la « court » qui reçoit l'appel le prévoit expressément. Lorsque l'appel est porté devant les « *customary courts of appeal* », si les parties veulent interjeter un nouvel appel, elles doivent adopter la voie administrative. Elles portent leur différend devant le « *district officer* » (sous-préfet) et enfin devant le premier du Cameroun occidental. Ces fonctionnaires saisis des litiges peuvent annuler ou modifier un jugement ou une décision. Ils peuvent également transférer le « cas » d'une « *customary court* » à une autre « *customary court* », lorsque la première est récusée par les parties, ou à une

---

lorsqu'elles fixent leur domicile dans ces régions ». Cf. « L'organisation judiciaire du Cameroun », dans *PENANT*, n°723, Janvier-Février-Mars 1969, op.cit., p. 63).

158 Sous le régime fédéral, des recours devant le Premier ministre du Cameroun occidental sera prévus par les textes, mais ils seront plus théoriques que pratiques, car il sera exceptionnel qu'une affaire jugée par un « district officer » fasse l'objet d'un recours.

159 Les « customary courts » de première classe, grade A, connaissent en matière civile de toutes les demandes d'une valeur inférieure à 138.400 F et en matière répressive des infractions réprimées au maximum par une peine de 34.600 F d'amende ou d'un an d'emprisonnement ou l'équivalent en droit coutumier.

160 Les « customary courts » de deuxième classe, grade B, connaissent en matière civile des infractions réprimées au maximum par une peine de 17.300 F d'amende ou de 6 mois d'emprisonnement (à l'exception des affaires de vol de produits vivriers ou de bétail pour lesquelles la peine d'emprisonnement peut aller jusqu'à 12 mois ».

161 Cette limitation sera étendue par la legal notice n°8 de 1961 aux détournements de deniers publics qui sont de la compétence des « *magsitrates' courts* ».

« *magistrate Court* » ou à la « *High Court* » selon la « *Customary's Court Ordonnance* » d'octobre 1965.

Parallèlement aux « *customary courts* » existent des juridictions de « *common law* », qui ne peuvent cependant être comparées aux juridictions de droit écrit du Cameroun oriental. Ces juridictions ont compétence générale pour tous les ressortissants. Toutefois, lorsque l'une des parties invoque la coutume, l'autre la loi, la « *Court* » doit rechercher qu'elle a été, selon les indices dont elle dispose, l'intention commune des parties. Le bénéfice du droit coutumier ou du droit ex-anglais ne peut être réclamé ni par l'une ni par l'autre des parties en l'absence d'accord exprès. Cependant, la présomption semble en faveur de la loi, sauf si son application entraine une trop grande injustice pour l'une des parties. La « *Court* » est toujours gouvernée par les principes supérieurs d'équité et de bonne conscience.

Ces juridictions de type anglais[162] se répartissent en « *Magistrates' Courts* », en une « *High Court* » et une « *Court of appeal* ». Les « *Magsitrates'Court* » ont été organisés par la « *Magistrates Courts* (Southern Cameroons) law, 1955 ». Ce sont des juridictions à juge unique (le « magistrate » assisté de son greffier, « *registrar* », connait seul les affaires dont il est saisi) qui ont la double compétence civile et commerciale d'une part, et répressive d'autre part. Aux termes de l'article 3 du texte de 1955, le « *chief justice* » peut diviser le territoire en plusieurs ressorts juridictionnels, dont chacun relèverait de la compétence exclusive d'une « *Magsitrate Court* »[163].

La M.C.S.C Law de 1955 a aussi prévu un système complexe de compétence fondé sur un classement hiérarchique des « magistrates » en quatre (04) degrés : en matière civile, le taux de compétence est de 500 livres sterling pour un « chief magistrate », et, respectivement, de 200, 100 et 25 livres pour les « magistrates » de premier, deuxième et troisième degrés. Des distinctions du même ordre sont faites en matières pénales (M.C.S.C. Law, articles 18 à 28). En matière pénale, les « *magistrates* » ont une triple compétence. Ils connaissent directement et exclusivement les « *summary offenses* », passibles d'une peine d'emprisonnement inférieure ou égale à cinq (05) ans. Ils peuvent connaître des « indictables offenses », si le prévenu ou l'autorité chargée des poursuites ne demandent pas que l'affaire soit portée en première instance devant la « *High Court* ». Enfin, pour les infractions les plus graves, relevant de la compétence exclusive de la « *High Court* ». Ils procèdent à l'information préalable. La « *préliminary investigation* » a lieu en audience publique et à son issue, le « *magistrate* » décide souverainement si le prévenu doit être ou non déféré devant la Haute Cour « *Committed for trial* ».

La « *High Court* » du Cameroun occidental est organisée suivant les règles de la « *Southern Camerooons High Court Law 1955* » (S.C.H.C. Law) et constitue à

162 Cf. « L'organisation judiciaire du Cameroun », dans *PENANT*, n°723, Janvier-Février-Mars 1969, op.cit., pp. 67-71).

163 « Mais en fait, le « chief justice » n'a jamais fait usage de son droit de créer une pluralité de « magistraterial districts », et l'ensemble du territoire du Cameroun occidental ne forme qu'un seul ressort juridictionnel, au niveau des « Magsitrates' Courts » aussi bien qu'au niveau de la « Supreme Court ». Toutefois, pour des raisons de commodité pratique, la plupart des « magistrates » (qui sont au total au nombre d'une dizaine) sont stationnés en dehors de Buéa, dans les centres les plus importants de l'Etat fédéré. C'est ainsi que des « résidings magistrates » sont en fonctions à Victoria, Kumba, Mamfé, Bamenda et Nkambe, tandis que chacun d'eux tient également des audiences foraines (dites de circuit) dans des localités autres que celle de sa résidence ». Cf. « L'organisation judiciaire du Cameroun », dans *PENANT*, n°723, Janvier-Février-Mars 1969, Ibid., p. 68).

l'intérieur de la « *Supreme Court* », suivant une règle traditionnelle de l'organisation judiciaire britannique, le premier degré de juridiction. La « *High Court* » est une juridiction à juge unique. Elle n'a cependant pas de personnel propre, tout « juge » pouvant être appelé à siéger à l'instance d'appel aussi bien qu'en première instance. Le personnel judiciaire est donc à ce niveau celui de la « *Suprême Court* »[164] et il siège à l'une ou l'autre des deux (02) formations de cette haute juridiction. En matière civile, la « *High Court* » siège pratiquement sans discontinuité dans l'un ou l'autre centre. En matière pénale, elle tient dans les mêmes centres des assises dites de « quater sessions » ainsi nommés parce que leur périodicité est en principe trimestrielle. La S.C.H.C. Law de 1955 accorde à la « *High Court* » la plénitude de juridiction tant en matière civile que répressive. C'est la seule juridiction de droit commun du Cameroun occidental qui peut être rapprochée dans le système du Cameroun oriental du tribunal de première instance. Sa compétence n'est limitée que par la compétence d'attribution conférée aux juridictions d'exception que sont les « *Customary Courts* » et les « *Magistrates Courts* ». La « *High Court* » fonctionne comme juridiction de première instance, juridiction d'appel ou juridiction compétente spéciale. Comme juridiction de première instance, « original juridiction » elle connait de toutes les affaires sans limites de taux, tant au civil qu'au pénal avec seulement une exclusion en ce qui concerne les questions relevant du droit coutumier. Comme juridiction d'appel, « *appellate jurisdiction* » elle reçoit les appels formés contre les jugements rendus par les « *Magistrates' Courts* ». Enfin, à ces compétences d'ordre général en première instance et en appel s'ajoutent des compétences particulières calquées sur celles de la Haute Cour d'Angleterre et qui sont d'ailleurs d'ordre administratif plutôt que juridictionnel[165]. Les appels des décisions rendues par la « *High Court* » sont portés devant la « *Court of appeal* »[166] de Lagos qui sera transférée à Buea par l'ordonnance fédérale du 16 octobre 1961.

164 En 1969 « la « Supreme Court » se compose du « Chief justice » et de trois « judges ». Ces quatre magistrats doivent donc se partager la charge des audiences civiles et pénales de la « High Court ». En temps normal, un juge réside en permanence, pour des rasions de commodité, à Bamenda tandis que ses collègues basés à Buéa tiennent des audiences dites de « circuits » dans les centres urbains importants tels Victoria, Tiko et Manfé ». Cf. « L'organisation judiciaire du Cameroun », dans *PENANT*, n°723, Janvier-Février-Mars 1969, op.cit., p. 69).

165 « L'ordonnance fédérale du 16 octobre 1961 lui attribue par ailleurs une compétence qui la conduit à se prononcer soit sur la validité de l'élection d'un candidat à l'assemblée, soit sur la vacance d'un siège de représentant élu à la même assemblée, soit enfin sur toute réclamation touchant au respect des droits fondamentaux de la personne humaine ». Cf. « L'organisation judiciaire du Cameroun », dans *PENANT*, n°723, Janvier-Février-Mars 1969, Ibid., p. 70).

166 Elle constitue l'échelon d'appel de la « Supreme Court » et est la seule juridiction du Cameroun occidental, à l'exception des « Customary Courts » dont la composition soit collégiale. Elle est en principe présidée par le « chief justice » et deux « puisne judges » qui n'ont pas connu l'affaire en première instance. Elle siège à Buea lors des sessions ordinairement bi-annuelles. Le « chief justice » de cette « court » détient des pouvoirs très étendus, indépendamment de ses fonctions juridictionnelles dans le domaine purement administratif. C'est d'abord lui qui fixe les limites de la compétence des « magistrates ». C'est ensuite lui qui arrête le calendrier des diverses juridictions, les lieux et les dates de sessions d'assises ou des audiences foraines. Il est beaucoup plus que le président de la « Court of appeal ». Il est le chef du service judiciaire « judicial department ». Le droit appliqué dans les juridictions de type anglais englobe l'ensemble de la « Common law », de l' « equity » et des statutes mais bien des points demeurent incertains en ce qui concerne la portée des « précédents ». Les « chiefs justice » qui se sont succédés à la tête du « judicial department » du Cameroun occidental sont eux-mêmes hésitants sur la force obligatoire des « cas » jugés par le privy Council, la Chambre des Lords, la « West africa Court of appeal » avant 1961, la Cour suprême du Cameroun oriental depuis cette date. Ils préfèrent en leur qualité d'étrangers (antillais, irlandais, Américains d'Amérique centrale) éviter de prendre position.

En conclusion, à l'instar des autres Etats d'Afrique, le Cameroun s'est progressivement doté d'une organisation judiciaire[167] dite « moderne » encore appelée « justice étatique ». Celle-ci, émanation du modèle occidental, est une institution qui a la prétention de soumettre la société entière aux normes produites par l'Etat souverain[168]. Dans l'ancien Cameroun français, la réforme du système judiciaire intervenu par l'ordonnance n°59/86 du 17 décembre 1959 a précédé de quelques jours l'Indépendance proclamée le 1er janvier 1960. Le but principal de ce texte était « l'intégration de la justice de droit moderne par la suppression de la dualité de juridictions existant précédemment et la création de tribunaux ayant compétence pour régler tous les litiges quel que soit le statut des intéressés »[169]. Autrement dit, « son objectif immédiat était d'adapter l'organisation judiciaire aux impératifs de la souveraineté en lui assurant son autonomie par la création d'une Cour suprême, et en supprimant les deux types de juridictions parallèles existant sous la tutelle française »[170]. Au sein de la Cour Suprême du Cameroun oriental est créé par la loi du 61/3 du 4 avril 1961, une formation spécialisée, dénommée chambre des comptes, chargée du jugement des comptes, des recettes et des dépenses des comptables publics[171]. A la suite de la Réunification intervenue le 1er octobre 1961, l'ordonnance fédérale du 16 octobre 1961 crée la « *Court of Appeal de Buea* » qui fait office de Cour suprême du Cameroun occidental. En plus des deux (02) juridictions supérieures des Etats fédérés que sont la Cour suprême du Cameroun oriental[172] et la Cour suprême du Cameroun occidental, la Cour Fédérale de Justice[173] voit le jour au cours de l'année 1961, suivant la loi portant révision constitutionnelle n°61/24 du 1er septembre 1961. Outre les instances fédérales, la justice est rendue au Cameroun par les tribunaux de conciliation[174], les tribunaux de

---

167 Mangin (Gilbert), *L'organisation judiciaire des Etats d'Afrique et de Madagascar*, Paris, LGDJ, 1962, pp.13-15. Lire aussi, « L'organisation judiciaire du Cameroun », dans *PENANT*, n°723, Janvier-Février-Mars 1969, pp. 33-71.

168 Cf. Encinas de Munagorri (Rafael), *Introduction générale au Droit*, Paris, Flammarion, 2006, pp. 213-214. Ainsi au Cameroun comme en France, les jugements sont, en principe, rendus au nom du « peuple ».

169 Cf. « L'organisation judiciaire du Cameroun », dans *PENANT*, n°723, Janvier-Février-Mars 1969, op.cit., p.43). « Un droit unique est (...) est un facteur d'une force incontestable pour l'unité d'un pays. Y arriver au plus vite est donc le vœu légitime de tout Etat qui veut affirmer son autonomie et son autorité. Ce but fut essentiellement celui visé par le Cameroun à la veille de son indépendance. Le législateur camerounais a perçu qu'il ne pourrait parvenir à l'unicité de son droit que par l'unification des juridictions, les décisions de droit traditionnel et de droit civil étant rendues par les mêmes tribunaux. C'est donc dans cette optique que fut conçue la réforme judiciaire réalisée par l'ordonnance 56/86 du 17 décembre 1959 ». Cf. « L'organisation judiciaire du Cameroun », dans *PENANT*, n°723, Janvier-Février-Mars 1969, Ibid., p.34).

170 Cf. « L'organisation judiciaire du Cameroun », dans *PENANT*, n°723, Janvier-Février-Mars 1969. Ibid.

171 Le décret n°61/85 du 6 juin 1961 (modifié par le décret n°65/DF/30 du 1er février 1965) viendra fixer l'organisation, le fonctionnement, les attributions et les attributions de la chambre des comptes.

172 Elle a une compétence purement judiciaire et connaît des pourvois formés contre les jugements rendus en dernier ressort par les tribunaux de première instance et du travail et contre les arrêts de même espèce rendus par les Cours d'appel et les cours criminelles.

173 Elle siège à Yaoundé et est composée du premier président et du procureur général de la Cour suprême du Cameroun oriental respectivement premier président et procureur général de cette haute juridiction et de quatre juges fédéraux.

174 Institués dans toutes les localités où leur création paraît souhaitable, ils sont composés d'un président choisi parmi les chefs coutumiers notables, fonctionnaires en retraite ou les personnalités privées jouissant de l'estime générale et de la confiance des populations. Ils sont compétents en toutes matières

première instance[175], les cours criminelles[176], les cours d'appels[177], la justice administrative[178]. Des juridictions répressives d'exception, à l'instar du tribunal criminel spécial[179] et des tribunaux militaires[180], ont également été organisées par la loi 61/6 du 4 avril 1961 abrogée et remplacée par la loi fédérale 62/10 du 9 novembre 1962. Faisant suite au référendum du 20 mai 1972, l'ordonnance n°72/4 du 26 août 1972 portant organisation judiciaire de l'Etat réalise une synthèse des deux (02) systèmes judiciaires hérités de la colonisation française et britannique. Le passage en 1984 de la « République unie du Cameroun » à la « République du Cameroun » n'a eu aucune incidence au niveau des institutions judiciaires. C'est la révision constitutionnelle du 18 janvier 1996 qui viendra instaurer en son titre V, article s 37-42, un pouvoir judiciaire aux côtés des autres pouvoirs. Cette même loi constitutionnelle a mis en place un Conseil constitutionnel qui est effectif depuis le 7 février 2018[181].

Depuis l'Indépendance, l'architecture de la justice camerounaise a considérablement évolué. L'organisation judiciaire[182] camerounais comprend : la Cour suprême, les Cours d'appels[183], le Tribunal Criminel Spécial, les Juridictions inférieures en matière de contentieux administratif[184], les Juridictions inférieures des comptes[185], les Tribunaux militaires, les Tribunaux de Grande Instance[186], les

---

sauf exception prévues par la loi, notamment en matière de conflits individuels du travail. La tentative de conciliation est toujours facultative.

175 Ils siègent en principe dans chaque arrondissement. Ils sont composés d'un juge assisté de deux (02) assesseurs et d'un magistrat du ministère public. Ils sont juges de droit commun en matière civile et commerciale.

176 Elles existent au chef-lieu de chaque département ; présidées par un membre de la Cour d'appel, elles comportent quatre (04) jurés, le procureur général ou son représentant et le greffier du tribunal de première instance.

177 Elles connaissent de tous les jugements rendus en premier ressort par les tribunaux de première instance et les tribunaux de travail.

178 Elle avait été réorganisée par le décret n°59-83 du 4 juin 1959 qui a défini le contentieux administratif et institué un Tribunal d'Etat qui est juge de droit commun en premier et en dernier ressort dans tous les litiges administratifs, le Tribunal d'Etat est composé d'un (01) président et deux (02) assesseurs, un commissaire du gouvernement donnant ses conclusions sur chaque affaire.

179 Ce tribunal a été créé par la loi 62-10 du 9 novembre 1962 « pour remédier aux détournements nombreux de fonds publics qui dès après l'indépendance furent le fait de dépositaires ou comptables nouvellement promus à des postes de responsabilités ». Ce tribunal n'est compétent que pour le seul Etat fédéré du Cameroun oriental. Au Cameroun occidental, les infractions correspondantes sont déférées aux juridictions civiles ou militaires correspondantes. Son siège est à Yaoundé, mais il peut aussi siéger en audience foraine en cas de nécessité en toute autre localité du territoire. Ce tribunal est présidé par le président de la Chambre de la Cour Suprême et de deux conseillers de la Cour Suprême, l'un en service ordinaire et l'autre en service extraordinaire à la chambre des comptes. Le procureur général près de la cour d'appel de Yaoundé est chargé de l'exercice de l'action publique et le greffier est également celui de la cour d'appel. « L'organisation judiciaire du Cameroun », dans *PENANT*, n°723, Janvier-Février-Mars 1969, p.54.

180 Ces juridictions créées par l'ordonnance du 31 décembre 1959, ont été refondues dans l'ordonnance 61/OF/4 du 4 octobre 1961 qui prévoit l'organisation de ces juridictions, en temps de paix et en temps de guerre auquel sont assimilés l'état d'exception et l'état d'urgence.

181 Par les décrets no 2018/104 du 07 février 2018 portant organisation et fonctionnement du Secrétariat général du Conseil constitutionnel et no 2018/105 du 07 février 2018 portant nomination des Membres du Conseil Constitutionnel.

182 Cf. Article 3 de la loi n°2001/017 du 14 décembre 2011, modifiant et complétant celle n°2006/015 du 19 décembre 2006 portant organisation judiciaire.

183 Au nombre de 10 actuellement.

184 Au nombre de 10 actuellement.

185 Au nombre de 10 actuellement.

Tribunaux de Première Instance[187] et les Juridictions de droit traditionnel. Si cette organisation pyramidale ne fait pas formellement mention des juridictions non étatiques qui se consacrent aux modes alternatifs de règlements des conflits (arbitrage, médiation, conciliation, transaction), celles-ci complètent pourtant l'édifice institutionnel de la justice camerounaise avec les juridictions communautaires[188], la Haute cour de justice et le Conseil Constitutionnel. Pour assurer la bonne administration de la justice, Magistrats, Greffiers et autres auxiliaires de justice (Avocats, Huissiers[189], Notaires[190], etc.) sont régulièrement formés et leur nombre ne cesse d'augmenter dans les « palais de justice » de la République ou en dehors, malgré le déficit déploré par les justiciables et les pouvoirs publics.

Près d'un demi-siècle après l'indépendance, le Code civil français demeure – avec certaines influences de la *Common law* – la base du système judiciaire camerounais. Mais le nouvel Etat n'a pas changé la philosophie dualiste du modèle judiciaire antérieur de la période coloniale. La logique d'assimilation juridique a été poursuivie par le législateur postcolonial qui a choisi de conserver les juridictions traditionnelles[191] « à titre provisoire » à côté des structures appliquant le droit occidental[192], a étendu les matières réservées aux tribunaux modernes dans les

---

186 Au nombre de 58 actuellement.

187 Au nombre de 360 actuellement.

188 Cour commune de justice et d'arbitrage de l'OHADA, Cour de justice de la CEEAC, Cour de justice de la CEMAC, Cour Africaine des Droits de l'Homme et des Peuples.

189 Il y en a 514 dont 499 francophones et 15 anglophones. Par ailleurs, sur les 189 huissiers de justice en attente de charge, il y a 189 francophones et aucun anglophone.

190 Le Cameroun en compte aujourd'hui 69, dont aucun anglophone. Aucun notaire n'exerce dans les régions du Nord-Ouest et du Sud-Ouest.

191 Les tribunaux traditionnels du Cameroun indépendant ont été créés par décret du 19 décembre 1969 et incorporés dans l'ordre judiciaire, en application de l'ordonnance du 26 août 1972 portant organisation judiciaire du Cameroun. En application de l'ordonnance n° 72/4 du 26 août 1972 portant organisation judiciaire au Cameroun, les tribunaux traditionnels sont des tribunaux en sursis dont les structures provisoires sont appelées, à plus ou moins brève échéance, à disparaître au profit des juridictions de droit moderne, et partant, de droit écrit. L'article 26 de cette ordonnance dispose que « l'organisation et la procédure des justices de paix à attribution correctionnelle, des juridictions traditionnelles à l'exclusion de la compétence pénale des Customary Courts sont provisoirement maintenues ». Ainsi, les tribunaux sont rangés dans la catégorie de juridictions spéciales tandis que les autres sont des juridictions de droit commun. La coutume a même été érigée en norme constitutionnelle en 1996, mais le sort qui lui réservé, depuis au moins l'Indépendance du Cameroun, demeure problématique, notamment en raison du « divorce » constaté entre la « justice étatique » et certains justiciables notamment des zones rurales. Sietchoua Djuitchoco (Célestin), « Du nouveau pour la coutume en droit positif camerounais : la constitutionnalisation des coutumes et ses conséquences », dans *Revue juridique Thémis*, Vol. 34, Numéro 1, non daté. La « justice coutumière » héritée de l'époque précoloniale est ainsi maintenue pour réguler certains litiges de droit privé. Les juridictions émanant de la « justice étatique » sont des juridictions de droit commun, celles relevant de la « justice coutumière » sont rangées dans la catégorie de juridictions « spéciales ».

192 D'après la Constitution de 1972 et sa révision de 1996, la justice est rendue « au nom du peuple camerounais » par les juridictions de droit traditionnel, les tribunaux de première instance, les tribunaux de grande instance, les tribunaux militaires, les Cours d'appel, la Cour de sureté de l'Etat, la Haute Cour de justice, la Cour suprême. En application de l'ordonnance n° 72/4 du 26 août 1972 portant organisation judiciaire au Cameroun, les tribunaux traditionnels sont des tribunaux en sursis dont les structures provisoires sont appelées, à plus ou moins brève échéance, à disparaître au profit des juridictions de droit moderne, et partant, de droit écrit. L'article 26 de cette ordonnance dispose que « l'organisation et la procédure des justices de paix à attribution correctionnelle, des juridictions traditionnelles à l'exclusion de la compétence pénale des Customary Courts sont provisoirement maintenues ». Ainsi, les tribunaux

domaines de compétence des juges traditionnels[193], a subordonné la compétence des juridictions traditionnelles à l'acceptation de toutes les parties (et en particulier du défendeur)[194]. En Cour d'appel et en Cour suprême, le législateur n'a nullement envisagé la présence d'assesseurs[195]. Ceux-ci ne sont admis qu'en première instance, mais sont souvent insuffisants[196] ou sans rapport avec les origines des parties au procès[197]. Les assesseurs qui sont appelés à siéger ignorent, en général, les dispositions législatives relatives à l'abstention[198], c'est-à-dire le droit de s'abstenir lorsqu'ils estiment qu'ils ne joueraient au sein du tribunal qu'un rôle de complément

---

sont rangés dans la catégorie de juridictions spéciales tandis que les autres sont des juridictions de droit commun.

193 En principe, l'article 2(2) du décret du 19 décembre 1969 fixant l'organisation et la procédure devant les juridictions dispose que les juridictions traditionnelles sont compétentes pour connaître des procédures civiles et commerciales que les textes en vigueur ne réservent pas aux juridictions de droit moderne. Curieusement, dans l'énumération des matières pouvant être portées devant ces juridictions, on trouve mentionnés à l'article 4 du décret du 19 décembre 1969, aussi bien les droits réels immobiliers que les demandes en recouvrement de créances civiles et commerciales indépendamment du support de la créance, les litiges relatifs aux contrats sans précision de nature, l'état civil. Face à ces affaires presque exclusivement connues du droit moderne, les assesseurs ont un rôle insignifiant.

194 Cf. Article 2(3) du décret du 19 décembre 1969 fixant l'organisation et la procédure devant les juridictions.

195 Le régime des appels contre les jugements a été modifié d'abord par l'ordonnance du 17 décembre 1959, puis par le décret du 19 décembre 1969. Ce dernier texte prévoit dans son article 28 alinéa 3 que « les jugements des tribunaux de premier degré et des tribunaux coutumiers peuvent être frappés d'appel », mais ne donne aucune précision particulière quant à la composition de la Cour d'appel statuant sur les matières de droit traditionnel. L'ordonnance du 26 août 1972 portant organisation judiciaire n'a, non plus, prévu la présence d'assesseurs dans la composition de la Cour d'appel. C'est donc à juste titre que Mme Youego (« observations sous jugement n° 1011 du 9 mai 1985 », *in Revue de législation et de jurisprudence Camerounaise*, n° 4, octobre, novembre, décembre 1990) écrit : « Dans la pratique, l'appel contre les jugements des tribunaux de premier degré ou coutumiers est porté devant la Cour d'appel siégeant en une simple formation dénommée chambre coutumière. Généralement, un magistrat de la Cour d'appel y siège avec un greffier, sans aucun assesseur, car aucun texte ne l'exige ». L'ordonnance du 26 août 1972 qui organise la Cour suprême ne prévoit dans aucune de ses dispositions, la présence d'assesseurs. Pour la jurisprudence, la coutume constitue un simple fait « dont la constatation appartient au seul juge de fond et à laquelle la Cour suprême ne saurait contredire, dès lors qu'elle n'est pas contraire à l'ordre public, ni aux principes généraux de droit » [Cf. Cour suprême C.O, 22 mai 1962 P. 315, cs co 11 janvier 1963 R.P. 1966, p. 76].Voir aussi, Pougoué (Paul Gérard), « Considérations sur le droit traditionnel devant la Cour suprême », Paris, Economica, 1989.

196 M. Samuel Tepi (L'ineffectivité de la représentation des coutumes devant les juridictions de droit traditionnel au Cameroun, http ://www.afrilex.u-bordeaux4.fr/pdf/2doc9tepi.pdf.) observe que « très peu de juridictions traditionnelles ont en leur sein les six assesseurs permanents que la loi indique ». Il explique que ceci se justifie « en milieu urbain par le fait qu'il est parfois impossible de trouver dans la ville où siège la juridiction, des assesseurs de la coutume à laquelle appartiennent les plaideurs ».

197 M. Samuel Tepi (Ibid.) rapporte plusieurs jugements du tribunal de premier degré de Yaoundé qui attestent ce propos. Il en est ainsi par exemple :

- Du jugement n° 797 du 4 mars 1991(affaire Ndengue Faustin) où les parties étaient de coutumes beti et les assesseurs bassa et bamiléké,
- Du Jugement n° 546 du 18 janvier 1988 : les assesseurs sont notables de coutume béti et bamiléke alors que les parties sont de coutume musulmane,
- Du Jugement n° 1167 du 21 juillet 1988 : assesseurs, beti et bassa, parties régies par la coutume bamoun,
- Du Jugement n° 832 du 2 avril 1987 : Assesseurs de coutume béti et bamiléké, parties de coutume bassa,
- Du Jugement n° 253 du 14 novembre 1988 : Assesseurs béti et bamiléké, parties de coutume bakoko et bassa,
- Du Jugement n° 1066 du 02 avril 1984 : Assesseurs béti et bassa, parties, bamiléké.

198 Cf. Décret du 3 décembre 1971 relative à l'abstention et à la récusation.

d'effectif, ne pouvant pas prendre part activement aux délibérations. De leur côté, les parties dont les coutumes ne sont pas représentées ne savent pas qu'elles peuvent récuser les assesseurs qui, bien qu'ignorant leurs coutumes, acceptent de siéger au sein du tribunal[199]. Qui plus est, les qualités requises pour être assesseur sont imprécises[200] et les agents de l'Etat[201] gardent une emprise sur l'activité des représentants de la coutume. L'introduction et la généralisation des magistrats de carrière[202] dans la justice traditionnelle a ouvert aux justiciables la possibilité de se faire représenter par des avocats professionnels[203]. Or ces juristes sont formés dans des Universités qui ignorent l'enseignement du droit traditionnel[204].

C'est dire l'impact du modèle britannique, mais surtout français sur les institutions judiciaires du Cameroun actuel. Plus profondément, cet impact prolonge le processus d'occidentalisation du droit et de la justice entamé par les Européens sur la côte camerounaise bien avant l'arrivée des Allemands en 1884. A cet égard, la situation du Cameroun est symptomatique, car dans toute l'Afrique postcoloniale les nouveaux Etats ont adopté le modèle d'organisation judiciaire héritée de la colonisation[205]. La multiplication des juridictions de droit moderne pour rapprocher la justice du justiciable a certes entrainé un phénomène d' « explosion judiciaire » caractérisé par la saisine de plus en plus des juridictions. Mais, outre les nombreux dysfonctionnements[206] qui mettent à mal l'efficacité de cette justice, il apparaît

199 Ibid.

200 C'est l'article 10 du décret du 19 décembre 1969 qui règle les modalités de choix des assesseurs dans les juridictions de l'ex-Cameroun français. Il dispose que les représentants coutumiers doivent être des notables ou des chefs traditionnels, résidant dans la localité ou à proximité, jouissant de l'estime publique et connaissant bien la coutume. Il est en outre précisé que l'assesseur ne doit pas être un fonctionnaire ou un employé rétribué sur le budget de l'Etat.

201 Les assesseurs sont nommés « par le Ministre de la justice sur proposition conjointe du préfet et du président du tribunal de première instance du ressort ». Cf. Article 10 alinéa 2 du décret du 19 décembre 1969.

202 En principe [Articles 7(1) et 8(1) du décret du 19 décembre 1969], la gestion des juridictions traditionnelles échappe à toute emprise des magistrats professionnels. A titre exceptionnel, il est indiqué à l'article 9 du décret de 1969 que le ministre de la justice peut, par arrêté, rattacher la présidence d'un tribunal traditionnel à celle du tribunal de première instance du ressort. Cette mesure a été généralisée si bien qu'on ne compte plus de nos jours aucun tribunal de premier degré qui soit administré par un fonctionnaire. De même les tribunaux traditionnels restés sous la présidence des chefs traditionnels sont devenus vraiment rares.

203 Aux termes de l'article 43 du décret du 19 décembre 1969, le législateur précise que par dérogation à l'article 15 alinéa 2 qui interdit la présence d'avocats devant les juridictions traditionnelles, les avocats défenseurs sont autorisés à assister ou à représenter les parties. J. Paul Kouam [Le droit traditionnel dans une société en pleine évolution : cas du district de Baham (province de l'Ouest), Mémoire de 1974, p. 6] en tire le commentaire suivant : « Dans la mesure ou les Avocats - Défenseurs spécialistes du droit écrit sont admis à apporter d'une façon ou d'une autre leurs concours aux parties, on ne peut que conclure à une application substantielle du droit écrit devant les juridictions traditionnelles officielles. Ce qui amène les justiciables, partis pour entendre appliquer leur droit coutumier, à prendre de plus en plus connaissance du droit écrit ».

204 Cf. Kom (Ambroise), « S'approprier l'Université sortir de la subalterneneité », dans *Bulletin du CODESRIA n° 1&2,* 2005, pp. 5-8. Dans le même bulletin, lire Shivji (Issa), « Où va l'Université ? », Ibid., pp. 3-4.

205 John-Nambo (Joseph), « Quelques héritages de la justice coloniale en Afrique noire », dans *Droit et Société*, n°51/52, 2002, pp.325-344.

206 Cf. « La justice en Afrique », *Afrique comtemporaine*, numéro spécial, Paris, La Documentation Française, 1990. Lire aussi,

nettement que le modèle de justice mis en place est étranger à une très large majorité des Africains[207].

En dépit de la conversion des élites à la « justice étatique » héritée d'Occident, de nombreux Africains restent encore attachés à la justice traditionnelle[208] ou alors, ont recours à une justice « parallèle »[209] devant la crise de la justice de l'Etat. Comme le note en effet Jean Godefroy Bidima[210], « *les usagers ne comprennent pas souvent le langage dans lequel est rendue la justice. Comment faire comprendre à un Béti du sud-Cameroun qu'il y a une distinction entre des termes au sens juridique précis comme : contrat, entente, protocole, traité, concordat et pacte, quand dans sa langue, tous ces termes sont subsumés sous la notion unique de oyoli ? (...) Dans le procès pénal occidental, les débats se concentrent sur des points de procédure en désertant le fond du dossier. Comment un villageois africain comprendra qu'on casse un arrêt pour ''vice de forme'' ? Alors que le droit distingue au moins cinq étapes dans l'introduction d'une requête en justice – la demande, la prétention, l'allégation, la preuve et la justification juridiques – comment un Bantou pourra-t-il distinguer la prétention (ce que le plaideur demande) de l'allégation (énoncé d'un fait qui fonde la prétention) quand, dans sa justice traditionnelle, les deux démarches sont presque identiques ?* ». D'où la nécessité de refonder la justice camerounaise – et des autres pays d'Afrique - sur des bases endogènes parce que c'est le seul moyen de faire adhérer les populations aux modes de règlement des conflits[211].

---

207 Le Roy (Etienne), *Les Africains et l'institution de la justice*, Paris, Dalloz, p.205.

208 « Une première observation sur le terrain met en évidence les comportements contradictoires du justiciable vis-à-vis de l'autorité chargée du règlement des conflits. Au Nord-Cameroun il privilégi, presque spontanément, le règlement des différends endogènes, alors même qu'il affirme faire de moins en moins confiance, aux autorités traditionnelles parce qu'elles ne détiennent plus le pouvoir coercitif. En effet, celui-ci, très souvent assimilé aux forces de police, est un monopole de l'Etat mis au service de la justice étatique. Pour la majorité des interlocuteurs, cette absence de coercition ameunise la force exécutoire des décisions rendues par le ''roi''. Et pourtant ce handicap n'empêche pas le maintien de cette autorité dans ses fonctions de restitution de l'ordre dans la mesure où elle le fait en conformité avec les coutumes et les manières d'être de la population du Nord Cameroun ». Cf. Gafsia (Nawel), Lamine (Haoua) et Sara Liwerant (O.), « Trois vois sur la juridicité », dans *La quête anthropologique du droit-Autour de la démarche d'Etienne Le Roy*, Paris, Karthala, 2006, p.549.

209 Nkou Mvondo (Prosper), « La justice parallèle au Cameroun : la réponse des populations à la crise de la justice de l'Etat », dans *Droit et Société*, n°51/52-2002, pp. 369-381

210 Bidima (Jean Godefroy), *La palabre une juridiction de la parole*, Paris, Michalon, 1997, pp.27-28.

211 « La vie juridique et les modes de règlement des conflits restent dominés par une structure pluraliste alors que le modèle institutionnel est unitariste (…). Comment le pluralisme des pratiques, tel le chameau de la parabole christique, peut-il s'inscrire dans l'unitarisme de modèle institutionnel, le chas de l'aiguille ? » (Le Roy (Etienne), *Les Africains et l'institution de la justice*, op.cit, p.255). A cet égard, Etienne Leroy pense que la politique judiciaire au Cameroun comme ailleurs en Afrique devrait reposer sur les trois piliers suivants :
- reconnaissance de la pluralité des sources de droit et mise en œuvre effective du principe de subsidiarité pour ce qui concerne le droit étatique qui ne serait appelé à être invoqué que lorsque les voies de règlement basées sur la négociation auront été épuisées,
- reconnaissance ou mise en place de nouveaux « forums » de règlement de différends privilégiant le mode négocié,
- spécialisation fonctionnelle des diverses instances pour éviter l'effet pyramidal de la remontée systématique vers le sommet des décisions faisant autorité et pour promouvoir un service public de la justice largement décentralisé ». Cf. Le Roy (Etienne), *Les Africains et l'institution de la justice*, Ibid., p.262)

8.
Le « régime des décrets » et la justice indigène au « Cameroun français » (1916-1959)

Par
Emile ESSAMA
Doctorant en Histoire du droit, Université d'Aix-Marseille III

La construction de l'Etat au Cameroun français est apparue comme un processus monologique d'édiction des normes et des institutions judiciaires que le législateur colonial a tenu à travers les « décrets coloniaux » à mettre en place. Sous l'*Ancien Régime*, Le « régime des décrets » est une prérogative émanant d'une habilitation du Parlement et qui conférait au roi des pouvoirs spéciaux au sein des colonies en matière d'administration et de législation. Pierre Dareste dans son ouvrage intitulé *« Traité de droit colonial »*[1] définit le « régime des décrets »[2] comme un ancien principe qui exige que les colonies soient régies par ordonnance du souverain. Dans les faits, la politique coloniale de la France était instrumentalisée par le chef de l'Etat métropolitain qui disposait d'une compétence exclusive en matière législative. Il légiférait par conséquent à titre principal dans divers domaines, et l'organisation judiciaire n'était pas en reste.

Le principe de la spécialité législative[3] qui permit cette extension de compétence du chef de l'Etat métropolitain était un régime dérogatoire au droit

---

[1] Cf. Dareste (Pierre), *Traité de droit colonial*, Vol 1, Paris, 1931.

[2] Ibid., p. 237

[3] La spécialité législative fait office de règle dans les colonies françaises. Sous l'ancien régime, les colonies françaises étaient en principe soumises à la loi de Paris. Mais en 1761, il est crée un burau de législation des colonies et une ordonnance du 18 Mars 1766 viendra prescrire aux conseils supérieurs de ne pas enregistrer sans distinction toutes les ordonnances. Elle rompt ainsi avec le système de la soumission des territoires aux normes nationales, et pose le ferment du principe de la spécialité législative, selon lequel « les règles de la métropole ne sont pas necessairement applicables Outre Mer. Avec l'article 8 alinéa 2 du titre VII de la constitution du 3 Septembre 1791, « les colonies ne sont pas assimilées à la métropole. A ce titre, « les colonies et possessions françaises dans l'Asie, l'Afrique et l'Amérique, quoiqu'elles fassent partie de l'empire français ne sont pas comprises dans la présente constitution ». La législation coloniale est provisoirement réglée par le Décret des 24-28 Septembre 1791 qui ne laisse aux assemblées locales que le pouvoir de légiferer sur l'état des personnes libes et l'état politique des hommes de couleurs et nègres libres, le tout sous la sanction du roi. La constitution du 5 Fructidor an III prend le contrepied de ce système en déclarant que « les colonies françaises font partie intégrantes de la République,et sont soumises à la même loi constitutionnelle ». La constitution du 24 frimaire an VIII revient au principe de la constitution de 1791 en proclamant à l'article 91 que « les colonies sont régies par des lois et reglements particuliers ».Le terme reglement a permis aux ordonnances d'être sous la convention, l'unique source de la législation coloniale. Avec la Charte du 14 Août 1830, il est spécifié à l'article 64 que « les colonies sont régies par des lois particulières ». Dans cet esprit, une loi spéciale sur le régime législatif des colonies applique et développe le principe posé par la Charte, en ce qui concerne les Antilles, l'île Bourbon et la Guyane.Aux termes de l'article 4, l'autorité législative ordinaire est le « conseil colonial » dont les décisions prennent le nom de « décrets coloniaux » et sont soumises à la sanction royale. D'autres matières sont reservées au pouvoir législatif métropolitain (article 2) et aux ordonnances royales (article 3). Pour les autres colonies, l'article 25 porte qu'elles « continuent à être régies par les ordonnances du roi ».Le régime ainsi fixé dure jusqu'aux décrets du 24 Avril 1848 qui suppriment les conseils coloniaux et investissent les commissaires généraux de la République de tous les pouvoirs conférés par la loi du 24 Avril 1833 tant aux ordonnances royales qu'aux conseils coloniaux. Ces dispositions démeurent ainsi jusqu'à la constitution du 4 Novembre 1848 dont l'article 109 déclare que « le territoire de l'Algérie et des colonies sont des territoires français ».mais le même article ajoute que « le territoire colonial serait régi par des actes particuliers jusqu'à ce qu'une loi spéciale eut placée les colonies sous le régime de la loi de 1833 et du décret de 1848. Le sénatus Consulte du 3 Mai 1854 occultera d'ailleurs le principe en raison d'une concentration du pouvoir normatif au profit

commun. Il se fondait sur les conditions particulières des colonies. Ainsi, la France élabora une législation spéciale dans ses colonies, notamment d'Afrique Noire.

La prise de possession du Cameroun par la France en 1916, résultat d'une convoitise[4] coloniale, permit la pose des jalons d'une législation d'exception sur le territoire. Ce fut le résultat d'une « stratégie »[5] dominée, au nom d'une « mission civilisatrice », par le désir de subtituer à la « justice traditionnelle »[6] africaine une « justice moderne » inspirée des valeurs occidentales. Déjà aux temps des Allemands, l'administration avait organisé la justice selon un modèle dualiste : à côté de la justice indigène, existait une justice « européenne ». La justice indigène comprenait les tribunaux des chefs de village et les tribunaux indigènes. Au dessus de ces deux premières juridictions, existait un tribunal de premier dégré présidé par un fonctionnaire européen et un tribunal de circonscription présidé par l'adminisrateur. Le gouverneur représentait la juridiction suprême qui se prononçait en appel sur les causes soumises pour la juridiction de second dégré et jouissait du droit d'évocation pour toutes les affaires importantes. Ce système dualiste allait perdurer durant la présence française au Cameroun de 1916 à 1959.

L'objet de cette étude consiste à analyser et à comprendre l'évolution de l'organisation judiciaire indigène en lien avec le « régime des décrets » au Cameroun de 1916 à 1959. Quel fut le rôle des décrets coloniaux sur la justice indigène ? L'évolution de l'institution judiciaire au Cameroun français fut le fruit des « décrets coloniaux », reflet d'un centralisme juridique **(I)**, considérés comme instrument de contrôle face à la résistance de la justice indigène **(II)**.

I. Le « régime des décrets » : reflet d'un centralisme juridique défavorable au maintien d'une justice indigène au « Cameroun français »

La présence française au Cameroun aura trouvé une organisation sociétale précise figée sur des institutions à caractère juridique et juridictionnelle. Pour les nouveaux « maitres », il s'agira non pas d'éradiquer et d'effacer les anciennes juridictions indigènes, mais de les adapter, tout en créant des nouvelles, pour les conformer à la civilisation. Cet enthousiasme maitrisé **(A)** de la France sur le terrain colonial participe d'une stratégie bien encadrée par l'administration coloniale face aux institutions coutumières et son droit, afin de mieux les comprendre en vue de leur réorganisation progressive **(B)**.

du prince.L'article 72 alinéa 2 de la constitution de 1946 viendra réaffirmer le principe de la spécialité législative et la constitution de 1958 qui a repris cet héritage furent de nouveau rappelés par le décret des 8-10 Mars 1790, soulignant la necessité de ne pas soumettre l'empire colonial français « à des lois qui pourraient être incompatibles avec leurs convenances locales ou particulirs » :Lire à ce propos Lampué (Pierre), *Droit d'Outre Mer*, Tome I,ed.Montchrestien, 1959, P 130

[4] Cf. Ngando (Blaise Alfred), *La présence française au Cameroun (1916-1959) : Colonialisme ou mission civilisatrice ?,* Thèse de Doctorat en Histoire du Droit, Université d'Aix Marseille, PUAM, 2009, P 37

[5] Cf. Durand (Bernard), « Les décrets coloniaux sont-ils des Lois ou des Règlements? », La Justice et le Droit: Instruments d'une stratégie coloniale (sous la direction du Professeur Bernard Durand), vol. 1, UMR 5815 Dynamiques du droit, Faculté de droit de Montpellier, 2001.

[6] Cf. Raynal (Maryse), *justice traditionnelle, Justice moderne,le devin, le juge,le sorcier,* Paris, L'harmattan,1994.

A. La justice traditionnelle à l'aune des décrets coloniaux au Cameroun français : une ambiguïté constatée

La France, au regard des pouvoirs que lui conférait le Traité de Versailles, va légiférer au Cameroun. L'article 18 du Sénatus Consulte du 3 mai 1854[7] confortera d'ailleurs cette position en conférant tous les pouvoirs en matière de législation à l'administration française au sein de la colonie. Il s'agira donc, eu égard à l'ambiguïté de la situation, du maintien des institutions coutumières au nom de l'ordre public tout en ménageant les intérêts supérieurs de la France. Les Européens, en occupant l'Afrique, n'ont trouvé ni vide juridique, ni vide judiciaire. Il existait une organisation judiciaire que le colonisateur a sous-estimée en la rendant dépendante de son propre système, de manière à imposer progressivement les valeurs de sa civilisation. Cette justice « était le produit d'une longue histoire qui s'est inscrite dans les cadres de l'histoire du droit et des institutions de l'Etat colonisateur français (...) »[8]. Le droit et l'organisation juridictionnelle traditionnelle étaient simplement étrangers aux habitudes des colonisateurs. C'est pourquoi le problème auquel ils ont été confrontés fut de savoir s'il fallait faire table rase des institutions locales en consacrant la législation métropolitaine comme référent unique ou conserver les coutumes locales et les « juges naturels »[9]. Conscient de l'avantage immédiat du maintien de ces institutions, le colonisateur fut tout aussi conscient de la nécessité de les adapter dans un esprit progressiste et respectueux des mentalités européennes, afin de rapprocher l'indigène du colonisateur et de provoquer l'évolution des coutumes. Pour ce faire, il maintint également les juridictions indigènes qui allaient jouer le rôle de promotion des valeurs et idées métropolitaines. Chaque fois qu'une coutume était contraire aux principes et

---

7 Cet article dispose : « *Elles (les colonies) sont régies par Décrets de l'empereur jusqu'à ce qu'il ait été statué à leur égard par un Sénatus Consulte* »

8 Pour appréhender la logique de la justice que le pouvoir colonial français met en place en Afrique Noire en général et au Cameroun en particulier, une lecture séquencée de l'évolution de cette importante institution en Occident s'avère nécessaire. L'Etat et la religion ont toujours été liés à la justice en dépit des multiples significations que le terme a pu prendre dans son évolution au cours des siècles. Albert Rigaudière retraçant ainsi l'évolution de la justice pense qu'au commencement était l'Etat de justice. A la fin du XI eme siècle, c'est le pape Grégoire le Grand qui enseigne aux princes mérovingiens que « le souverain bien pour les rois est de cultiver la justice. Et la plus grande théorie de l'Etat qui remonte à l'époque carolingienne c'est la fonction royale, à savoir celle de « défendre la chrétienté contre ennemis de l'extérieur, mais aussi lutter à l'intérieur contre les ferments de discorde, donc faire régnera la paix et la justice. L'évêque d'Orléans Jonas dira au début du IX eme siècle : « la fonction royale est essentiellement de gouverner et régir le peuple de dieu avec équité et justice. Le concile de Paris de 828 d'affirmer « la justice du roi, c'est de n'opprimer injustement personne (...), d'être le défenseur des étrangers, des orphelins et des veuves, de réprimer les vols, punir les adultères, défendre les églises, nourrir les pauvres(...), vivre en dieu à travers toutes choses ». Cf. Rigaudière (Albert), *Pouvoirs et institutions dans la France médiévale*, Paris, Armand Colin, 1998, P 187. Lire aussi, Rouland (Norbert), *Introduction Historique au Droit*, Paris, PUF,1998, p.337. John-Nambo (Joseph), « Quelques héritages de la justice coloniale en Afrique Noire », *Droit et Société*, N° 51/52, 2002,P 332

9 Anciennement, c'est au chef de village qu'appartenait le privilège de rendre la justice. Il est puissance par le prestige qu'il doit à ses ancêtres, par la possession des fétiches, par sa richesse qui lui attire une clientèle nombreuse et le rend omnipotent. Les police-Boys, sorte de gendarmes à sa solde inspiraient à l'indigène une grande crainte, étaient chargés de faire respecter ses décisions. Les notables étaient quelques fois associés au chef de village qui statuait sur tous les litiges, prononçaient toutes condamnations, non selon les règles absolues et immuables, mais suivant les préférences des juges et l'importance des cadeaux reçus : Lire à ce propos, le *Rapport annuel du gouvernement français sur l'administration sous mandat du territoire du Cameroun pour l'année 1922*, « Justice indigène », PP 63-68.

civilisations de la métropole, c'était une occasion offerte aux magistrats européens de la corriger et ce, en s'inspirant des principes européens. Ainsi, « à mesure que l'œuvre coloniale se développait (au Cameroun français), l'administration coloniale s'apercevait sur place que ces différences étaient plus profondes et plus résistantes qu'ils ne le pensaient, que les institutions et les coutumes des groupements indigènes n'étaient nullement informelles, qu'ils y tenaient comme au plus précieux de leurs biens et qu'on risquait, en y apportant des changements trop brusques, de les désorganiser, de les démoraliser, en un mot d'aller à l'encontre du but qu'on visait »[10]. Ceci explique d'ailleurs en partie le changement de stratégie de l'administration coloniale vis-à-vis des coutumes indigènes, qui va dorénavant passer de « l'abolition absolue à la tolérance relative »[11]. C'est aussi l'une des missions assignées au magistrat appelé à exercer aux colonies. Il est formé à l'école coloniale qui n'est autre que celle de la France coloniale. Le droit qu'il connait le mieux, c'est le droit français applicable dans les tribunaux et cours de la Métropole. La jurisprudence sur laquelle il s'appuie est essentiellement celle de la Cour de cassation de Paris. Et il ne peut comprendre le système juridique colonial qu'en se référant au système qu'il connait le mieux, c'est-à-dire celui issu de son système car « chacun transporte toujours avec lui, dans ses pérégrinations son univers mental »[12]. Dans l'esprit du magistrat colonial donc, la coutume n'est que l'envers de la loi. Il ne s'agit que de pratiques non écrites, incertaines, dépourvues de toute rationalité et qui ne peuvent donc pas s'adapter aux innovations souhaitées. Toute chose qui conforte le déni des coutumes traditionnelles au rang de droits originaux, mais comme de simples pré-droits qui devraient par une sorte d'évolution naturelle ou suggérée, devenir de véritables droits comme ceux de l'Occident. Bien plus, « les décisions des tribunaux coutumiers ne constituaient que de simples aménagements, des concessions faites par le législateur colonial »[13]. C'est donc par touches successives que la justice indigène sera organisée, et ce dans le souci de veiller au mieux aux intérêts de la France au Cameroun. Le passage d'une justice traditionnelle à une justice coloniale moderne ne pouvait que heurter profondément la majorité des populations autochtones, tant étaient différentes les conceptions qui fondent cette importante institution de part et d'autre. Dans le cadre traditionnel camerounais, cette justice était liée à l'organisation et à la mentalité des sociétés[14]. C'était

10 Cf. Salis (Jean), *Essai sur l'évolution de l'organisation judiciaire et de la législation applicable au Gabon-Congo*, Paris, p. 249, cité John-Nambo (Joseph), op. cit., p. 333.
11 Cf. John-Nambo (Joseph), Ibid.
12 Ibid., p. 325
13 Cf. Saar (Dominique), « Les causes de rupture du lien matrimonial dans la jurisprudence des tribunaux indigènes », *Annales Africaines*, 1979, cité par John-Nambo (Joseph), op. cit., p.334.
14 Avant la colonisation, cette justice était l'apanage des autorités dotées du pouvoir de commandement. Les chefs de village qui la rendait étaient assistés des anciens et à un niveau plus élevé par des notables ou d'un conseil formé par les chefs de famille. A ce titre, dans les sociétés lignagères à l'exemple des Béti, « le Zomlo'o », détenteur de la canne, rapportait les délibérations des chefs de famille. Il présidait les palabres et les différends, et celles-ci s'imposaient à tous après de larges discussions, tandis que chez les Bassa, le Mbombock, justicier du clan savait maintenir la cohésion sociale en réglant les conflits. Réunis au sein de l' « Ekombo », les Mbombock ont pouvoir de justice pour les crimes et les trahisons. *Idem* pour le « bi ndwhana », autorité de justice en seconde instance après l'intervention des chefs de segments lignagers. Celui-ci juge en compagnie des anciens et des doyens. Il peut même ordonner des amendes et des ordalies pour trancher dans les cas peu clairs. Le bannissement faisait partie de sa panoplie de sanctions. Tandis que dans les sociétés à chefferie telles que les chefferies de l'Ouest Cameroun, dire le droit était une prérogative du chef. C'est à ce titre que le chef Bafoussam est juge

essentiellement une justice de chefs qui privilégiait la conciliation, et variait selon qu'il s'agisse des sociétés lignagères aux sociétés organisées. Il s'agit alors pour l'administration française de reprendre en main les tribunaux dirigés par des chefs titulaires de l'autorité traditionnelle sur les indigènes. Cette justice coloniale est d'origine étrangère, extérieure à la société indigène et donc reçue comme telle par les justiciables eux-mêmes dont les procédures et les sanctions comportaient des concepts non seulement différents mais surtout bien éloignés de leur mentalité juridique. De même, il faut souligner que la mentalité traditionnelle africaine ne s'accommode pas du jugement au sens Occidental du terme : plutôt que de trancher un litige, on utilisait la palabre[15] pour trouver finalement une solution équilibrée acceptable par tous. Jean Chabas[16], allant dans le même sens, affirme que « les tribunaux indigènes ne constituaient qu'une justice d'exception par rapport à la justice de droit commun exercée par les tribunaux français statuant selon les codes et la législation coloniale française ». En effet, « malgré l'étendue de leurs ressorts et le nombre de leurs justiciables potentiels, ces juridictions indigènes étaient étroitement subordonnées au système judiciaire français, et plus encore à l'administration coloniale ». C'est donc dans ce contexte empreint d'ambigüité que le législateur colonial entreprendra, et ce de manière méthodique et progressive, d'organiser la justice traditionnelle au Cameroun français.

B. L'institutionnalisation de deux ordres judiciaires au Cameroun français sous le prisme dominant des décrets coloniaux

Ce qui a conduit au maintien des institutions coutumières indigènes devait tout au plus amener le colonisateur à conserver ces juridictions tout en les innovant. L'objectif étant d'imposer une direction de vue et de permettre le rayonnement juridique, politique et administratif du Cameroun français. Pour une meilleure maitrise de la population indigène, il a fallu créer une justice capable de connaitre des affaires qu'entre indigènes. Elle est inspirée de l'ancienne réglementation Allemande et du régime en vigueur en Afrique Equatoriale Française. Par conséquent, les tribunaux de village et les tribunaux de race, qui jusque-là, constituaient l'ossature de l'ordonnancement judiciaire, furent maintenus provisoirement. Le décret du 12 Janvier 1917[17] institua au chef-lieu de chaque

---

coutumier. Il en est de même dans la chefferie Bangangté où le chef est présenté comme le garant de la justice. Ils jugent en dernier ressort et sont les détenteurs du pouvoir judiciaire. Il faut dire que dans ces sociétés, la fonction judiciaire était si liée au commandement que celui-ci était rarement délégué et les chefs préféraient rendre eux-mêmes la justice plutôt que de la confier aux juges spécialisés.

15 Dans l'univers traditionnel, la préoccupation de l'institution judiciaire est d'éviter les déchirures sociales. Quand un problème survient, il est d'abord débattu au sein des instances parentales que sont le village, le lignage, le clan ou la tribu, et finalement l'on prend la solution qu'on estime la meilleure pour la cohésion et l'avenir du groupe. Tandis que dans l'univers métropolitain, il s'agit d'écraser ceux qui vont contre l'intérêt général, même si ça provoque des déchirures puisque c'est l'Etat qui assure l'avenir. C'est un univers où c'est l'Etat qui crée par la loi et les codes.

16 Cf. Chabas (Jean), *La justice indigène en Afrique Occidentale Française*, Annales Africaines, 1954, p. 101

17 Cf. Décret du 31 juillet 1927 portant réorganisation de la justice indigène dans les territoires du Cameroun : JOC 1927, P 429. Le ministre Léon Perrier en dresse l'économie générale dans son rapport au président de la République : « le texte élaboré apporte un certain nombre de modifications qui auront pour effet de renforcer les garanties des justiciables. C'est ainsi notamment que le droit de l'appel est reconnu à ceux-ci. Le pouvoir délibérant est donné aux assesseurs des tribunaux indigènes de premier degré. Enfin, les groupements ethniques et religieux seront représentés au sein des juridictions : Lire à ce propos,

circonscription un tribunal indigène présidé par le chef de la circonscription, assisté de deux (02) assesseurs désignés par celui-ci. Un tribunal de même compétence et de même nature fut institué au chef-lieu de chaque subdivision. Le Décret du 13 avril 1921 supprimera plus tard les tribunaux de village en posant que *« les indigènes sont tous justiciables des tribunaux de race ».* A ce titre, il institue *les tribunaux de conciliation, de premier degré, et enfin les tribunaux coutumiers comme* juridictions inférieures. A l'instar des juridictions inférieures comportant des représentants de la justice indigène, furent mises sur pieds des juridictions supérieures renfermant également des assesseurs indigènes. Cependant leur particularité est qu'elles réunissent un nombre plus important d'européens que d'indigènes. Ces juridictions d'appels sont entre autres *le tribunal de second degré et le tribunal colonial d'homologation.* Il convient de préciser que les décisions des tribunaux de premier et de deuxième degré, ressortissent à la chambre spéciale d'homologation près le tribunal supérieur d'Appel. Les arrêts de cette chambre ne sont sujets ni à cassation, ni à révision. Un nouveau décret en date du 31 juillet 1927[18] viendra réorganiser la justice indigène au Cameroun français. Ce texte confie aux chefs de village la conciliation des différends survenus entre les membres de leurs propres villages, et ressort avec précision les mesures de protection dont sont bénéficiaires les indigènes au Cameroun français. Ces mesures ont trait à la publicité des audiences, à l'appel devant une juridiction supérieure du jugement prononcé, et au droit de recours en grâce. Il peut en outre être fait application, lors de l'attribution d'une peine par jugement, de l'article 463 du code pénal français telle que les circonstances atténuantes et réduction automatique de la peine infligée. D'autre part, au terme de l'Article 21 du décret du 31 juillet 1927 précité, les prévenus présentent eux-mêmes leur défense. Ils sont de plus autorisés à se faire assister par un mandataire qu'ils peuvent choisir parmi leurs parents ou les notables indigènes de leur groupement ethnique. L'ensemble de ces diverses dispositions assure aux prévenus indigènes un maximum de mesures de protection auxquelles ils veulent prétendre. En vertu de ce texte, tout prévenu traduit devant un tribunal de second degré a la faculté de se faire assister par un parent ou un notable de son domicile. En matière criminelle, le président du tribunal doit d'office désigner un défenseur Européen, choisi parmi les fonctionnaires ou agents de la circonscription. Si l'accusé refuse ce conseil, le président l'avertit obligatoirement qu'il a le droit de se faire assister par un parent ou un notable de son choix, agrée par le tribunal. Le dispositif du jugement doit énoncer, à peine de nullité, l'accomplissement de ces nullités. A titre d'exemple[19], les différents tribunaux de premier et second degré au regard des

---

Ngando (Blaise Alfred), *La présence française au Cameroun (1916-1959) : Colonialisme ou mission civilisatrice ?,* op. cit., p.155.

18 Cf. Décret du 31 juillet 1927 portant réorganisation de la justice indigène dans les territoires du Cameroun : JOC 1927, P 429. Le Ministre Léon Perrier en dresse l'économie générale dans son rapport au président de la République : « le texte élaboré apporte un certain nombre de modifications qui auront pour effet de renforcer les garanties des justiciables. C'est ainsi notamment que le droit de l'appel est reconnu à ceux-ci. Le pouvoir délibérant est donné aux assesseurs des tribunaux indigènes de premier degré. Enfin, les groupements ethniques et religieux seront représentés au sein des juridictions : Lire à ce propos, Ngando (Blaise Alfred), *La présence française au Cameroun (1916-1959) : Colonialisme ou mission civilisatrice ?,* op. cit., P 155. Lire aussi, le *Rapport Annuel adressé par le gouvernement français au Conseil de la SDN*, Année 1930, p. 37.

19 Cf. *Rapport Annuel de la Société des Nations*, Année 1930, Ed. Larose, 1931, Ibid.

états périodiques parvenus au parquet ressortent que ces juridictions ont rendu d'octobre 1929 à octobre 1930,1682 jugements en matière répressive. Les crimes et délits contre la propriété forment la grande majorité des infractions poursuivies. Les vols de minerais, les abus de confiance, les escroqueries, les faux sont particulièrement abondants dans les centres urbains du littoral. Les tribunaux du Nord ont surtout à connaitre des vols de bétail et d'effets. Bien plus, un décret du 15 Juillet 1927 viendra créer la chambre de mise en accusation. Son organisation améliorée par le décret du 3 avril 1928 portera ses membres à trois (03). L'institution d'une chambre des mises en accusation participe à la garantie de l'ordre social et de l'accusé. L'attribution principale de cette chambre de mise en accusation consiste à statuer sur les affaires criminelles qui lui sont soumises. A cet effet, elle peut rendre plusieurs décisions. Par exemple, elle peut ordonner un renvoi ou d'un non-lieu. De plus, elle est le juge d'appel des ordonnances rendues par le juge d'instruction. Elle peut comme en métropole évoquer l'affaire, c'est-à-dire instruire à la place du juge d'instruction. Cette chambre doit régler la procédure dans les seize (16) jours après réception. L'intérêt d'établir une chambre d'instruction permet de garantir aux justiciables une meilleure protection de leurs libertés. Elle constitue le dernier rempart dans la phase d'enquête contre les éventuels manquements au juge d'instruction. La fonction du juge d'instruction est assurée soit par un juge d'instruction titulaire, soit par un magistrat désigné conformément aux règles fixées par le décret du 22 Aout 1928[20]. Dans les colonies de l'Afrique Equatoriale Française (AEF) et particulièrement au Cameroun, le juge d'instruction est simplement désigné par le président du tribunal et aucune condition d'âge n'est requise[21]. En raison d'un personnel magistrat réduit dans les colonies, l'administration a recours à des administrateurs pour l'exercice des fonctions de juges instructeurs. D'ailleurs, ceux-ci ne font pas qu'instruire, ils poursuivent et jugent l'affaire en même temps. Cette confusion des pouvoirs se justifie souvent par un manque de personnel lié aux contraintes budgétaires. Le juge d'instruction compétent est le juge du lieu où l'infraction a été commise, sauf que le procureur général peut, s'il désire, charger un juge d'instruction d'informer sur un crime ou un délit, même s'il a été commis hors du ressort de compétence de ce magistrat. Le juge d'instruction dans les colonies est une véritable juridiction. A cet effet, il peut rendre des ordonnances qui ont un caractère juridictionnel[22]. Par ailleurs, le juge d'instruction n'est pas astreint qu'à la seule tâche d'instruire. Afin de permettre un meilleur suivi de l'évolution des procédures criminelles et de veiller à leur développement, obligation est faite au juge d'instruction d'établir un état mensuel des actes d'instruction. En date du 14 septembre 1935, un décret[23] instituant nouvellement les frais de justice voit le jour. Il fixe désormais à 75 francs les jugements des tribunaux de second degré portant reconnaissance des droits fonciers

---

20 Cf. Décret du 22 août 1928 déterminant le statut de la magistrature coloniale, Viet Nam, Imprimerie d'Extrême Orient, 1939, 82 p. Cité par Ngando (Blaise Alfred), *La présence française au Cameroun (1916-1959) : Colonialisme ou mission civilisatrice ?*, op. cit., p.57.

21 Cf Sinnassamy (Georges), *La suppression de la justice pénale Indigène en Afrique Equatoriale Française*, Thèse Droit, Aix-Marseille, 1953, 274 p.

22 Ibid., p.58.

23 Ce décret est promulgué par arrêté du 11 juin 1935 : Lire à ce propos le rapport de la Société des Nations, Année 1935, p.35.

indigènes. Ce texte sera complété dès 1944[24] par d'autres dispositions au rang desquels le décret du 30 avril 1944 portant suppression de la justice indigène au Cameroun, du décret du 17 Juillet 1944 instituant un code pénal indigène au Cameroun, du décret du 26 Juillet 1944 instituant et organisant en Afrique Equatoriale Française et au Cameroun les juridictions indigènes coutumières, du décret du 6 Juin 1959 fixant les attributions du ministère de la Justice.

II. Le « régime des décrets » : instrument de contrôle face à la résistance de la justice indigène

L'une des particularités auxquelles le « régime des décrets » s'est trouvé confronté au Cameroun français reste incontestablement la résistance de la justice indigène. Il fallait contrôler l'institution coutumière pour mieux la maitriser. Ainsi, contrôler les institutions judiciaires coutumières et son droit signifiait, pour l'administrateur colonial, contrôler la société traditionnelle camerounaise dans son ensemble et permettre l'éclosion structurée de l'Etat. C'est alors que dans la pratique, le chef de l'Etat métropolitain et ses collaborateurs en l'occurrence le commissaire de la République entreprendront des mesures allant dans le sens d'un contrôle juridique et administratif **(A)**, le tout consolidé par la mise ~~en~~ sur orbite de la chambre d'homologation, pour un contrôle judiciaire et vertical de la justice indigène **(B)**.

A. Le Chef de l'Etat français et l'administration coloniale : bénéficiaires quasi-exclusifs du pouvoir de contrôle juridique et administratif

Si la révolution française de 1789 n'a pas soustrait la volonté ferme des hommes politiques qui entendaient garder la capacité de régir les colonies *« en adoptant non l'application du droit commun, mais le principe de la spécialité législative, voire le régime des décrets »*[25], il n'en demeure pas moins que celle-ci était revêtue d'une conception ouverte de la nation et consacrait par la même circonstance un cadre normatif favorable au chef de l'Etat et à l'administration coloniale française en matière judiciaire. Le pouvoir de contrôle de l'administration était perceptible sur les juges, mais aussi sur les actes émis par ces derniers. Ce contrôle était fait en amont, et consistait à enquêter et à rechercher les personnes présentant les qualités nécessaires pour rendre la justice aux indigènes. Pour ce faire, les administrateurs rendant la justice devaient être triés en fonction de leurs connaissances en droit et de la possession des qualités requises pour exercer ces fonctions. De la même manière, le chef de région devait veiller à ce que ces mêmes règles soient respectées dans le choix des assesseurs. Il en était de même sur les actes de justice émis par les juges. En effet, ceux-ci étaient assujettis aux rapports quotidiens sur l'état de la justice et des condamnations auprès des autorités administratives. Les tribunaux étaient non seulement présidés par les administrateurs coloniaux, mais les assesseurs étaient choisis sur des listes de notables établis par les gouverneurs des différents territoires »[26]. Ces assesseurs~~,~~ étaient choisis sur proposition des chefs traditionnels, qui eux-mêmes étaient déjà inféodés au pouvoir

---

24 Cf. Décret du 26 juillet 1944 instituant et organisant en AEF et au Cameroun des juridictions indigènes coutumières, JOC, p.726.

25 Cf. Girollet (Anne), *Les établissements français de l'Inde et de l'Algérie : Acculturation, déculturation ou assimilation ?*, Bruxelles, pp. 309-328.

26 Cf. Poumarede (Jacques), « Exploitation coloniale et droits traditionnels », in *pouvoirs publics et développement en Afrique*, Toulouse, Edition de l'Université des sciences sociales, 1992, p. 114.

colonial. Une lecture combinée du Sénatus Consulte de 1854 à l'Article 18 et du Traité de Versailles du 20 Juillet 1922 à l'Article 9 ressort avec précision le type de législation et la personne ayant qualité pour légiférer en matière judiciaire dans les colonies, et plus spécifiquement au Cameroun français. Cette prérogative était consacrée par des actes spécifiques, et la constitution d'alors faisait du chef de l'Etat métropolitain l'épicentre de la production normative qu'il exerçait à travers les « décrets coloniaux ». Il procèdera ainsi à une véritable réorganisation de la vie judiciaire[27], se forgeant ainsi une place centrale dans le processus d'édiction des normes au Cameroun. Etaient-ce des règlements ou des lois ? Le débat sur la nature[28] des actes du chef de l'Etat trouve ici toute son importance au regard de la nature de l'organe qui était chargé de prendre l'acte.

Le commissaire de la république, dépositaire des pouvoirs de la République pour sa part incarne le chef de l'Etat de qui il tient le pouvoir, et à qui il rend compte. Au rang de ses attributions judiciaires, il assure la présidence d'honneur de la cour. Toute allocution qui doit être prononcée lui est communiquée au préalable afin qu'il donne son autorisation. Il peut requérir le procureur général de faire, dans les affaires qui intéressent le gouvernement et conformément aux instructions qu'il recevra, les actes nécessaires pour saisir les tribunaux. Il peut faire personnellement ou requérir les officiers de police judiciaire de faire, chacun en ce qui le concerne, tout acte nécessaire à l'effet de constater les crimes, délits et contraventions, et d'en livrer les auteurs auprès des juridictions chargées de les punir. Il lui revient également le droit d'accorder les dispenses de mariage. En matière pénale, s'il y a recours en grâce en faveur du condamné, la transmission dudit recours au chef de l'Etat est obligatoire. Du fait de son pouvoir de nomination des personnels de la justice au sein de la colonie, il lui revient aussi un pouvoir de révocation et de mise en retraite d'office de son personnel en cas de mauvaise administration de la justice. Il est par ailleurs chargé de veiller à l'uniformité et à la consolidation de la politique coloniale. Il est à ce titre gardien de l'ordre public dans la colonie. En tant que dépositaire de l'autorité publique, il est le fusible entre la métropole et la colonie qu'il est censé jouer. Il est également averti par les administrateurs des exécutions

---

27 Il s'agit du décret du 6 Mai 1916 réorganisant les tribunaux de l'ancien Cameroun/ du décret du 12 janvier 1917 portant organisation du service de la justice au Cameroun/ Du Décret du 12 Janvier 1917 portant réorganisation de la justice/ Du décret du 13 avril 1921 supprimant les tribunaux de village et instaurant les tribunaux de race/ Du décret du 08 août 1924 instituant un régime de l'indigénat au Cameroun sous mandat / Du décret du 05 mars 1927 déterminant les pouvoirs des gouverneurs des colonies en ce qui concerne l'administration de la justice/ Du décret du 31 juillet 1927 portant réorganisation de la justice indigène dans les territoires du Cameroun/Du décret du 2 aout 1939 modifiant le décret du 15 mars 1927 déterminant les pouvoirs des gouverneurs quant à l'administration de la Justice/Du décret du 30 avril 1944 portant suppression de la justice indigène au Cameroun/ Du décret du 17 juillet 1944 instituant un code pénal indigène au Cameroun/ du décret du 26 juillet 1944 instituant et organisant en Afrique Equatoriale Française et au Cameroun les juridictions indigènes coutumières/Du décret du 6 juin 1959 fixant les attributions du Ministère de la Justice. Lire à ce propos Ngando (Blaise Alfred), *La présence française au Cameroun (1916-1959), colonialisme ou mission civilisatrice ?*, op. cit, PP 48-218.

28 Sur la nature des actes du chef de l'Etat sur les colonies et notamment au Cameroun, lire à ce propos le Professeur Bernard Durand dans l'une de ses publications intitulées : « Les décrets coloniaux sont-ils des lois ou des règlements ? » Dans la Justice et le Droit, Instruments d'une stratégie coloniale, op. cit., PP 85-128. L'éminent juriste de droit met en exergue différentes positions doctrinales, et plus précisément la querelle doctrinale ayant eu cours entre Pierre Dareste et Lampué Pierre sur la nature des Décrets coloniaux.

capitales prononcées par les juridictions indigènes. C'est une voie ouverte au commissaire de la République afin de faire jouer ou non son droit de grâce. Il préside le conseil du contentieux. Sous la forme d'Arrêtés ou de Circulaire, il participe lui aussi à la réorganisation de la justice ou aide à la répression de tout acte[29] au sein de la colonie.

Bien plus, du fait de l'imprécision de la coutume et de « l'incapacité » de certains assesseurs corrompus offrant difficilement les garanties au respect des coutumes indigènes, et au besoin de faire évoluer en même temps les coutumes indigènes, en tout ce qu'elles ont de contraires aux principes de la civilisation française, l'administration a cherché à introduire de nouvelles règles en promulguant un code pénal indigène. C'est tout le sens du décret du 17 Juillet 1944 instituant un code pénal indigène au Cameroun français. L'objectif étant de limiter l'arbitraire du juge par l'obligation qui lui est fait de se référer à un texte. Car antérieurement, c'est au juge qu'appartenait la mission de rechercher la coutume applicable autant pour déterminer les faits répréhensibles judiciairement que pour en apprécier la gravité. Au-delà de cet aspect arbitraire, certains administrateurs vont plus loin et considèrent que ce droit coutumier est « la traduction juridique des faits est le miroir fidèle de la vie sociale »[30]. Ils estiment par ailleurs que « l'institution d'un code en matière pénale limite le champ de la coutume »[31], bien que cette évidence a amené le colonisateur à la conservation des coutumes en matière civile et commerciale. C'est en référence à tout cela que le code pénal indigène doit règlementer, unifier les coutumes indigènes et fixer une échelle de peine uniforme pour tout le Cameroun français à laquelle les tribunaux pourront se référer. Le code pénal indigène est également vu comme une mesure visant à préserver les indigènes de l'arbitraire des magistrats et à assimiler les indigènes aux règles métropolitaines. Il vient règlementer d'importantes questions sur lesquelles la législation coutumière jusqu'ici restait muette. Il introduit des infractions nouvelles comme l'opposition à l'autorité des chefs, l'abandon par la femme du domicile conjugal, le fait de ne pas intervenir pour empêcher la perpétration d'un crime ou à défaut de dénoncer l'auteur d'une infraction. De même, il intègre les circonstances relatives à l'infraction qui étaient admises par la chambre d'homologation mais non prévues par la coutume, telle que la récidive, la tentative punissable, la complicité, les causes de non-responsabilité. Il rompt également avec la situation qui prévalait sous la législation antérieure concernant des peines souvent indéfinies, incertaines et disproportionnées. Enfin, le législateur définit les conditions de culpabilité des délinquants pour chaque infraction, fixe le minimum et le maximum des peines à prononcer. Le justiciable indigène a donc vu ses droits et devoirs consolidés par le nouveau texte, notamment le droit de connaitre à l'avance la sanction pour chaque infraction, ce qui permet d'anticiper les conséquences juridiques de ses actes. D'autres droits sont également consacrés : Droit à l'assistance d'un avocat devant le

---

29 C'est alors que tour à tour il a pris l'Arrêté du 14 mars 1917 déterminant les infractions spéciales à l'indigénat complété par arrêté du 26 octobre 1917/La circulaire du 18 août 1917 relative à l'application de l'arrêté déterminant les infractions de l'indigénat/La circulaire du 6 mars 1919 au sujet de l'exercice des pouvoirs disciplinaires/L'Arrêté du 26 décembre 1938 règlementant le travail public obligatoire au Cameroun : Lire à ce propos Ngando (Blaise Alfred), *La présence française au Cameroun (1916-1959) : Colonialisme ou mission civilisatrice ?,* op. cit.

30 Ibid.

31 Ibid.

tribunal criminel, droit d'être représenté devant la cour d'appel, pourvoi en annulation accordé plus tard aux accusés et prévenus contre les jugements des tribunaux criminels et les arrêts sur le fond du tribunal colonial d'appel statuant en matière répressive.

B. La mise sur orbite de la Chambre d'homologation : pour un contrôle judiciaire et vertical de la justice indigène

Après avoir réorganisé la justice indigène, l'administration s'est en même temps donné les moyens de la doter d'organes de contrôle pour en assurer une bonne administration. C'est pourquoi il est institué une chambre d'homologation auprès de la cour d'appel coloniale chargée d'assurer l'unité des décisions judiciaires. Elle assure un contrôle souverain de la loi indigène en suppléant à son imprécision ou à ses silences. C'est pour cette raison que le premier contrôle effectué en amont fut celui du procureur général sur la justice indigène. De même, au Cameroun français, les premiers textes instituant une organisation judiciaire indigène ont réservé un droit de regard de la chambre spéciale d'homologation en matière de justice indigène. Dès les décrets de 1910 et 1913, la surveillance et le contrôle du fonctionnement de la justice indigène furent confiés au procureur général. Il conservera d'ailleurs cette attribution dans les décrets ultérieurs. Ainsi, au Cameroun français, l'absence de ministère public dans les instances inférieures n'a pas empêché le procureur général de se voir octroyer par le législateur un droit de regard sur la justice indigène. Jusqu'en 1924, il est le seul à assurer le contrôle de la justice indigène devant la chambre spéciale d'homologation. Le contrôle du procureur général va aboutir, en cas d'irrégularités constatées, à saisir la juridiction suprême locale. Ce contrôle est nécessaire car il permet de prévenir l'arbitraire de l'administrateur-juge et de maintenir par voie de conséquence une bonne administration de la justice. Le décret du 22 Mars 1924 qui crée le tribunal colonial d'homologation va faire de même pour les procureurs de la République. Désormais, les décisions des juridictions inférieures indigènes peuvent faire l'objet d'un appel, pour contrôle par le procureur de la République. L'objectif de ces aménagements est de réduire les lenteurs de la procédure et de donner aux justiciables des garanties. Il faut dire qu'avec la création du tribunal colonial d'homologation, les procureurs de la République se voient investis d'attributions nouvelles. En effet, jusqu'au décret du 22 Mars 1924, l'absence du ministère public devant les juridictions indigènes faisait que le chef des colonies, à savoir le commissaire de la République traitait directement avec le procureur général. Ce décret met à la charge des procureurs de la République sous l'autorité du procureur général le contrôle de la justice indigène, excepté pour les affaires réservées à la chambre spéciale d'homologation. Ce contrôle n'entame en rien celui réservé au procureur général. Tout au plus, il est un moyen permettant une meilleure administration de la justice indigène. Par ce contrôle, on évite au parquet d'être submergé de dossiers et les délais de recours se trouvent relativement réduits. La chambre spéciale d'homologation était l'organe supérieur de contrôle de l'organe judiciaire indigène. Composé des membres de la cour d'Appel (un (01) président et deux (02) conseillers), et de deux (02) fonctionnaires désignés chaque année par le gouverneur général sur proposition du chef des services judiciaires de la colonie. La chambre avait été créée dans un double but : contrôler le plus étroitement possible les juridictions indigènes, et assurer l'évolution du droit coutumier vers les principes du droit Européen en contribuant à fixer la coutume si souvent variable, et en la pénétrant progressivement des principes juridiques européens. En vue de réaliser cette mission, la chambre était pourvue d'une double compétence. D'abord une compétence d'homologation obligatoire pour toute condamnation des tribunaux indigènes à plus de deux (02) ans de prison. Ensuite, une compétence sur requête du procureur général contre toute décision en matière pénale quelle qu'elle soit. Le décret de 1927 étendit la compétence et la composition de la chambre d'homologation en prévoyant désormais deux (02) assesseurs indigènes et leurs suppléants. Ceux-ci ont voix consultative. Avec le décret de 1927, la chambre est désormais compétente en matière de révision[32], d'homologation[33] et d'annulation[34]. Dans cette mission impartie à la chambre spéciale d'homologation, son contrôle peut être formel ou bien approfondi conduisant à une attribution d'office. Elle peut aussi faire œuvre de jurisprudence en créant des droits nouveaux par l'encadrement de la coutume. Un décret du 13 Novembre 1932 a institué une procédure de révision des arrêts de la chambre d'Homologation. A ce titre, les recours sont portés devant une chambre spéciale dite chambre de révision, composée sous la présidence du président du tribunal supérieur d'Appel, d'un second magistrat, de deux (02) administrateurs des colonies et d'un notable indigène. La chambre n'a pas une compétence propre, elle ne connait que d'affaires déjà jugées par les tribunaux indigènes. Dans cette démarche, la juridiction suprême locale a même fait œuvre de jurisprudence pour suppléer au silence des décrets et coutumes. La pratique de certaines coutumes amène la chambre, au nom du respect de l'ordre public colonial, à censurer les coutumes jugées contraires aux principes de la civilisation française. C'est donc au nom de l'ordre public colonial, que la chambre spéciale abolit les coutumes contraires aux principes de la civilisation française et écarte, au nom de la rationalité, d'autres coutumes jugées contraires au droit écrit. C'est aussi dans la perspective de faire évoluer les coutumes indigènes que la chambre d'homologation ne pouvait manquer d'introduire des principes nouveaux inconnus des africains mais favorables aux justiciables.

En conclusion, parlant du « régime des décrets » et de la justice indigène au Cameroun français, force est de constater que l'incidence de cette pratique décrétale sur le système judiciaire coutumier est certaine. Vecteur de dénaturation et d'émasculation de la coutume et de ses institutions judiciaires, elle a eu pour conséquence l'amenuisement progressif de la législation et de la compétence

32 Les demandes en révision sont introduites contre les décisions des tribunaux du premier et du second degré, et contre les arrêts de la chambre elle-même. Le droit de demander la révision appartient soit au gouverneur général, soit au condamné ou à son représentant légal, soit enfin, après la mort du condamné, à son conjoint, à ses enfants ou à ses parents.

33 De sa compétence d'homologation, la chambre connait obligatoirement de tout jugement des tribunaux du premier et du second degré portant une condamnation à plus de trois (03) ans de prison ; des jugements rendus par les tribunaux du second degré pour infraction aux décrets sur la traite et l'anthropophagie ; des jugements des mêmes tribunaux portant condamnation de fonctionnaires ou agents indigènes de l'autorité à des peines supérieures à trois (03) mois de prison ou à 500 francs d'amende ; des peines infligées par les tribunaux indigènes dans les cas où la coutume ne prévoit pas de sanction pour l'infraction.

34 La chambre ne prononce l'annulation en toutes matières à la condition que la base du pourvoi, introduit par le procureur général, soit un excès manifeste de compétence ou une violation du décret sur l'organisation judiciaire. Le pourvoi est également possible si l'accord verbal ou écrit qui met fin à une procédure en conciliation est contraire à l'ordre public, compte tenu du degré de civilisation des parties en cause.

traditionnelle de la chefferie et la substitution de nouvelles compétences. Il convient de constater que la domination du colonisateur sur le système traditionnel s'est avérée indéniable et s'étendait aux plans économique, social et juridique par l'accaparement des prérogatives en matière judiciaire. Ainsi, si l'organisation judiciaire coloniale s'est imposée, elle a consisté à amener les autochtones à partager les principes et valeurs de la civilisation française par la réduction des compétences du chef. La période allant de 1916 aux indépendances permet ainsi d'aborder la question de la justice au Cameroun en mettant en évidence la transformation des règles et l'exercice de la justice, mieux, une rencontre entre le système occidental et le pluralisme juridique local, caractéristique première du « Cameroun moderne en gestation ». Cette organisation de la justice indigène, il faut le préciser n'a été possible que grâce aux décrets coloniaux, vecteurs matriciels de la politique assimilationniste de la France au Cameroun, et dont le chef de l'Etat est demeuré le point concentrique de la politique normative.

- IV-

MADAGASCAR

9.

La justice dans les conventions entre la marine française du second empire et les chefs des côtes occidentales de Madagascar (1859-1860) : la mise en place d'une justice précoloniale. Etude des Fonds FR ANOM GGM 1 z 322 à 331

Par

Jean-Michel MANGIAVILLANO,

Doctorant en Histoire du Droit, Université de Lille III

Entre 1859 et 1860, *les forces navales des mers des Indes*[1] ou plus précisément *la division française des côtes orientales d'Afrique*[2], représentées par son commandant le capitaine Alphonse Fleuriot de Langle ou le lieutenant Desprez (ou Despred selon l'écriture) qui eux-mêmes représentent *Sa Majesté l'Empereur* Napoléon III, concluent des conventions avec différents chefs des peuples de la côte occidentale de Madagascar[3]. Ces conventions sont de différente nature. Il y a, d'une part, de véritables conventions « internationales » entre la marine impériale et ces peuples ; et, d'autre part, différents actes juridiques. Sont des conventions à vocation diplomatique : la convention du 26 février 1859 conclue avec les représentants des 14 tribus sakalaves (ou *sakalava* en malgache) [4] de l'Ambongou et du Bouéni ; la convention du 10 août 1859 avec le représentant du roi des Mahafales (*Mahafaly*)[5] ; la convention du 19 août 1859 avec le roi des Sakalaves de Féhéréna (*Feherena*)[6] ; la convention du 26 septembre 1859 qui confirme celle du 26 février 1859[7] ; la convention du 30 mars 1860 avec la reine des Sakalaves du Menabe[8] ainsi que la convention du 23 avril 1860 avec les rois de Machicora (*Masikoro*)[9]. Quant aux autres actes, ce sont : une amende[10] du 9 septembre 1860 imposée au roi Leymeridza[11] ; une amende[12] du 12 septembre 1860 imposée au chef de village

---

1 Cette désignation est inscrite sur la chemise (fort probablement ministérielle) regroupant les fonds FR ANOM GGM 1 z 323 à 326, c'est-à-dire les conventions conclues durant l'année 1859 par Fleuriot de Langle.

2 Cette dénomination est utilisée par les officiers de la marine impériale dans les conventions conclues durant cette période.

3 Ces conventions, originales et copies dactylographiées, sont consultables aux Archives nationales d'Outre-mer (ANOM) dans la sous-série Madagascar et établissements de Sainte-Marie (1 z) situés dans les archives anciennes de Madagascar (GGM) du fonds territorial Madagascar (MAD), et plus exactement sous la cote FR ANOM GGM 1 z 322 à 331.

4 FR ANOM GGM 1 z 322-15 (version dactylographiée en français) ; FR ANOM GGM 1 z 323 (version manuscrite en malgache)

5 FR ANOM GGM 1 z 322-20 (version dactylographiée) ; FR ANOM GGM 1 z 324 (version manuscrite en français).

6 FR ANOM GGM 1 z 322-19 (version dactylographiée) ; FR ANOM GGM 1 z 325 (version manuscrite).

7 FR ANOM GGM 1 z 322-18 (version dactylographiée) ; FR ANOM GGM 1 z 326 (version manuscrite).

8 FR ANOM GGM 1 z 322-17 (version dactylographiée) ; FR ANOM GGM 1 z 328 (version manuscrite).

9 FR ANOM GGM 1 z 322-16 (version dactylographiée) ; FR ANOM GGM 1 z 327 (version manuscrite). Il convient d'ajouter le fonds FR ANOM GGM 1 z 331 qui constitue l'annexe de cette convention, relative à la tarification des cadeaux donnés aux rois de Machicora.

10 « Amende » est le terme utilisé dans la chemise regroupant les fonds FR ANOM GGM 1 z 327 à 331. Il s'agit en réalité d'un acte de créance.

11 FR ANOM GGM 1 z 322-4 (version dactylographiée) ; FR ANOM GGM 1 z 329 (version manuscrite).

12 *Idem* pour l'acte du 9 septembre 1860 sauf que sur les fonds (aussi bien dactylographié que manuscrit) il est écrit « conventions passées ».

Redougoune représentant du roi des Mahafales[13] ; ainsi qu'un acte de concession de terres du 24 juillet 1861 par Laymeridzan, roi sakalave de Féhéréna[14]. Ce fonds a déjà fait l'objet d'une étude par l'historien malgache Manassé Esoavelomandroso intitulée « Les conventions franco-mahafale de 1859 et 1860 » et parue dans une thématique spéciale de la revue *Outre-Mers. Revue d'histoire*, « Madagascar et l'Europe »[15]. Il apporte une analyse – inédite – historique de ces documents à travers laquelle il détaille le contexte historique et diplomatique de Madagascar durant la première moitié du XIXe siècle. Notre étude, quant à elle, reflète leurs aspects juridiques.

L'objectif de ces conventions tend vers une « amitié » entre les Français et ces différents peuples de la côte occidentale de Madagascar en instaurant – encore une fois[16] – le commerce et la possibilité d'établissement de colons sous la protection d'une justice garantie par la marine de guerre. L'esprit de ces conventions semble respecter la politique coloniale de Napoléon III. Celui-ci « se montre plus hostile à l'expansion coloniale[17] » et préfère l'association (commerciale, politique et militaire) avec les nations considérées *indigènes* à leur annexion[18]. L'Empereur se

13 FR ANOM GGM 1 z 322-2 (version dactylographiée) et FR ANOM GGM 1 z 330 (version manuscrite).

14 FR ANOM GGM 1 z 322-1.

15 M. Esoavelomandroso, « Les conventions franco-mahafale de 1859 et 1860 », Outre-Mers. Revue d'histoire, Madagascar et l'Europe, 1986, vol. 73, n° 270, pp. 67-83.

16 Les prétentions de la France sur Madagascar débutent officiellement sous le règne de Louis XIV. Le Cardinal de Richelieu, ministre de Louis XIII avait essayé d'insuffler à son roi l'idée de la coloniser, sachant que la Grande Île était une propriété privée de l'ecclésiastique. Madagascar est considéré, sous le règne de Louis XIV, comme la « Gallia orientalis », c'est-à-dire la « France orientale », même si cette expression désigne les Indes orientales françaises. Sa convoitise, aussi bien par les Français que par les Européens, vient de sa « position stratégique [...], à l'entrée de la mer des Indes, dominant la côte orientale d'Afrique et une partie de la côte arabique » [L. Pauliat, Louis XIV et la Compagnie des Indes orientales de 1664 : d'après des documents inédits tirés des archives coloniales du ministère de la Marine et des colonies, Paris, Calmann Lévy, 1886, p. 130.]. Louis XIV a voulu faire de l'Isle Dauphine – nom de Madagascar lors de sa tentative de colonisation – un avant-poste majeur pour le commerce vers les Indes mais aussi un territoire du Royaume de France dans lequel se trouvait, à Fort-Dauphin, le Conseil souverain des Indes orientales. Il est important de souligner que sa colonisation constituait la raison officieuse de la création de la célèbre Compagnie française pour le commerce dans les Indes orientales. Malgré l'échec de cette colonisation en 1670 et la suppression du Conseil souverain de l'Isle Dauphine, Bourbon et autres, les prétentions françaises sur Madagascar ne se sont pas estompées. Le commerce avec la Grande Île ou à travers elle continue, dont la traite d'esclaves (par exemple « les naufragés de l'île Tromelin » en 1761). Des documents d'archives montrent même la cession, par des chefs locaux, d'île (Acte dressé le 30 juillet 1750 par la Reine Beti pour la cession de l'île Sainte-Marie à la France [FR ANOM GGM 1 z 322-14] ; Acte dressé à Sainte-Marie le 15 octobre 1818 pour la reprise de possession par la France de l'île de Sainte-Marie [FR ANOM GGM 1 z 322-8]) et de territoires malgaches [Acte dressé le 4 novembre 1818 pour la reprise de possession du port de Tintingue ou Port Bourbon [en face de Sainte-Marie], île de Madagascar, et de tout le pays compris entre le Cap Bellone et la rivière d'Azaphe, dans la région du nord-est [FR ANOM GGM 1 z 322-6]) au XVIIe et XVIIIe siècle. La colonisation de Madagascar par la France ne sera effective qu'en 1896 avec l'arrivée du général Gallieni. Pour la tentative de colonisation de Madagascar par Louis XIV, voir : S. de Rennefort, Relation du premier voyage de la Compagnie des Indes orientales en l'Isle de Madagascar ou Dauphine, Paris, Pierre Auboüin, 1668 ; S. de Rennefort, Histoire des Indes orientales, La Haye, Chez Adrian Moetjens, 1701 ; L. Pauliat, Louis XIV et la Compagnie des Indes orientales de 1664, op. cit. ; G. Buttoud, *L'échec des premières colonies françaises à Madagascar (1633-1831)*, Condé-sur-Noireau, L'Harmattan, 2017.

17 P. Montagnon, *Dictionnaire de la colonisation française*, Paris, Pygmalion, 2010, p. 577.

18 J. Meyer et al., « La solution impériale : l'association », in *Histoire de la France coloniale des origines à 1914*, Coll. U, Domont, Armand Colin, 2016, pp. 455-494.

préoccupe plus de sa « grande politique méditerranéenne[19] » tendant « de faire de la Méditerranée ''*un lac français*'' [20] » avec la création d'un territoire français autonome sous le nom de *Royaume Arabe d'Algérie*[21]. Pour le reste du monde, « il subit plus qu'il n'accepte les initiatives de ses ministres et de ses généraux ou amiraux sur le terrain[22] », dont celles exposées dans les conventions de notre étude. Madagascar possède une place particulière dans la politique internationale ou d'association – pour ne pas dire coloniale – du Second Empire, parce que la Grande Île est divisée, d'un certain point de vue, en deux (02)[23]. Il y a un d'un côté le « Royaume de Madagascar » (pour les étrangers) ou le Royaume *Merina* (pour les Malgaches). Il est le fruit de la politique de conquêtes et d'unification de l'île par les rois et reines des Mérinas (peuple de la province d'*Antanarivo* ou de Tananarive) entamée à la fin du XVIIIe siècle, et sa souveraineté ainsi que son indépendance sont reconnues au niveau international par divers États occidentaux[24] dont la France puisque l'Empereur refuse l'idée de mettre en place un protectorat[25]. D'un autre côté, il existe les royaumes côtiers, notamment sakalaves, rivaux à l'extension territoriale des Mérinas qui s'estiment indépendants et qui tentent de garder cette indépendance par tous les moyens dont la mise en place d'un protectorat.

A la lecture des conventions de 1859 à 1860, nous nous apercevons, tout en ayant en tête la politique d'association de Napoléon III, que les officiers de la marine impériale stationnée aux côtes orientales de l'Afrique ont établi une justice plus internationale que coloniale. Ces conventions règlent avant tout un différend diplomatique entre les Français et les Malgaches et même entre Malgaches **(I)** et instaurent ce faisant une coopération judiciaire dans laquelle le droit français et la coutume de ces peuples coexistent **(II)**. Cependant, il faut être réaliste : les rapports de force entre la marine impériale et les chefs sont inéquitables et, comme le souligne à plusieurs reprises l'historien Esaovelomandroso, les sanctions n'incombent qu'aux indigènes, ce qui nous permet d'avancer qu'il s'agissait d'une justice précoloniale.

---

19 Ibid., p. 461.

20 J.-C. Yon, *Le Second Empire : politique, société, culture*, Coll. U, Vottem, Armand Colin, 2012, p. 93.

21 Ibid., pp. 94-95 ; J. Meyer et al., *Histoire de la France coloniale des origines à 1914*, op. cit., pp. 465-466.

22 P. Montagnon, *Dictionnaire de la colonisation française*, op. cit., p. 577.

23 Madagascar est peuplé de dix-huit (18) grandes ethnies, qui elles-mêmes peuvent se composer de différentes tribus.

24 Pour la France, en plus de l'échange épistolaire entre Napoléon III et les autorités mérinas [FR ANOM GGM 2 z 4 ; FR ANOM GGM 2 z 47 ; FR ANOM GGM 2 z 76] garantissant la souveraineté du Royaume de Madagascar, il y a le Traité d'amitié et de commerce entre la France et Madagascar de Tananarive du 12 septembre 1862 [Sa retranscription se trouve in R.-W. Rabemananjara, Madagascar 1895. Documents politiques et diplomatiques, Repères pour Madagascar et l'Océan indien, Paris, Éd. l'Harmattan, 1996, pp. 53-61.]. Pour le Royaume-Uni, le Fanaikena amy ny Fihabanana sy amy ny Fivarotana, amy ny England & Madagascar (traduction proposée par L. Noronavalona – doctorante en Droit, mention Histoire du Droit, à Aix-Marseille Université, rattachée au CERHIIP – : Accord sur l'amitié et le commerce entre l'Angleterre & Madagascar) est conclu le 27 juin 1865 [FR ANOM GGM 2 z 22]. Les États-Unis reconnaissent sur le plan international le Royaume de Madagascar avec un traité d'amitié et de commerce signé le 14 février 1867. Ce n'est qu'une liste non-exhaustive !

25 P. Montagnon, *Dictionnaire de la colonisation française*, op. cit., p. 578.

I. L'ouverture de relations diplomatiques entre le Second Empire et les royaumes de la côte occidentale de Madagascar par une justice plénipotentiaire exceptionnelle

Avec le Second Empire, la marine de guerre détient un rôle important et particulier dans l'expansion et le rayonnement de la France. Ses officiers sont en effet les représentants directs de l'autorité impériale sur la scène internationale et possèdent *de facto* des pouvoirs plénipotentiaires[26]. La marine n'est plus un auxiliaire diplomatique, comme durant la Restauration et la Monarchie de Juillet[27], mais un acteur majeur de la diplomatie française avec une nouvelle politique impériale étant « la capacité de dissuasion d'une flotte »[28]. Cette politique internationale a été appliquée de 1859 à 1860 envers les royaumes malgaches de la côte occidentale. La marine de guerre est intervenue afin de régler un litige entre Français et Malgaches, et même entre Malgaches **(A)** et, afin qu'il n'y ait plus d'autres incidents diplomatiques, a imposé la paix et l'amitié **(B)**.

A. Le règlement d'un « litige international » par la justice de la marine impériale

Par la diplomatie, les officiers de la marine impériale tentent de régler des différends entre les négociants français et les Malgaches, ces derniers ayant pillé des navires marchands. La gravité du pillage varie : d'un « simple » pillage à l'assassinat de Français en passant par une révolte. Néanmoins, une convention a été conclue en prévision d'une quelconque attaque contre les Français.

Deux (02) conventions, en date du 26 février[29] et du 26 septembre 1859[30], règlent les actes commis le 13 février 1859 par les « gens » de la reine Outzinzou (et peut-être même sous ses ordres) qui sont le pillage du navire marchand *Marie-Angélique* et la dégradation, lors d'une révolte, des biens tant meubles qu'immeubles de la mission catholique de la baie de Baly[31]. Outzinzou, fille du feu roi Rabouki-Andrian-Mahatantiarivou[32], est la reine des Manouis, un peuple sakalave, qui régnait, avant l'intervention de la marine impériale, sur la baie de Baly. Elle n'est pas la seule partie à la convention du 26 février 1859. Le roi Tsiahouan de l'Ambongou représente son père, le roi des Tsitampikis, Reentigna et Adrina, fort probablement des clans des Mivavis du peuple sakalave[33]. Ce roi est aussi, d'après une note de bas de page[34], l'oncle d'Outzinzou. Le roi Angareza du Bouéni est représenté par ses envoyés en plus des deux princesses de sa famille, qui résident à

26 J. Meyer et al., *Histoire de la France coloniale des origines à 1914*, op. cit., p. 439.
27 E. Boulard et A. Popieul, *Le grand livre de la marine. Histoire de la marine française des origines à nos jours*, Espagne, Michel Lafon & Musée national de la Marine, 2015, p. 120.
28 J. Tulard (dir.), *Dictionnaire du Second Empire*, Poitiers, Fayard, 1995, p. 776.
29 FR ANOM GGM 1 z 322-15 (version dactylographiée en français) ; FR ANOM GGM 1 z 323 (version manuscrite en malgache)
30 FR ANOM GGM 1 z 322-18 (version dactylographiée) ; FR ANOM GGM 1 z 326 (version manuscrite).
31 Convention passée le 26 février 1859 entre la France et les chefs de la côte ouest de Madagascar (Convention du 26 février 1859), art. 4 et 5 ; Convention passée à Baly le 26 septembre 1859 entre la France et Outzinzou, reine des Manovis, fraction de l'Ambongou (Convention du 26 septembre 1859), art. 3.
32 Convention du 26 février 1859, art. 2.
33 Convention du 26 février 1859, art. 9.
34 Convention du 26 février 1859, art. 9.

Baly, du nom de Safiambala et Safilessouky[35]. Le roi Tsihouan[36] ainsi que le roi Angareza et les deux princesses[37] reconnaissent les anciens droits des Français dans leur territoire. Ces droits – ou prétentions – sont précisés à l'article 12 de ladite convention : le droit de protectorat[38]. L'article 11 ajoute que le roi Angareza et les princesses, « se soumet[tent] à la volonté de la France pour le règlement des affaires de Baly », tandis que les articles 3[39] et 4[40] confèrent au roi Tsiahouan des pouvoirs de sanction à l'encontre de la reine Outzinzou. La soumission de ces chefs sakalaves est facilitée par l'application de la « capacité de dissuasion » de la marine impériale. En effet, l'article 1er nous raconte : « il [Fleuriot de Langle] a rencontré, de la part de la reine Outzinzou et de ses gens, une mauvaise volonté qui a vite dégénéré en actes d'hostilité, et il a été obligé d'exercer à leur égard des représailles et de brûler le village de Mahigoulou qu'ils habitaient ». La soumission du roi Tsiahouan est d'autant plus facilitée car celui-ci récupère, avec l'aide des Français, sa suzeraineté perdue. En effet, le commandant en chef s'ingère dans la politique intérieure des peuples sakalaves de la région, d'une part, en retirant les droits « souverains » de la reine Outzinzou sur Baly pour ne reconnaître que le roi Tsiahouan et, d'autre part, en rétablissant le lien vassalique entre ces deux (02) rois[41]. Ce retour des « choses dans l'état primitif[42] » a été reconnu par quatorze (14) chefs de tribu ou royaume sakalaves et deux (02) témoins français ecclésiastiques.

La seconde convention, en date du 26 septembre 1859, n'a pour objet principal que la réaffirmation de la première convention conclue sept (07) mois plus tôt, en reprenant plusieurs de ses articles[43]. Elle apporte néanmoins trois (03) nouvelles connaissances. D'abord, l'article 1er raconte : « La punition infligée à Outzinzou et à ses gens [...] ont produit sur l'esprit de cette princesse et sur celui des Manouis un effet salutaire. Cette reine et ses chefs sont venus faire leur soumission au commandant en chef et ont reconnu ne tenir leur autorité et leur territoire que de la bienveillance de S. M. l'empereur des Français dont ils implorent la clémence ». Ensuite, les rois représentés lors de la conclusion de la convention de

35 Convention du 26 février 1859, art. 11.
36 Convention du 26 février 1859, art. 3.
37 Convention du 26 février 1859, art. 13.
38 Convention du 26 février 1859, art. 12 : « Le commandant en chef a pris acte, au nom de son souverain S. M. Napoléon III, de la soumission avec laquelle Angareza et les princesses, ses tantes, qui avaient été placées par leur père et grand-père (Andrian-Souly, dernier roi du Bouéni, qui rendit l'île de Mayotte à la France) sous la protection de la France, ont de nouveau reconnu ce droit de protectorat ».
39 Convention du 26 février 1859, art. 3 : « Il [le commandant en chef] déclare donc les droits d'Outzinzou et de toute sa famille forfaits, et ne reconnaît d'autre chef du côté S. O. de la baie que le roi Tsiahouan de l'Ambongou, à qui il fait remise de la garde de la côte occidentale de la baie de Baly, déclarant qu'il réprimera comme acte de piraterie toutes les tentatives qu'Outzinzou ou ses gens feraient pour percevoir des droits d'ancrage, s'attirer des cadeaux ou tous autres actes contraires à la déchéance qui est prononcée contre elle, et qu'il détruira tous les établissements qu'elle ou ses gens tenteraient de rétablir sur le rivage ».
40 Convention du 26 février 1859, art. 4 : « Le roi Tsiahouan de l'Ambongou, en reconnaissance de l'appui que lui donne le commandant en chef pour recouvrer ses droits, dont il avait été injustement dépossédé, se charge de frapper sur Outzinzou et ses gens des contributions de guerre, jusqu'à la concurrences des sommes enlevées dans le pillage de la Marie-Angélique... »
41 Convention du 26 février 1859, art. 2 et 3.
42 Convention du 26 février 1859, art. 2.
43 L'art. 26 fait plus simple et dispose : « Les articles 24, 25, 16 et 27 du traité du 26 février, qui régissent la navigation des embarcations que peuvent posséder les Sakalaves, profiteront aux Manouis, ainsi qu'aux autres s'ils veulent acquérir des boutres ».

février acceptent les clauses imposées par les Français. Enfin, la reine Ouztinzou s'est faite représenter par son Premier ministre, son chef de troupes, son beau-frère ainsi que par le chef de port qui ont signé, par une croix, pour elle.

Il a fallu deux (02) conventions pour régler le pillage de navires français dans la baie de Saint-Augustin, mais le nombre de convention est motivé par les parties qui appartiennent à des peuples différents. En effet, l'acte du 10 août 1859 s'adresse au roi Efiay des Mahafales[44] représenté à cause de sa minorité par Radegoune, chef du village de Salar, qui est accompagné d'autres chefs « qui lui servent de conseil[45] » ; alors que celui du 18 août s'adresse à Laymiridza, roi sakalave de la province de Féhéréna[46], qui a été accompagné d'officiers[47]. Il convient d'avertir que ces deux (02) conventions sont identiques. Elles contiennent toutes les deux (02), vingt-et-un (21) articles qui disposent la même chose. Le seul élément qui diffère dans ces « contrats » réside dans la dénomination des parties malgaches. Cette similitude résulte du même fait : le pillage de navires français dans la baie de Saint-Augustin. Les conventions ne permettent pas d'avancer s'il s'agit d'un pillage ponctuel organisé d'un commun accord par les deux (02) rois ou s'il s'agit de pillages répétés commis tantôt par les Sakalaves de Féhéréna, tantôt par les Mahafales. Néanmoins, elles nous informent que Fleuriot de Langle « a rencontré dans [Radegoune, chef de Salar, et Laymiridza, roi de Féhéréna] une soumission qui lui a permis d'entrer facilement en relation avec eux[48] ». Il convient d'avancer que cette soumission a été facilitée par la démonstration de force de la marine de guerre impériale à Mahigoulou le 26 février 1859[49].

Dans le courant du mois de mars 1860, le lieutenant Desprez, par ordre de Fleuriot de Langle, s'est rendu à l'embouchure de Sizoubonghi afin d'obtenir réparation auprès des Sakalaves de la région du Menabe qui ont pillé un navire marchand la *Marie-Caroline* et qui – trois (03) individus – ont assassiné son équipage[50]. Le 30 mars 1860 est conclue une convention[51] dans laquelle les Sakalaves de cette région, dont leur reine Narouva qui a par le même temps reconnu les anciens droits commerciaux de la France – cette fois-ci – dans tout Madagascar[52], doivent indemniser les armateurs de la *Marie-Caroline*[53], alors que le crime a été commis par trois (03) personnes. Les assassins, en plus du fait que leurs biens aient été saisis[54], doivent être impérativement remis aux autorités françaises[55].

---

44 FR ANOM GGM 1 z 322-20 (version dactylographiée) ; FR ANOM GGM 1 z 324 (version manuscrite en français).

45 Conventions passées le 10 août 1859 entre la France et le roi des Mahafales (Madagascar) (Convention du 18 août 1859), préambule.

46 FR ANOM GGM 1 z 322-19 (version dactylographiée) ; FR ANOM GGM 1 z 325 (version manuscrite).

47 Conventions passées le 19 août 1859 entre la France et Laymiridza, roi des Sakalaves de la province de Feherena, Madagascar (Convention du 19 août 1859), préambule.

48 Convention du 10 août 1859, préambule ; Convention du 19 août 1859, préambule.

49 Convention du 26 février 1859, art. 1er.

50 Convention passée le 30 mars 1860 entre la France et Narouva, reine du Ménabé (Madagascar) (Convention du 30 mars 1860), préambule.

51 FR ANOM GGM 1 z 322-17 (version dactylographiée) ; FR ANOM GGM 1 z 328 (version manuscrite).

52 Convention du 30 mars 1860, art. 5.

53 Convention du 30 mars 1860, art. 3 et 4.

54 Convention du 30 mars 1860, art. 2.

Il n'y a eu cependant pas d'actes de représailles de la part du lieutenant Desprez du fait du « repentir des gens du Ménabé[56] » et leur soumission, indique le préambule de la convention, est conditionnée par leur consentement à ladite convention qui – faut-il le préciser – ressemble mot pour mot aux précédentes.

La convention conclue le 23 avril 1860[57] entre le lieutenant Desprez et les rois Ibart et Ribibi des Mahafales de Machicora constitue le seul acte produit à la suite non pas d'un différend entre des marchands français et les autochtones mais d'un appel diplomatique dans le but de nouer une alliance[58]. Il convient d'avancer que cet acte a été conclu dans le but de prévoir une quelconque hostilité de la part des Machicoras à l'encontre des Français qui commencent à s'établir dans la région. Cette idée est sous-entendue dans le préambule : « il importe aux intérêts français engagés à Machicora de contracter un traité avec les rois du pays qui l'environnent ce point ». Les éléments de la convention ne permettent pas d'affirmer si l'engagement des Français correspond à une expédition militaire (d'exploration). Ce qui est sûr, il correspond à l'établissement de commerces et d'industries dans ce territoire[59]. Néanmoins, à l'inverse des conventions précédentes, ce traité de paix et d'amitié, dont les articles ressemblent à ceux des autres, contient un discours racial prônant la supériorité des « blancs » et critiquant la superstition des Mahafales.

B. La solution apportée par la marine impériale : la présence des Français

La typologie de ces six (06) conventions est *quasi* identique et elle suit plus ou moins la même forme contractuelle (présentation des parties, les salutations de l'Empereur, les dispositions, les tarifs des cadeaux et les signatures ; ou bien les signatures et les tarifs des cadeaux en annexe) qui change selon la gravité de l'intervention de la marine impériale. L'exemple le plus flagrant réside dans les conventions du 10 et 19 août 1859 qui sont identiques, sauf pour les noms des parties malgaches. Le traité du 23 avril 1860, quant à lui, reprend certes les mêmes articles des autres conventions mais dans une autre tournure avec un discours racial plus prononcé. Sur cette forme contractuelle, il convient d'avancer que, n'étant pas des diplomates de formation, les officiers de la marine impériale devaient disposer d'un modèle à appliquer, laissant croire que ces conventions paraissaient être des contrats d'adhésion.

Ainsi, l'objet principal de ces conventions correspond avant tout à l'amitié et à l'alliance entre la France et ces peuples malgaches de la côte occidentale[60], à une paix et une amitié entre eux[61], ou encore une protection[62] voire un protectorat[63]. Par ces termes diplomatiques, les Français imposent en réalité leur présence qui paraît être d'abord commerciale et internationale mais à la fin colonisatrice. Cette présence

55 Convention du 30 mars 1860, art. 1.
56 Convention du 30 mars 1860, préambule.
57 FR ANOM GGM 1 z 322-16 (version dactylographiée) ; FR ANOM GGM 1 z 327 (version manuscrite). Il convient d'ajouter le fonds FR ANOM GGM 1 z 331 qui constitue l'annexe de cette convention, relative à la tarification des cadeaux donnés aux rois de Machicora.
58 Convention conclue le 23 avril 1860 entre la France et les rois de Machicora (Madagascar) (Convention du 23 avril 1860), préambule.
59 Convention du 23 avril 1860, art. 1er et 3.
60 Convention du 10 août 1859, art. 1er ; Convention du 19 août 1859, art. 1er ; Convention du 26 septembre 1859, art. 6 et 7 ; Convention du 30 mars 1860, art. 5 et 6 ;
61 Convention du 23 avril 1860, art. 1er.
62 Convention du 26 février 1859, art. 33, 34, 35, 36 et 37 ; Convention du 30 mars 1860, art. 6.
63 Convention du 26 février 1859, art. 12.

se définit par le commerce entre les marchands français et les différents peuples malgaches[64]. Ces relations commerciales sont garanties par une exemption du droit d'ancrage pour les Français[65], d'une liberté de circulation aussi bien sur terre que sur les voies navigables[66] et d'une obligation des Français à offrir des cadeaux aux chefs de tribus afin d'ouvrir les négociations commerciales[67] (avec un cadre réglementaire très strict[68]). La présence des Français se définit également par leur installation que ce soit pour cultiver la terre[69] ou pour établir divers types d'industries[70] dont leur propriété leur est garantie par les chefs malgaches, ou encore pour établir des missions catholiques aux frais de ces chefs dans lesquelles sont professés et enseignés le culte catholique et la civilisation française[71]. L'acte de concession de terres consenti par le roi Laymiridza à deux (02) officiers français[72], en date du 24 juillet 1861 est un bel exemple de reconnaissance par les chefs malgaches de l'installation de colons dans leur territoire et sous leur protection. S'ajoutent à cela de nombreuses obligations – ou plutôt corvées – que doivent respecter les Malgaches envers les Français, qui seront étudiées plus amplement plus loin. Cette présence des Français est placée sous la protection d'une justice exercée, pour la plupart des cas, par la marine de guerre impériale.

II. La présence de la puissance française sous la protection d'une justice exercée par la marine impériale

Les officiers de la marine impériale garantissent la présence des Français par la mise en place d'une organisation judiciaire franco-malgache des côtes (A) mais surtout par des clauses pénales insérées dans les conventions (B).

A. Une organisation judiciaire franco-malgache : expression d'une justice précoloniale

Par organisation judiciaire, il ne faut pas avoir en tête que les officiers de la marine impériale ont établi une véritable juridiction semblable à celle de la France métropolitaine ou encore de ses dépendances dans l'Océan Indien (telles que la Réunion). Il s'agit d'une justice administrée par les militaires, à l'instar de l'Algérie,

64 Convention du 26 février 1859, art. 7, art. 8 et 16 ; Convention du 10 août 1859, art. 6 ; Convention du 19 août 1859, art. 6 ; Convention du 26 septembre 1859, art. 6 et 7 ; Convention du 30 mars 1860, art. 6 ; Convention du 23 avril 1860, art. 1er.

65 Convention du 26 février 1859, art. 7, art. 13 et 16 ; Convention du 10 août 1859, art. 2 ; Convention du 19 août 1859, art. 2 ; Convention du 26 septembre 1859, art. 6.

66 Convention du 26 février 1859, art. 8 ; Convention du 10 août 1859, art. 6 et 18 ; Convention du 19 août 1859, art. 6 et 18 ; Convention du 26 septembre 1859, art. 7 et 25 ; Convention du 30 mars 1860, art. 6 et 19.

67 Convention du 26 février 1859, art. 14 ; Convention du 10 août 1859, art. 4 et 21 ; Convention du 19 août 1859, art. 4 et 21 ; Convention du 26 septembre 1859, art. 5 ; Convention du 30 mars 1860, art. 5 ; Convention du 23 avril 1860, art. 1er.

68 Convention du 26 février 1859, art. 8 ; Convention du 10 août 1859, art. 5 et 21 ; Convention du 19 août 1859, art. 5 et 21 ; Convention du 26 septembre 1859, art. 23 et 27 ; Convention du 30 mars 1860, art. 21 ; Convention du 23 avril 1860, art. 13 ; Tarifs des cadeaux à Machicora [FR ANOM GGM 1 z 331].

69 Convention du 26 février 1859, art. 14 et 27 ; Convention du 10 août 1859, art. 6 ; Convention du 19 août 1859, art. 6 ; Convention du 26 septembre 1859, art. 7 ; Convention du 30 mars 1860, art. 6.

70 Convention du 23 avril 1860, art. 3, art. 4, art. 5 et 6.

71 Convention du 26 février 1859, art. 9 et 17 ; Convention du 10 août 1859, art. 7 ; Convention du 19 août 1859, art. 7 ; Convention du 26 septembre 1859, art. 8 ; Convention du 30 mars 1860, art. 7.

72 FR ANOM GGM 1 z 332-1.

dont l'instance dépend des navires de guerre stationnés aux côtes. Nous pouvons déceler deux (02) types d'organisation judiciaire établie par ces conventions : une justice « ordinaire » et une justice « extraordinaire » .

Concernant l'établissement de la justice « ordinaire », il s'agit de l'organisation judiciaire systématique que les officiers de la marine impériale ont établie à travers cinq (05) conventions. La convention du 23 avril 1860 propose une autre procédure.

Il convient de percevoir l'établissement de cette justice comme une sorte de coopération entre les autorités militaires françaises et les chefs malgaches de la côte occidentale, comme en témoigne ce passage inscrit dans les conventions : « le commandant en chef, voulant agir avec justice et droiture, désire que tous les différends qui naîtraient entre les commerçants français et les [peuples malgaches], soient jugés suivant le droit national de chacune des parties contractantes[73] ». Les droits coutumiers malgaches possèdent la même force de loi que le droit français. Cette coopération judiciaire se compose de deux (02) instances – pour ainsi dire – qui ne constituent cependant pas des degrés de juridiction. Il y a une organisation spécifique à tout ce qui touche les chefs malgaches et une autre à tous les autres justiciables. Pour cette dernière, c'est le droit national de la partie défenderesse qui est appliquée par un de ses compatriotes en tant que juge. Ainsi, « Les capitaines porteront au Chef du village les plaintes qu'ils se croiront fondés à formuler contre les [peuples malgaches] qui auraient mal agi envers eux, et les chefs leur feront rendre justice[74] » et « Les Chefs [de la tribu malgache en question] porteront aux capitaines les plaintes des [membres de ladite tribu] qui auraient été molestés par les gens de leur équipage, et le capitaine leur fera rendre la justice[75] ». Le premier article cité nous laisse sous-entendre que le chef de village, en tant que magistrat et garant des intérêts du peuple qu'il représente, peut débouter les demandes déposées par le capitaine français. De plus, ce même article laisse un grand choix d'action aux Français, alors que l'article relatif à la justice rendue par un capitaine n'est restreint qu'aux violences commises par les militaires[76]. Il ne prévoit aucunement d'autres pans du droit privé (tel que le droit des obligations en cas de dette[77]). Concernant les chefs malgaches, une autre procédure est mise en place. Il est prévu que : « S'il arrive que les capitaines français aient à se plaindre du chef [de la tribu en question], ils porteront leurs plaintes aux croiseurs français pour être transmises au commandant de la division : ils adresseront un double de cette plainte aux commandants supérieur et particulier des colonies françaises[78] [ou] au gouverneur de la Réunion ou à M. le commandant supérieur de Mayotte[79] ». Il est également

73 Convention du 26 février 1859, art. 29 ; Convention du 10 août 1859, art. 14 ; Convention du 19 août 1859, art. 14 ; Convention du 26 septembre 1859, art. 15 ; Convention du 30 mars 1860, art. 14.

74 Convention du 26 février 1859, art. 29 ; Convention du 10 août 1859, art. 14 ; Convention du 19 août 1859, art. 14 ; Convention du 26 septembre 1859, art. 15 ; Convention du 30 mars 1860, art. 14.

75 Convention du 26 février 1859, art. 30 ; Convention du 10 août 1859, art. 15 ; Convention du 19 août 1859, art. 15 ; Convention du 26 septembre 1859, art. 16 ; Convention du 30 mars 1860, art. 15.

76 Cet article (art. 30, Convention du 26 février 1859) fait écho à l'art. 36 de la Convention du 26 février 1859 qui interdit la traite d'esclave (confirmant ainsi l'abolition de 1848). Cette convention autorise toutefois le recrutement de Malgaches à travailler dans les plantations de La Réunion (art. 20).

77 L'art. 28 de la Convention du 26 février 1859 interdit aux Malgaches de contracter une dette. Lorsqu'un indigène veut acheter un produit, il doit le payer directement.

78 Convention du 26 février 1859, art. 31.

79 Convention du 10 août 1859, art. 16 ; Convention du 19 août 1859, art. 16 ; Convention du 26 septembre 1859, art. 17 ; Convention du 30 mars 1860, art. 16. .

prévu que : « Les chefs [de la tribu en question] qui croiront avoir à se plaindre agiront de la même façon et porteront leur plainte aux croiseurs pour être transmise au commandant de la division : ils adresseront un double de cette plainte au commandant supérieur de Mayotte et au commandant particulier de Nossi-Bé[80] [ou] aux autorités compétences ci-dessus désignées[81] ». Ces deux (02) clauses posent une procédure plus contraignante pour les chefs malgaches qui ne sont plus jugés selon leur droit local, laissant ainsi sous-entendre qu'ils doivent rendre des comptes, lorsqu'ils ont mal agi, aux autorités françaises. Cette situation est d'autant plus flagrante à travers la convention du 26 février 1859 dans laquelle Fleuriot de Langle, commandant des forces navales des côtes orientales de l'Afrique, met en place un protectorat[82]. Les chefs sakalaves de cette convention sont jugés par un militaire chargé des colonies. Quant aux autres, il s'agit d'une justice moins coloniale et plus internationale dans la mesure où ils sont jugés tantôt par un civil, tantôt par un militaire selon les circonstances. Cette procédure est aussi contraignante pour les chefs en ce sens qu'ils doivent déposer leurs plaintes à un navire de guerre français. Autrement dit, il faut qu'ils réussissent à parvenir à ce navire[83] pour que la plainte soit, non pas acceptée, mais prise en compte par les autorités militaires. En effet, l'utilisation du verbe « croire », dans le passage « Les chefs [...] qui croiront avoir à se plaindre », laisse sous-entendre le conditionnel de la saisie de leurs actions.

Concernant la convention du 23 avril 1860 conclue avec les rois mahafales Ibart et Ribibi, son article 10 est plus généraliste et simpliste, à cause d'une présence sans doute faible de la marine impériale dans le territoire de Machicora. Il prévoit : « Enfin, si les Malgaches ont à se plaindre des blancs ou réciproquement, le roi tâchera d'arranger l'affaire ; s'il ne peut pas parvenir à contenter les blancs, il attendra l'arrivée d'un bâtiment de guerre pour exposer l'affaire au capitaine de ce bâtiment jamais il ne pourra condamner un blanc à une amende quelque faible qu'elle soit ». La marine impériale établit une nouvelle – dire que ce serait une organisation judiciaire serait une exagération – méthode de régler des différends entre les Français et les Mahafales de Machicora. Cela s'apparente plus à un arrangement à l'amiable en faveur des étrangers de la Grande Île puisque cet article interdit au roi de « condamner un blanc à une amende ». Ce qui est marquant, c'est qu'il n'y a plus de distinction entre une procédure autour des chefs malgaches et celle d'une personne lambda. Tant les Français que les Mahafales doivent régler leur différend devant le roi, étant, soit Ibart soit Ribibi. L'égalité entre le droit local et le droit français n'est pas reconnue, ce qui laisse sous-entendre que seul ce droit madécasse s'applique à tous. En revanche, la décision arbitrale peut faire l'objet – si l'expression est permise – d'un appel auprès de la marine impériale, lorsque celle-ci est présente. En effet, un officier peut être saisi si et seulement si le roi, alors juge ou arbitre compétent, « ne peut pas parvenir à contenter les blancs ». Il convient d'insinuer que les officiers de la marine impériale appliquent un droit – le droit

80 Convention du 26 février 1859, art. 32 ; Convention du 10 août 1859, art. 17 ; Convention du 19 août 1859, art. 17 ; Convention du 26 septembre 1859, art. 18 ; Convention du 30 mars 1860, art. 17.

81 Convention du 10 août 1859, art. 17 ; Convention du 19 août 1859, art. 17 ; Convention du 26 septembre 1859, art. 17 ; Convention du 30 mars 1860, art. 18.

82 Convention du 26 février 1859, art. 12.

83 Seuls les articles 33, 34, 35 et 37 autorisent les Sakalaves des rois Tsiahouan et Angareza à pouvoir naviguer sous la protection de la marine impériale et avec un permis sur les cours d'eau et mers.

français – plus en faveur des commerçants français. Aussi, cette convention ajoute-t-elle un nouvel élément, qui apparaît certes déjà dans la convention du 30 mars 1860, consistant à remettre aux autorités militaires les assassins malgaches de Français[84]. Leurs biens ne sont pas saisis par les autorités qui les arrêtent mais par les autorités qui les jugent, c'est-à-dire la marine impériale. Cet ajout paraît être une justice de circonstance, notamment du fait des événements.

Par justice « extraordinaire », il convient de l'entendre comme une justice de circonstance ou bien comme l'attribution par la marine impériale de compétences et pouvoirs judiciaires exceptionnels à des chefs malgaches. Ces attributions exceptionnelles sont peu nombreuses et n'apparaissent que dans trois (03) conventions. Il y a d'abord les conventions des 30 mars et 26 avril 1860 qui obligent les Malgaches du Menabe et de Machicora à délivrer leurs compatriotes ayant assassiné les Français[85]. La coopération judiciaire – si tant est qu'il en existe réellement une – s'arrête à cette délivrance et les chefs Malgaches ne peuvent pas, selon les conventions, intervenir. Il y a ensuite les compétences de sanction du roi Tsiahouan de l'Ambongou à l'encontre de sa vassale et ancienne reine de la baie de Baly Outzinzou, attribuées par la marine impériale. La convention du 26 février 1859 est avant tout acte sanctionnant très sévèrement cette reine sakalave à la suite d'une révolte et d'un pillage d'un navire de commerce français. Le commandant en chef, Fleuriot de Langle, après lui avoir retiré ses droits seigneurs sur la baie de Baly[86] et de lui avoir imposé de fortes amendes en vue de dédommager les préjudices commis[87], interdit à la reine Outzinzou de percevoir des droits d'ancrage[88]. A défaut, la perception est considérée « comme un acte de piraterie » que le roi Tsiahouan devra sanctionner par la destruction d'établissements de la reine et/ou de ses gens[89]. Qu'elle soit ordinaire ou extraordinaire, la justice instaurée par la marine impériale dans les territoires de la côte occidentale de Madagascar est en faveur des Français, même si les conventions laissent paraître quelques garanties en faveur des autochtones.

B. Les clauses pénales des conventions : une justice punitive par la marine impériale

Ces six (06) conventions détiennent une clause pénale qui se présente très punitive. Elle s'actionne lorsque les Malgaches dont le peuple est parti à l'une de ces conventions ne respectent pas l'une de leurs obligations. Avant d'analyser l'effet de cette clause pénale, il convient de présenter les obligations ou plutôt corvées que doivent exécuter les indigènes.

Ces obligations portent surtout sur l'aide des Malgaches qu'ils doivent apporter lorsqu'un navire français se trouve en difficulté[90]. Ils doivent renflouer le navire lorsque les membres d'équipage ne parviennent pas à le faire[91], et porter

84 Convention du 30 mars 1860, art. 2 ; Convention du 23 avril 1860, art. 2.

85 Convention du 30 mars 1860, art. 2 ; Convention du 23 avril 1860, art. 2.

86 Convention du 26 février 1859, art. 2 et 3.

87 Convention du 26 février 1859, art. 4, art. 5 et 6.

88 Convention du 26 février 1859, art. 3.

89 Convention du 26 février 1859, art. 3.

90 La question des naufrages est introduite par Convention du 26 février 1859, art. 21 ; Convention du 10 août 1859, art. 8 ; Convention du 19 août 1859, art. 8 ; Convention du 26 septembre 1859, art. 9 ; Convention du 30 mars 1860, art. 8.

91 Convention du 26 février 1859, art. 22 ; Convention du 10 août 1859, art. 10 ; Convention du 19 août 1859, art. 10 ; Convention 26 septembre 1859, art. 11 ; Convention du 30 mars 1860, art. 10.

secours aux membres d'équipage d'un navire en feu[92] ; tout ceci sans être rémunérés. En effet, il leur est interdit de prétendre à quelconque salaire. Toutefois, les capitaines français ont l'obligation de donner un cadeau au chef du village ayant porté secours. Ce cadeau, composé selon les conventions de rhum, de pièces d'étoffes ou encore de quelconque autre marchandise, est partagé entre les sauveteurs. L'assistance des Malgaches est obligatoire en cas de naufrage du navire. Les autochtones doivent sauver les marchandises et cette fois-ci, à l'instar de la législation française, les sauveteurs gardent un tiers des marchandises sauvées que le roi ou chef de tribu doit partager entre ses sujets[93]. Ils doivent en outre donner l'hospitalité aux Français, quelle que soit la manière dont ils se trouvent dans un village[94] et ce ravitaillement ne peut être considéré – précisent les clauses – comme un échange commercial et donc il est exempt de toute taxe consistant en l'offrande de cadeaux[95]. Enfin, les chefs et rois doivent remettre aux autorités françaises, en plus des assassins, les déserteurs[96]. Afin d'inciter les autochtones à exécuter cette clause, le lieutenant Desprez a introduit une prime en nature (rhum et/ou pièce d'étoffes)[97]. La convention du 23 avril 1860 pose des obligations plus lourdes en ce sens que les Mahafales doivent également intervenir en cas d'incendie d'un magasin détenu par un Français qui, en contrepartie, doit leur remettre « un faible cadeau »[98] ; il leur est interdit de prendre, quel que soit le prétexte, un bien appartenant aux Français (au motif que « Dieu est bon et qu'il n'enlève rien aux blancs pour le donner aux Malgaches [99]»)[100] ; il leur est interdit de supposer qu'un quelconque mal (mort d'un roi, vent ou encore maladie), légitimant le pillage, provient des Français[101].

En cas de non-respect de ces articles, la marine de guerre impériale a introduit une clause pénale très punitive. L'article 26 de la convention du 26 février 1859, confirmé par l'article de la convention du 26 septembre de la même année, prévoit : « Veut le commandant en chef que ces règlements soient strictement observés sous peine de forfaiture, et de voir la baie de Baly étroitement bloquée par les forces de S. M. Napoléon III ». L'article 20 des conventions du 10 et 19 août stipule : « Veut le commandant en chef que les articles de ce traité soient strictement observés à l'avenir sous peine de forfaiture et de voir tous les avantages que les contractants retirent de l'alliance de la France leur échapper, et leurs villes et

92 Convention du 26 février 1859, art. 23 ; Convention du 10 août 1859, art. 11 ; Convention du 19 août 1859, art. 11 ; Convention 26 septembre 1859, art. 12 ; Convention du 30 mars 1860, art. 11.
93 Convention du 26 février 1859, art. 25 (sauf partage des marchandises) ; Convention du 10 août 1859, art. 13 ; Convention du 19 août 1859, art. 13 ; Convention 26 septembre 1859, art. 26 (sauf partage des marchandises) ; Convention du 30 mars 1860, art. 13.
94 Convention du 26 février 1859, art. 25 ; Convention du 10 août 1859, art. 13 ; Convention du 19 août 1859, art. 13 ; Convention 26 septembre 1859, art. 26; Convention du 30 mars 1860, art. 13.
95 Convention du 10 août 1859, art. 21 ; Convention du 19 août 1859, art. 21 ; Convention 26 septembre 1859, art. 23 ; Convention du 30 mars 1860, art. 21 ; Convention du 23 avril 1860, art. 11.
96 Convention du 10 août 1859, art. 19 ; Convention du 19 août 1859 art. 19 ; Convention 26 septembre 1859, art. 20 ; Convention du 30 mars 1860, art 20.
97 Convention du 30 mars 1860, art 20.
98 Convention du 23 avril 1860, art. 5.
99 Convention du 23 avril 1860, art. 6.
100 Convention du 23 avril 1860, art. 6 et 9.
101 Convention du 23 avril 1860, art. 7.

villages étroitement bloqués par les forces de S. M. l'Empereur ». L'article 22 de la convention du 30 mars 1860 reprend le vocabulaire des clauses d'août 1859 : « Veut le commandant en chef que les articles de ce traité soient strictement observés à l'avenir à l'avenir, sous peine de forfaiture et de voir tous les avantages que les gens du Ménabé retireront de l'alliance de la France leur échapper, leurs villes et villages étroitement bloqués par les forces de S.M.I. » Ces clauses pénales sont claires : il s'agit de la mise en place par la marine de guerre impériale d'un blocus devant lequel les peuples malgaches de la côte occidentale ne peuvent rivaliser. Ces clauses sortent du cadre juridique et même de la justice au sens juridique du terme, car le règlement d'un litige entre Français et Malgaches se conclut par une sanction militaire de la part de la marine impériale. Les Français établissent la paix – ainsi que leur présence – et la maintiennent par une sorte d'équilibre de la peur qui se définit par un conflit. Ainsi, ces conventions servent surtout à imposer la présence de la puissance quasi-coloniale – ou précoloniale – de la France au détriment de la volonté des véritables intéressés.

En conclusion, il convient de se demander si ces conventions – et ce faisant la justice qu'elles ont établie – ont bel et bien été appliquées par les deux (02) parties. La réponse est bien évidemment apportée par l'historien malgache Esoavelomandroso mais, avant de donner sa réponse, il est intéressant d'apporter notre propre conclusion à partir du fonds des ANOM. Ce dernier comprend trois (03) documents qui tendent vers leur applicabilité. D'abord, il s'agit des amendes – selon le terme inscrit sur la chemise des archives – des 9[102] et 12[103] septembre 1860 imposées à Radegoune pour le premier et Leymiridza pour le second, un an après la conclusion de leurs conventions avec la marine impériale. Il est difficile de dire si ces documents correspondent à la confirmation des sanctions infligées à ces rois dans les traités de 1859, car d'une part ces amendes modifient le prix de la peine et d'autre part leur donnent un délai d'un an pour leur paiement ; ou s'il s'agit d'une nouvelle sanction infligée à la suite d'un préjudice commis par eux ou leurs sujets. Dans ce dernier cas, la marine impériale a appliqué une peine arbitraire plus douce que celle prévue par les conventions : le blocus militaire. Ensuite, l'acte de concession de terres consenti par le roi Laymiridza à deux (02) officiers français du 24 juillet 1861[104] peut témoigner que la convention du 19 août 1859 est appliquée, car il est conclu selon ses clauses. Enfin, il convient d'analyser les parties à ces conventions et les circonstances de création. Il y a, d'une part, la marine impériale, qui représente le Second Empire français, et, d'autre part, les peuples de la côte occidentale de Madagascar (Sakalaves et Mahafales), qui, à cette époque, s'opposent aux Mérinas, le peuple des hauts-plateaux constituant le Royaume de Madagascar. Ces « traités diplomatiques », mettant sur la scène internationale des tribus, comme le souligne l'historien Esoavelomandroso, se sont formés à la suite de différends opposant commerçants français et autochtones. Il s'agit d'une justice de circonstance tendant vers l'amitié et l'alliance entre la France et ces peuples. Les officiers de la marine impériale instaurent une justice plus ou moins pragmatique – les clauses se précisent au fil des conventions – qui protège surtout les Français. Cette justice se présente surtout comme une sorte de justice internationale dans laquelle les

102 FR ANOM GGM 1 z 322-4 (version dactylographiée) ; FR ANOM GGM 1 z 329 (version manuscrite).
103 FR ANOM GGM 1 z 322-2.
104 FR ANOM GGM 1 z 332-1.

autochtones, notamment leurs chefs, doivent rendre des comptes aux autorités – militaires – françaises. Cependant, ces officiers sont intervenus à la suite d'un fait litigieux et non pas selon les ordres du gouvernement. Autrement dit, ils ont formé des conventions de manière illicite. C'est d'ailleurs ce que met en avant l'historien Esoavelomandroso. Malgré une procédure de publication officielle dans les journaux français de l'Océan Indien, le ministre de la Marine réprimande – à propos des conventions de 1859 – le commandant en chef des forces navales stationnées aux côtes de l'Afrique orientale, Fleuriot de Langle, en lui avertissant que les Français et Britanniques se sont promis de n'avoir aucune vue coloniale sur Madagascar[105]. L'historien ajoute aussi que « ces documents [...] ne semblent pas avoir été appliqués ou respectés par les deux parties[106] ». Il écrit même : « la tradition orale n'a pas retenu leur trace[107] ». Quoi qu'il en soit, ces conventions, bien qu'illicites, ont pour objectif de nouer des relations diplomatiques en imposant la présence de la France dans l'Océan Indien. Elles expriment en réalité la survivance des prétentions de la France sur la Grande Île.

105 M. Esoavelomandroso, « Les conventions franco-mahafale de 1859 et 1860 », op. cit., pp. 72-73. Note : afin d'apaiser les relations avec le Royaume-Uni, la diplomatie française a dû envoyer une lettre au gouvernement anglais dans laquelle le gouvernement impérial ne reconnaît pas les clauses politiques de ces conventions.
106 Ibid., p. 68.
107 Ibid., p. 67. Note : l'historien a interrogé les descendants des rois ayant pris part à ces conventions et ils approuvent leur existence, mais les documents ont disparu.

10.
Madagascar 1862-1865 : une comparaison des clauses relatives à la justice dans les traités franco-malgache et anglo-malgache

Par

Liantsoa NORONAVALONA
Doctorante en Histoire du Droit, Université de Aix-Marseille III

Le 16 août 1861, Ranavalona Ière, reine de Madagascar, rend son dernier souffle au Palais de Manjakamiadana, à Antananarivo. Cette souveraine, souvent dépeinte, comme un monarque despote[1], conduisait une politique diplomatique sertie de méfiance envers les étrangers. Ses doutes, quant à leurs intentions, étaient si grands qu'elle finit par fermer son royaume aux européens[2]. A sa mort, son fils Radama II lui succéda au trône, et contrairement à Ranavalona Ière, il fit montre d'une grande latitude face aux étrangers[3]. Ainsi, il accueillit en son royaume commerçants, missionnaires, et voyageurs européens, avec licence et enthousiasme. Parmi eux, l'architecte français Joseph Lambert se démarque par sa proximité avec le roi et réussit même à lui présenter en 1855 une charte concédant des avantages faramineux aux Français, notamment le droit de propriété à Madagascar[4]. La Charte Lambert fut approuvée par Radama II, et la signature eut lieu le 9 novembre 1862[5]. Ces faveurs et privilèges, furent rapidement perçus comme outranciers, et l'attitude de ce jeune roi envers ces étrangers fut vite qualifiée d' « excessive et non contrôlée [6] ». C'est dans ce contexte diplomatique, quelque peu laxiste, que le Traité d'amitié et de commerce entre la France et Madagascar fut signé, le 12 septembre 1862. Ce traité est sans conteste un reflet de la Charte Lambert. Ses termes traduisent d'une part la réelle volonté de coopération commerciale et d'assistance mutuelle entre les Français et les Malgaches. D'autre part, l'accord montre la grande disponibilité du roi Radama II à céder plusieurs droits aux Français, dont la propriété[7]. Les concessions de cet ordre lui ont valu la défiance des grands administrateurs du palais, qui dès que possible, ont mis en œuvre un complot pour mettre fin à son règne entaché par la frivolité de sa conduite et sa flexibilité face aux étrangers. Ainsi, accusé de « vendre le pays [8] », il fut assassiné le 12 mai 1863,

---

1 « Commence alors un long règne de trente-trois ans, marqué par un pouvoir discrétionnaire fait de rivalités, d'arbitraire, de tueries, de mises en esclavage, d'expéditions guerrières devenant des hécatombes, qui affaiblissent considérablement le royaume. » in D. Hecht-Ranaivoson, *Madagascar : dictionnaire des personnalités historiques*, Saint-Maur-des Fossés Antananarivo, Sépia Tsipika, 2005, p. 152.

2 « Son souci principal est la peur de voir Madagascar tomber entre les mains des étrangers, en particulier les commerçants et les missionnaires, qu'elle accuse de faire perdre l'identité malgache. » Ibid.

3 Ibid. p. 122.

4 Le texte « stipule la création d'une compagnie ayant pour but l'exploitation des mines et la culture des terrains non occupés, et en devient propriétaire sans aucun droit ni redevance, ni impôt particulier. Elle prend possession des mines existantes, entre autres celle située près de Soatsimananmpiovana. En contrepartie, ladite compagnie s'engage à aider Radama dans ses projets d'amélioration et d'évolution du pays. » M. Prou, Malagasy: un pas de plus, Le « royaume de Madagacar au XIXe siècle », I (1793-1894), Paris, L'Harmattan, 1987, p.114. Il est important de rappeler que le tanindrazana (la terre des ancêtres) a une grande importance culturelle et sociologique pour les malgaches. Et en céder la propriété aux étrangers constitue encore aujourd'hui une grande controverse qui met souvent les gouvernements successifs à l'épreuve.

5 Ibid.

6 D. Hecht-Ranaivoson, *Madagascar*, op. cit. p. 123.

7 Art. 4 du Traité d'amitié et de commerce du 12 septembre 1862.

8 D. Hecht-Ranaivoson, *Madagascar*, op. cit. p. 123.

laissant le trône à sa première épouse Rasoherina. Cette nouvelle souveraine, sous l'influence de son Premier ministre Rainilaiarivony, décida de rompre la Charte Lambert qui, visiblement compromettait l'harmonie dans le royaume. Les Anglais à leur tour, proposèrent à la reine un traité anglo-malgache, largement inspiré de ceux signés sous Radama II. Cependant, l'exemple français a alimenté la prudence du Premier ministre Rainilaiarivony, qui exigea certaines conditions affirmant la souveraineté de la reine. Cet accord fut finalement consigné par le Fanaikena amy ny Fihavanana sy amy ny Fivarotana amy ny England & Madagascar, traité d'amitié et de commerce anglo-malgache signé le 27 juin 1865 par le consul britannique Pakenham, la reine Rasoherina et se ministres. Ces deux (02) traités comportent des clauses relatives à la justice applicable aux sujets français et anglais, et il n'est pas inconvenant de les mettre en relation aussi bien entre elles, mais aussi de les confronter aux codes malgaches qui régissaient alors le royaume de Madagascar. L'ambition de ce rapprochement est de comprendre la notion de justice dans les relations diplomatiques malgaches et de répondre à un questionnement qui semble avoir toute sa pertinence sur l'évolution de la justice malgache au contact des européens. Ces traités reflètent d'une part une organisation de la justice malgache, influencée par les systèmes judiciaires français et anglais **(I)**. D'autre part, ils montrent une timide sauvegarde des compétences judiciaires malgaches **(II)**.

I. Une organisation de la justice malgache influencée par les systèmes judiciaires français et anglais

Les relations commerciales entre Madagascar et les européens ont nécessité un cadre juridique, pour les règlementer correctement. Pour ce faire, les clauses relatives à la justice, contenues dans ces traités, révèlent une occidentalisation de la justice malgache **(A)**. De plus, cette justice devait répondre aux besoins de commerce, qui était le principal objet de ces relations entre les Malgaches et les Européens **(B)**.

A. L'application des principes judiciaires occidentaux dans la justice du Royaume de Madagascar

Le traité franco-malgache de 1862 et le traité anglo-malgache de 1865 se voulaient rassurants pour les Français et les Anglais, et affichaient leur volonté de garantir leurs droits à une justice équitable **(1)** et rationnelle **(2)**.

1. L'équité : l'établissement d'une coopération judiciaire

Le traité franco-malgache de 1862 prévoyait que tout contrat[9] rédigé dans le cadre du traité devait être authentifié devant les magistrats malgaches et le consul de France. Cette clause créa une nouvelle attribution du magistrat malgache qui de façon ordinaire, n'avait qu'à rendre la justice en cas de conflit[10].

9 « Les baux, contrats de vente et d'achat, d'engagement de travailleurs » Art. 4 du Traité d'amitié et de commerce entre la France et Madagascar su 12 septembre 1862. in R.-W. Rabemananjara et H.J. de Dianoux, Madagascar 1895 : documents politiques et diplomatiques, Repères pour Madagascar et l'Océan indien, Paris, Éd. l'Harmattan, 1996, p.55.

10 Ce fut le roi Andrianampoinimerina (règne de 1787 à 1810) qui organisa la hiérarchie judiciaire. Celle-ci est composée de trois (03) niveaux. En première instance, c'est le fokonolona, la communauté villageoise, qui juge les différends. En appel, les vadintany, juges nommés par le souverain, réexaminent les jugements insatisfaisants, et peuvent également juger les notables comme les fokonolona. Enfin, en dernier recours, c'est le souverain qui donne son jugement. G. (1870-1936) A. du texte Julien, Institutions politiques et sociales de Madagascar : d'après des documents authentiques et inédits.... Tome 1 / Gustave

Par ailleurs, le traité franco-malgache, par son article 5 ouvre une coopération judiciaire entre le consul français et le magistrat malgache. Cette clause énonce clairement que :

« Les malgaches au service de Français jouiront de la même protection que les Français eux-mêmes, mais si lesdits Malgaches étaient convaincus de quelque crime ou infraction, punissable par la loi de leur Pays, ils seraient livrés par intervention du Consul à l'autorité locale [11] ».

Ceci suggère donc que le traité confirme la pleine personnalité juridique des Malgaches, en tant que sujets de droit malgache. Il appartenait donc aux magistrats de la reine de les juger, et de sanctionner leurs actes.

Cette coopération judiciaire a été étendue aux conflits survenus entre sujets malgaches et sujets étrangers. En effet, le traité franco-malgache de 1862 prévoit en son article 9 que : « Dans les différends entre Français et Malgaches, la plainte ressortira au Consul et au juge malgache jugeant ensemble. [...] [12] ». De même, l'article 11 du trait anglo-malgache de 1865, reprend exactement le sens de cette clause[13]. Cette collaboration se présente comme une forme de médiation, mais la question de la règlementation de référence des juges se pose. La législation malgache contemporaine est largement constituée par les coutumes et usages, en dépit de l'existence des Codes amendés à chaque nouveau règne[14], et qui, d'un premier abord, peuvent laisser penser à un recueil plutôt casuistique qu'à vocation générale et impersonnelle. Aussi, la confrontation des prétentions juridiques d'un citoyen français à l'étranger et celles d'un malgache face à un étranger, sujet d'un autre droit, est-elle une question intéressante.

Les étrangers étaient ainsi sujets de droit de leurs pays respectifs. Le traité avec les Anglais[15] comme celui avec les Français[16], reprend ce même principe.

Julien,..., 1909, disponible sur https://gallica.bnf.fr/ark:/12148/bpt6k65408483 (Consulté le 18 avril 2019), p.352-354.

11 Art. 5 du Traité d'amitié et de commerce entre la France et Madagascar du 12 septembre 1862, in R.-W. Rabemananjara et H.J. de Dianoux, Madagascar 1895, op. cit, p. 55.

12 Ibid. p. 57

13 FR ANOM GGM 2 z 22-2 correspondant au livret du Fainaikena amy ny Fihavanana sy amy ny Fivarotana amy ny England & Madagscar (Traité d'amitié et de commerce entre l'Angleterre et Madagascar), imprimé par l'Imprimerie de la Reine de Madagascar à Anatirova, en 1872 : art. 11 : « [...]Ary raha misy ady sy tsy fifanarahany ny vahoakany British amy ny vahoakany ny Mpanjakany Madagascar, na ny fanjakany ny Mpanjakany Madagascar, ny Konisely ny British, na olona hafa izay hotendreny ny Mpanjaka ny British, sy ny olona izay hotendreny ny Mpanjaka sy ny lehibe aminy Madagascar, hiara-hihaino sy hitsara azy. [...]». Notre proposition de traduction : « En cas de conflit ou de désaccord entre un sujet britannique et le royaume de Madagascar ou un sujet de la reine de Madagascar, alors il appartiendra au Consul, ou toute autre personne nommée par la reine des Britanniques et au commis de la reine de Madagascar de les entendre et de les juger conjointement. ».

14 Ces Codes sont répertoriés dans l'ouvrage : G. (1870-1936) A. du texte Julien, Institutions politiques et sociales de Madagascar, op. cit.

15 FR ANOM GGM 2 z 22-2 correspondant au livret du Fainaikena amy ny Fihavanana sy amy ny Fivarotana amy ny England & Madagscar (Traité d'amitié et de commerce entre l'Angleterre et Madagascar), imprimé par l'Imprimerie de la Reine de Madagascar à Anatirova, en 1872 : art. 11 : « Ny lehibe manana fahefana amy ny Malagasy tsy hanan-draharaha amy ny tsy fifanarahana sy ny adiny samy vahoakany British, na ny vahoakany British sy ny vahoaka avy amy ny firenena hafa. Ny lehibe manana fahefana amy ny British tsy hanan-draharaha amy ny tsy fifanarahana sy ny adiny samy vahoakany Malagasy, na ny vahoakany Malagasy sy ny vahoaka ny firenena hafa, na ny tompon-tanàna raha ao Madagascar. ». Notre proposition de traduction : « Les autorités malgaches ne prendront pas part aux conflits et désaccords entre sujets britanniques et entre sujets britanniques et autres étrangers. De même,

Concernant ces formes de coopérations entre les justices malgache et étrangère, il est important de soulever une différence britannique, qui peut se voir comme une délégation de la souveraineté judiciaire de la reine de Madagascar, en matière d'ordre public. L'article 11 du Traité d'amitié et de commerce entre l'Angleterre et Madagascar prévoit deux (02) situations. En premier lieu, il appartenait au Consul Britannique de prendre une décision judiciaire à l'encontre de tout sujet britannique ayant été inculpé pour crime contre le royaume de Madagascar. Il sera donc jugé et incriminé par son Consul[17]. En second lieu, tout sujet britannique, connu avoir enfreint les lois du pays, pouvait être banni de l'île par les autorités britanniques[18].

Enfin, dans ces relations majoritairement commerciales convenues entre Madagascar et les européens, le recouvrement judiciaire de créances est prévu aussi bien dans le traité franco-malgache de 1862, que dans le traité anglo-malgache de 1865. Le premier prévoit en son article 12[19], une assistance réciproque entre les autorités malgaches et françaises. Il s'agissait pour les autorités malgaches, d'assister et d'aider le Consul français dans le recouvrement des créances des sujets français, en cas d'endettement d'un Malgache.

Le second, engage le responsable malgache compétent en la matière, à aider le Consul britannique dans le recouvrement des créances anglaises. Le même engagement des autorités britanniques, envers les éventuelles créances malgaches n'a cependant pas été abordé[20].

---

les autorités britanniques ne prendront pas part aux conflits et désaccords entre sujets malgaches, entre sujets malgaches et autres étrangers, ou des nationaux à Madagascar. ».

16 Art. 9 : « Les autorités dépendant du Roi n'interviendront pas dans les contestations entre Français, ou entre Français et autres sujets chrétiens » in R.-W. Rabemananjara et H.J. de Dianoux, Madagascar 1895, op. cit, p. 57. Note : Ici, la notion « sujets chrétiens » se rapportent aux autres européens.

17 FR ANOM GGM 2 z 22-2 correspondant au livret du Fainaikena amy ny Fihavanana sy amy ny Fivarotana amy ny England & Madagscar (Traité d'amitié et de commerce entre l'Angleterre et Madagascar), imprimé par l'Imprimerie de la Reine de Madagascar à Anatirova, en 1872 : art. 11 : « Ny Mpanjaka ny Madagascar manaiky, raha misy vahoaka ny Bristish ampangaina, ka manao ratsy amy ny fanjakany ny Mpanjaka ny Madagascar, izany olona ampangaina izany dia hotsarainy sy hohelohiny ny Konisely ny British, na olona hafa izay hotendreny ny Mpanjaka ny British hanao izany ». Notre proposition de traduction : « La reine de Madagascar accepte, que tout sujet Britannique inculpé pour un crime commis à l'encontre du royaume de la reine de Madagascar, sera jugé et incriminé par le Consul Britannique, ou toute personne nommée par la reine des Britanniques à cet effet. ».

18 FR ANOM GGM 2 z 22-2 correspondant au livret du Fainaikena amy ny Fihavanana sy amy ny Fivarotana amy ny England & Madagscar (Traité d'amitié et de commerce entre l'Angleterre et Madagascar), imprimé par l'Imprimerie de la Reine de Madagascar à Anatirova, en 1872 : art. 11 : « Raha misy vahoakany British izay fantatry ny Koniseliny British, na manamboninahitra hafa, fa nandiso tokoa ny Lalàny ny Madagascar, dia azo roahina hiala aminy Madagascar izy. » Notre proposition de traduction : « Tout sujet britannique connu du Consul britannique ou de tout autre officier, pour avoir enfreint les lois de Madagascar peut être banni de Madagascar. ».

19 Art. 12 : « Si un Malgache refuse ou élude le payement d'une dette envers un Français, les autorités locales donneront toute aide et facilité au créancier pour recouvrer ce qui lui est dû, et de même le Consul français donnera toute assistance aux Malgaches pour recouvrer les dettes qu'ils auront réclamées des Français » R.-W. Rabemananjara et H.J. de Dianoux, Madagascar 1895, op. cit, p. 58.

20 FR ANOM GGM 2 z 22-2 correspondant au livret du Fainaikena amy ny Fihavanana sy amy ny Fivarotana amy ny England & Madagscar (Traité d'amitié et de commerce entre l'Angleterre et Madagascar), imprimé par l'Imprimerie de la Reine de Madagascar à Anatirova, en 1872 : art. 12 : « Raha misy vahoakany Mpanjaka ny Madagascar izay mandà ary tsy handoa ny trosa marina ananany ny vahoakany British, ny lehibe manana fahefana amin'izany dia hanao izay hainy hampandoa ny trosany ;

2. La rationalisation des procédures judiciaires

Le traité anglo-malgache de 1865, prévoit en son article 18 l'abolition de l'ordalie du tangena[21]. Cet article engage également les Britanniques et les Malgaches à bien traiter leurs otages en cas de guerre entre les deux (02) pays. Et l'esclavage comme l'exécution des esclaves est formellement interdit par le traité[22]. Ce besoin direct de rationalité dans la procédure judiciaire et dans les rapports de forces en temps de conflit, suppose un caractère sacré, perçu dans le droit et la justice malgache, malgré les réformes apportées par les codes malgaches qui se sont succédé. D'ailleurs, le tangena a été aboli par Radama II[23] en 1862, mais le traité anglo-malgache confirme cela. Quant à la question des otages, il était encore courant pour les Malgaches, et le royaume merina, de les réduire en esclavage lors des conquêtes des régions côtières. L'esclavage ne sera aboli qu'en 1896, avec l'annexion française du pays.

Cette rationalisation passe aussi par l'introduction de la liberté religieuse comme principe à prendre en compte par les magistrats malgaches. Les deux (02) traités en leur article 3 posent la « faculté de pratiquer ouvertement leur religion [24] ». De ce fait, les magistrats malgaches n'avaient plus la compétence de poursuivre les chrétiens étrangers ayant pu pratiquer leur religion ouvertement, et d'ailleurs, l'article 3 du traité anglo-malgache, permet également aux malgaches d'adhérer librement à la religion chrétienne, et n'autorise plus l'arrestation de ces derniers.

Ainsi, ces deux (02) traités reflètent une évolution de la justice malgache, qui tend vers une occidentalisation des institutions judiciaires, en admettant de plus en plus la présence des autorités étrangères dans les instances de médiation, et de décision. En tout cas dans les relations entre Madagascar et les pays européens, qui

ary torak'izany, ny Konisely ny British hanao izay hainy hampandoa ny vahoakany Madagascar. » Notre proposition de traduction : « Si un sujet malgache refuse et ne paie pas sa dette réelle envers un sujet britannique le responsable compétent en la matière, comme le Consul britannique, fera tout ce qui lui est possible pour l'enjoindre à payer sa dette. ».

21 Le procédé consistait à faire boire un breuvage toxique à l'accusé, qui s'il n'en garde aucune séquelle, sera jugé innocent.

22 FR ANOM GGM 2 z 22-2 correspondant au livret du Fainaikena amy ny Fihavanana sy amy ny Fivarotana amy ny England & Madagscar (Traité d'amitié et de commerce entre l'Angleterre et Madagascar), imprimé par l'Imprimerie de la Reine de Madagascar à Anatirova, en 1872 : art. 18 : « Ny Mpanjakany Madagascar dia manaiky hanaisotra ny tangena tsy hatao amy ny fitsarana intsony mandrakizay. Raha sendra misy ady amy ny Great Britain sy Madagascar (aoka ho raran'Andriamanitra izany) ny sambo-belona rehetra azony izy roa tonta dia atao tsara fitondra, ary dia alefa rehefa vita ny ady, na ampifanakalozina raha mbola miady, ary izany sambo-belona izany dia tsy azo handevozina na hovonoina, na manao ahoana na manao ahoana. » Notre proposition de traduction : « La reine de Madagascar accepte d'abolir le tangena de la procédure judiciaire et ce, de façon irrévocable. Si guerre il y a entre la Grande Bretagne et Madagascar, (puisse Dieu empêcher cela), tous les otages capturés seront bien traités de l'un et de l'autre côté. Ils seront restitués à la fin de la guerre. Ils peuvent également être échangés durant le conflit, il est interdit de les réduire en esclavage ou de les exécuter, en aucune circonstance. ».

23 D. Hecht-Ranaivoson, *Madagascar*, op. cit. p. 123.

24 Art.3 du Traité franco-malgache in R.-W. Rabemananjara et H.J. de Dianoux, Madagascar 1895, op. cit, p. 54. L'article 3 du traité anglo-malgache prévoit que : « Ny vahoakany British izay any amy ny fanjakany ny Mpanjakany Madagascar, dia havela malalaka tsara hivavaka sy hampianatra ny fivavahany ny Kristianina [...] ary dia harovany ny Mpanjakany ny Madagascar sy Manamboninahitra izy tsy hoenjehina tsy hosakanana amy ny fivavahany ny Kristianina [...] » Notre proposition de traduction : « Tout sujet britannique présent sur le territoire de la reine de Madagascar, sera autorisé à pratiquer sa religion en toute liberté, à enseigner la religion chrétienne [...] il sera protégé par la reine de Madagascar et les autorités malgaches. Il ne sera ni poursuivi ni empêché de pratiquer sa religion. »

sont ici la France et le Royaume-Uni. De plus, une évidente rationalisation des procédures judiciaires malgaches s'observe à mesure que les relations avec les européens s'intensifient. Certaines vont même impacter la justice nationale, et aboutir à une nationalisation de la justice internationale.

B. Une justice répondant aux besoins des relations commerciales entre Madagascar et les européens

Le traité franco-malgache[25] comme le traité anglo-malgache[26] prévoient que seul le capitaine est compétent en toute affaire concernant son équipage et en toute affaire survenue sur son navire. Les deux (02) traités prévoient également que l'aide et le soutien des autorités locales sont à disposition des capitaines, lorsqu'ils sont requis pour maintenir la discipline dans l'équipage, capturer les déserteurs et faire reconnaitre l'autorité du capitaine par les nationaux.

Est également prévue, l'assistance mutuelle entre les autorités malgaches et les autorités britanniques, ou françaises, en cas d'attaque de leur navire dans les eaux malgaches[27]. Il s'agit d'une autre attribution particulière des autorités malgaches en matière de justice, car il leur appartient de poursuivre les auteurs de l'attaque et de les punir en conséquence. Depuis le Code de Radama II, les clauses relatives au vol sont prévues par les articles 43 et 44[28], la sanction peut aller d'un paiement d'amende, jusqu'à la mise à mort, en passant par la mise aux fers. Cependant, le code a également prévu des majorations de peine pour les sujets de la reine de Madagascar, appartenant aux ethnies côtières récemment acquises. Le principe est de réduire les peines à moitié, de s'inspirer des coutumes locales en cas de vide juridique, afin de poursuivre un objectif de pacification et d'instauration de l'ordre[29].

25 Art. 10 : « L'autorité locale n'aura aucune action à exercer sur les navires de commerce français qui ne relèvent que de l'autorité française et de leurs capitaines. Toutefois, en l'absence de bâtiments de guerre français, les autorités malgaches devront si elles en sont requises par un consul ou un agent consulaire français, lui prêter main-forte pour faire respecter son autorité par ses nationaux pour rétablir et maintenir la discipline parmi les équipes des navires de commerce français. Si des matelots ou d'autres individus désertent leur bâtiment, l'autorité locale fera tous ses efforts pour découvrir et mettre sur-le-champ le déserteur entre les mains du requérant. ». Ibid.

26 FR ANOM GGM 2 z 22-2 correspondant au livret du Fainaikena amy ny Fihavanana sy amy ny Fivarotana amy ny England & Madagscar (Traité d'amitié et de commerce entre l'Angleterre et Madagascar), imprimé par l'Imprimerie de la Reine de Madagascar à Anatirova, en 1872 : art. 13 : « Ny olona lehibe manana fahefana aminy Madagascar dia tsy mahazo mandraharaha ny sambony British mpivarotra, fa raharahany ny lehibeny British sy ny kapiteny hiany izany ; ary ny sambony British rehetra, raha miditra amy ny seranany Madagascar, dia tsapaina vao miakatra an-tanety. Ary raha sendra tsy misy sambo mpiady ny British ao, ny lehibe manana fahefana amy ny Malagasy, raha angatahiny ny Konisely ny British, na ny Consular Agent, dia mba hanao izay hainy hanampy mba hampanaiky ny vahoakany British, ary hampijanona ny tabatabany ny matilo amy ny sambo mpivarotra ny British izay amy ny fitodian-tsambony Madagascar. Raha misy matilo ny British mandositra miala amy ny sambo, ny lehibe manana fahefana amin'izany tany itoerany izany dia hanao izay hainy hampisambotra azy, ary hanolotra azy amy ny Konisely ny British, na amy ny kapiteny ny sambo izay nialany, raha azony. » Notre proposition de traduction n'est pas nécessaire car la note précédente qui comporte le contenu de l'article du traité franco-malgache, concernant la question nous paraît être une traduction fidèle à cette version malgache du traité anglo-malgache.

27 Art. 18 du Traité franco-malgache de 1862 et Art. 13 du Traité anglo-malgache de 1865

28 G. (1870-1936) A. du texte Julien, *Institutions politiques et sociales de Madagascar*, op. cit. p. 475.

29 Art. 50 : « Telle est la législation qui régit les sujets dans la portion centrale de l'Ile. Pour ce qui est des provinces dont l'administration vous est confiée, inspirez-vous en en y apportant les tempéraments ci-après : [...] En résumé, vous adopterez pour principe que les amendes à infliger aux justiciables des provinces doivent être réduites de moitié, en considération que votre rôle chez ces populations est surtout

Enfin, contrairement aux Français, les Anglais ont reçu un pouvoir judiciaire plus élargi par la reine de Madagascar. Ce pouvoir permettait aux bâtiments de guerre anglais d'intervenir sur les côtes malgaches, contrôlées par le royaume merina, et de remonter les fleuves si cela est nécessaire pour lutter contre la piraterie. Ils avaient également le pouvoir de les arrêter et de les juger[30].

De même, les Malgaches et les Anglais s'engageaient à lutter conjointement contre la traite des esclaves. Pour ce faire, la reine Rasoherina de Madagascar a délégué son pouvoir judiciaire aux officiers anglais, qui pouvaient désormais faire la perquisition de navires malgaches ou arabes, suspectés de transporter des esclaves. Ces officiers anglais pouvaient également procéder à l'arrestation de ces traitants et de les juger selon les lois contre la piraterie, applicables aux équipages des navires marchands d'esclaves[31].

La justice malgache semble ainsi, se conformer à la présence des autorités européennes dans les procédures judiciaires comme dans l'organisation de cette justice. Cette dernière est d'ailleurs majoritairement orientée vers le commerce, la bonne marche et l'efficacité de cette économie du commerce. Cependant, les autorités malgaches laissent entrevoir dans ces traités que malgré les délégations de certaines prérogatives judiciaires qu'elles ont accordées aux européens, elles tiennent à sauvegarder un maximum de compétences pour répondre aux besoins du peuple malgache.

---

de les pacifier et de les organiser. [...] prenez toujours soin de vous en rapporter au présent code tout en ne perdant pas de vue que les amendes doivent avoir un taux différent selon qu'il s'agit de les appliquer à des sujets du centre ou à des sujets des provinces. Si les coutumes locales ont prévu d'autres sanctions pour les crimes ou délits que vous aurez à juger, inspirez-vous-en toujours et recourez-y pour combler les lacunes des présentes dispositions. » in Ibid. p. 477-478

30 FR ANOM GGM 2 z 22-2 correspondant au livret du Fainaikena amy ny Fihavanana sy amy ny Fivarotana amy ny England & Madagscar (Traité d'amitié et de commerce entre l'Angleterre et Madagascar), imprimé par l'Imprimerie de la Reine de Madagascar à Anatirova, en 1872 : art. 16 « Ny Mpanjakany ny Fanjakana mitambatra Great Britain sy Ireland, sy ny Mpanjaka ny Madagascar, mifanaiky hanao ami'nizay hainy hampijanona ny jiolahin-tsambo amy ny ranomasina, sy ny làlan-dranomasina tery, sy ny ony, izay feheziny izy roa tonta sy ananany hery. Ary ny Mpanjaka ny Madagascar dia manaiky hanao izay hainy hisakana, sy tsy hiereny, ary tsy hanome fiarovana, ny olon-dratsy, avy amy ny jilahin-tsambo, ary hisakana azy tsy hampiditra sy tsy hivarotra amy ny Fanjakany, na ny sambo, na ny andevo, na ny zavatra amidy, izay voasambotra izany jiolahin-tsambo izany ; ary ny Mpanjaka ny Madagascar dia manaiky hamela ny Mpanjaka ny British hanome hery ny Manamboninahiny, sy ny olona lehibe hafa manana fahefana, hiditra mandrakariva hitondra ny sambo mpiady, na sambo hafa nomena ny fahefana, ao amy ny fitodian-tsambo, sy ny ony, sy ny ranomasina mitsofoka amy ny tany, amy ny fanjakany Madagascar, mba hisambotra ny jolahin-tsambo rehetra ; ary haka sy hitondra amy ny fitsarany ny olona omena fahefana ny olona rehetra izay mandiso to'izany amin'izy roa tonta. » Notre proposition de traduction : « La reine du Royaume Uni de Grande Bretagne et d'Irlande, et la reine de Madagascar, s'engagent à investir tous leurs pouvoirs pour lutter contre les pirates de haute-mer, des routes maritimes, et des fleuves qu'elles contrôlent conjointement, et particulièrement. La reine de Madagascar s'engage à ne pas cacher, ni fournir en armes ces pirates et les empêcher d'introduire toute marchandise issue de la piraterie en son royaume. La reine de Madagascar accepte de permettre à la reine Britannique de déléguer à ses officiers le pouvoir d'accoster les bâtiments de guerres, et autres navires autorisés dans les ports les fleuves et les baies du royaume de Madagascar pour capturer tout pirate afin de les remettre aux autorités. »

31 FR ANOM GGM 2 z 22-2 correspondant au livret du Fainaikena amy ny Fihavanana sy amy ny Fivarotana amy ny England & Madagscar (Traité d'amitié et de commerce entre l'Angleterre et Madagascar), imprimé par l'Imprimerie de la Reine de Madagascar à Anatirova, en 1872 : art. 17.

II. La timide sauvegarde des compétences judiciaires malgaches

La présence de la souveraineté judiciaire malgache dans ces deux (02) traités est différente. Ceci peut s'expliquer par la politique étrangère conduite dans un premier temps par Radama II, qui a donné lieu à la signature du traité franco-malgache de 1862, et la diplomatie menée par Rasoherina qui signait en 1865 le traité avec les Anglais. Si le traité franco-malgache relate une justice malgache amoindrie **(A)**, le traité anglo-malgache, lui montre une justice malgache relativement présente **(B)**.

A. Une justice malgache amoindrie dans le traité entre Madagascar et la France

D'une manière générale, le traité franco-malgache exprime de grandes concessions accordées aux Français par le roi malgache, et ce également en matière judiciaire. Mais avant d'analyser cet aspect judiciaire du traité, il est cependant important d'insister sur le fait que cet accord franco-malgache reflète des inégalités assez flagrantes quant aux compétences des autorités malgaches. A titre d'exemple, l'article 15 du traité prévoit qu': « Aucun article de commerce ne sera prohibé soit à l'importation, soit à l'exportation, dans les ports de Madagascar[32] ». De même, un article additionnel a été ajouté au traité franco-malgache, qui affranchit les marchandises françaises, de droits de douane, aussi bien à leur entrée au royaume de Madagascar, mais qu'à leur sortie.[33] Cette latitude française dans la règlementation des politiques commerciales et douanières annonce une situation similaire sur les aspects judiciaires de cette amitié franco-malgache.

L'article 6 du traité de 1862 prévoit qu'aucun Français ne pouvait être retenu contre sa volonté sur le territoire du royaume de Madagascar s'il n'est pas convaincu de crime[34]. Cela suppose que cette clause du traité empiète clairement sur l'organisation des procédures d'enquêtes mises en place par le gouvernement malgache. Même s'il n'est pas explicite dans les codes régissant le royaume, que des mesures de sûretés comme, la détention provisoire, étaient pratiquées durant les instructions, il appartenait au gouvernement malgache, en tant que dirigeant d'un État souverain, de définir ce type de procédure. Cet article 6 du traité réduit ainsi les prérogatives du gouvernement du royaume de Madagascar en matière d'organisation de la justice.

De même, dans l'exécution de ses enquêtes, contrôles ou autres perquisitions impliquant une exploitation française, le magistrat malgache ne peut éluder la consultation et l'intervention du Consul français. Selon l'article 4 du traité franco-malgache :

« [...] Nul ne pourra pénétrer dans les établissements, maisons ou propriétés possédés ou occupés par (sic) des Français, ou par des personnes au service des Français, ni même les visiter, sans le consentement de l'occupant, à moins que ce soit l'intervention du Consul[35] ».

---

32 R.-W. Rabemananjara et H.J. de Dianoux, *Madagascar 1895*, op. cit, p. 59.
33 Article additionnel : « Les droits de douane sur toutes les marchandises sont supprimés, tant à l'entrée qu'à la sortie, par la volonté expresse de S.M le Roi RADAMA II ; ils ne seront pas rétablis pendant la durée de son régime. [...] » Ibid.
34 Art. 6 : « R.-W. Rabemananjara et H.J. de Dianoux, *Madagascar 1895*, op. cit, p. 56.
35 Ibid. p. 55.

Ainsi, toute éventuelle résistance ou contestation de l'occupant ne peut être dépassée par l'autorité du magistrat malgache, sans l'intervention du consul français.

En effet, le magistrat malgache n'était compétent que pour juger les affaires impliquant un sujet malgache[36]. C'est-à-dire que d'une part la justice malgache perdait de son autorité et de son pouvoir de maintien de l'ordre public, au profit des justices nationales des étrangers présents sur l'île. D'autre part, le traité déroge au principe de compétence territoriale que possédaient les instances judiciaires malgaches. Par le traité franco-malgache, en toute affaire n'impliquant aucun sujet malgache, bien que les faits se fussent passés sur le territoire du royaume de Madagascar, les magistrats malgaches ne pouvaient intervenir. Cette même clause est présente dans le traité anglo-malgache[37], la volonté de restaurer la pleine souveraineté de son royaume par la reine Rasoherina et son Premier ministre Rainilaiarivony, le traité de 1865 avec les Britanniques s'inspire fortement de celui que le roi Radama II avait passé avec les Français. Cependant, la reine et son Premier ministre obtinrent un traité qui reflète plus ou moins des compétences relativement plus importantes dans le traité avec les Britanniques.

B. Une justice malgache relativement plus importante dans le traité entre Madagascar et l'Angleterre

La manifestation de cette plus grande présence des compétences judiciaires malgaches est la réciprocité de certaines attributions judiciaires que possèdent les autorités malgaches et anglaises. Il est cependant utile de comprendre l'esprit de ce traité anglo-malgache, qui diffère légèrement de celui qui a été signé entre les Français et les Malgaches. Bien au-delà des aspects judiciaires de cet accord, les clauses montrent une certaine recherche d'équité, bien qu'elles ne manquent pas d'influencer l'évolution de la justice malgache. Ainsi, si l'article 2 du traité accorde aux britanniques la faculté de louer des terrains ou des propriétés, il prévoit également la délimitation de ces locations et possessions[38] dans le temps, sur l'accord entre l'occupant et les autorités malgaches.[39] Ce seul article témoigne de ce

36 Art. 9 : « Les autorités dépendant du Roi n'interviendront pas dans les contestations entre Français ou entre Français et autres sujets chrétiens » in Ibid. p. 56.

37 FR ANOM GGM 2 z 22-2 correspondant au livret du Fainaikena amy ny Fihavanana sy amy ny Fivarotana amy ny England & Madagscar (Traité d'amitié et de commerce entre l'Angleterre et Madagascar), imprimé par l'Imprimerie de la Reine de Madagascar à Anatirova, en 1872 : art. 11. Comme le prévoit l'article 12, il a été vu précédemment que la procédure de recouvrement des créances suit ce même principe de réciprocité.

38 FR ANOM GGM 2 z 22-2 correspondant au livret du Fainaikena amy ny Fihavanana sy amy ny Fivarotana amy ny England & Madagscar (Traité d'amitié et de commerce entre l'Angleterre et Madagascar), imprimé par l'Imprimerie de la Reine de Madagascar à Anatirova, en 1872 : art. 5 : « Ny vahoaka British dia avela malalaka tsara tahak'izay havela hataony ny vahoaka sy ny olona rehetra avy amy ny firenena izay tiana indrindra, manaraky ny lalàny Madagascar, hividy na manarama tany na trano, na trano fitehirizan'entana, amy ny fe-taona, na fe-bolana hifanarahana , amy ny tany misy fonenany ny miaramila misy Goverinora » Notre proposition de traduction : « Les sujets britanniques seront libres comme tout sujet de la nation la plus favorisée, et selon les lois de Madagascar, à acheter ou louer des terrains, des habitations, des entrepôts, sur une durée limitée mesurée en mois ou en années, comme il sera convenu avec les autorités malgaches. ».

39 FR ANOM GGM 2 z 22-2 correspondant au livret du Fainaikena amy ny Fihavanana sy amy ny Fivarotana amy ny England & Madagscar (Traité d'amitié et de commerce entre l'Angleterre et Madagascar), imprimé par l'Imprimerie de la Reine de Madagascar à Anatirova, en 1872 : art. 2 : « Ny vahoaky ny Mpanjakany British dia mahazo miditra amin'izay tany onenany ny miaramila misy Goverinora, ary mahazo manarama tany sy trano hipetrahany raha hitoetra izy, asiana fe-taona na fe-bolana ; ary raha efa lany ny fe-taona sy ny fe-bolana nifanaikena dia miala izy. [...] » Notre proposition

rétablissement d'un rapport plus mesuré entre les Britanniques et le gouvernement de la reine Rasoherina, qui accéda au trône, suite à son mari Radama II, assassiné entre autres pour avoir été trop généreux envers les Français en matière de propriété. Cette prudence s'observe alors sur les aspects judiciaires du traité.

Tel est le cas en ce qui concerne la compétence restreinte des juridictions malgaches pour les conflits entre étrangers. De même, le traité prévoit que les juridictions britanniques ne sont pas compétentes pour connaitre les litiges entre malgaches ou entre un Malgache et un autre sujet non britannique[40].

Si à l'instar des Français, les Anglais prévoyaient également un article interdisant tout malgache non autorisé à s'introduire dans les propriétés qu'ils occupaient[41], ils ont également prévu l'intervention des autorités malgaches en cas de poursuite d'un suspect, ou d'un fugitif, qui se serait caché dans leur propriété.

De plus, l'article 6 du traité prévoit un accord manifestement équitable en matière de règlementation commerciale et plus précisément, en termes de taxation. Il a été convenu que le taux de taxation maximal à l'import comme à l'export est de dix pourcent (10%)[42]. En effet, cette clause est un réel contraste par rapport au traité franco-malgache qui lui supprimait totalement tous les droits de douane.

La question de la succession témoigne aussi de cette réciprocité d'attribution entre les autorités malgaches et britanniques. Dans les conventions entre les chefs malgaches côtiers, qui n'appartenaient pas au « royaume de Madagascar », et la France, certaines clauses prévoyaient qu'en cas de décès d'un Français, ses biens

---

de traduction : « Les sujets de la reine des britanniques ont le droit de s'installer dans les localités où résident les militaires, et dirigées par un gouverneur. Ils ont le droit de louer des terrains et des habitations pour se loger. S'ils souhaitent s'y installer, la durée sera limitée en échéance mensuelle ou annuelle, à l'expiration de laquelle ils sont tenus de quitter leur location. ».

40 Ibid.

41 FR ANOM GGM 2 z 22-2 correspondant au livret du Fainaikena amy ny Fihavanana sy amy ny Fivarotana amy ny England & Madagscar (Traité d'amitié et de commerce entre l'Angleterre et Madagascar), imprimé par l'Imprimerie de la Reine de Madagascar à Anatirova, en 1872 : art.5 « [...]Ary raha tsy mahazo fahefana amy ny Konisely ny British, ka nefa raha tsy misy Konisely mitoetra any, ary fantatra marina fa misy zavatra nangalariny, na olona mandositra amy ny fitsarana, miery ao an-tranony na ny tokotaniny, ny lehibe aminy Malagasy manana fahefana amin'izany tany izany dia manana fahefana hampiditra sy hampitady azy ao an-tranony, kanefa milaza aminy tompon-trano aloha vao miditra [...]» Notre proposition de traduction : « Si l'accord du Consul britannique n'a pas été obtenu, et qu'aucun Consul n'y est installé, sachant qu'il y a eu vol, ou un suspect qui se cache dans la propriété d'un sujet britannique, les autorités malgaches compétentes en cette localité ~~a~~ ont le pouvoir ~~de~~ d'y faire introduire et d'y faire poursuivre le suspect, mais ce, après avoir prévenu l'occupant de la propriété. ».

42 FR ANOM GGM 2 z 22-2 correspondant au livret du Fainaikena amy ny Fihavanana sy amy ny Fivarotana amy ny England & Madagscar (Traité d'amitié et de commerce entre l'Angleterre et Madagascar), imprimé par l'Imprimerie de la Reine de Madagascar à Anatirova, en 1872 : art. 6 : « [...] Ny fivarotana amy ny fanjakany ny Mpanjakany Britannic sy ny fanjakany ny Mpanjaka ny Madagascar dia atao malalaka tsara, kandrefa dia mandoa fadin-tseranana tsy mihaotra folo isanjato ; ny taratasy milaza izany fadin-tseranana izany dia hamboariny ny Konisely British sy izay olona omeny ny Mpanjaka ny Madagascar fahefana hanao izany, ary haterina ho ekeny ny Mpanjakany Britannic izany taratasy milaza ny fadin-tseranana izany.[...] » Notre proposition de traduction : « [...] Le commerce entre le royaume de la reine des Britanniques et le royaume de la reine de Madagascar sera libre, néanmoins, des droits de douane seront fixés à un taux inférieur à dix pour cent (10%), l'accord douanier sera rédigé conjointement par le consul britannique et la personne que la reine de Madagascar aura nommée à cet effet. Par la suite, l'accord sera présenté à la reine des Britanniques. ».

revenaient au chef, au souverain local[43]. Pour s'affranchir de ce type de procédure et de façon officielle, le traité franco-malgache de 1862 a prévu un article à cet effet. Il s'agit de l'article 13 qui s'exprime ainsi :

« Les biens d'un Français décédé à Madagascar, ou d'un Malgache décédé sur territoire français, seront remis aux héritiers ou exécuteurs testamentaires ou, à défaut, au Consul ou agent consulaire de la Nation à laquelle appartenait le décédé[44] ».

De même, le traité anglo-malgache reprend exactement le principe énoncé par la clause susmentionnée, mais en garantissant la réciprocité de la restitution des biens de tout sujet malgache décédé à ses héritiers ou à défaut : aux autorités malgaches[45].

Avant de pouvoir proposer une remarque sur l'évolution de la justice malgache, alors qu'elle fut confrontée aux systèmes judiciaires français et anglais, il est important d'étoffer ces propos.

Tout d'abord, il faut se rappeler que les traités franco-malgache et anglo-malgache ont vocation à règlementer l'amitié et le commerce entre les deux (02) pays contractants. En effet, les aspects judiciaires des traités auraient dû concerner uniquement les questions commerciales et douanières, et de façon assez large. Cependant, la justice malgache, si éloignée des celles européennes, de par ses principes, son organisation et ses fonctions, ne permettait pas aux Français et aux Anglais d'investir et de commercer de façon sereine. Il était, semble-t-il, nécessaire pour ces derniers de se sentir protégés par une justice qu'ils reconnaissent comme étant un minimum équitable et rationnel, quitte à rédiger des clauses qui semblent prioriser la protection des sujets Anglais, mais surtout Français. Ainsi, la reconnaissance de la souveraineté du royaume de Madagascar ne fut pas suffisante, les européens s'assurèrent aussi qu'il soit un État de droit. Et pour ce faire, il fut nécessaire d'adapter la justice malgache aux principes des systèmes judiciaires européens. Cependant, au regard de l'histoire des souverains merina de Madagascar, et de la situation du royaume de Madagascar, qui était encore en pleine construction

43 Convention passée le 30 Mars 1860 entre la France et Narouva, reine du Menabe (Madagascar) [FR ANOM GGM 1 z 322-17 (version dactylographiée) FR ANOM GGM 1 z 328 (version manuscrite)] « Si un traitant établi à terre vient à mourir, ses marchandises ou autres propriétés, sans payer de droits, seront placées sous la sauvegarde de ~~al~~ la reine, à moins qu'il ne laisse un employé qui puisse continuer ses affaires. » Convention conclue le 23 Avril 1860 entre la France et les rois de Machicora (Madagascar) [FR ANOM GGM 1 z 322-16 (version dactylographiée) ; FR ANOM GGM 1z 327 (version manuscrite), art. 9 : « Si un capitaine vient à mourir sur rade, ou si un traitant établi à terre vient à décéder, ses marchandises ou autres propriétés seront placées sous la protection du roi et personne ~~en~~ ne pourra y toucher à moins que ce traitant ou ce capitaine ne laisse un employé qui puisse continuer ses affaires. En un mot, tout ce qui appartient aux blancs ne peut jamais être pris par un Malgache. ».

44 R.-W. Rabemananjara et H.J. de Dianoux, *Madagascar 1895*, op. cit. p.58.

45 FR ANOM GGM 2 z 22-2 correspondant au livret du Fainaikena amy ny Fihavanana sy amy ny Fivarotana amy ny England & Madagscar (Traité d'amitié et de commerce entre l'Angleterre et Madagascar), imprimé par l'Imprimerie de la Reine de Madagascar à Anatirova, en 1872 : art. 14 : « Ny lehibe manana fahefana amy ny Malagasy hanao izay hainy hanolotra ny fananany ny vahoakany British izay maty amy ny taniny Madagascar amy ny mpandova azy, na ny solon-tenany, ary raha tsy misy ao izany, dia omena ny Konisely ny British ; ary ny fananany ny vahoakany Mpanjaka ny Madagascar izay maty amy ny fanjakany ny British, dia atao toraky izany fananany ny British izany. » Notre proposition de traduction : « Les autorités malgaches œuvreront en tout pour remettre les biens des sujets britanniques décédés sur le territoire de Madagascar à leurs héritiers. A défaut, ils seront remis à leurs représentants ou au Consul britannique. La même procédure sera observée en cas de décès d'un sujet malgache en territoire britannique. »

par les différentes conquêtes sur les côtes, il fut important pour la reine Rasoherina et son gouvernement de marquer certaines compétences des magistrats malgaches. Il fut essentiel de ne pas céder toutes les compétences des autorités malgaches en matière de justice, même aux anglais qui surveillaient les côtes pour le royaume merina enclavé sur les hauts plateaux. C'est ainsi que très timidement, la justice malgache put être présente dans le traité d'amitié et de commerce entre Madagascar et le Royaume-Uni.

A présent, pour répondre au questionnement initial, il convient de constater que l'évolution de la justice malgache fut tournée vers une occidentalisation de celle-ci, aussi bien sur le fond que sur la forme. Malgré les efforts des reines successives et du Premier ministre Rainilaiarivony, pour imposer l'authenticité de la justice, et du droit malgache en général, le royaume verra décliner progressivement ses compétences judiciaires, jusqu'au protectorat français de 1882.

- V -

SENEGAL

11.
Le rôle de la justice dans la réception de la norme. Considérations historiques sur l'effectivité en droit colonial et en droit moderne : l'exemple du Code civil français au Sénégal (1830-1972)

Par
Mamadou BADJI
Professeur agrégé
Doyen honoraire de la Faculté des sciences juridiques et politiques
Université Cheikh Anta Diop de Dakar (Sénégal)

Si, lors de la célébration du bicentenaire du Code civil français, il était beaucoup question d'analyser l'influence du Code[1] dans le monde et de la codification dans les pays où, à la faveur de circonstances historiques particulières[2], son expansion fut assurée[3], il n'en était pas moins évident que l'examen de son applicabilité outre-mer restait à faire. Certes, de nombreuses publications existent, depuis, sur ces questions. Mais au-delà du succès éditorial qui en a découlé, les recherches universitaires portant sur la pratique juridique coloniale attirent peu les historiens du droit[4]. L'objet de cette étude est de retracer un aspect de cette expérience en partant du rôle joué par la justice dans la réception et la diffusion du

---

[1] Entrée dans le langage courant depuis fort longtemps ("codex" en latin est un livre composé de feuilles de parchemin ou de tablettes écrites et reliées ensemble; il devint très rapidement d'un usage très pratique pour les fonctionnaires et magistrats romains chargés de faire appliquer les lois des Empereurs), la notion de code a évolué à travers les âges pour être définie comme un ensemble de lois savamment ordonnées et, dans l'esprit des Lumières, comme une source de droit comprenant deux (02) caractères : ceux de l'exhaustivité et de la nouveauté. Pour aller plus loin, v° J. VANDERLINDEN, *Le concept de code en Europe occidentale du XIIIe siècle au XIXe siècle,* Bruxelles, 1967 ; S. SALMONOWICZ (études réunies par), *La codification européenne du Moyen âge au siècle des Lumières*, Varsovie, 1997, pp. 69-102 ; B. DURAND, C. CHENE, A. LECA, *Introduction historique au droit*, Paris, Montchrestien, 2004, pp. 345-365.

[2] Le code a acquis ses lettres de noblesse de la modernité lors du processus de codification qui s'est développé en Europe depuis le 18e siècle. Aussi, en réalisant par exemple le code civil, le législateur français n'a-t-il pas manqué de croire que son œuvre pourrait répondre aux aspirations de l'univers tout entier, cf. R. CABRILLAC, *Les codifications*, Paris, PUF, 2002, pp. 9-63 ; J. BOUINEAU et J. ROUX, *200 ans de Code civil*, Paris, éd. ADP/MAE, 2004.

[3] Le conquérant français avait essayé d'en appliquer les règles non seulement en Europe lors des conquêtes napoléoniennes, mais aussi sur les autres continents, et tout particulièrement en Afrique. Lire à cet égard Cf. P. ARMINJON, B. NOLDE et M. WOLFF, *Traité de droit comparé*, Paris, LGDJ, 1950, t. 1, pp. 117 et suiv, et not. pp. 137 et suiv. N. ROULAND, *Introduction historique au droit*, Paris, PUF, 1998, pp. 285-294. Sur l'influence du Code civil dans le monde, V. Les Travaux de la Semaine Internationale de droit, Paris, 1950 ; L'influence du code civil dans le monde, Paris Pedone, 1954 et not. Le rapport de MAURY, pp. 833 et suiv. V. également I. ZATJAY, "Les destinées du Code civil", Rev. Internat. Dr. comp. 1954, pp. 792 et suiv. et not. p. 804 ; K. MBAYE, "Le destin du Code civil en Afrique", in le Code civil 1804-2004, Livre du bicentenaire, Paris, Dalloz/Litec, 2004, pp. 515-538.

[4] Au cours de ces dernières années, cependant, sous l'inspiration du Doyen Bernard Durand, professeur à l'Université Montpellier 1, un important programme de recherche universitaire sur le droit colonial comparé est entrepris, permettant la publication de 9 volumes sur « le Juge et l'Outre-Mer ». À ce programme de recherche sont associées les équipes d'historiens du droit de Dakar, Tunis, Aix-en-Provence et Montpellier.

Code civil français au Sénégal[5]. L'enquête historique couvre la période allant de 1830 à 1972[6].

Le sujet présente un intérêt pratique car, contrairement à la thèse unanimement avancée, selon laquelle le Code civil aurait été appliqué dans ce "confetti" de l'Empire français dès 1830, les faits tels qu'ils nous ont paru s'être présentés dans la réalité sont en contradiction avec l'interprétation qui en a été traditionnellement donnée[7]. C'est dire que l'axiome qui a commandé jusqu'ici l'interprétation des faits y relatifs doit être réexaminé. C'est une question d'histoire juridique, politique, sociale et institutionnelle, insuffisamment étudiée au Sénégal, longtemps sujette aux appréciations des plus diverses.

Des observations préliminaires méritent d'être formulées sur l'objet de notre étude.

Il est désormais admis par tous les juristes que l'étude d'une règle de droit passe par l'examen de son effectivité et la prise en compte des réactions de ses destinataires, des conflits qu'elle peut susciter, etc.

C'est en prenant en compte ces paramètres que notre étude, pourrait s'avérer d'un intérêt majeur. Toutefois, il n'est pas sans intérêt de rappeler les étapes qui marquent le processus de diffusion et, donc d'application du Code civil au Sénégal.

Considérons tout d'abord la période qui va de 1778 à 1840 : elle est marquée par l'incertitude du projet colonial et par une contradiction univoque entre la défense de principes juridiques, et la pesanteur exprimée au niveau local pour le maintien d'une forme de coutume qu'il est d'usage d'invoquer sous l'appellation de "mode du pays"[8].

En effet, jusqu'à la Restauration, l'impression qui prédominait était celle d'une absence de grand dessein colonial : les arrêts, les édits, déclarations et ordonnances du Royaume de France qui auraient dû constituer l'ordre juridique colonial dans cette partie de l'Afrique furent mis à l'écart, "soit qu'il se trouvât trop peu de conviction et de monde pour les faire valoir et respecter, soit que les intérêts locaux commandassent de les ignorer, fut-ce au prix d'un abandon de l'ordre public

---

[5] En vérité, le Code civil français n'a pas été promulgué tel quel au Sénégal. Il a fait l'objet de nombreuses adaptations "reconnues nécessaires", pour tenir compte des réalités locales.

[6] Les limites chronologiques de cette étude se sont, elles-mêmes imposées. L'année 1830 est l'année de promulgation du Code civil, par arrêté du gouverneur du Sénégal ; elle marque le point de départ de notre analyse. L'année 1972 sert de limite finale à nos observations, car elle correspond à la date d'adoption de la loi n°72-61 du 12 juin 1972 portant code de la famille. Le Code civil était en vigueur jusqu'à l'intervention de cette loi.

[7] Malgré une promulgation précoce du code civil, il aura fallu composer avec les réalités locales, avec le droit musulman, accepter les tribunaux musulmans, reconnaître un statut personnel, au moins dans les matières sensibles qu'étaient le mariage, l'état civil, les testaments, les successions, les libéralités, tandis que dans d'autres domaines, les impératifs de la colonisation et aussi l'idée, exacte, qu'après tout (l'utilité des principes du droit français aidant et l'absence d'un donné scripturaire imposant et facilitant les réformes), le Code civil devait s'imposer, il est vrai non sans quelques retouches, "reconnues nécessaires".

[8] S. SANKALE, *"A la mode du pays". Thèse d'histoire du droit*, Montpellier, 1998, t. 2, pp. 440-451 ; B. MOLEUR, "Le dés-ordre juridique colonial dans les anciens établissements français de la côte occidentale d'Afrique", in *Droit et cultures*, n° 9/10, Paris, 1985, pp. 27-49 ; D. SARR, *La Cour d'appel de l'AOF*. Thèse de Droit, Montpellier, 1980, t. 1, pp. 19-54 ; M. BADJI, *Droits naturels, droits de l'homme et esclavage. L'exemple du Sénégal. Analyse historique du 17° siècle à l'Indépendance*, Lille, Presses Universitaires du Septentrion, 2002, pp. 172-185.

pourtant voulu par la métropole"[9]. Les intérêts de la domination coloniale poussaient l'Administration à se détacher du droit français au point que, le droit en vigueur témoignait d'une "alliance remarquable"[10] entre les "usages du pays", souvent inspirés de l'Islam, le droit français et puis toute une série de conventions et d'usages séculaires. C'est dire qu'au début du 19e siècle, les distorsions entre les objectifs coloniaux et la pertinence du milieu social indigène conduisaient à tenir en échec la liberté dont jouit le Pouvoir colonial[11], au point de vue du droit public dès que sont envisagées les questions de droit privé relatives aux indigènes. Le Code civil "n'est invoqué qu'à titre de raison écrite"[12].

Au demeurant, à mesure que la stratégie d'implantation des Français génère une cohérence de pensée et d'action, on assiste à la mise en place d'institutions propres à remplir les fonctions traditionnelles de l'État[13]. Il faut tout de même reconnaître que cette politique plus subtile, qui marie la domination à une stratégie quasi "médicale" de perfusions prudentes, répond au souci des pouvoirs publics d'aboutir à un résultat bien défini : l'amorçage et l'accélération des évolutions. Cette politique eut pour effet d'obliger les Français à se déterminer pour une refondation de la justice sénégalaise, tant au plan des juridictions que du droit.

La justice est l'expression des postulats juridico-politiques placés au cœur de l'entreprise coloniale ; l'importance qui lui est accordée tient au lien qui existe dans le système juridique métropolitain, entre souveraineté et justice. Par la projection de cet héritage sur le terrain colonial, la métropole s'oblige à y implanter la justice dont la France se veut la gardienne éternelle[14]. Mais, puisqu'il n'est pas de justice sans droit, quel droit appliquer aux litiges qui naissent entre indigènes ?

Dans les rapports de famille, par exemple, c'est l'usage de la colonie qui l'emporte sur la coutume de Paris et les ordonnances royales.

---

[9] B. MOLEUR, "Le dés-ordre juridique colonial dans les anciens établissements français de la côte occidentale d'Afrique", in *Droit et cultures*, n° 9/10, Paris, 1985, p. 28. Par le choix de son nom, la Restauration s'affirmait comme un retour aux traditions de l'Ancien régime par-delà les innovations de la période révolutionnaire ou impériale.

[10] Rapport Delamardelle au ministre de la Marine, 26 janvier 1835, ANSOM, Sénégal VIII/5b, à la date.

[11] Parler de pouvoir colonial peut paraître impropre au regard de la terminologie classique qui préfère dans ce cas l'expression "Administration coloniale" ou "Administration locale". Cette préférence correspond bien au point de vue de la puissance colonisatrice qui considérait le territoire colonial comme le prolongement naturel du territoire métropolitain. Au demeurant, du point de vue juridique, et notamment des droits international et interne publics, les "possessions" ou colonies ne sont ni des entités politiques, ni des États. Elles constituent un ensemble de services publics, des subdivisions administratives de l'État colonisateur. Pourtant, la structure administrative de la colonie, reproduction de l'organisation administrative métropolitaine pour l'essentiel ne peut dissimuler la réalité d'un Pouvoir politique colonial au niveau de chaque territoire. S'ils respectaient les orientations générales décidées à Paris, les gouverneurs des colonies incarnaient le Pouvoir colonial au niveau des territoires, et développaient leurs politiques en fonction des circonstances propres à chaque colonie.

[12] B. MOLEUR, "Le dés-ordre juridique colonial…", art. cit, pp. 28-34.

[13] Ibid.

[14] La justice apparaît dans le contexte colonial comme un instrument de stratégie coloniale : elle s'alimente de la position des magistrats qui agissaient dans le respect des principes du droit. Les ressemblances fortes entre la Métropole et la colonie cependant disparaissent avec l'extension du territoire colonial et l'évolution des relations des populations de métropole et de la colonie. Le regard porté sur la justice coloniale ne peut être non plus républicain. Dès 1880, les colonies, d'une manière générale, n'étaient plus considérées comme des extensions assimilées à la métropole, mais comme des "possessions" impliquant l'adaptation du droit aux diversités de population et de territoire.

A partir du milieu du 19e siècle, la pratique juridique encline plutôt à la paralysie de la "mode du pays". Il s'agit, d'un bouleversement important qui accompagne l'arrimage et le transbordement sur le sol sénégalais de règles conçues pour la France européenne. Mais cela ne se fit pas sans difficultés, ni hésitation, comme on va le voir. Dès le 23 décembre 1821, le ministre de la Marine et des Colonies appelait l'attention du gouverneur du Sénégal sur la nécessité de mettre un terme au "dés-ordre juridique colonial"[15] qui prévalait dans la colonie, un des vecteurs de ce changement étant la promulgation du Code civil français à Saint-Louis.

Instruit des intentions du ministre[16], le gouverneur de la colonie créa une commission chargée de la codification au Sénégal de la matière civile, à l'instar du Code français[17].

Très vite, des voix s'élevèrent pour demander que cette codification se fasse, eu égard à la culture juridique autochtone, dans le respect de l'état des personnes[18]. Il fut alors proposé d'adapter[19], de simplifier le droit français, par des "modifications reconnues nécessaires"[20] à la situation du Sénégal. C'est que, pour certains membres de la commission, il ne s'agissait pas de "ployer le droit civil à l'unité", mais plutôt de laisser subsister le droit local : les intérêts supérieurs de la politique obligent. Il est bien certain que dans un pareil contexte, le droit ne pouvait manquer de prendre les plus grandes libertés avec le respect de l'État de droit[21].

C'est à partir de la promulgation de l'ordonnance du 9 novembre 1840 relative à l'organisation judiciaire que certains juges, fraîchement venus de la France métropolitaine, tenteront, non sans tâtonnements et doutes, d'appliquer dans toute leur rigueur les dispositions du Code civil propres à régir la population du Sénégal, dans toutes ses particularités.

Notre étude va faire ressortir ces distorsions en sollicitant particulièrement les sources d'archives, tant judiciaires qu'administratives. Il sera fait appel également aux notes, rapports et observations des fonctionnaires coloniaux, lorsqu'ils peuvent fournir les informations utiles à la compréhension du sujet de recherche. Mais, il n'est pas indifférent de remarquer que l'accent sera mis sur les difficultés de réception de la norme - celle du Code civil- en nous appuyant sur quelques exemples précis. Ainsi, dans les développements qui suivent, il sera tout d'abord question de décrire comment, face à la résistance du droit privé d'origine coutumière, l'effacement du Code civil s'est produit, avant de voir comment l'expansion du droit d'importation européenne s'est réalisée en pratique.

---

15 B. MOLEUR, " Le dés-ordre juridique colonial dans les anciens établissements français de la côte occidentale d'Afrique", in *Droit et cultures*, n° 9/10, Paris, 1985, pp. 27-49.

16 Ministre à Gouverneur, 23 décembre 1821, ANS, M1.

17 Le statut personnel des indigènes musulmans échappe à cette codification.

18 Gouverneur Ministre, 24 décembre 1827, ANS, M1.

19 Sur les adaptations "reconnues nécessaires" du Code civil français en vue de son application au Sénégal : Séance du conseil d'administration, 5 novembre 1830, ANS, 3 E 9 à la date.

20 Rapport du Maître des requêtes Delamardelle, 26 janvier 1835, ANSOM, Sénégal VIII/5b.

21 L'État de droit implique l'obéissance à la loi, à des normes supérieures, notamment de la part de l'administration, contrôlable suivant ce critère. Sur le concept d'État de droit, voir J. CHEVALLIER, « L'État de droit », *Revue du droit public*, 1988, pp. 313-380 ; M. TROPER, « Le concept d'État de droit », *Droits*, 15, 1992, pp. 51-76 ; CARRE de MALBERG, *Contribution à la théorie générale de l'État*, Paris, 1922, t. 1, p. 293 et s..

I. Le poids du droit et des usages locaux

Depuis la Révolution, les conquêtes françaises se traduisaient par l'introduction rapide du droit français dans les pays conquis, au détriment des droits locaux, fréquemment annihilés[22]. Mais au Sénégal la population et les juges étaient confrontés à une réalité sociologique à laquelle ils tenaient à coller au plus près.

Alors que le Code civil était déjà applicable dans les "Grandes colonies"[23] depuis 1806, ici, il était seul connu des juges qui venaient de la France européenne, nantis de leur bagage juridique « moderne ». Par ailleurs, jusqu'au milieu du 19e siècle, les 90% de la population locale firent l'aveu de leur inexistence juridique en vivant en état de non droit. Ces considérations marqueront, et pour longtemps, les limites de toute assimilation juridique, et imposeront la reconnaissance d'un droit local d'origine coutumière.

Il n'est pas inutile de préciser que l'existence pour les indigènes d'un statut personnel implique, qu'à côté du droit français, il existe des règles juridiques d'origine et de nature différentes[24]. Certes les règles constitutives du statut personnel concernent essentiellement le droit civil et le droit pénal, mais le statut personnel n'est pas sans incidence sur le droit public[25]. Les décrets portant nationalité dans les colonies disposent expressément qu'« il n'est rien changé à la condition des indigènes qui conservent leur statut personnel »[26].

A Madagascar, le décret d'annexion du 6 août 1896 contient l'engagement que le Gouvernement français n'a nullement « l'intention de porter atteinte au statut des individus et des habitants de l'île, aux lois, aux usages et aux institutions locales[27] ».

De la sorte, les pouvoirs publics entendent maintenir, un temps durant, le système juridique dans lequel évoluent les indigènes. Le législateur choisit de respecter les fondements de la société qu'il entend régir et, donc, le droit privé des Nègres libres.

A. Le droit privé des Nègres libres

Si les "Habitants"[28] des comptoirs[29] avaient su affirmer "temporairement" leur "existence juridique par l'invention d'une coutume locale"[30], il n'en fut pas de

[22] J. GAUDEMET, *Les naissances du droit*, Paris, Montchrestien, 1997, pp. 204-208.

[23] Les "Grandes colonies" dont s'agit sont la Martinique, la Guadeloupe, la Guyane et la Réunion. La colonisation française de ces contrées, dans son principe se fonde sur le peuplement autant que sur l'exploitation. Cf. P. LEROY-BEAULIEU, *Histoire de la colonisation chez les peuples modernes*, 6e éd., Paris, 1908, 2 vol., t. 2, p. 450 sq. (L'auteur distingue "trois types irréductibles de colonies").

[24] CF. *Du statut personnel des habitants des possessions françaises d'outre-mer*, in : Comptes rendus des séances des 17 janvier et 21 février 1941 de l'Académie des Sciences coloniales, Paris, Académie des Sciences coloniales. *Le statut des indigènes et l'organisation de l'Empire*, in : Comptes rendus de la séance du 20 février 1942 de l'Académie des Sciences coloniales, Paris, Académies des Sciences coloniales.

[25] En cette matière, c'est sur le fondement de son existence qu'est établie la distinction entre citoyens et indigènes.

[26] Article 17 du décret du 7 février 1897.

[27] Cf. F. AGATHE, *La justice indigène à Madagascar*, Mémoire de DEA (sous la direction du professeur E. DE MARI), *Histoire du droit privé et des faits économiques*, 2001-2002. Lire aussi, J. RAVELOMANANA, « Le statut personnel à Madagascar », in : *« Mayotte dans la République »*, Actes du Colloque de Mamoudzou les 14, 15 et 16 septembre 2002 (sous la direction de L. SERMET et de J. COUDRAY, Paris, 2004, pp. 506-527.

[28] Le mot « Habitants » désignait les notables, la frange supérieure de la population, souvent métissée, des comptoirs.

même pour les Indigènes que la correspondance officielle présentait sous le vocable de « Nègres libres »[31]. “Souvent de confession musulmane, ils excluaient de soumettre l’organisation de leur famille, leur succession à un autre droit que le droit musulman”[32]. En vérité, le statut personnel musulman était *de facto* reconnu à Saint-Louis, par le gouverneur Eyriès en 1780 déjà, mais celui-ci à la différence de l’usage des Habitants, n’eut officiellement droit de cité qu’au milieu du 19e siècle, avec la création d’un tribunal musulman[33], par le décret du 20 mai 1857.

L’existence d’une coutume locale, que les juridictions officielles prirent en considération aboutit à forger un régime juridique propre aux habitants[34].

Par le fait même, c’est la pratique qui tient alors un rôle actif car elle fonctionne comme un révélateur de situations particulières[35], ces juridictions intervenant en dernier lieu pour entériner.

Il n’est pas moins important de relever que les dégradations subies par le droit et la prépondérance des usages des habitants convergent vers la construction d’un système juridique, dégagé de la “puissance d’état coloniale”[36].

Tous ces facteurs s’imbriquent de façon générale ; ils sont générateurs d’un véritable vide juridique, et laissent entrevoir un détachement des habitants vis-à-vis des textes français : en effet, le droit officiel de ces habitants aurait dû être au 18e siècle la coutume de Paris, et puis, au début du 19e siècle, le Code civil. Il n’y eut pas ignorance délibérée et systématique de ces textes[37], mais une harmonieuse synthèse entre les usages du pays souvent inspirés du droit musulman, le droit

[29] Le Sénégal français ne comprend, jusqu’en 1848, que quelques établissements, des comptoirs installés le long de la côte sénégambienne, de Saint-Louis au golfe de Guinée, ne subsistant que par le commerce de la gomme et la traite des esclaves. La réglementation métropolitaine de l'époque distinguait les "comptoirs" des "colonies" et les textes destinés aux secondes, dont l'édit de mars 1685 ou Code Noir, n'ont jamais été applicables aux premiers dont, à vrai dire, on se préoccupait fort peu de l'organisation.

[30] B. MOLEUR, « Ce droit colonial qui n’existe pas… », In : *Revue de la Faculté de droit d’Avignon et des Pays de Vaucluse*, 1992, p. 42.

[31] Les indigènes des comptoirs français du Sénégal.

[32] B. MOLEUR, “Ce droit colonial qui n’existe pas…”, art. cit., p. 42.

[33] B. SCHNAPPER, “Les tribunaux musulmans et la politique coloniale au Sénégal, 1830-1914”, in *Revue historique de droit français et étranger*, janvier - mars 1961, n° 1, pp. 90-128.

[34] B. MOLEUR, “Ce droit colonial qui n’existe pas…”, art. cit., p. 42.

[35] B. SCHAPPER, “Les tribunaux musulmans et la politique coloniale au Sénégal, 1830-1914”, in *Revue historique de droit français et étranger*, janvier - mars 1961, n° 1, pp; 90-128.

[36] B. MOLEUR, *Le droit de propriété sur le sol sénégalais. Analyse historique du 17e siècle à l’Indépendance*, thèse de doctorat de droit, Dijon, 1978, pp. 33-42. Par puissance d’état, il faut entendre la notion de souveraineté, au sens où l’emploie Carré de Malberg, dans sa théorie générale de l’État, tome 1, chap. II.

[37] Selon un arrêt de la chambre civile de la Cour de cassation en date du 23 août 1825, Veuve d’Isambourg c. Fourgassié, (DP 1827. I. 365), la Coutume de Paris était avant la promulgation des codes français, la loi générale du Sénégal. Pour le commentateur et la Cour de cassation, le code civil est applicable au Sénégal depuis le 28 septembre 1805 (8 Vendémiaire An XIV). C’est en vertu de cela que la cour estime que l’acte révocatoire d’un testament est frappé de nullité dans la mesure où le testateur n’a pas respecté les dispositions de la coutume de Paris en 1804 alors que le code civil n’avait été promulgué dans la colonie du Sénégal. Malgré l’intérêt de cet arrêt, il reste isolé car il ne semble pas que la coutume de Paris soit véritablement observée dans la colonie du Sénégal où la pratique juridique est à tout le moins marquée par beaucoup d’incertitude : le Code civil, n’y a été promulgué que le 5 novembre 1830, par arrêté du gouverneur du Sénégal. Jusque-là, il était invoqué à titre de raison écrite et servait de base à certaines décisions des tribunaux. Cf. Rapport Delamardelle, 26 janvier 1835, ANSOM, Sénégal VIII 5b.

français dans toutes ses composantes, c'est-à-dire autant la coutume de Paris que la législation moderne qui n'était pas encore officiellement applicable au Sénégal[38].

À partir des années 1820, l'idée avancée par les pouvoirs publics est de promulguer le Code civil afin d'asseoir la pratique juridique sur un texte précis, et de rompre avec l'usage de la colonie.

Cette thèse "substitutiste" est par ailleurs défendue par le président du tribunal civil de Saint-Louis qui plaide en faveur d'une promulgation du Code civil français au Sénégal, nonobstant l'adjonction de "modifications en général suspensives ou restrictives, (...) exprimées sous la forme de dispositions additionnelles"[39]. Elle est combattue par les tenants de la thèse "particulariste" qui préconisent au contraire "une nouvelle rédaction de(s) articles" [40] du texte français, motif pris de la particularité de la situation locale.

Cette thèse particulariste avait des fondements historiques : les Nègres libres du Sénégal en effet jouissaient d'un statut personnel de droit privé, ils étaient pour la plupart d'entre eux de confession musulmane et excluaient de soumettre leur mariage à un autre droit que le droit musulman. D'autres particularismes existent : régime des successions, des libéralités, des testaments, de l'état civil.

L'existence d'un statut personnel de droit privé dont le fondement est essentiellement différent de celui du droit français constitue un obstacle à l'adoption de la proposition du président du tribunal de première instance de Saint-Louis. Des considérations pratiques militent également contre la promulgation du Code civil, "dans toute sa pureté", au Sénégal : Le pays connaissait la pratique de l'esclavage. En outre, au début du 19e siècle, il était à l'instar d'autres territoires d'Afrique habité par des « peuplades fort éloignées des mœurs (françaises) et trop ignorantes des lois, dont elles n'ont et ne peuvent avoir aucune connaissance à raison de leur isolement, pour que l'on puisse admettre dans toute sa rigueur *le principe que les lois de police et de sûreté obligent tous ceux qui habitent ce territoire*"[41]. Les Nègres libres allaient donc vivre confinés dans les limites que leur assignait leur système juridique. C'est dire que "la loi est reine du milieu". Cette constatation exprime parfaitement l'idée selon laquelle le droit est le reflet de la vie sociale d'une société donnée. Henri Solus avertissait d'ailleurs que "le mérite de toute législation est essentiellement relatif. La meilleure loi est celle qui convient le mieux à l'état politique et social, aux besoins économiques, à la religion et aux mœurs du peuple dont elle doit régir les rapports juridiques" [42]

---

[38] ROGER, Notes sur le Sénégal, 1821, ANSOM, Sénégal et Dépendances II, dossier 2, 5b. Mémoires 1819/1826 ; Carrère, projet de réorganisation de la justice, 10 novembre 1862, ANS, M5, pièce n° 1 ; Séance du conseil de gouvernement et d'administration du Sénégal, 5 septembre 1827, ANS, 3E6.

[39] Intervention à la 2e séance de la commission chargée de l'examen du projet de code civil, 30 novembre 1827, ANS, M1, à la date.

[40] Séances de la commission chargée de l'examen du projet de code civil des 5 septembre 1827 et 30 novembre 1827, ANS, M1. Pour la majorité des membres de cette commission, les Nègres libres du Sénégal différaient des européens par un trait essentiel : ils étaient restés soumis à leur loi, à leurs coutumes, à leur religion et avaient des traditions et une mentalité des plus éloignées de celles des Français ; ils étaient, somme toute, différents des Français de la métropole.

[41] Note de l'Inspecteur colonial sur le projet de code civil au Sénégal, ANSOM, Sénégal VIII/ 5 b, s. d.

[42] H. SOLUS, *Traité de la condition des indigènes en droit privé*, Paris, Sirey, 1927, n° 8 (à propos de l'ordonnance du 24 avril 1833).

Les autorités coloniales n'avaient d'ailleurs pas autrement envisagé la question juridique lors de la prise de possession du Sénégal en 1817[43]. Les instructions au colonel Schmaltz, le 18 mai 1816 [44] reproduisaient la vieille formule des instructions données à Lauzun en 1778, selon laquelle « la population du Sénégal et la nature des propriétés ne (comportaient) point l'établissement d'un tribunal de justice et (n'étaient) susceptibles que de l'application des règles les plus simples, presque toutes de pure police ». Le conseil de justice formé par le « commandant pour le roi » et les principaux chefs des services administratifs ne pouvait faire autrement que de s'informer des usages pour régler les querelles qui n'avaient pu faire l'objet de la conciliation préalable devant le maire[45].

Le maintien de tels usages en marge du Code civil était à l'évidence un défi au progrès du système juridique français.

B. Les usages des Habitants

L'existence d'un régime juridique propre aux « habitants » de Gorée et de Saint-Louis a déjà été mise en évidence par des historiens du droit [46] qui se sont penchés sur le droit en vigueur au Sénégal à l'époque coloniale. S'il ressort de leurs travaux qu'il est fait référence aux usages, pour asseoir les décisions, ces usages étant considérés comme d'une légitimité au moins équivalente à la « loi », il ne nous paraît pas inutile de préciser que cette seule considération ne suffit pas à rendre compte de la diversité et de la spécificité des « habitants ».

De nombreux exemples peuvent porter témoignage de la particularité de leur régime juridique. Citons-en seulement deux (02) qui sont restés de célèbres illustrations :

1 – « *Le mariage à la mode du pays* » [47] : Ce type de mariage pose problème et introduit le juriste hors de la sphère du Code civil : « une demande en la forme est présentée au père de la fille convoitée. Après enquête sur le prétendant et versement des cadeaux de la dot, a lieu l'installation au domicile conjugal. Elle donne lieu à des réjouissances de plusieurs jours afin que nul ne l'ignore »[48]. Ainsi, note-t-on une évolution sociale dans la recherche de la respectabilité, les conséquences de ce mariage se ressentant très nettement, alors et surtout que ceux qui en usaient avaient la prétention de le distinguer du concubinage occasionnel dont les fruits ne pouvaient prétendre à la légitimité.

Les Européens établis au Sénégal ne sont pas les seuls en cause. Les « habitants » de Saint-Louis étaient aussi concernés par de telles unions. En effet, lorsqu'ils s'établissent dans le Haut pays « pour les affaires de commerce, ou pour la

---

[43] Pour aller plus loin, v° B. MOLEUR, *Le droit de propriété sur le sol sénégalais*, Thèse de Droit, Dijon, 1978, vol. 1, pp. 37-39 que nous suivrons.

[44] C. SCHEFER, *Instructions données aux Gouverneurs*…, Paris, 1927, t. 2.

[45] Le maire, en effet, intervenait dans le règlement des litiges entre habitants. Il faut noter que d'après les archives de la fin du 18e siècle, deux (02) mots-clés caractérisent « la justice » au Sénégal, conciliation et arbitrage, deux (02) notions sous-jacentes à la notion d'usage beaucoup plus que celle de « loi » ou de « règlement ».

[46] B. MOLEUR, *Le droit de propriété sur le sol sénégalais*, Thèse de Droit, Dijon, 1978, vol. 1, pp. 33-39 ; D. SARR, *La Cour d'appel de l'AOF*, Thèse de Droit, Montpellier, 1980, t. 1, pp. 19-54 ; S. SANKALE, *« A la mode du pays…* », Thèse d'Histoire du Droit, Montpellier, 1998, t. 2, pp. 440 et ss.

[47] S. SANKALE, *Le mariage à la mode du pays*, Mémoire de DEA d'Histoire du Droit, Dakar, 1982 ; R.P. BOILAT, *Esquisses sénégalaises*, Paris, 1858, pp. 222-227 ; J. Duval, « La colonie du Sénégal », *Revue des Deux Mondes, t. 17,* Paris, 1858, pp. 842-843.

[48] F. ZUCCARELLI, *La vie politique sénégalaise*, Paris, CHEAM, 1987, p. 13.

surveillance des cultures », ils n'hésitent pas à s'afficher avec les femmes « qu'ils prennent suivant les formes usitées dans le pays »[49].

Ces unions n'étaient pas soumises au Code civil : non seulement les « habitants » étaient dans l'ignorance de celui-ci mais l'influence considérable de l'Islam et l'irrégularité avec laquelle les charges ecclésiastiques furent assurées à Gorée et à Saint-Louis, jusque dans la première moitié du 19e siècle, étaient des motifs sérieux de découragement[50].

L'attachement des habitants à leurs usages[51] les conduit naturellement à établir une distinction entre le mariage tenu pour légitime à l'aune de la société saint-louisienne, et celui qui ne l'est pas, distinction que tentent de corroborer les juridictions officielles. Ainsi, pour la Cour d'Appel de Saint-Louis, « le mariage pour être légitime devait être entouré de certaines solennités, et d'une publicité qui élevaient la femme à la dignité d'épouse, et lui donnaient le rang et l'état de femme légitime. Si ces conditions n'existaient pas, la cohabitation d'un homme et d'une femme, ne constituaient aucun état particulier à cette femme et laissait l'enfant sans père connu »[52].

C'est dire que le "mariage à la mode du pays", pour être légitime, doit être célébré suivant « les usages notoires, consistants et uniformes »[53].

Cette formalité substantielle compense ainsi l'absence de registres d'état civil. En effet, "depuis l'arrivée à Saint-Louis, de la loi du 20 septembre 1792 qui a transféré la tenue de l'état civil des prêtres à des officiers publics particuliers, l'usage s'est établi… de faire consister la validité des mariages dans le consentement des familles respectives des futurs époux, lesquelles s'assemblaient, chacune de son côté, et en cas de consentement, la famille du futur envoyait une députation à la famille de la fille pour la demander en mariage au nom de la famille députante. Ces formalités jointes aux divers avis que les familles faisaient donner à tous les habitants, imprimaient à l'union, une publicité suffisante pour faire que nul, dans la ville, où elle avait eu lieu, ne pût ignorer l'état des conjoints »[54].

Il est un autre usage dont l'existence même est contraire à l'esprit d'unité porté par le Code civil : l'usage commercial de la colonie.

2 – La « *troque de la gomme arabique* » : C'est une opération où rien ne se détermine en numéraire[55]. Contre la gomme arabique, produit de cueillette provenant d'acacias[56] d'une espèce particulière, on échange des marchandises de traite dont la non moins importante est la toile de guinée. Pièce de tissu de coton bleu, provenant de Pondichéry, elle sert « d'unité monétaire des transactions sur la

---

[49] DEROISIN, Déposition devant la Commission chargée de l'examen du projet d'ordonnance royale relative à l'application du Code civil au Sénégal. ANS, M1, 11 décembre 1827.

[50] B. MOLEUR, « Le dés-ordre juridique colonial… », art. cit., pp. 30-31.

[51] Gouverneur à ministre, 11 juillet 1834, n°145, ANS, 2 B 16, fol. 40/41. Fait état de l'existence des « lois du Coran » pour régir les mariages et les successions de la population « comme par le passé », le droit français ne s'appliquant que quand les parties se présentent « volontairement » devant les juridictions civiles, « ce qui a lieu fort rarement ».

[52] Arrêt n°30 du 21 septembre 1853, ANSOM, Greffes du Sénégal, Cour d'Appel, Registre n°IX.

[53] Arrêt n°60 du 6 novembre 1833, affaire Marie-Louise Dubois contre Elisabeth Pellegrin et les enfants Pierre Valantin. ANSOM, Greffes du Sénégal, Cour d'Appel, Registre n°2

[54] Ibid.

[55] Arrêt n°51 du 17 octobre 1861, ANSOM, Greffes du Sénégal, Cour d'Appel, Registre n°XIII

[56] L'acacia Vérek, ou acacia Sénégal (mimosées).

gomme. Les négociants la livrent aux traitants sous la condition d'en obtenir le remboursement au retour de la traite, mais en gomme, et non en numéraire »[57].

La traite de la gomme est une activité à laquelle se livrent, non pas des commerçants, mais la population saint-louisienne (dont elle constitue l'unique aliment de commerce), et « la majeure partie des officiers, employés, sous-officiers, et soldats »[58] français. Elle déroge à la réglementation commune, aux lois générales qui régissent le commerce et les commerçants. Le traitant en effet n'est pas astreint au respect des obligations qui pèsent sur ceux qui achètent pour revendre, ni aux règles du Code de commerce.

La rapidité et la multiplicité des opérations auxquelles il se livre constituent un obstacle à la tenue d'écritures. Il est donc dispensé, par la réglementation locale, de tenir des livres de commerce[59]. Les règles relatives au contrat de vente ne lui sont pas applicables[60]. En effet, contrairement à la vente, qui se réalise au moyen de deux (02) opérations matérielles dont la coexistence avec le consentement sanctionne le contrat en vertu duquel un objet est, tout à la fois, vendu et acheté, la troque laisse au moment où elle se passe, dans une incertitude, le résultat ultérieur en gain ou en perte. Le vendeur ne peut, au préalable, se rendre compte du prix de revient de l'objet aliéné, de tous les frais, et partant, du bénéfice ou de la perte qui résulterait pour lui, de l'aliénation dudit objet. S'il est possible au négociant expéditeur de s'apercevoir, au début ou durant l'opération de certains frais, dont les éléments peuvent être soumis au calcul, tels que le prix d'achat, celui de la marchandise rendus à l'escale en revanche, des éléments tels que, les frais de navire, de laptots[61] et autres agents, ceux de la nourriture des employés, du droit concédé au chef des maures[62], et de celui payé en nature par la gomme à son entrée à Saint-Louis ne dégageront jamais, avant la fin de l'opération et de ses suites, le prix réel, c'est-à-dire le résultat chiffré en gain ou en perte de la masse des échanges, et surtout de chaque échange en particulier. On doit donc tenir compte, d'une part, du prix de la gomme (un prix soumis aux fluctuations du marché en Europe), et d'autre part, de la dépense dite de consommation.

En définitive, faute de ne pouvoir soumettre la troque aux règles du Code de commerce, on applique des usages spécifiques, conformes à une longue pratique jurisprudentielle qui avait fini par cristalliser en corps de règles non écrites, des usages maintenus en marge du Code civil. Ainsi, pour assurer la liberté de la traite dans le Haut fleuve, le gouvernement paie des « coutumes » (sortes de redevances annuelles) aux chefs des tribus Maures, du Fouta, ou du Galam[63].

---

[57] A. RAFFENEL, *Nouveau voyage dans le pays des Nègres, suivi d'études sur la colonie du Sénégal*, t. 2, Paris, éd. Chaix et Cie, 1856, p. 87.

[58] ROGER L'AÏNE, Notes sur le Sénégal, citées.

[59] Arrêt n°26 du 7 septembre 1855. ANSOM, Greffes du Sénégal, Cour d'Appel, Registre n°X, 1854-1855.

[60] Arrêt n°22 du 29 mai 1863. ANSOM, Greffes du Sénégal, Cour d'Appel, Registre n°XIV.

[57] Les laptots sont ici des soldats noirs de la garnison.

[58] Les maures seraient à exclure de cette étude s'ils ne s'étaient introduits dans les circuits du commerce dès le début du 17e siècle, et s'ils n'étaient désireux de jouer un rôle accru sur la rive méridionale du Fleuve grâce à l'importance du commerce de la gomme. La récolte et le commerce de la gomme font d'eux les principaux partenaires économiques des Français.

[63] Arrêt n°25 du 25 novembre 1839. ANSOM, Greffes du Sénégal, Cour d'Appel, Registre n°3. 50.

Ces coutumes sont payées en nature ; elles ne sont pas dues en cas d'exaction[64]. Le gouvernement local n'est pas seul en cause, les traitants ont eux aussi l'habitude de s'acquitter de ces coutumes[65]. D'autres usages existent, notamment en matière successorale[66], en matière de donation mobilière[67], en matière de transactions immobilières entre personnes de couleur, etc....

Cette diversité des sources favorise le morcellement du droit[68].

Le législateur cependant va, par les ordonnances de 1837[69] et 1840[70], tenter de maîtriser l'ordre social et ses contraintes et d'imprimer à la justice sénégalaise une direction particulière : la création d'un système judiciaire « à la française ».

Certes, la tradition demeure à travers le pluralisme des sources du droit, mais l'équilibre du système sera profondément modifié. Les aspirations unitaires du droit s'affirment à partir de la seconde moitié du 19e siècle et au 20e siècle.

II. Les inflexions judiciaires dans le sens de l'unification du droit

L'évolution de l'opinion des Habitants et des autorités administratives et politiques de la colonie dans le sens de l'unification du droit s'est faite de manière progressive.

Les témoignages fournis par les sources d'archives révèlent l'existence au sein du conseil privé du Sénégal d'une opinion favorable à l'unité de la règle de droit, à la promotion du Code civil, celle exprimée par le président du tribunal de première instance de Saint-Louis, Butignot[71], en dépit de fortes oppositions des notables locaux.

En vérité, Butignot avait consacré à la question de nombreux travaux qu'il exposa en séance du conseil d'administration et de gouvernement[72] du 5 septembre 1827[73].

Armé de sa science du droit et des pouvoirs qui lui sont conférés[74], il se dit favorable, à l'introduction du Code civil au Sénégal, non sans proposer quelques "retouches"[75] au texte métropolitain, et son adaptation au contexte institutionnel et

---

[64] Il est convenu, le 10 février 1850, dans une convention passée avec l'Almamy du Fouta, passée à Aleïebe, que pendant quatre (04) années, il cesserait de percevoir toute redevance. Les sommes ainsi libérées, doivent permettre à l'administration d'indemniser les victimes des pillages de Cascas. Arrêt n°30 du 21 septembre 1853.

[65] F. VALANTIN, Mémoires, ANSOM, Sénégal et Dépendances II, dossier 2, p. 4.

[66] Appel O'Hara du 25 février 1830 contre jugement Tribunal Saint-Louis du 13 février 1830.ANS. Registre des actes d'appel 1822-1844.

[67] Conseil de justice de Saint-Louis 2e registre. Jugement du 10 septembre 1821, Coumba Jean contre Anne Cotou.

[68] S. SANKALE, « A la mode du pays »... Thèse d'Histoire du droit, tome 2, pp. 440 et s.

[69] A.M. et C. 1837. I. 531-532.

[70] A.M et C. 1840, p.1173.

[71] Président du tribunal de première instance de Saint-Louis, de 1822 à 1830.

[72] Rapport du Maître des Requêtes Delamardelle, 26 janvier 1835, ANSOM, Sénégal VIII, dossier 5b. Pour en savoir plus sur ce conseil, S. SANKALE, « A la mode du pays »... Thèse d'Histoire du Droit, citée, pp. 416-431.

[73] Séance du conseil d'administration et de gouvernement, 5 septembre 1827, ANS, 3E6.

[74] Aux termes de l'article 21 de l'ordonnance royale du 7 janvier 1822 relative à l'organisation judiciaire du Sénégal, en effet, "pour tous les points non réglés par ladite ordonnance, il sera fait par le président du tribunal de première instance de Saint-Louis, un projet de règlement sur l'application des différents codes en tout ce qui peut convenir aux localités, lequel projet doit être soumis à l'approbation de sa Majesté.

[75] Les modifications proposées portaient sur les articles 1er (mode de promulgation de la loi) ; 43 (la clôture des registres de l'état civil) ; 49 (les mentions à faire en marge des registres de l'état civil). 55 (la présentation de l'enfant nouveau-né, à l'officier de l'état civil) ; 56 (la déclaration de naissance) ; 57 (la

intellectuel local. Ainsi, il s'agit d'assigner une nouvelle finalité à l'ordre juridique en plaçant l'individu au cœur du droit. Outrés par cette prise de position, les notables qui siègent dans la commission de codification[76] déplacent le débat sur un autre terrain, multiplient les manœuvres dilatoires[77], dans le but de retarder l'adoption du projet en discussion, et focalisent leur attention sur un seul sujet : L'esclave, homme ou meuble ou même immeuble, était-il ou non assujetti au Code civil ? Et que dire des affranchis ou des engagés à temps[78] ? Ces discussions et atermoiements virent la commission et ces travaux se diluer complètement et l'on n'y songea même plus pendant trois (03) ans.

Malheureusement, victime, dans le courant de l'année 1830, de la terrible épidémie de fièvre jaune, le Président Butignot ne put s'opposer à la promulgation hâtive du Code civil au mois de novembre, sans les aménagements préconisés. L'arrêté du gouverneur du Sénégal du 5 novembre 1830 déclaratoire de l'application du Code civil français dans la colonie[79] consacre la thèse « particulariste »[80].

---

constatation de la naissance) ; 70 ; 71 et 72 (les actes de notoriété en cas de mariage) ; 77 (les inhumations) ; 80 ; 83 et 84 (les décès, soit dans les hôpitaux, soit en cas d'exécution par arrêt, soit dans les maisons de réclusion) ; 112 ; 116 et 143 (la présomption d'absence, l'affichage du jugement qui la constate et la surveillance des enfants mineurs laissés par l'absent) ; 144 (l'âge déterminé pour que la femme née au Sénégal puisse contracter mariage) ; 145 ; 163 et 164 (les mariages entre beaux-frères et belles sœurs) ; 167 (les publications du mariage dans le cas où l'un des futurs aurait eu son dernier domicile en France) ; 169 (les dispenses de publication) ; 361 (les consentements à donner en cas de tutelle officieuse) ; 427 (les personnes dispensées de la tutelle) ; 726 et 912 (le droit de succéder, de disposer et de recevoir) ; 806 (la distribution, par ordre de privilèges et d'hypothèques, du prix de vente d'un immeuble provenant d'une concession bénéficiaire) ; 811 et 812 (les successions vacantes) ; 971 (la réception des testaments par actes publics) ; 1905 et 1907 (la fixation de l'intérêt légal et de l'intérêt conventionnel) ; 2123 (l'hypothèque judiciaire résultant de condamnations ou contraintes administratives) ; 2127 et 2128 (les hypothèques conventionnelles) ; 2161 à 2165 (la réduction des hypothèques en certains cas) ; 2183 et 2184 (les formalités à observer pour purger les hypothèques) ; 2191 (le recours réservé à l'adjudicataire contre le vendeur pour le remboursement de ce qui excède le prix stipulé par son titre) ; 2194 (le mode de purger un immeuble des privilèges et hypothèques de la femme qui n'aurait pas pris inscription) ; 2195 (la radiation des inscriptions) ; 2198 (la responsabilité du conservateur des hypothèques) ; 2212 et 2215 (la poursuite en expropriation forcée et la suspension de la dite poursuite) ; 2224 (la prescription). Le travail du président du tribunal de première instance de Saint-Louis « n'est point accompagné de motifs », mais il a fait l'objet de longues annotations de la part de l'Inspecteur colonial. Cf. Rapport du maître des registres Delamardelle au ministre de la Marine, 26 janvier 1835, ANSOM, Sénégal VIII/5B.

[76] Cette commission dont la création a été décidée le 23 décembre 1821, ne verra le jour que le 24 novembre 1827. C'est devant cette instance que le président du tribunal civil de Saint-Louis soumit son rapport, après l'avoir présenté en conseil d'administration et de gouvernement du 5 septembre 1827.

[77] Séances de la commission chargée de l'examen du Code civil, P.V. du 4 déc. 1821, ANS, M1.

[78] Sur l'engagement à temps, F. ZUCCARELLI, « le régime des engagées à temps au Sénégal », CEA, n°7, vol. II, 1972, pp. 424-426.

[79] Bull. Administratif du Sénégal, 1819-1842, pp. 303-305.

[80] Le Code Napoléon y a été introduit sous les modifications suivantes : « le gouverneur promulgue les lois qui sont exécutoires dans la colonie à partir du jour fixé par l'arrêté de promulgation ; il accorde les autorisations et les dispenses réservées par le Code à l'empereur ; les déclarations de naissance sont faites dans les cinq jours de l'accouchement, à l'officier de l'état civil, qui est tenu de se transporter, avant l'expiration de ce délai, dans la maison de l'accouchée, pour se faire présenter l'enfant, sans l'exposer à l'air extérieur ; les juges peuvent ordonner la preuve testimoniale à quelque somme que puisse monter l'objet des conventions, s'il y a parmi les contractants des gens illettrés ; enfin, le terme de rachat ou de réméré fixé par un acte ou autre convention, peut être prolongé par le juge, et ne devient définitif qu'en vertu d'un jugement ». Conseil privé, séance du 5 novembre 1830, ANS, 3 E 9. Le président Butignot ayant été emporté plus tôt par la fièvre jaune, la rédaction de l'arrêté déclaratoire de l'applicabilité du Code civil fut confiée à l'avocat général Auger. Ainsi, le projet d'ordonnance dont il était l'auteur fut

Très vite, à la suite des modifications apportées au régime législatif et réglementaire de la colonie, l'idée était avancée de rapprocher ce Code civil des populations qu'il est censé gouverner. Les procès-verbaux de délibérations du conseil privé ou conseil d'administration et de gouvernement font apparaître trois (03) projets successifs[81], dont le dernier en 1847. Du premier, en 1835 et 1836 au dernier, en passant par le second en 1839[82], on note un affaiblissement des particularismes locaux, mais lorsque le chef du service judiciaire exposa le 8 juin 1847 un nouveau rapport sur « la révision du Code civil et son application au Sénégal[83] », la « mode de pays » faisait encore sentir ses effets.

La volonté d'adapter non le droit à la population, mais bien la population au droit est néanmoins affichée[84]. Cette volonté de dire le droit cependant se heurta à la résistance des usages, et on resta dans une fiction de l'application du Code civil jusqu'en 1848. Il n'est pas indifférent de remarquer que depuis cette période, la diffusion du Code se fait au moyen de techniques de promotion qui reposent sur des « injections volontaristes », selon une technique de « greffes » de modernisation, plus ou moins appuyées.

Le juge s'attaque aux usages, non sans procéder par étapes : D'une part, l'extension des principes et règles du Code civil fait l'objet d'une promulgation directe (par « greffes » lourdes ou légères, réalisées par le législateur). D'autre part, conformément à sa philosophie qui confie au juge son interprétation, le Code civil fait l'objet d'un travail de « transfusions » régulières prenant la voie du juge, souvent au prix de stratagèmes portés par les magistrats.

A. La réception des règles du Code civil

La manière de procéder prend parfois des formes très subtiles. Ainsi, dans un jugement en date de 1840, à propos d'une succession ouverte dans les conditions d'une union contractée sous l'empire de l'usage, le tribunal de première instance de Saint-Louis, décide, que les « mariages à la mode du pays » ne produisent plus d'effets qu'à d'égard des enfants dont les droits sont ceux énoncés dans l'article 957 du Code civil[85]. Confirmant cette tendance, la Cour d'appel dans un arrêt célèbre[86], décide que les « mariages à la mode du pays » ne peuvent plus produire à l'égard des enfants qui en sont issus, les effets d'un mariage légitime.

La Cour se refuse donc à appliquer les usages, en précisant clairement que « quelques respectables que soient les usages anciens d'un pays, ils ne sauraient prévaloir sur une loi dont la promulgation a dû avoir pour effet, de faire disparaître ces usages. Le Code Napoléon qui régissait le Sénégal, dès 1817[87], puisqu'un

---

écarté. Le rêve qu'il caressait d'amener l'autorité à promulguer le code civil au Sénégal, « dans toute sa pureté », s'éloigna à jamais.

[81] Conseil privé du Sénégal, séances des 03/12/1835, 10/05/1836, 17/05/1836, ANS, 3 E 11.

[82] Conseil privé du Sénégal, séances des 3 et 4 juillet 1839, ANS, 3 E 12.

[83]. Conseil privé du Sénégal, séance du 8 juin 1847, ANS, 3 E 19.

[84] Conseil privé du Sénégal, séance du 7 mai 1836, ANSOM, Sénégal et Dépendances VIII, dossier 5, chemise 5 b ; « le passé appartient à la jurisprudence qui le règle suivant le droit acquis, l'avenir est du domaine du législateur ».

[85] Conseil privé, séance du 7 mai 1836. ANSOM, Sénégal et Dépendances VIII, dossier 5, chemise 5 b.

[86] Affaire Jean Crespin contre Victoire Hancerme. ANSOM, Greffes du Sénégal, Cour d'appel, Registre n°VI, Arrêt n°26 du 2 octobre 1846.

[87] Les auteurs enseignent que le Code civil a été promulgué au Sénégal, par arrêté local, le 5 novembre 1830. C'est la position de la doctrine dominante. D'autres auteurs comme P. DARESTE (Traité de droit colonial, t. 1, Paris, 1931, p. 271) ou A. GIRAULT (Principes de colonisation et de législation coloniale,

officier de l'état civil était établi à Gorée, et qui y fut définitivement promulgué en 1830, n'attribue aux enfants la qualité d'héritiers légitimes, que lorsqu'ils sont nés du mariage légitime pour lequel il a prescrit des actes et des formalités obligatoires »[88]. Juridiquement indiscutable, cette jurisprudence se heurte cependant à la pratique suivie par les « Habitants » qui persistent encore pour la plupart dans l'observance d'une coutume à peu près identique à celle des Malgaches de la région de Tamatave. Cette coutume admet le mariage par cohabitation. Le défaut de célébration devant l'officier de l'état civil étant une cause de nullité du droit français, de tels mariages n'ont donc juridiquement que le caractère d'un concubinage, la rigueur de cette solution ne pouvant être éventuellement tempérée que par le recours à la théorie du mariage putatif[89]. Par ce canal, c'est une large part du Code civil relative aux conditions du mariage qui sera introduite.

Quant à la transformation de la « troque de la gomme », elle s'opère par l'introduction dans la colonie, d'une part, d'un contrat d'un type spécial, servant à réaliser un prêt à intérêts et prenant la forme de la vente à réméré, d'autre part, du contrat de vente.

Le réméré par les garanties dont l'entoure au Sénégal l'arrêté[90] promulguant le Code civil qui exige un jugement pour l'envoi en possession définitive, était considéré comme un acte de nature à faciliter les rapports d'intérêts des indigènes avec les négociants[91].

Lorsqu'un traitant n'a pas acheté une quantité de gomme suffisante, il est d'usage, de s'acquitter du surplus de ses obligations en restituant la partie des guinées qu'il n'a pas employées[92].

La crise qui frappe les établissements français, à partir des années 1830-1840, oblige à un changement de politique. Ainsi de 1838 à 1841 les traitants passent, pour faire face à la crise, des contrats avec des négociants[93]. Beaucoup d'entre eux sont poursuivis en justice par leurs créanciers alors que leurs immeubles sont déjà grevés d'hypothèques. Comme ressources disponibles, ils n'ont plus que leurs embarcations et des captifs.

Privés de crédit par « les négociants, gênés eux-mêmes et à découvert pour des avances considérables » [94], les traitants n'en peuvent plus ; tout au plus espèrent-ils des pouvoirs publics qu'une solution soit prise, que la sécurité des transactions soit assurée[95].

---

t.1 n°102) soutiennent au contraire que le Code civil a été introduit au Sénégal par arrêté local du 8 Vendémiaire An XIV puis appliqué « en fait » c'est-à-dire comme raison écrite, jusqu'à l'arrêté du 5 novembre 1830 qui l'a rendu expressément obligatoire. La date du 5 novembre 1830 étant avancée par la majorité de la doctrine, elle marque le point de départ des interventions des autorités locales. Voir A. BOUDILLON, « Le Code civil et l'ordonnance de 1825 au Sénégal », *Penant*, 1908, doct. I. 28.

[88] Affaire Anna Guèye contre les héritiers Bougama et les héritiers Yandé Diouf. ANSOM, Greffes du Sénégal, Cour d'appel, Registre n°IX.

[89] L'admission du mariage putatif dans les colonies fut au demeurant tardive. Cf. Cass. Civ. 21 décembre 1954, *Penant* 1956, I. 127, note ROBERT.

[90] Cf. Bull. *Adm. Des actes du gouvernement du Sénégal*, 1819-1842, pp. 303-305.

[91] Arrêt n°11 du 4 juin 1841, aff. Charles Brian contre Louis Alsace. ANSOM, Greffes du Sénégal, Cour d'appel, Registre n°IV.

[92] Arrêt n°18 du 16 août 1822, aff. Dubois c/Mangeard, Mille et Jay, Greffes du Sénégal, Conseil d'appel, Registre n°1.

[93] Gouverneur à ministre, 16 septembre 1841. ANS, 2 B 18, fol. 120-121, à la date.

[94] CARRERE. Mémoire sur le Sénégal, 1869, ANSOM, Sénégal et Dépendances II, dossier 4, p. 5.

[95] Ibid.

La Cour d'appel de Saint-Louis, déjà acquise à l'idée que les usages commerciaux doivent être réformés[96], décide d'appliquer à la « troque de la gomme », les dispositions du contrat de vente[97].

La réformation des usages était donc devenue inévitable, le système juridique autochtone ayant sécrété un *corpus juris* adapté au contexte local, fondé à la fois sur la persistance de l'ordre socio-économique ancien, et l'application nuancée du droit français, bridé par l'ordre public.

La diffusion des règles du Code civil par le juge se réalise par ailleurs au moyen de techniques de promotion qui reposent sur une stratégie quasi médicale de « perfusions » prudentes. Nous nous trouvons en présence d'un exemple caractéristique de ce que la sociologie juridique a appelé « l'acculturation »[98], c'est-à-dire « l'accès d'une population à un droit différent du sien ». Le droit nouveau devait à la fois permettre de faire face aux problèmes posés par la mise en valeur de la colonie et servir de ferment pour transformer peu à peu certaines institutions. Outre l'application dans la colonie des textes pris en métropole, l'acculturation juridique procéda aussi de plusieurs forces diffuses. L'influence des tribunaux sur la régulation politique et sociale qui s'effectue par le droit est loin d'être négligeable.

Avant de pousser plus loin, une précision s'impose. L'application dans la colonie des lois et décrets pris en métropole était gouvernée par le principe de la « spécialité législative »[99]. Selon ce principe, les textes métropolitains n'étaient pas applicables *ipso facto* dans les colonies dès leur entrée en vigueur. Ils devaient y être introduits par une disposition spéciale prise à cet effet. Le Code civil a été soumis à ce principe[100]. Le principe n'était pas sans souffrir des exceptions. Certains textes étaient spécialement pris pour les colonies. Il en est ainsi des fameux décrets Mandel et Jacquinot relatifs au droit de la famille.

En effet, le droit de la famille et notamment le droit du mariage a été régi par le décret du 15 juin 1939 plus connu sous le nom de « décret Mandel »[101], applicable en AOF et en AEF. Ce décret comportait certaines initiatives dans les rapports entre époux. En vertu de son article 2, le consentement des futurs époux est indispensable pour la validité du mariage. Il déclare nulles de plein droit : toute convention matrimoniale concernant la fille pubère, lorsque celle-ci refuse son consentement ; toute revendication de veuve ou de toute autre personne chez l'héritier auquel elle est attribuée. Un décret du 20 février 1946 a assorti les dispositions du décret du 15 juin 1939 de sanctions pénales en y ajoutant un article 2 bis[102]. Ce sont des mesures

---

[96] Arrêt n°117 du 15 octobre, 1829, aff. J. Pellegrin et Ch. André c/Guillabert et Cie, ANSOM Greffes du Sénégal, Conseil d'appel, Registre n°1.

[97] Arrêt n°51 du 21 octobre 1861, ANSOM, Greffes du Sénégal, Cour d'Appel, Registre XIII.

[98] J. CARBONNIER, *Sociologie du droit*, Cours de doctorat 1962-1963 ; LEVY-BRUHL, *Sociologie du droit*, Que sais-je ? Paris, 1967.

[99] P. LAMPUE, « Les lois applicables dans les territoires d'outre-mer », *Penant*, 1950. II. 1-10 ; M. IPRANOSSIAN, *La colonisation et le législateur colonial français*, thèse droit, Paris, 1916, pp. 146-176.

[100] Le Code civil, en effet, a été rendu applicable dans presque toutes les colonies de l'AOF et de l'AEF par des décrets dont le dernier en date est du 16 décembre 1896.

[101] Pris pour les pays qui formaient les anciennes fédérations de l'AOF et de l'AEF, ses dispositions ont été reprises pour le Togo et le Cameroun, alors territoires sous mandat, par les décrets du 16 janvier 1942 et 13 novembre 1945.

[102] Ce texte était ainsi conçu : « par extension des dispositions du décret du 12 décembre 1905 relatif à la répression de la traite en AOF et au Congo français, tout mariage contracté en violation des dispositions qui précédent sera considéré comme une mise en servitude. Quiconque aura donné en mariage ou épouse

de protection de la femme et surtout de sa liberté de consentement[103]. Le but évident poursuivi par le législateur colonial en matière de mariage, est de proscrire les unions polygamiques et les règles coutumières qui portaient atteinte à la liberté de la femme.

Au demeurant, le décret du 15 juin 1939 n'a jamais pu recevoir une application systématique et généralisée en raison de la résistance du système juridique traditionnel[104], dont les menaces de sanctions pénales n'ont pas réussi à triompher. En outre, il ne semble pas que le décret du 20 février 1946 qui le complète ait contribué à la transformation des mœurs dans le sens souhaité[105]. L'acculturation se révèle être ici un échec, à tout le moins une « ineffectivité de la loi ».

Plus tard est intervenu le décret du 14 septembre 1951 dit « décret Jacquinot » qui règlemente la dot, surtout dans ses incidences sur le consentement de la femme, et institue l'option de monogamie dont le principe a été repris plus tard dans le Code de la famille sénégalais. Il vient ainsi compléter le décret du 15 juin 1939 auquel il se réfère expressément. Selon son article 2, même dans les pays où la dot est une institution coutumière, la fille majeure de vingt et un (21) ans et la femme dont le précédent mariage a été légalement dissous, peuvent librement se marier sans que quiconque puisse prétendre en retirer un avantage matériel. Et l'article 3 précise que dans ces mêmes pays, le défaut de consentement des parents, s'il est provoqué par des exigences excessives de leur part, ne peut avoir pour effet de faire obstacle au mariage d'une fille majeure de vingt et un (21) ans. On peut, certes, gloser sur la conception restrictive du droit que renferme cette réglementation[106], mais le but recherché est la transposition d'un trait de la culture juridique française *in situ*, savoir le développement d'un système de droit écrit[107], le respect de l'autonomie de la volonté individuelle.

Il est d'autres matières où la justice poursuit cette action de « transfusion » des règles du droit français, notamment, dans les litiges relevant du domaine économique.

Ainsi, le tribunal de première instance de Saint-Louis[108] insiste sur l'existence d'un écrit comme condition de validité de la convention : « sans la signature de la partie qui s'oblige, condition essentielle de validité de l'acte sous

---

une femme non nubile et/ou non consentante, sera passible des peines qui répriment les traites telles qu'elles sont prévues à l'article 99 du décret du 17 juillet 1944 ».

[103] Sur l'application de ces textes en Côte d'Ivoire, cf. Cour suprême de Côte d'Ivoire, 18 juin 1965, *Penant*, 1968, p. 363.

[104] La Chambre d'homologation de la Cour d'appel de l'AOF, par arrêt du 28 octobre 1948 (in *Penant*, 1949. I. 142), a fait application de ce texte.

[105] Son échec a été stigmatisé par A.-P. ROBERT, qui écrit à propos du décret du 20 février 1946 : « s'il fut jamais un texte aussi draconien dans ses dispositions et inopérant dans ses effets, c'est bien celui-ci. Son application aurait entraîné la comparution sur les bancs des assises toute la population mâle d'Afrique noire », in : L'évolution des coutumes de l'Ouest africain et la législation française, p. 88. Cité par G.-A. KOUASSIGAN, *Quelle est ma loi ? Tradition et modernisme dans le droit privé de la famille en Afrique noire francophone*, Paris, Pedone, 1974, p. 232, note 75, qui ajoute : « il paraît inutile de faire ressortir le caractère excessif d'une telle opinion ! ».

[106] CHARLIER, « Aspects de la combinaison des questions de conflits de lois coloniaux et des questions de condition des personnes dans l'Union française », *Penant*, n°60, mars 1953, pp. 75 et ss.

[107] J. HILAIRE, « Variations sur le mariage », *Penant*, 1968, pp. 153 et ss.

[108] Trib. de Première instance de Saint-Louis, 3 décembre 1898, *Penant*, 1900. I. 117.

seing privé, cet acte est nul et ne peut même, fût-il signé de plusieurs témoins, servir de commencement de preuve par écrit ; une simple croix ou toute autre marque ne saurait suppléer à cette signature. Pour établir l'existence d'une vente immobilière qu'on prétend résulter d'un tel acte, ne peut être admise la preuve tant par titre que par témoins, appuyée de présomptions, même sous l'empire, au Sénégal, de l'arrêté du Gouverneur de la colonie du 5 novembre 1830, qui, s'il dérogeait aux prescriptions de l'article 1341C. civ., en permettant aux juges d'autoriser la preuve testimoniale de conventions conclues entre parties illettrées excédant le chiffre de 150 francs, laissait entièrement aux magistrats l'appréciation de cette mesure ».

En matière de responsabilité civile [109], le droit français a également une vocation à régir les rapports de droit soumis à l'appréciation du juge "lors même qu'aucune circonstance ne permet de tenir une société de commerce pour obligée, envers un de ses agents, au paiement d'une indemnité de licenciement ; le juge peut, sur le fondement de l'article 1382 c. civ. et sur les conclusions subsidiaires de l'agent brusquement congédié, lui allouer des dommages-intérêts qu'il détermine d'après les éléments d'appréciation de la cause, si, par ses agissements dolosifs, la société a méconnu les règles de loyauté commerciale et causé au réclamant un préjudice réel » [110]. Mais au Sénégal, il faut bien marquer les limites à l'application du droit du Code civil [95]. Deux (02) exemples suffisent à titre d'illustration.

- Alors que les Français installés dans cette colonie ne peuvent se passer d'un système juridico-politique de même nature que le système économique qu'ils implantent[111], les indigènes eux, entendent conserver leurs propres valeurs et demeurer partiellement régis par l'ordre juridique autochtone[112].

[109] Nombreuses en effet sont les décisions rendues dans ce domaine : C. d'app. de l'AOF, 15 juin 1928, *Penant*, 1929. I. 10-14 (application des articles 1147, 1382 et 1384 c. civ.) ; Cass. civ. 27 février 1929, *Penant*, 1929. I. 250-253 (application de l'art. 1384 c. civ. §1er) ; C. d'app. de l'AOF, 12 avril 1929, *Penant*, 1930. I. 138-146 (application de l'art. 1496 c. civ.) ; C. d'app. de l'AOF, 21 juin 1929, *Penant*, 1930. I. 313 (application des articles 770 et 811 c. civ.) ; Trib. Première instance de Kaolack, 15 septembre 1932, *Penant*, 1933. I. 51 (application de l'art. 2210 c. civ.) ; C. d'app. de l'AOF, 24 juin 1932, *Penant*, 1934. I. 120-128 (application des art. 1156, 1325 et 1690 c. civ.) ; Trib. de Première instance de St Louis, novembre 1936, *Penant*, 1937. I. 313-318 (application de l'art 1384 c. civ. §1er) ; Trib. de Première instance de Dakar, 15 janvier 1941, *Penant*, 1945. I. 29-35 (application de l'art. 1384 c. civ.).

[110] Trib. de Première inst. Dakar, 6 sept. 1902 et C. d'app. de l'AOF, 6 février 1903, *Penant*, 1904. I. 22.

[95] Ainsi, l'indigène de l'AOF devenu citoyen français par décret d'accession ne peut faire bénéficier de la qualité de citoyen un enfant né sujet indigène antérieurement à ce décret et non compris dans l'acte présidentiel d'accession. De même, l'indigène de l'AOF sujet français, ne peut inscrire les actes de l'état civil le concernant (naissance, décès, mariage) aux registres organisés en conformité du titre 2 du livre 1 du Code civil. Arrêt de la Cour d'appel de l'AOF 13 avril 1934, Penant, 1934.I.213. Echappe également à l'application du Code civil, un mariage contracté devant le cadi et ayant produit ses effets juridiques attachés à cette institution coranique ; il ne saurait être l'objet d'une nouvelle célébration selon le régime du Code civil. Ayant opté pour la loi coranique, les époux ne peuvent opter pour la loi française ; C. d'app. de l'AOF, 20 décembre 1940, *Penant*, 1948. I. 23.

[111] La promulgation du Code civil au Sénégal s'inscrit donc dans la volonté d'introduire le droit, l'appareil politico-administratif et les institutions nécessaires au fonctionnement d'une « économie ouverte », à la mise en valeur de la colonie, il s'agit d'un processus de "normalisation".

[112] Ainsi, les affaires entre indigènes musulmans sont instruites et jugées, au Sénégal, exclusivement par le cadi, d'après le droit et suivant les formes en usage chez les musulmans, quand elles sont relatives aux questions qui intéressent notamment l'état civil, le mariage et les successions, les donations et testaments. Cf. décret du 20 mai 1857 ; C. d'appel de l'AOF, 17 juin 1898, aff. Fara Mbaye réformant un jugement du tribunal de Dakar du 25 décembre 1897 ; Cass. civ. 24 juillet 1888, D. 89. I. 417 ; Trib. Saint-Louis, 17 nov. 1894, *Penant*, 1895. I. 127 ; Cass. req. 31 juillet 1895, *Penant*, 1895. I. 385 ; Cass. req. Chbre des req, 22 mai 1905, *Penant*, 1905. I. 295.

- Mais un autre problème tient à l'interprétation des textes, aux malentendus qu'entretiennent l'administration et la justice sur la portée réelle des textes. Il en est ainsi lorsqu'il s'agit d'attribuer la qualité de Français aux « originaires » de confession musulmane des quatre (04) « communes de plein exercice » du Sénégal.

En effet, le statut des « originaires » des communes françaises de l'ancien Sénégal a maintes fois donné lieu à des controverses doctrinales [113] et à des discussions de jurisprudence très divergentes. La question qui se posait était de savoir si les « originaires » de ces communes de plein exercice ont la qualité de citoyens français et jouissent des droits civils et politiques [114] attachés à cette qualité. Avant de pousser plus loin, quelques précisions s'imposent.

Si l'exercice des droits politiques a posé problème dans les colonies, il n'en allait pas de même des droits civils, dont la jouissance était « l'attribut essentiel de la nationalité française », et en était « la conséquence nécessaire et immédiate »[115].

Dès lors, il semble possible de soutenir qu'en promulguant le Code civil au Sénégal, l'arrêté du 5 novembre 1830, plaçait les habitants libres de la colonie sous l'empire du Code civil [116] qu'il avait pour effet d'y introduire « dans toute sa pureté », serait-ce en toute ignorance du droit local[117]. Malgré la clarté de ce texte, la jurisprudence[118] va désapprouver une telle solution. Pour autant, le législateur persévéra dans la voie de la promotion du Code civil. Par la loi du 24 avril 1833[119], il allait confirmer le bénéfice des « bienfaits »[120] du droit français aux indigènes.

Aux termes de ce texte « toute personne née libre ou ayant acquis légalement la liberté jouit dans les colonies françaises ; 1° - des droits civils, 2° – des droits politiques, sous les conditions prescrites par les lois ».

Il semblerait qu'aucune difficulté ne puisse s'élever et que les indigènes libres du Sénégal fussent investis de tous les droits de citoyens français.

La difficulté provient uniquement de l'interprétation qui doit être donnée à la réserve finale de l'article 1er de la loi du 24 avril 1833, qui subordonne la jouissance des droits de citoyens « aux conditions prescrites par les lois ».

N'y a-t-il pas une incompatibilité entre le statut du citoyen français et le maintien par l'indigène musulman d'un statut personnel, dont certaines particularités peuvent être contraires à l'ordre public français (mariage, état civil, successions, etc....) ?

---

[113] L. GUEYE, De la situation politique des Sénégalais originaires des communes de plein exercice... Thèse Droit, Paris, 1921. Préface de M. WEISS, not. pp. 33-50.

[114] Les droits civils étaient du droit privé. Ce sont les facultés que des personnes sont appelées à exercer dans leurs rapports privés avec d'autres personnes (droit de propriété, droit de vendre, d'acheter, d'acquérir ou de transmettre par succession ou par testament, etc....). Les droits politiques ont leur source dans le droit constitutionnel, qui règle des rapports des gouvernants et des gouvernés ; ils consistent dans la faculté de participer à l'exercice de la puissance publique et se résument dans l'aptitude légale à l'effet d'élire ou d'être élu aux fonctions de l'ordre législatif, judiciaire ou exécutif.

[115] J. de BYANS, « La nationalité aux colonies », Rec. *Dareste*, 1911. II. 5.

[116] B. SCHNAPPER, « Les tribunaux musulmans et la politique coloniale au Sénégal », op. cit. p. 93.

[117] Ibid.

[118] C. d'app. de l'AOF, 2 avril 1926, *Penant*, 1926. I. 197 : « (...) L'arrêté du 5 novembre 1830, qui a promulgué le Code civil au Sénégal, n'a pas eu pour effet d'imposer le statut des nationaux européens aux indigènes du Sénégal ».

[119] Promulguée au Sénégal par arrêté du 5 juillet 1833, cf. *Bulletin administratif du Sénégal*, 1833, p. 401 ; Rec. *Dareste* 1869. *J.* n° 709.

[120] Le mot est du professeur H. SOLUS, Traité de la condition des indigènes en droit privé, Sirey, 1927, p. 15 ; cf. également P. DARESTE, « Les nouveaux citoyens français », *Rec. Dareste*, 1916. I. – 1 à 14.

C'est autour de cette question primordiale que gravite toute la jurisprudence intéressant les « originaires » des quatre (04) communes françaises du Sénégal.

Si nous étudions cette jurisprudence, dont il faut dégager la portée exacte, nous trouvons tout d'abord un arrêt de la chambre des requêtes de la Cour de cassation française[121], en date du 22 mai 1905 – affaire Devès contre Yakhia Diagne – qui pose parfaitement tous les éléments du problème et lui donne une solution de principe qui n'a cessé de constituer sur ce point, à notre avis, la doctrine de la chambre des requêtes.

Par cet arrêt – particulièrement topique, puisqu'il intervenait en matière successorale – la Cour de cassation française a reconnu que « les indigènes musulmans du Sénégal sont devenus français par l'annexion de leur territoire à la France, et ils conservent cette nationalité bien qu'ils demeurent dans certains cas sous l'application exclusive de la loi musulmane ». Il ne faut donc pas perdre de vue cette indication – l'arrêt de 1905 a grand soin de remarquer que cette reconnaissance des droits de citoyen se conciliait avec le maintien du statut personnel musulman.

Confirmant la jurisprudence de la Chambre des requêtes et même avec un arrêt de sa propre jurisprudence qui avait explicitement statué dans le même sens, la Cour d'appel de l'AOF[122] n'a pas nié la qualité de Français aux indigènes musulmans de l'ancien Sénégal à la seule exception des esclaves. La situation des musulmans originaires des communes françaises paraissait donc fort claire quand l'Administration est venue apporter dans cette discussion un élément de trouble et d'incertitude.

Elle va considérer à partir de 1910, d'une part, qu'en principe, l'article 1er de la loi du 24 avril 1833 confère aux « originaires » des quatre (04) communes de plein exercice la qualité de citoyen français et qu'ils ont la jouissance des droits attachés à cette qualité, quand, en fait, ils n'ont pas conservé un statut personnel en marge du Code civil, d'autre part, que les originaires de ces communes françaises qui ont, en fait le statut personnel musulman, ne peuvent se réclamer de la « pleine nationalité » c'est donc une question de pur fait et d'espèces et les « originaires » pouvaient par conséquent être soumis au régime de la justice administrative dite de l'Indigénat[123], ainsi qu'aux juridictions indigènes, dès qu'ils s'aventuraient en

---

[121] C. cass., ch. des req., 22 mai 1905, *Penant*, 1905. I. 295-296.

[122] C. d'app. de l'AOF, 2 avril 1926, *Penant*, 1926. I. 197. Pour aller dans le même sens, v° C. d'app. de l'AOF, 20 décembre 1940, *Penant*, 1948. I. 23 : « Les originaires des communes de plein exercice du Sénégal bénéficient des droits civils et politiques accordés aux citoyens français tout en conservant leur statut civil réservé. Ils peuvent donc se réclamer soit d'un régime normal résultant de leur statut civil réservé, soit du régime de faveur qu'ils tiennent de leur qualité de citoyen français. A ce dernier titre, ils peuvent accomplir tous les actes juridiques conformément au Code civil et en particulier, contracter mariage devant l'officier de l'état civil français, sous le régime de la loi française ».

[123] La justice administrative dite de l'indigénat prévoit des peines spécifiques qui peuvent s'appliquer aux indigènes sujets français pour des « infractions spéciales à l'indigénat » non prévues par la loi française. Codifiées en 1887, les infractions spéciales constituent progressivement un véritable arsenal répressif entre les mains de l'administration. Il faut les distinguer des crimes et délits commis en violation de la loi française, lesquels sont du ressort de la loi française et jugés par des jurys où les indigènes sont en minorité. La liste des infractions spécifiques à l'indigénat comporte les infractions suivantes : réunion sans autorisation ; départ du territoire de la commune sans permis de voyage ; acte irrespectueux ; propos offensant vis-à-vis d'un agent de l'autorité même en dehors de ses fonctions ; plainte ou réclamation sciemment inexacte ou renouvelée auprès de la même autorité après solution régulière. Pour aller plus loin, v° A. SAUSSOL, J. ZITOMERSKY (sous la direction de), *colonies Territoires, Sociétés, L'Enjeu français*. Paris, L'Harmattan, 1996, pp 222-241 ; I. MERLE, « Retour sur le régime de l'indigénat ;

dehors du sanctuaire constitué par le territoire des quatre (04) communes. Un originaire des quatre (04) communes « ne pouvait pas voter en France, et cela établissait bien que les originaires n'étaient pas de véritables citoyens malgré leur privilège promis à une rapide disparition »[124]. La solution adoptée par les tribunaux allait malheureusement dans ce sens[125].

Et puis contre toute attente la loi du 29 septembre 1916[126], votée par le Parlement français consacre la reconnaissance de la « pleine nationalité »[127] aux originaires des quatre (04) communes, nonobstant la conservation d'un statut personnel[128] qui, en toute logique, aurait dû les tenir à jamais en marge des règles du droit français.

La « naturalisation dans le statut »[129] fit ainsi son entrée dans le droit colonial français[130]. Elle a été analysée par la doctrine[131] comme une « injure à la citoyenneté française et à l'œuvre coloniale », la croix que l'administration dut porter, en dépit de multiples efforts pour obtenir l'abrogation de la loi du 29 septembre 1916, jusqu'à la Seconde Guerre mondiale.

En 1946, le régime républicain entretient la confusion entre les mots du droit et les choses du vécu en vidant de leur contenu les termes mêmes de nationalité et

---

genèse et contradictions des principes répressifs dans l'Empire français », *French Politics culture and Society*, Vol. 20, n°2, Summer 2002.

[124] Cour d'appel de l'AOF : « ... vainement prétendraient-ils invoquer, pour soutenir qu'ils ne sont justiciables que des tribunaux français, l'arrêté local du 5 novembre 1830 qui a promulgué le Code civil au Sénégal et la loi du 24 avril 1833 relative au régime politique aux colonies dont les textes combinés n'accordent l'exercice des droits civils et politiques qu'aux seules personnes qui se soumettent aux conditions prescrites par la loi française et non aux musulmans des quatre (04) communes qui ont conservé un statut personnel, incompatible avec l'exercice des droits accordés par le Code civil et qui par suite ne peuvent être compris parmi les personnes appelées à bénéficier de la loi de 1833... » : Cour d'appel de l'AOF, 8 juillet 1913, *Penant*, 1913, n°3276, pp 332-337. Un auteur anonyme écrivait que les droits civils tels qu'ils pouvaient résulter de la spécialité des colonies, avaient été conférés aux indigènes sans conditions ; cf. Note anonyme sous C. d'appel de l'AOF, 8 juillet 1913, affaire Massata Fall et consorts, Rec. Dareste, 1914. III. 39. Il y est souligné que le statut personnel spécial des indigènes devait être considéré comme parfaitement compatible avec les « droits civils » statués par la loi du 24 avril 1833. Du reste, le législateur allait par le décret du 20 mai 1857, celui du 10 novembre 1903, et les décrets subséquents des 22 mai 1905, 29 janvier 1907, 25 avril 1910, 16 août 1912 et 6 mars 1914, consacrer le principe fondamental que les indigènes sont soumis à leur statut personnel.

[125] B. MOLEUR, « Ce droit colonial qui n'existe pas... », art. cit. p. 44.

[126] Pour aller plus loin, v° P. DARESTE, « Les nouveaux citoyens français », *Rec.* 1916, Doctrine, pp. 1-16.

[127] C'est le terme employé par PAUL BOURDARIE dans son introduction au numéro spécial de la *Revue indigène* consacrée à « la naturalisation des musulmans dans leur statut ». *La Revue Indigène*, n°63-64, juillet – août 1911, p. 403.

[128] La conservation du statut personnel est du reste corroborée par la jurisprudence de la Cour d'appel de l'AOF : C. d'appel Sénégal, 2 avril 1946 citée.

[129] WERNER, *Essai sur la Réglementation de la Nationalité dans le Droit colonial Français*, Thèse Droit, Université de Genève, Toulouse, Imprimerie Boisseau, 1936, pp. 133-140.

[130] Par le décret du 5 avril 1848, les indigènes des cinq (05) villes françaises de l'Inde s'étaient aussi vus accorder le droit de vote indépendamment de leur statut personnel. Ils étaient Français et citoyens indépendamment de toute naturalisation individuelle, inscrits pour l'élection d'un député à la chambre sur les mêmes listes électorales que les autres Français, même si l'exercice de leurs droits politiques était limité au territoire de la colonie ; cf. P. WEIL, « le statut des musulmans en Algérie coloniale. Une nationalité française dénaturée », in : *La justice en Algérie 1830-1962*, La Documentation française, coll. Histoire de la justice, Paris, 2005, pp. 95-109.

[131] B. MOLEUR, « Ce droit colonial qui n'existe pas... », art. cit., p. 44.

d'égalité par la consécration constitutionnelle de la « naturalisation dans le statut » : les indigènes se voient maintenir à un statut juridique d'infériorité.

Mais la période est également favorable à l'affirmation de la vocation générale du droit français.

B. L'affirmation de la vocation générale du droit du Code civil

Le droit du Code civil s'est développé au détriment des coutumes locales[132], ce qui posait la question de l'effectivité de la norme de droit écrit. Celle-ci est assurée et définitivement consolidée au 20e siècle. Avec elle, c'est l'autorité du droit français qui est restaurée ; pour en mesurer l'importance, il suffit de prendre en compte une fois de plus certains stratagèmes d'expansion du Code civil : les conséquences que la jurisprudence tire, en matière foncière, lors de l'introduction du système de l'immatriculation[110] des terres et, surtout, la situation créée par le juge sénégalais, au lendemain de l'indépendance, tendant à appliquer le droit français aux rapports de droit soumis à son appréciation.

1 – La jurisprudence avait tout d'abord eu à résoudre la question de savoir si la promulgation du Code civil au Sénégal avait eu pour effet de démanteler l'ordre juridique traditionnel et entraîné de *plano*, sans qu'il ait été besoin d'une promulgation spéciale, l'application simultanée de la loi du 30 Ventôse An XII.

D'après l'article 7 de cette loi, à compter du jour où les lois nouvelles réunies dans le Code civil sont exécutoires..., « les coutumes générales ou locales cesseront d'avoir force de loi générale ou particulière »[133]. Par sa généralité aussi bien que par son caractère impératif, cette disposition de la loi rend difficile la cohabitation en territoire français du Code civil et des coutumes contraires. Selon une partie de la doctrine, il n'y a qu'un cas où la promulgation du Code civil dans une colonie n'entraînerait pas *ipso facto* la disparition des anciennes coutumes relatives à la propriété immobilière, c'est celui où l'acte de promulgation en contiendrait la réserve expresse.

Certains auteurs avancent qu'en réalisant par exemple "le Code civil, émanation d'une idée révolutionnaire de la société"[134], le législateur n'avait pas manqué de croire que son œuvre constituait également « un bienfait inappréciable, dont il serait souverainement injuste de ne pas faire bénéficier intégralement les colonies où il a été introduit et qui, elles aussi, sont terres françaises ». Le texte de l'arrêté du gouverneur du Sénégal promulguant le Code civil dans la colonie ne dispose-t-il pas clairement que « le territoire de la colonie est considéré, dans l'application du Code civil, comme partie intégrante de la Métropole ». De cette promulgation, la jurisprudence a déduit que les indigènes pouvaient être propriétaires, les cultivateurs par prescription, le premier occupant parce qu'on pouvait l'assimiler à un bailleur de terres.

On examinera ci-dessous le problème, mais il n'est pas sans intérêt de préciser le sens du terme assimiler : ce terme s'entend non dans le sens courant où il

---

[132] Toutefois, le développement du droit français au Sénégal n'a pas eu pour effet d'imposer le statut des citoyens français aux indigènes, ni de démanteler l'ordre juridique traditionnel ; les sénégalais demeurent partiellement régis par leurs coutumes.

[110] Elle y a été introduite par le décret du 24 juillet 1906, *Penant*, 1906. II. 198.

[133] Loi du 30 Ventôse An XII, art. 7. Cette loi promulgue le Code civil de 1804 en France.

[111] Elle y a été introduite par le décret du 24 juillet 1906, *Penant*, 1906. II. 198

[134] A.-J. ARNAUD, *Essai d'analyse structurale du Code civil français. La règle du jeu dans la paix bourgeoise*, Paris, L.G.D.J., 1973, p. 17.

est habituellement utilisé comme synonyme de rendre semblable ou d'identifier, mais dans l'acception physiologique du terme où il signifie transformer, convertir en sa propre substance. Telle est bien la manière dont la jurisprudence va procéder pour appréhender le droit du cultivateur et le droit du premier occupant. Il ne s'agit pas d'opérer une action de francisation pure et simple du régime de propriété, car dans ce cas il faudrait parler de substitution d'un statut juridique à un autre. Il y a en fait volonté d'assimilation, car sous prétexte de tirer toutes les conséquences de la promulgation du Code civil, la jurisprudence interprète le statut foncier traditionnel dans un sens qui le rende perméable à la pénétration de la conception civiliste de la propriété : ainsi, se référant aux précédents d'Ancien Régime, la jurisprudence avait commencé par assimiler le cultivateur à un paysan féodal qui versait une redevance au premier occupant, le *lamane*. Le lamane des origines, « c'est celui qui, émigrant sur une terre vide de tout habitant, fonde un établissement afin d'y vivre, lui et les siens »[135]. Il s'agit « avant tout d'un paysan qui rend grâce au sol des moyens de sa subsistance »[136]. Le paysan féodal – ici le cultivateur – est devenu propriétaire du sol qu'il cultivait, lorsque la Révolution avait proclamé l'abolition des droits féodaux.

Au demeurant, le cultivateur doit – si tant est qu'il a un droit - prouver qu'il a au moins acquis ce droit par prescription. On comprend dès lors, que pour réagir contre les effets attachés à la prescription, les lamanes, aux environs des grands centres urbains, notamment Dakar, Saint-Louis, Rufisque aient songé à déplacer les cultivateurs autour du domaine tous les deux (02) ans de façon qu'ils n'atteignent jamais le délai de prescription décennale qui leur eût permis d'acquérir le droit de propriété[137]. Cela avait fini par poser des problèmes que la jurisprudence [138] a essayé de résoudre toujours en faveur des cultivateurs : en effet à partir du moment où le cultivateur vendeur est propriétaire, le colon se sent protégé. Par ailleurs, du fait de la monoculture arachidière, certains lamanes assument le rôle d'entrepreneurs agricoles. « On assista alors à un pullulement de « lamanes » qui se réclamèrent des vieilles traditions agraires... sans oublier de percevoir des dîmes fort récentes plus ou moins liées à la religion musulmane (assakal), mais dont le principe restait celui des exactions seigneurides, avant de se transformer peu à peu, sous l'influence de l'économie monétaire, en banales locations »[139]. La jurisprudence ne s'y trompe pas qui accorde le droit de propriété au premier occupant[140]. Mais cela était loin d'être satisfaisant. L'insécurité juridique qui pèse sur ces conventions était devenue incompatible avec la stratégie du colonisateur. L'Etat n'allait pas renoncer à sa prétention ; la maîtrise du sol doit se faire sur de nouvelles bases : la technique de l'immatriculation.

2 – Le régime de l'immatriculation a été introduit au Sénégal par décret du 24 juillet 1906 qui en précisait les contours. Il fonctionnait déjà en Afrique Equatoriale Française depuis l'année 1899 (décret du 28 mars) et à Madagascar depuis 1897 (loi

---

[135] B. MOLEUR, « Traditions et loi relative au domaine national (Sénégal) », *Annales Africaines*, Dakar, 1981 p. 14.

[136] Ibid.

[137] Ce système (appelé agriculture giratoire) a connu un essor considérable au Sénégal avant la Seconde Guerre mondiale.

[138] C. d'app. de l'AOF, 16 juin 1920, *Penant*, 1921. I. 43 ; 10 mars 1932, *Penant*, 433.

[139] B. MOLEUR, « Traditions et loi relative au domaine national (Sénégal) », art. cit. p. 16.

[140] Trib. 1ère inst. Dakar, 30 avril 1916, *Penant*, 1916. I. 216 ; C. d'app. de l'AOF, 20 mai 1920, *Rec. Dareste*, 1922. I. 45.

du 16 juillet 1897). Repris et complété par plusieurs textes ultérieurs [141] (et en tout dernier lieu en 1955), le régime de l'immatriculation était destiné à « donner à la propriété immobilière une base certaine et à assurer la sécurité des transmissions des droits réels ». En effet, la requête déposée entre les mains du conservateur de la propriété foncière [142] décrit avec précision le terrain à immatriculer : les demandes insuffisamment précises doivent être rejetées[143]. Cela permet d'éviter toute erreur sur la substance, donc sur le terrain lui-même, d'autant plus qu'à l'appui de sa requête, le déclarant dépose un plan de l'immeuble, daté et signé, établi conformément aux instructions du service topographique et les pièces établissant la preuve de ses droits sur l'immeuble.

L'immatriculation pourrait se résumer en deux (02) traits essentiels : quant à son accès, elle était facultative et quant à ses effets, elle créait un statut définitif, car l'immeuble, une fois immatriculé, conservait le même statut, en quelques mains qu'il passe. « L'immatriculation est définitive ; aucun immeuble immatriculé ne peut être soustrait au régime ainsi adopté, pour être placé à nouveau sous l'empire de celui auquel il était soumis antérieurement »[144].

L'immatriculation concerne particulièrement les ventes immobilières entre citoyens français et indigènes. Dans tous les autres cas, elle est facultative. Mais, par exception, elle est obligatoire « dans le cas où un immeuble, détenu jusque-là dans les formes admises par les coutumes indigènes, doit faire, pour la première fois, l'objet d'un contrat écrit, rédigé en conformité des principes du droit français »[145]. En somme, chaque fois qu'un Européen se rend acquéreur d'un terrain appartenant à un indigène, ce terrain doit obligatoirement être immatriculé.

La procédure d'immatriculation était relativement simple et comprenait deux (02) phases : une phase administrative et une phase judiciaire. Au cours de la phase administrative, le propriétaire devait, dans sa demande, délimiter son immeuble et fournir la preuve de l'existence des droits auxquels il prétendait en déposant tous les contrats et actes publics ou privés constitutifs des différents droits énumérés. Cette immatriculation « doit, à peine de nullité de la convention, précéder la passation de l'acte qui consacre l'accord définitif des parties »[146].

Ce n'est que dans l'hypothèse de terre indigène que les pièces pouvaient être remplacées par le serment coranique ou des témoignages recueillis au cours d'une enquête publique par le maire ou le représentant de l'autorité administrative, qui délivre un certificat établissant « les conditions dans lesquelles l'immeuble est détenu »[147]. C'est à l'occasion de ce certificat, considéré par les tribunaux et par l'administration [148] comme un acte administratif, que la jurisprudence, l'interprétant comme un « acte valant abandon définitif des droits de l'Etat », avait repris la vieille

[141] Comme le décret foncier du 26 juillet 1932, encore applicable jusqu'à une date récente au Sénégal.
[142] Son rôle est beaucoup plus étendu que celui du conservateur des hypothèques.
[143] Cour d'appel de Madagascar, 8 juin 1904, *Dar.*, 1904. 3. 234.
[144] Art. 6 du décret du 26 juillet 1932.
[145] Art. 5, décret du 24 juillet 1906.
[146] Dernier alinéa de l'article 5 précité.
[147] Art. 90, *in fine*, décret du 24 juillet 1906. Sur la nature et l'effet du serment coranique, Cour suprême du Sénégal, 3 sept. 1965, *Penant*, 1967, pp. 503-509.
[148] Instructions du 26 octobre 1906.

théorie du domaine éminent. Selon le commentaire de Boudillon[149], « si l'administration refuse le certificat, à raison des renseignements recueillis, c'est que réellement les droits invoqués sont contestables et le propriétaire discuté, qui entendra voir immatriculer son immeuble, devra, pour faire trancher le différend, poursuivre ses compétiteurs devant le tribunal indigène ; s'il triomphe, la sentence lui constituera un titre régulier à joindre à sa réquisition ». La phase judiciaire s'ouvrait en cas d'oppositions faites à la suite de la publicité. La loi avait voulu faciliter les oppositions en ne les soumettant à aucune forme particulière, même verbale, devant le conservateur, prévoyant un simple délai de trois (03) mois emportant forclusion [150] et en permettant qu'elles soient faites par toutes les personnes intéressées. Même un membre d'une collectivité indigène pouvait, dans l'intérêt de la collectivité, faire opposition à une immatriculation sans mandat des autres membres[151].

L'immatriculation transformait tout d'abord les droits des tenanciers. Mais ici, une distinction est à faire, entre les terres jusqu'alors soumises aux règles du Code civil, et les terres indigènes. Les premières étaient désormais placées sous un statut nouveau plus perfectionné, sans qu'il soit touché aux principes généraux qui régissaient le droit des biens. Il en allait différemment pour les secondes. L'article 89 du décret précisait en effet, que l'immatriculation avait pour effet de consolider les droits d'usage et de conférer les droits de disposition reconnus aux propriétaires par la loi française. En outre, l'article 19 soumettait ces terres aux règles coutumières locales en ce qui concernait l'état des personnes et à la dévolution des successions. On se trouvait ainsi devant un système curieux faisant coexister des règles coutumières et le droit de disposition reconnu au propriétaire dans le droit français, ce qui semblait inconciliable, le droit de disposition étant inconnu du système juridique traditionnel[152].

L'immatriculation mettait ensuite en place un statut nouveau. Le titre délivré par le conservateur était désormais le point de départ unique de tous les droits réels existant sur l'immeuble. Ces derniers ne seront reconnus que s'ils ont été inscrits sur le titre au moment de l'immatriculation ; exception était faite pour les servitudes dérivant de la situation matérielle des lieux ou imposées par la loi [153] et pour les détenteurs de créances hypothécaires ou privilèges tenus directement du propriétaire. En second lieu, étaient abrogées, dès la délivrance du titre, les hypothèques générales, indéterminées et occultes : « Toutes les hypothèques légales ou judiciaires sont supprimées, ainsi que les privilèges spéciaux sur les immeubles ». Les unes et les autres étaient remplacés par des hypothèques conventionnelles ou « forcées » qui devaient toutes être inscrites[154].

---

[149] A. BOUDILLON, « Rapport explicatif de l'avant-projet d'un décret établissant le régime de la propriété foncière en AOF », Gorée, Imprimerie du gouvernement général de l'AOF, 1905.

[150] Jurisprudence très ferme : Cour d'appel de l'AOF, 1er février 1924, *Rec. Dareste*, 1924. 3. 54.

[151] Cour d'appel de Dakar, 2 novembre 1924, *Penant*, 1937. 1. 18. Ce terme d'opposition recouvre deux (02) modes d'intervention : soit intervention » par opposition en cas de contestations sur l'existence ou l'étendue du droit de propriété du requérant ou sur les limites de l'immeuble », soit intervention « par demande d'inscription en cas de prétentions élevées à l'exercice d'un droit réel susceptible de figurer au titre à établir ». L'article 98 qui en donne une énumération n'est pas, d'après la jurisprudence, limitatif.

[152] P. DARESTE, Traité de droit colonial, p. 220.

[153] On reconnaît ici la loi indigène : cf. Madagascar, *Rec. Dareste*, 1906. 3. 122.

[154] Enfin, des dérogations étaient faites à certains points du Code civil : l'hypothèque pouvait être consentie par acte sous seing privé sur les immeubles immatriculés, la procédure de purge était supprimée

Enfin, l'immatriculation mettait en place un statut définitif. Persuadé que le régime de l'immatriculation était le meilleur et destiné à remplacer progressivement tous les autres, le législateur avait empêché que l'on puisse revenir en arrière. Le titre était donc définitif avec les deux (02) conséquences suivantes : il était irrévocable, ceux ayant librement choisi d'immatriculer ne pouvant, en revanche, une fois d'immatriculation obtenue, revenir sur le statut acquis » [155] ; il était également inattaquable, c'est-à-dire que toute revendication ultérieure qui mettrait en cause le droit de propriété lui-même, était irrecevable, ce que la jurisprudence appliquait rigoureusement [156], ne faisant d'exception que pour un recours personnel en cas de dol [157] ou en cas d'immatriculation d'une partie du domaine public [158].

L'un des buts avoués du décret foncier du 24 juillet 1906 était donc d'inciter les habitants indigènes à accéder volontairement à la propriété individuelle. C'est une longue tâche où les traditions coutumières tiennent le droit foncier sous l'autorité de règles toutes différentes et il faut un changement considérable de mentalité avant que les indigènes n'y accèdent.

La possibilité laissée aux habitants de solliciter l'immatriculation de leurs terres ne fut pas adoptée d'enthousiasme, sauf dans certains centres urbains[159]. Sans doute, la complexité de la procédure aussi bien que les frais qu'elle entraînait, de même que la distance qu'il y avait entre conceptions coutumières et droit civil[160] étaient de nature à décourager les habitants à solliciter l'immatriculation de leurs terres, mais la doctrine mit vite le doigt sur une des causes majeures de cet échec : le certificat, administratif délivré par le maire. Ce certificat administratif, dont l'importance est évidente à l'origine de la procédure, ne fait pas preuve, à l'égard

---

et ni la propriété, ni aucun droit réel ne pouvaient s'acquérir par prescription sur un immeuble immatriculé.

[155] Art. 6 du décret du 1er juillet 1906 : « L'immatriculation est définitive ; aucun immeuble immatriculé ne peut être soustrait au régime ainsi adopté pour être placé à nouveau sous l'empire de celui auquel il était soumis antérieurement. ».

[156] Cour d'appel de l'AOF, 20 juin 1952. Confirmation jugement du Tribunal de Saint-Louis, 24 juillet 1951 ; Cour d'appel de l'AOF, 31 mai 1918, *Penant*, 1918. I. 117.

[157] Les personnes lésées n'ont donc qu'un recours personnel et encore l'a-t-on restreint au cas de dol. Ce qui peut paraître excessif puisqu'en l'absence de manœuvre du requérant, les personnes lésées n'ont aucun recours, pas même un recours en indemnité : Cour d'appel de l'AOF, 31 mars 1939, *Penant*, 1940. I. 57 ; Trib. Dakar, 7 mars 1942 ; 8 janvier 1943. Toutefois, changement : *Penant*, 1952. I. 125, note Becque ; Cour d'appel de l'AOF, 14 novembre 1951.

[158] Au cas où une partie du domaine public aurait été comprise par erreur dans une immatriculation faite au profit d'un particulier, en pareil cas l'emporte le principe de l'inaliénabilité du domaine public que la jurisprudence fait prévaloir et que consacrera le législateur par le décret du 26 juil. 1932, $ 2, art. 123 ; « Le domaine public restant toutefois imprescriptible, toute immatriculation qui aurait pu être faite au nom d'un particulier, est nulle de plein droit » : Cour d'appel de l'AOF, 21 mars 1930, *Rec. Dareste*, 1930. I. 160 ; *Penant*, 1931. I. 122 ; Cass. civ. 12 nov. 1934, *Pen.*, 1935. I. 126.

[159] L'urbanisation croissante de villes comme Dakar, Saint-Louis, Rufisque s'est en effet accompagnée de l'émergence d'une « classe » de propriétaires fonciers qui ont considérablement investi dans la pierre.

[160] Bien souvent, le recours à la procédure a pour but de contracter une hypothèque. Ce sont les prêteurs qui exigent cette procédure pour s'assurer un gage : or, souvent, le propriétaire qui a des créanciers hypothécaires court à l'expropriation. Institution pas faite pour la région : trop déphasée, trop proche du Code civil ; or, il y est déjà ! La preuve, c'est Madagascar : grand usage de l'immatriculation : de 1895 à 1915, 5376 demandes émanant d'indigènes et représentant 86.186 hectares, furent enregistrées ; mais il est vrai qu'ici, la propriété individuelle n'avait pas les mêmes difficultés à s'imposer : elle y était connue avant la conquête et le droit malgache connaissait l'hypothèque et un contrat appelé contrat de féhivana qui opérait à la façon d'un nantissement immobilier, de sorte que les agriculteurs malgaches ont vite compris les avantages et garanties qu'offrait l'immatriculation.

des tiers, des droits des requérants, et ne met pas obstacle aux oppositions qui peuvent survenir[161]. Et il peut ne pas prévaloir sur les témoignages probants recueillis en faveur de l'opposant au cours de l'enquête judiciaire[162]. Mais il fait preuve, à l'égard de l'Etat, de l'existence de la possession coutumière et permit d'écarter toute opposition ultérieure qui serait faite par l'Etat en invoquant son propre droit de propriété et en prétendant notamment que le terrain serait vacant et sans maître[163].

Il n'est pas indifférent de remarquer que la portée des dispositions réglementaires relatives à ce certificat administratif a été singulièrement réduite par la jurisprudence. Un arrêt de la Cour d'appel de l'AOF du 29 décembre 1916[164] a posé en principe que le certificat du maire ou de l'administrateur, prévu par l'article 65 du décret du 24 juillet 1906, était un acte administratif, et qu'il n'appartenait qu'à l'autorité administrative d'en apprécier la régularité. Les tribunaux de l'ordre judiciaire sont incompétents pour statuer sur la régularité non seulement du certificat mais aussi de l'enquête publique à laquelle il doit être procédé avant sa délivrance. Si cette régularité est contestée, ils sont donc tenus de surseoir à statuer et de renvoyer à l'Administration la question préjudicielle, de validité[165].

Le conseil du contentieux administratif du Sénégal, saisi sur renvoi, a confirmé cette jurisprudence[166], et sa décision, contraire à la demande du requérant indigène, a fait loi pour le nouvel arrêt de la Cour d'appel du 21 mars 1919[167].

De cette jurisprudence, il ressort que toutes les questions concernant les droits des indigènes sur le sol relèvent exclusivement de l'autorité administrative. C'est qu'en effet, le pouvoir d'apprécier la nature de la détention coutumière appartient à l'administration[168]. C'est elle qui est juge de la propriété[169]. Or, les droits que l'indigène détient sur la terre, en vertu de sa coutume, n'ont rien à voir avec le droit de propriété au sens du Code civil qui suppose le droit de disposition : dès qu'on admet le droit de disposition, la coutume est ébranlée en ses fondements mêmes.

En 1925, le ministre des colonies constatait que le régime de la propriété foncière sur la base de l'immatriculation n'a « pas reçu des indigènes tout l'accueil qu'on en escomptait »[170]. Les auteurs interprètent cet échec comme la conséquence de l'inadéquation du système juridique français à l'entreprise coloniale.

---

[161] Sur la force probante du certificat administratif, voir l'arrêt de la Cour d'appel de l'AOF du 25 octobre 1940, *Penant*, 1946, p. 253.

[162] Cour d'appel de l'AOF, 11 juillet 1941, Recueil de jurisprudence de l'AOF, juillet – octobre 1951, p. 1.

[163] Jugement du tribunal de première instance de Dakar, 7 mars 1908, Etat français C/ Ngor N. Guèye, *Bulletin des décisions*, 1909, p. :7 et suiv.

[164] Gouvernement c/ Mayosse Diagne, *Revue de droit Ouest africain*, 1924. I. 20.

[165] Cour d'appel de l'AOF, 29 décembre 1916, Affaire Gouverneur de l'AOF c/ Mayosse Diagne et autres, *Rec. Dareste*, 1917, Jurisp., p. 96.

[166] Conseil du contentieux administratif du Sénégal, 9 mai 1918, *Penant*, 1920, p. 22 (*Rec. Dareste*, 1920, Jurisp. p. 55).

[167] C. d'app. de l'AOF, 21 mars 1919, *Penant*, 1920, p. 22.

[168] Art. 65 du décret du 24 juillet 1906.

[169] Art. 58 du décret du 24 juillet 1906.

[170] Ministre des colonies, M. Hesse, Rapport de présentation du décret du 8 oct. 1925, *Rec. Dar.*, 1926. I. 94.

En effet, l'essence du système métropolitain est de type subjectif, c'est-à-dire que l'individu est, en tant que tel, titulaire de droits opposables au groupe, à la collectivité. Il apparaît, par conséquent, que « le droit est avant tout un pouvoir ou une capacité inhérents à l'individu qui est le centre de tout le système. La société n'est que le cadre particulier dans lequel se concrétisent ces droits. Son intervention n'est justifiée que dans la mesure où elle tend à établir le minimum de cohésion nécessaire pour le plus grand bien de chacun »[171].

Cette conception, fondée sur le primat de l'individu et sur le principe de l'autonomie de la volonté (sauf disposition de la loi), est en contradiction avec l'entreprise coloniale qui, elle, est par nécessité une entreprise de péjoration du colonisé.

Le droit français est à cet égard un instrument de stratégie coloniale. En effet, « dans un monde très différent de celui pour lequel s'était forgé le système juridique métropolitain, le colonisateur ne pouvait faire de ses valeurs juridiques qu'un usage très prudent »[172]. C'est dire que « là où le système métropolitain pouvait être appliqué sans que cela remette en cause l'infériorité des indigènes, le colonisateur pût en faire usage »[173].

Ces considérations aboutissaient à tenir en échec le régime de l'immatriculation.

La construction du système foncier colonial fournit donc un exemple topique des difficultés à concilier le droit de disposition et les coutumes locales[174].

3 – Au lendemain de l'indépendance du Sénégal, il est mis en œuvre une prudente codification, prenant en compte les options des autorités traditionnelles : Le poids de populations attachées au respect des « droits originellement africains » en général et du droit musulman en particulier, conduit le législateur à mettre l'accent sur les aspects modernes de ces droits tout en affirmant le respect des coutumes et leur compatibilité avec les valeurs libérales et égalitaires universellement admises.

Au demeurant le juge sénégalais reconnaît au profit du droit français une sorte de vocation générale à régir les rapports de droit soumis à son appréciation[175].

Ce constat suffit à considérer que le Code civil s'appliquait, même après l'indépendance[176]. Ne pouvant faire ici une recension de toutes les décisions qui

---

[171] B. MOLEUR, « Tradition et loi relative au domaine national (Sénégal) », *Annales Africaines*, 1979 – 1980, pp. 23-24 ; Du même auteur B. MOLEUR, « La loi coloniale : son idéologie, ses contradictions » in : *Systèmes fonciers à la ville et au village*, Paris, éd. L'Harmattan, 1986, pp. 79-100 ; S. TRAORE, *Les systèmes fonciers de la vallée du Sénégal : exemple de la zone soninké de Bakel, canton du Goye-Gajaaga*, Thèse Droit, Saint-Louis, 1991, pp. 260-280.

[172] B. MOLEUR, « Traditions et loi relative au domaine national (Sénégal », art. cit. p. 24.

[173] Id.

[174] S. TRAORE, *Les systèmes fonciers de la vallée du Sénégal*, Thèse Droit, op. cit., pp. 263-279.

[175] Pour aller dans le même sens, v° P. BOUREL, « La conjonction du droit africain et du droit européen dans le droit des conflits de lois en Afrique noire francophone », *Annales Africaines*, 1969, pp. 82 et suiv. qui n'a pas manqué de dénoncer une telle tendance.

[176] Ainsi, de l'article 2 du Code civil français aux termes duquel la loi n'a pas l'effet rétroactif : Trib. 1ère inst. Dakar, 31 mai 1969, Recueil ASERJ, n°2, 1969, p. 68. Il en est également de l'article 3, toujours en vigueur au Sénégal et tel qu'il est interprété par la jurisprudence, qui dispose que les lois concernant l'état et la capacité des personnes régissent des étrangers résidant au Sénégal : Trib. de Dakar, 17 avril 1971, *Penant*, 1972, pp. 85-94. L'arrêté du 27 février 1961 fixant la liste des coutumes applicables sur le territoire de la République du Sénégal (J.O. 18 mars 1966) n'a certainement pas pour objet de modifier la

portent témoignage de cette survie inattendue du Code civil français, après l'indépendance, nous nous en tiendrons à quelques exemples significatifs.

a) La faculté, pour les personnes ayant conservé leur statut personnel, de renoncer plus ou complètement à ce statut : le droit de renoncer, en tout ou partie, au statut personnel, a reçu au Sénégal une base nouvelle [177] dans l'ordonnance du 14 novembre1960, fixant l'organisation judiciaire ainsi que les principes fondamentaux applicables aux litiges de droit privé. Il résulte de ce texte que les citoyens ayant conservé leur statut personnel sont régis par la coutume dans les matières qu'énumère l'article 10 : capacité, état des personnes, famille, mariage, divorce, filiation, successions, donations et testaments.

Mais l'article 15 ouvre aux justiciables, même habituellement régis par leur statut personnel, la faculté de faire une option de législation[178] (expresse) ; cette option de législation est ouverte normalement aux parties à l'occasion d'une convention ou d'un litige, et porte par conséquent sur un rapport juridique déterminé.

Une autre disposition, sensiblement plus large, est contenue dans l'article 18 de la même ordonnance. Aux termes de ce texte, les matières prévues par l'article 10 sont régies par la loi « en ce qui concerne les citoyens ayant totalement ou partiellement renoncé à leur statut traditionnel par un acte non équivoque de volonté ». Le même article 18 ajoute : « cette renonciation s'induira des circonstances de la cause, notamment de ce que les parties auront constaté leurs actes dans les formes de la loi écrite ».

La renonciation autorisée par l'article 18 peut être totale ou partielle ; elle est totale lorsqu'elle porte sur toutes les matières réservées en principe à la coutume par l'article 10. Elle est partielle, lorsque, au contraire, elle vise seulement un certain rapport juridique. Dans les deux (02) cas, l'option peut être tacite.

Le législateur sénégalais a fait ensuite une réserve. Dans la loi du 23 juin 1961 relative à l'état civil (article 36), il a décidé que « tous les futurs époux peuvent faire célébrer leur mariage devant l'officier de l'état civil, sans qu'il puisse en résulter renonciation à leur statut ». Il est vrai que « le mariage ainsi célébré est

---

règle posée par l'article 3 du Code civil quant aux règles de fond applicables. Il n'a d'effet que sur les règles de forme : V. la note de M. P. DECHEIX sous Trib. de Dakar, précité.

[177] La faculté, pour les personnes ayant conservé leur statut personnel, de renoncer plus ou moins complètement à ce statut, était consacrée largement, avant 1960, au Sénégal comme dans l'ensemble des territoires de l'AOF et de l'AEF.

[178] L'option de législation doit être distinguée de l'option de juridiction. Celle-ci était la faculté reconnue aux parties de statut civil coutumier (sur l'objet des différents statuts : R. PAUTRAT, « Les vicissitudes du statut personnel », Dakar, *Annales Africaines*, 1957, pp. 7-18) de soumettre d'un commun accord leur litige qui devrait normalement relever d'un tribunal indigène, à la compétence d'une juridiction française. L'option de législation, ouverte aux sénégalais musulmans, doit être formelle, sincère et définitive (Cour d'appel de l'AOF, 20 décembre 1940, *Penant*, 1946, Jur. p. 99). Le plaideur musulman cité devant un tribunal français qui n'exige pas *in limine litis* de l'incompétence de ce tribunal, est censé avoir exercé une option de juridiction. L'option de législation est à sens unique (les personnes régies par les coutumes locales peuvent faire option en faveur du droit français, mais l'option inverse, celle que feraient les personnes régies par le droit français pour les coutumes, est niée dans son principe même) ; elle peut être totale ou partielle, expresse ou tacite. La chose ne fait pas trop de difficulté lorsque l'option est expresse : la jurisprudence interprète les textes de manière libérale (Gouverneur à Ministre, 11 juillet 1834, n°145, ANS, 2 B 18, fol. 40-41) ; lorsque l'option est tacite, l'acte est soumis au tribunal français, seul compétent, et emporte application du droit français. Ainsi, un acte passé devant un notaire français, dans les formes de la loi française, sera régi par le droit français (Cour d'appel de l'AOF, 6 sept. 1929, Rec.).

nécessairement monogamique, ainsi qu'il résulte de la loi du 21 juillet 1965 portant code pénal (article 333), mais son mode de célébration ne suffit pas à placer tous ses effets sous la loi moderne, contrairement à ce qu'admettait la jurisprudence antérieure »[179].

En revanche, les autres actes intervenant dans le domaine assigné à la coutume par l'article 10 peuvent, du seul fait de la forme dans laquelle ils sont constatés, manifester une volonté de renonciation.

Tel est le cas de la reconnaissance de paternité d'un enfant naturel, lorsqu'elle est faite dans les conditions prévues à l'article 334 du Code civil[180]. Elle place sous le régime du droit écrit les effets de l'acte en question, le rapport de filiation dans les conditions de la loi écrite.

Au demeurant, la portée de l'option de législation est ici limitée à ce qui était proprement son objet, le rapport de filiation naturelle[181]. La faculté de modifier le droit successoral applicable peut s'exercer en faveur des personnes régies par leur statut personnel, par voie de testament[182]. Encore faut-il que l'intention de modifier le statut successoral puisse être saisie clairement, pour qu'on soit en présence de l' « acte non équivoque de volonté » prévu par la loi. Quid de la loi applicable aux successions ? Cette question avait retenu l'attention des tribunaux[183]. Mais c'est le Tribunal de Première Instance de Dakar [184] qui va tenter pour la première fois en droit international privé sénégalais, d'y répondre avec clarté.

Les circonstances dans lesquelles le Tribunal civil de Dakar a été amené à se prononcer étaient les suivantes. Quelques mois avant sa mort, le sieur Basma, domicilié à Dakar, de nationalité libanaise et de statut musulman jaafarite, avait procédé par acte notarié au partage de ses biens immobiliers entre sa femme et ses six (06) enfants. Après son décès, trois (03) de ses descendants, invoquant les dispositions du Code civil français, demandèrent la rescision du partage pour lésion de plus du quart (1/4). Rejetant cette demande, le Tribunal déclare que les conditions de la lésion n'étaient pas en l'espèce réunies, tant au regard des règles du Code civil que selon le droit coranique. L'argument avancé par le juge du fond consiste à dire que le respect du statut personnel des nationaux faisant partie de l'ordre public sénégalais, il y a lieu par extension et sans risque de porter atteinte à l'ordre public, d'appliquer la loi personnelle [185] du *de cujus*, à la dévolution de son entière succession.

Les règles concernant la réalisation du partage sont celles du lieu d'ouverture de la succession. Cette décision est fortement critiquée par le professeur P.

---

[179] P. LAMPUE, note sous Cour suprême du Sénégal, 24 février 1965, *Penant*, 1967, pp. 349-352.

[180] Cour suprême du Sénégal, Aff. Alassane Ndiaye c/ Sophie Ndiaye, 24 juillet 1965, *Penant*, 1967, pp. 349-352, note P. LAMPUE.

[181] Cass. civ. 19 octobre 1891, *Penant*, 1891, 237 ; S. 1893, 234 ; D. 1893. 495. Il s'agissait d'un enfant naturel reconnu par un Sénégalais de statut traditionnel, et la reconnaissance fût soumise, par rapport à l'enfant reconnu, à l'application du Code civil.

[182] Cour d'appel de l'AOF, 8 septembre 1929, *Penant*, 1930, 255, note P. LAMPUE ; civ. 30 mai 1953, D. 1955, 393, note F. LUCHAIRE. Elle est utilisée depuis assez longtemps dans la pratique, et l'ordonnance du 14 novembre 1960 l'a maintenue très largement.

[183] Trib. Civil Dakar, 15 avril 1967, Revue sénégalaise de droit, 1968, p. 78, note P. BOUREL ; Trib. civ. Dakar, 6 mai 1967, Revue sénégalaise de droit, 1968, p. 87, note P. BOUREL.

[184] Trib. civ. Dakar, 2à avril 1968, Revue sénégalaise de droit, 1969, p. 249, note P. BOUREL.

[185] Bien que le jugement ne l'affirme pas expressément, il faut entendre par la loi personnelle, non la loi du domicile, mais la loi nationale du défunt.

Bourel[186]. Ce dernier regrette que la solution retenue soit « directement inspirée par le souci de réintroduire, dans le domaine des successions, la compétence d'une loi territoriale, faisant échec à la loi nationale ». C'est qu'en effet, la territorialité du droit que consacre le droit international privé français en matière successorale, vient contredire toute la tradition personnaliste des pays de statut personnel, auxquels se rattache le Sénégal. Dans le droit français, les successions relèvent du statut réel, alors que le droit sénégalais, comme tous les systèmes des pays de statut personnel, a une conception très extensive de ce statut : il englobe non seulement l'état et la capacité des personnes, mais également des matières patrimoniales, comme les donations, les testaments et les successions[187].

La loi[188] portant Code de la famille abroge expressément et en bloc l'ancien droit[189]. Certes, une place est faite aux coutumes en matière de mariage, mais elle est purement formelle, puisqu'elle ne concerne que les coutumes relatives aux formalités consacrant traditionnellement le mariage et les statuts particuliers applicables au Sénégal [190] et non les règles de fond du mariage qui, elles, sont régies par une loi unique, « c'est-à-dire pareille pour tous sans distinction d'ethnie ou de confession religieuse »[191]. Le législateur sénégalais met en avant le droit du Code civil et le droit musulman ; en matière de successions *ab intestat* par exemple les rédacteurs du Code de la Famille ont introduit un véritable dualisme, cependant limité à une liberté de choix pour l'une ou l'autre loi selon des règles bien établies. Cette option en faveur de la règle du droit écrit a été justifiée par certains impératifs.

Le droit favorise le développement. Animées de cette conviction, les autorités mettent sur pied un cadre juridique axé sur « le droit du développement »[192]. Prenant appui sur l'argument de la modernité pour écarter les règles du droit local, le Sénégal fait alors la promotion des dispositions du Code civil.

b) Ce constat est saisissant, particulièrement en matière de *régime des contrats et de droit de la responsabilité.*

1) Le régime des contrats s'inspire du Code civil. Ce constat est aisément fait s'agissant du principe du consensualisme qui veut que la formation du contrat puisse résulter du seul échange des consentements[193]. Les vices qui peuvent affecter le consentement des parties en cas d'offre et d'acceptation sont les mêmes que ceux qu'énumère le Code civil, à savoir l'erreur, la violence, le dol. Par ailleurs, les sanctions en cas d'existence de vice du consentement sont exactement celles prévues par le Code civil : la nullité du contrat.

---

186 P. BOUREL, note sous Trib. civ. Dakar, 20 avril 1968, Revue sénégalaise de droit, 1969, p. 260.

187 Cf. P. BOUREL, « La conjonction du droit africain et du droit européen dans le droit des conflits de lois en Afrique noire francophone », *Annales africaines*, 1969, pp. 82 et s.

188 Loi n°72-61 du 12 juin 1972, modifiée par la loi n°74-37 du 18 juillet 1974 et la loi n°79-31 du 31 janvier 1979.

189 Article 830 du Code de la Famille.

190 *Ibid.*

191 F.-K. CAMARA, « Le Code de la Famille du Sénégal ou de l'usage de la religion comme alibi à la légalisation de l'inégalité de genre », in : *Genre, inégalités et religion*, Actes de colloque, Paris, Agence universitaire de la Francophonie, Editions des archives contemporaines, 2007, p.163-183.

192 Le concept de droit du développement a donné lieu à de nombreuses analyses dont il serait imprudent de vouloir rendre compte de la richesse ici. Contentons-nous d'indiquer une piste : K. MBAYE, Colloque de Dakar, « Le développement et les droits de l'Homme », organisé par l'ASERJ et la CIJ, septembre 1978. Voir en particulier le « Rapport introductif », in : *R.S.D.*, n° spécial, décembre 1977, p. 24

193 Article du Code des obligations civiles et commerciales.

Toutefois, en matière foncière, en raison de l'importance économique attachée aux droits réels portant sur les immeubles immatriculés, le législateur sénégalais a décidé d'atténuer le principe du consensualisme. Pour ce faire, il exige que la délivrance de l'objet de la vente d'un immeuble immatriculé respecte, d'une part, les formalités de publicité requises par les dispositions particulières à la propriété foncière [194] et, d'autre part, les formalités relatives à l'établissement du titre foncier au nom de l'acquéreur[195]. A cet égard, il n'est pas sans intérêt de préciser que la validité des conventions constituant ou transférant un des droits protégés par le régime de l'immatriculation foncière demeure subordonnée surtout à l'immatriculation obligatoire de l'immeuble [196] et à l'exigence d'un acte notarié[197].

L'immatriculation a pour objet de placer un immeuble sous l'empire du régime foncier. En droit sénégalais, elle est aujourd'hui organisée par la loi n° 2011-07 du 30 mars 2011 portant régime de la Propriété foncière[198]. L'immatriculation est facultative[199]. Elle est obligatoire seulement, pour la validité des conventions constituant, modifiant ou transférant un des droits énumérés à l'article 19 de la loi n° 2011-07 du 30 mars 2011 portant régime de la Propriété foncière[200].

---

[194] Décret foncier du juillet 1932, *J.O.-AOF* du 29 avril 1933, pp. 426 et s. Ce texte est encore applicable au Sénégal.

[195] Article 277 alinéa 1 du Code des Obligations Civiles et Commerciales.

[196] Article 380 du Code des Obligations Civiles et Commerciales.

[197] Article 383 du Code des Obligations Civiles et Commerciales.

[198] Le décret de 1932 était appliqué au Sénégal au-delà de l'accession du pays à la pleine souveraineté, avant d'être abrogé et remplacé par la loi n° 2011-07 du 30 mars 1971 portant régime de la Propriété foncière (J.O. n° 6607 du samedi 13 août 2011) qui, en réalité, n'en a fait que le toilettage. En d'autres termes, elle est le siège d'un travail d'ordonnancement (...) accompagné d'une toilette (d'un toilettage) du texte ancien pour en supprimer les parties entaches d'anachronisme. Ainsi, toutes les références au statut colonial sont supprimées tant au niveau des institutions que des personnes et des biens fonciers » ; voir exposé des motifs de la loi de 2011. En abrogeant, par son article 96, le décret de 1932, la loi de 2011 interdit désormais toute référence au droit français. Contrairement aux propos de certains auteurs (F. ZEITOUN, *Le droit immobilier au Sénégal*, coll. CREDILA, L'Harmattan, 2015, p. 81). Le Code civil ne s'applique plus en droit sénégalais, du moins en matière immobilière. C'est l'article 19 du décret de 1932 qui permettait la survivance du droit français concernant les « immeubles immatriculés et aux droits réels qui s'y rapportent ». Or, outre l'article 96, l'article 18 de la loi de 2011 qui remplace l'article 19 du décret de 1932 dispose : « sont applicables aux immeubles et aux droits réels qui s'y rapportent, d'une manière générale, les dispositions des lois et règlements en vigueur ». Par l'absence de la reprise du renvoi au Code civil et d'une réglementation sénégalaise sur certaines questions comme le régime du droit de propriété, le juge sénégalais est invité à combler le vide, à faire œuvre prétorienne. Mais, dans tous les cas, il n'a plus le droit d'appliquer le Code civil. En effet, comme en dispose l'article 2 de la loi n° 2014-26 du 03 novembre 2014 abrogeant et remplaçant la loi n° 84-19 du 02 février 1984 fixant l'organisation judiciaire (J.O. n°6818 du 10 novembre 2014) « les juridictions appliquent, pour toutes les matières, la loi et les règlements en vigueur ainsi que, s'il en existe en ces matières, les usages qui ne sont pas contraires à la loi ».

[199] Art. 5 de la loi n° 2011-07 du 30 mars 2011 portant régime de la Propriété foncière.

[200] Art. 19 de la loi n° 2011-07 du 30 mars 2011 portant régime de la Propriété foncière : Sont notamment susceptibles d'inscription aux livres fonciers :

a) Les droits réels immobiliers suivants :
   1) La propriété des biens immeubles ;
   2) L'usufruit des mêmes biens ;
   3) Les droits d'usage et d'habitation ;
   4) L'emphytéose ;
   5) Le droit de superficie ;
   6) Les servitudes et services fonciers ;
   7) Les privilèges et hypothèques ;
b) Les actions qui tendent à revendiquer ces droits réels.

Sous réserve des dispositions de l'article 3 al. 2 de la loi n° 64-46 du 17 juin 1964 relative au domaine national, seul l'Etat peut requérir l'immatriculation en son nom des immeubles aux livres fonciers.

Peut également requérir l'immatriculation, le créancier du débiteur remplissant les conditions fixées par l'article 3 alinéa 2 de la loi n° 64-46 du 17 juin 1964 précitée, lorsque le tribunal a ordonné l'accomplissement de cette formalité préalablement à la mise en adjudication.

Dans ce cas, les frais, qui sont toujours à la charge du requérant à l'immatriculation, sont assimilés aux frais de justice faits pour parvenir à la mise en vente.

Sont seuls susceptibles d'immatriculation sur les livres fonciers les fonds de terre bâtis ou non bâtis dépendant du domaine national.

L'immatriculation est définitive. Aucun immeuble immatriculé ne peut être soustrait au régime ainsi adopté pour être placé à nouveau sous l'empire de celui auquel il était soumis antérieurement. Ainsi, pour protéger les droits des tiers, la réquisition d'immatriculation établie dans les formes et conditions fixées par décret n'est acceptée par le Conservateur qu'autant que la régularité en est reconnue par lui[201]. Il assure, en conséquence, que les titres produits ou invoqués sont établis dans les formes prescrites par la législation applicable, sans examiner leur valeur intrinsèque.

Si la réquisition émane d'une autorité administrative et que le Conservateur a des objections à formuler sur la régularité des titres produits ou invoqués, il en fait part à l'autorité requérante. Celle-ci peut passer outre mais, dans ce cas, elle doit confirmer la réquisition par écrit et elle substitue ainsi sa propre responsabilité à celle du Conservateur quant aux suites de l'immatriculation.

L'immatriculation d'un immeuble sur le livre foncier comporte :

- l'inscription au registre des dépôts d'une mention constatant l'achèvement de la procédure ; l'établissement du titre foncier sur le livre foncier ;
- la rédaction de bordereaux analytiques pour chacun des droits réels soumis à la publicité et reconnus au cours de la procédure ;
- la mention sommaire de ces divers droits à la suite du titre foncier ;
- l'établissement d'une copie du titre foncier à remettre au propriétaire et de certificats d'inscription à délivrer aux titulaires de droits réels.

Le conservateur dresse sur le livre foncier le titre foncier qui comporte, répartis dans les divisions du cadre imprimé, les renseignements suivants :

- Description de l'immeuble, avec indication de ses consistances, situations et limites ;
- Mention sommaire des droits réels existants sur l'immeuble et des charges qui le grèvent ;
- Désignation du propriétaire.

Il annexe à ses archives les pièces produites à l'appui de la réquisition d'immatriculation.

Enfin, il établit sur des formules spéciales :

---

[201] L'immatriculation d'un immeuble au livre foncier est précédée d'une vaste publicité et exige l'observation des formalités multiples et minutieuses destinées à sauvegarder les droits des tiers.

- Pour le propriétaire, s'il y a lieu, mais sur demande expresse, pour chacun des copropriétaires indivis d'un immeuble, une copie exacte et complète du titre foncier, une série de duplicata des bordereaux analytiques et une copie du plan ;

- Pour chacun des titulaires de charges ou de droits réels inscrits, un certificat d'inscription.

Les livres fonciers sont affectés, à raison d'une feuille ouverte par immeuble sous le nom d'immatriculation et à l'inscription ultérieure, en vue de leur conservation, des droits réels soumis à la publicité.

L'ensemble des mentions consignées sur une feuille ouverte des livres fonciers constitue le titre foncier de l'immeuble auquel elles s'appliquent.

Le titre foncier est définitif et inattaquable, il constitue le point de départ unique de tous les droits réels existant sur l'immeuble au moment de l'immatriculation.

Toute action tendant à la revendication d'un droit réel non révélé en cours de procédure et ayant pour effet de mettre en cause le droit de propriété même d'un immeuble immatriculé est irrecevable.

Les détenteurs de créances hypothécaires et les bénéficiaires de charges foncières tenues directement du propriétaire qui a poursuivi l'immatriculation peuvent seuls, en se conformant aux dispositions du chapitre II du titre II de la loi de 2011, requérir, même après achèvement de la procédure, l'inscription de leurs droits sur le titre foncier, sous la double réserve de ne point préjudicier à d'autres droits régulièrement inscrits et de ne prendre rang qu'à compter de leur inscription.

Les personnes dont les droits auraient été lésés par suite d'une immatriculation ne peuvent se pourvoir que par voie d'action personnelle en indemnité.

En cas de perte par le titulaire d'une copie de titre foncier ou d'un certificat d'inscription, le conservateur ne peut en délivrer un duplicata que sur la base d'un jugement motivé l'ordonnant, rendu après publication d'un avis inséré dans deux (02) numéros consécutifs du Journal officiel.

La requête devant le juge n'est recevable que lorsqu'elle est introduite quarante-cinq (45) jours au moins après la seconde insertion de l'avis de perte sus-indiqué.

La délivrance d'un duplicata rend nulle, et de nul effet, la copie d'un titre foncier ou d'un certificat d'inscription.

L'immatriculation fait entrer l'immeuble dans le commerce juridique. A peine de nullité absolue du contrat, l'immatriculation de tout immeuble est obligatoire pour la validité des conventions constituant ou transférant un des droits protégés par le régime de l'immatriculation foncière[202]. Par ailleurs, l'immatriculation permet la constitution de droits réels sur cet immeuble. On peut définir le droit réel comme « constituant une prérogative qui concerne une chose corporelle, soit de façon directe et immédiate, comme dans la propriété, soit par l'établissement d'un rapport entre deux patrimoines, comme dans les autres droits réels »[203].

---

[202] Art. 380 COCC.

[203] C. LARROUMET, *Droit civil – Les biens – Droits réels principaux*, Tome II, 5e éd., Economica, 2006, p. 21.

Le non-respect des conditions de validité requises entraîne la neutralisation de la vente, qui prend la forme d'une nullité absolue : lorsque l'obligation d'immatriculation de l'immeuble n'est pas satisfaite, l'absence de cette formalité substantielle entachera la validité de toutes les conventions constituant ou transférant un des droits protégés par le régime de l'immatriculation foncière[204] ; au plan formel, le législateur exige que le contrat soit passé par-devant un notaire territorialement compétent sous peine de nullité absolue[205].

S'agissant des formes du contrat, la loi n°63-62 du 10 juillet 1963 portant Code des obligations civiles et commerciales [206] a maintenu la forme écrite et la forme orale et a donné au silence un rôle important dans l'expression de la volonté[207].

L'influence du Code civil dans le domaine des effets des contrats saute également aux yeux.

Avant 1960, il a été remarquable d'observer, dans ce domaine, un développement des conventions indigènes en marge de la législation française[208]. Lorsqu'en 1960, après son accession à la souveraineté internationale, « le Sénégal a commencé à procéder à la codification du droit des obligations qu'elles soient civiles ou commerciales, il n'a pas été influencé par la volonté de certains juristes qui tenaient à donner dans les nouvelles lois de l'Afrique, une place importante aux contrats traditionnels »[209].

Le respect que l'on croyait dû aux traditions « se révélant souvent bien mince et parfois inexistant », il fallait donc faire évoluer le droit. En effet, « le droit est aussi facteur d'évolution ». Or cette évolution est dans le sens de l'abandon des contrats traditionnels, en mettant sur pied un cadre juridique garantissant le développement économique de la nation et assurant la liberté et la sécurité des transactions[210].

---

[204] Article 380 du Code des Obligations Civiles et Commerciales, précité.

[205] Article 383 du Code des Obligations Civiles et Commerciales précité. La jurisprudence de la Cour d'appel de Dakar (cf. Cour d'appel de Dakar, n°91, du 25 février 1983, Mamadou Dieng c/ Macoumba Ndour, *Rev. EDJA*, sept- oct. 1987, p. 15) suivie en cela par la Cour suprême (cf. Cour Suprême, n°1, du 8 janvier 1986, Mamadou Dieng cf. Macoumba Ndour, in *Revue EDJA*, précitée) n'avait pas manqué de frapper de nullité absolue un acte de vente d'un immeuble immatriculé qui n'avait pas été passé par – devant un notaire. Une telle sanction paraît s'imposer même dans l'hypothèse où un mandataire est désigné par l'une des parties à la vente ; selon la Cour d'appel de Dakar (cf. Cour d'appel de Dakar, n°265, du 26 mai 1983, El H. D. Diop c/A. Ndour, *Revue EDJA*, sept.-oct. 1987, p. 17), le mandataire à la vente d'un bien immobilier doit être muni également d'une procuration notariée. Au surplus, l'exigence de ce formalisme protecteur sera même renforcée par la soumission à autorisation préalable de certaines transactions immobilières lorsque le montant de la transaction augmenté des charges excède dix millions (10.000.000) de francs CFA (cf. l'article 3 de la loi n°77-85 soumettant à autorisation préalable certaines transactions immobilières, *JORS* n° spécial 4586 du 12 sept. 1977, p. 1174 et son décret d'application n°77-754 du 20 sept. 1977, *J.O.-RS* du 22 oct. 1977. Pour une application, cf. C. d'app. de Dakar n°95 du 31 janvier 1992, Aff. H. Younis c/ SGBS et héritiers du feu Omaïs Badoui.

[206] Code des Obligations Civiles et Commerciales. Partie générale.

[207] P. BOUREL, « La formation du contrat en droit sénégalais. Réflexion sur la modernité du Code des obligations civiles et commerciales », in : *R.S.D.* 1969, n°6, pp. 35 et s.

[208] H.-O. LEGRE, *Les conventions indigènes et la législation française (1893-1946)*, Abidjan, Neter, 1994.

[209] K. MBAYE, « *Le destin du Code civil en Afrique* », in : *Le Code civil 1804-2004, Livre du Bicentenaire*, Dalloz / Litec, 2004, p. 531.

[210] K. MBAYE, « L'expérience sénégalaise de la réforme du droit », in : *Revue internationale de droit comparé*, vol.22, n°1, Janvier-mars 1970, pp.35-42.

2) Les mêmes scrupules étaient observés en matière de responsabilité où le concept de faute a été introduit, avec ses éléments constitutifs, tels que ces éléments résultent du Code civil et de son interprétation par la jurisprudence française ou belge[211]. Le premier élément constitutif de la faute est l'illicéité. Pour qu'il y ait faute, il faut que l'acte ou le fait soit illicite. Il faut aussi que cet acte soit en relation de cause à effet avec le dommage qui a pu être commis, d'où le lien d'imputabilité entre l'auteur et la faute. La distinction entre faute intentionnelle et faute non intentionnelle est également maintenue. S'y ajoutent des innovations telles que la distinction entre la faute contractuelle et la faute délictuelle, distinction jusque-là inopérante en droit traditionnel africain.

En vérité, l'Etat du Sénégal reconnaît « la valeur à la fois théorique et pratique »[212] du Code civil français dont il s'inspire pour élaborer les instruments juridiques chargés de régler les relations d'affaires ou de famille des différentes composantes de la société sénégalaise. Pour autant, l'ordre social et ses contraintes restent fortement marqués par le pluralisme juridique.

---

[211] A.-K. BOYE, « Droit des contrats et de la responsabilité », in : *Encyclopédie juridique de l'Afrique.*, t. IX, pp. 307 et s.

[212] K. MBAYE, « *Le destin du Code civil en Afrique* », *op.cit.* p.532.

Structures éditoriales du groupe L'Harmattan

L'Harmattan Italie
Via degli Artisti, 15
10124 Torino
harmattan.italia@gmail.com

L'Harmattan Hongrie
Kossuth l. u. 14-16.
1053 Budapest
harmattan@harmattan.hu

L'Harmattan Sénégal
10 VDN en face Mermoz
BP 45034 Dakar-Fann
senharmattan@gmail.com

L'Harmattan Cameroun
TSINGA/FECAFOOT
BP 11486 Yaoundé
inkoukam@gmail.com

L'Harmattan Burkina Faso
Achille Somé – tengnule@hotmail.fr

L'Harmattan Guinée
Almamya, rue KA 028 OKB Agency
BP 3470 Conakry
harmattanguinee@yahoo.fr

L'Harmattan RDC
185, avenue Nyangwe
Commune de Lingwala – Kinshasa
matangilamusadila@yahoo.fr

L'Harmattan Congo
67, boulevard Denis-Sassou-N'Guesso
BP 2874 Brazzaville
harmattan.congo@yahoo.fr

L'Harmattan Mali
ACI 2000 - Immeuble Mgr Jean Marie Cisse
Bureau 10
BP 145 Bamako-Mali
mali@harmattan.fr

L'Harmattan Togo
Djidjole – Lomé
Maison Amela
face EPP BATOME
ddamela@aol.com

L'Harmattan Côte d'Ivoire
Résidence Karl – Cité des Arts
Abidjan-Cocody
03 BP 1588 Abidjan
espace_harmattan.ci@hotmail.fr

Nos librairies en France

Librairie internationale
16, rue des Écoles
75005 Paris
librairie.internationale@harmattan.fr
01 40 46 79 11
www.librairieharmattan.com

Librairie des savoirs
21, rue des Écoles
75005 Paris
librairie.sh@harmattan.fr
01 46 34 13 71
www.librairieharmattansh.com

Librairie Le Lucernaire
53, rue Notre-Dame-des-Champs
75006 Paris
librairie@lucernaire.fr
01 42 22 67 13

www.ingramcontent.com/pod-product-compliance
Lightning Source LLC
LaVergne TN
LVHW011011061026
849535LV00006B/1824
* 9 7 8 2 3 4 3 2 2 9 0 4 1 *